Horst Rückle

Sind Sie ein guter Verkäufer?

HORST RÜCKLE

SIND SIE EIN GUTER VERKÄUFER?

Das praxisbewährte Test-
und Verbesserungsprogramm
mit der neuen Verkaufspsychologie

mi verlag moderne industrie

CIP-Kurztitelaufnahme der Deutschen Bibliothek

Rückle, Horst:
Sind Sie ein guter Verkäufer? Das praxisbewährte Test- und Verbesserungsprogramm / Horst Rückle.
Landsberg am Lech: verlag moderne industrie, 1982.
ISBN 3-478-23530-8

© 1982 Alle Rechte bei verlag moderne industrie
Wolfgang Dummer & Co., 8910 Landsberg am Lech
Umschlaggestaltung: Roman Gruber
Satz: Mittelbayerische Zeitung, Regensburg
Druck: Schoder, Augsburg
Bindearbeiten: Thomas-Buchbinderei, Augsburg
Printed in Germany 230 530 / 882 304
ISBN 3–478–23530–8

Inhaltsverzeichnis

Buch: Die Verkäuferpersönlichkeit

Vorwort	9
Einleitung	10
Profilblatt für die Erstellung eines vermuteten Profils	12
Selbstbild — Fremdbild	13
Johari-Fenster	14
Testanweisung	16
Test	16
Allgemeinwissen	16
Originalität	17
Logisches Denken	20
Einfühlungsvermögen	24
Sprachbeherrschung	27
Alternativtest	29
Aktivität — Verantwortungsgefühl	29
Flexibilität	31
Verhalten in Streß-Situationen	35
Durchschauen sozialer Situationen	39
Kontaktfähigkeit, Dominanz, Leistungsehrgeiz	47
Testauswertung und Erklärung der Testlösungen	50
Allgemeinbildung	50
Gesamtprofil	52
Originalität	53
Gesamtprofil	55
Logisches Denken	55
Gesamtprofil	56
Einfühlungsvermögen	57
Gesamtprofil Einfühlungsvermögen	62
Gesamtprofil Durchsetzungsvermögen	63
Gesamtprofil Soziale Sensibilität	64
Sprachbeherrschung	64
Gesamtprofil	67

Alternativtest 67
Aktivität — Verantwortungsgefühl 67
Aktivität 69
Verantwortungsgefühl 70
Flexibilität 70
Gesamtprofil 71
Verhalten in Streß-Situationen 72
Gesamtprofil 73
intropunitive Reaktion 74
impunitive Reaktion 75
normale Reaktion 75
Durchschauen sozialer Situationen 76
Gesamtprofil 78
Kontaktfähigkeit, Dominanz, Leistungsehrgeiz 79
Gesamtprofil Kontaktfähigkeit 80
Gesamtprofil Dominanz 81
Gesamtprofil Leistungsehrgeiz 82

Profilblatt für Einzelergebnisse 84

Erläuterungen zum Profilblatt 85

Satzergänzungstest 91

Vergleich von Persönlichkeitsprofilen 93

Beurteilung im Vorstellungsgespräch 94
Qualifikationsfaktoren 95
Vorbereitung des Vorstellungsgesprächs 97
Äußere Bedingungen für Vorstellungsgespräch 98
Das Vorstellungsgespräch 99
Checkliste 101

Berufsstrategie 104

Sich ändern 107

Die Umwelt reflektiert mein Verhalten 121

Die Kraft der Vorstellung 127

Wahrnehmung 131

Lebenslaufanalyse 135

Allgemeinwissen (Hintergrundinformation und Hilfen zur Verbesserung) . 136

Originalität 142

Das laterale Denken	146
Synektik	147
Die persönliche Analogie	148
Morphologisches Denken	149
Brainstorming	152
Logisches Denken	154
Definieren	158
Urteilen	162
Schlußfolgern	165
Beweisen	170
Einfühlungsvermögen	174
Empathie und Sympathie	174
Durchsetzungsvermögen	175
Soziale Sensibilität	182
Sprachbeherrschung	189
Konfliktarme Kommunikation	194
Fragetechnik	196
Zuhören	198
Vertrauensauslöser	200
Nutzenargumentation	200
Aktivität — Verantwortungsgefühl	203
Flexibilität	216
Verhalten in Streß-Situationen	222
Selbsterforschung	232
Trainingsprogramm gegen Angst	234
Durchschauen sozialer Situationen	236
Aufmerksamkeit	239
Der erste Eindruck	242
Das Verbalisieren	247
Übungsfälle	257
Verbesserung der Kommunikation	266
Geben von feedback	267
Empfangen von feedback	268
Kontaktfähigkeit	269
Kontaktvorbereitung	276
Vorgehen bei Kontaktaufnahme	277

Aufhängertechnik 280
Mit Vorgesetzten umgehen 283
Dominanz 286
Leistungsehrgeiz 292
Nachwort 301
Verhaltensanalyse 302
Bekräftiger für Verhaltensänderung 304
Worte zum Merken und Motivieren 307
Quellenverzeichnis 309
Stichwortverzeichnis 311

Vorwort

Kommunikationsfähigkeit, die Fähigkeit, andere zu verstehen und verständlich zu formulieren und Dialogfähigkeit, die Fähigkeit Gespräche unter Einsatz von Fragen und Argumenten zu steuern, bestimmen die Qualität des Zusammenlebens zwischen Menschen. Im privaten und geschäftlichen Bereich nehmen diese Fähigkeiten wichtige Schlüsselstellungen ein.

Gleichgültig, ob Unternehmer, Führungskraft oder Verkäufer, die dem Gesprächspartner zu bietenden Möglichkeiten werden immer ähnlicher. Ausschlaggebend für die Entscheidung des Gesprächspartners wird demzufolge immer mehr die Persönlichkeit dessen, mit dem er spricht.

Sicher erfordern einzelne Tätigkeiten, Positionen oder Produkte unterschiedliche Fähigkeiten und Persönlichkeitskriterien. Die Anforderungen müssen aber immer unter dem Aspekt der Zielgruppe, mit der gesprochen werden soll, gesehen werden. Dies macht es notwendig, daß jeder, der Gespräche führt, in der Lage ist, aus dem breiten Repertoire seiner Fähigkeiten die auszuwählen und einzusetzen, die den Anforderungen des Gesprächspartners optimal entsprechen.

Wer Fähigkeiten situationsbezogen einsetzen will, muß das Repertoire seiner Fähigkeiten genau kennen. Jedem Menschen sind durch Vererbung Anlagen – Dispositionen für Fähigkeiten – mitgegeben worden. Die Umwelt hat die Entfaltung der Anlagen zu Fähigkeiten mehr oder weniger gefördert, toleriert oder bestraft. So ist jeder Mensch ein Kompromiß aus seinen Anlagen und den Reaktionen seiner Umwelt. Was der einzelne glaubt zu können oder nicht zu können, basiert nicht zwangsläufig auf wirklichen Fähigkeiten.

In vielen Fällen hat Wunschdenken zu eingebildeten Fähigkeiten geführt. Viele Menschen glauben, dialogfähig zu sein und erkennen erst in der Konfrontation mit dem Fremdbild den wirklichen eigenen Stand.

Hier will das vorliegende Buch helfen. Der enthaltene Test kann nicht den Anspruch erheben, Fähigkeiten und deren Ausprägungen eindeutig zu messen. Er ist eine Hilfestellung zur Selbsterkenntnis. Eine Hilfestellung, die befähigt, das eigene Persönlichkeitsbild, die eigenen Stärken und Schwächen kennenzulernen und diese dann in Relation zu den für die Aufgabe geforderten Kriterien zu setzen.

Horst Rückle

Einleitung

Ein Mensch ergreift einen Beruf. Hat er diesen Beruf selbst ausgewählt, oder haben ihn andere z. B. die Eltern beeinflußt? In beiden Fällen kann die vorhandene Erwartung mit der Wirklichkeit divergieren. Ist der Beruf selbst erwählt worden, ist es sicher leichter, aufgrund der gesammelten Erfahrungen eine neue Tätigkeit zu suchen. Hat eine Fremdbeeinflussung stattgefunden, ist dies oft schwieriger, weil dann diejenigen, die beeinflußt haben, zusätzlich von der Richtigkeit eines Wechsels überzeugt werden müssen.

Die so entgegenstellenden Schwierigkeiten führen oft dazu, daß Menschen in ihrer Tätigkeit verbleiben, resignieren und oft genug in der Freizeit berufliche Mißerfolgserlebnisse kompensieren.

Häufige Gründe für Mißerfolge liegen darin, daß aus persönlicher Unzufriedenheit ein Wunschdenken entsteht, das mit den Anforderungen der Wirklichkeit nicht übereinstimmt. Man sieht dann diejenigen Faktoren einer Tätigkeit, die dem eigenen Wunschdenken entsprechen, positiver und übersieht diejenigen Anforderungen, die einem unangenehm sind. Deshalb ist ein Berufswechsel oder der Wechsel einer bestimmten Tätigkeit, auch der Wechsel eines Arbeitgebers, nur sinnvoll, wenn die eigenen Fähigkeiten in gesunder Relation zu den später anzutreffenden Anforderungen stehen.

In der Wirklichkeit werden die übersehenen Anforderungen nämlich Bestandteil der Tätigkeit und führen zu einer täglichen Konfrontation. Man hätte so erneut die Situation, in der man sich unwohl fühlt. Weil häufig eigenes Fehlverhalten nicht eingestanden werden kann oder will, werden Gründe für Versagen oder Unzufriedenheit nicht bei sich selbst, sondern bei Tätigkeit, Produkt, Vorgesetztem oder anderen Gesprächspartnern gesucht.

Wir sehen also, zwischen Unternehmen, Tätigkeit, Gesprächspartnern und den eigenen Fähigkeiten besteht ein enger Zusammenhang. Nur, wenn die eigenen Fähigkeiten in möglichst optimaler Weise mit der Erwartungshaltung der Zielgruppe übereinstimmen, besteht die Grundlage für eine erfolgreiche, zufriedenstellende Tätigkeit.

Um Ihnen eigene Fähigkeiten und Begabungsschwerpunkte deutlich werden zu lassen, finden Sie in diesem Buch einen Test. Er mißt die für Kommunikation und Dialogfähigkeit wichtigen Kriterien.

Diese Kriterien sind:

1. Allgemeinwissen
2. Originalität
3. Logisches Denken

4. Einfühlungsvermögen, Durchsetzungsvermögen, Sensibilität
5. Sprachbeherrschung
6. Aktivität, Verantwortungsgefühl
7. Flexibilität im Denken
8. Verhalten in Streßsituationen
9. Durchschauen sozialer Situationen
10. Kontaktfähigkeit, Dominanz, Leistungsehrgeiz.

Sie können mit diesen Tests die Ausprägung der vorgenannten Eigenschaften selbst messen.

Der Test kann und will nur aufzeigen, Kriterium und Entscheidungshilfe sein. Es ist unmöglich, die komplizierte menschliche Persönlichkeit eindeutig zu bewerten. Möglicherweise sind die Testergebnisse eine Diskussionsbasis in einem Gespräch mit Ihnen nahestehenden Menschen. Wenn Sie die Tests und dieses Buch als Werkzeug verstehen, das Ihnen bei wichtigen Entscheidungen über die berufliche Zukunft helfen und Ihnen Enttäuschungen ersparen kann, haben Sie die richtige Einstellung.

Und nun viel Erfolg beim Durcharbeiten der vorliegenden Tests und besonderen Erfolg beim Absolvieren der Übungen für die Testabschnitte, bei denen Sie mit sich unzufrieden waren.

Die aus dem Test resultierenden Informationen geben Ihnen eine Art Fremdbild zu dem bei Ihnen vorhandenen Selbstbild. Dieses Selbstbild, das jeder Mensch von sich hat, entsteht aus Äußerungen von anderen und eigenen Erfahrungen mit sich selbst.

Das Bild, das sich andere von uns oder wir uns von anderen machen, ist das Fremdbild. Selbstbild und Fremdbild sind niemals vollständig identisch.

Das Fremdbild, das Sie mit dem in diesem Buch enthaltenen Test und mit der Befragung anderer Personen kennenlernen können, gewinnt erst an Wichtigkeit durch Gegenüberstellung mit dem Selbstbild.

Deshalb fertigen sie bitte, bevor Sie weiterlesen, Ihr Selbstbild.

Dazu kreuzen Sie auf dem nachstehenden Profilblatt an, wie Sie glauben, daß die einzelnen Kriterien bei Ihnen ausgeprägt sind.

Sie finden im Profilblatt unterschiedlich viele Punktzahlen bei den einzelnen Kriterien. Lassen Sie sich durch diese Punktzahlen bitte zunächst nicht beirren. Kreuzen Sie einfach an, ob Sie das einzelne Kriterium für sehr wenig aufgeprägt (erstes Drittel der Punktzahlen) für mittelmäßig ausgeprägt (mittleres Drittel der Punktzahlen) oder stark ausgeprägt (drittes Drittel der Punktzahlen) halten.

In einem späteren Arbeitsblatt können Sie Ihr Eigenbild dem Testergebnis und verschiedenen Fremdbildern gegenüberstellen.

Profilblatt für die Erstellung eines vermuteten Profils

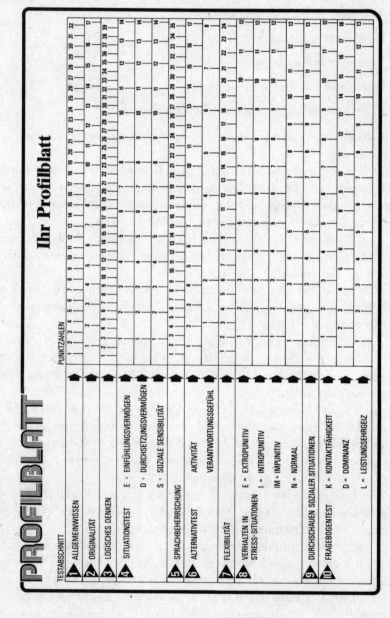

Selbstbild und Fremdbild

Um Ihre Fähigkeit zur Selbstkritik zu prüfen, nachfolgend ein Kurztest:

Bitte kreuzen Sie aus der nachfolgenden Matrix die Eigenschaften an, die Ihrer Meinung nach auf Sie zutreffen:

1	intelligent	modern	konsequent
2	schüchtern	eitel	voreingenommen
3	kritisch	ausgeglichen	erfahren
4	schwerfällig	beeinflußbar	egoistisch
5	ehrlich	kreativ	tolerant
6	empfindlich	vergeßlich	bequem

Geben Sie sich jetzt für jedes Kreuz einen Punkt. Addieren Sie dann die Punkte der Zeilen 1, 3 und 5 und tragen Sie den Gesamtwert in das nachfolgende linke Kästchen vor dem Doppelpunkt ein. Der Gesamtwert der Kreuzchen aus den Zeilen 2, 4 und 6 wird in das rechte Kästchen eingetragen.

Ihr Ergebnis: ☐ : ☐

1. Werte ausgeglichen (die Differenz beträgt dann bis 2 Punkte. Z. B. 3:3, 6:4.

Bei diesen Werten gestehen Sie sich sowohl wünschenswerte als auch weniger wünschenswerte Eigenschaften in gleichem Maße ein. Sie werden Ihr Selbstbild wohl auch nicht mit übermäßiger Vehemenz verteidigen, wenn jemand daran kratzt.

2. Rechter Wert höher (Differenz mindestens 3 Punkte). Z. B. 3:6.

Sie sind sich gegenüber bereits so kritisch, daß Sie Gefahr laufen, zu bereitwillig Kritik von anderen zu übernehmen. Trauen Sie sich wirklich so wenig zu?

3. Linker Wert höher (Differenz mindestens 3 Punkte). Z. B. 6:2.

Wenn Ihr Selbstbild in Frage gestellt wird, werden Sie reizbar und gefährlich. Sie verlieren dann leicht die Kontrolle über sich. Warum müssen Sie sich so hoch einschätzen? Aber trösten Sie sich: 95% schätzen sich so ein.

Wenn Sie nun mit Ihrem Selbstbild-Fremdbild-Vergleich unzufrieden sind, werden Sie möglicherweise Mechanismen ersinnen, um Ihr Selbstbild zu verteidigen. Typische Abwehrmechanismen sind:

Rationalisieren.
(Die anderen sind voreingenommen, der Test stimmt nicht)

Kompensation.
(Dafür bin ich viel intelligenter als die. Dafür habe ich mehr Erfolg im Beruf)

Relativieren.
(Niemand ist vollkommen, jeder hat seine Fehler)

Verdrängen.
(Das kann so nicht gemeint sein, da ist es besser, ich mache gar nicht erst weiter)

Verkehren ins Gegenteil.
(Die anderen [Fremdbild] sind in Wirklichkeit nur neidisch)

Aggression.
(Eine ungeheure Frechheit, Taktlosigkeit, hier soll man ausgefragt und dann noch fertiggemacht werden)

Solche Schutzmechanismen verhindern Einsicht. Wer Möglichkeiten der Rechtfertigung findet, braucht sich nicht zu ändern. Sein Motto könnte lauten: Lieber bessere Ausreden als neue Vorsätze.

Auch wenn es am Testergebnis und an Fremdbildern Zweifel geben kann. Sie werden von anderen Menschen anders erlebt als Sie glauben. Erfolgreich ist per Saldo derjenige, der seine Umwelt als Spiegel erlebt und bereit ist, aus diesem Spiegelbild zu lernen.

Dazu Nachstehendes von Harry Ingham und Joe Luft 1972 entwickeltes Johari-Fenster.

JOHARI-FENSTER

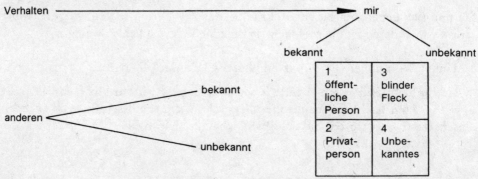

Dieses Johari-Fenster ist ein einfaches grafisches Modell, welches Veränderungen von Selbst- und Fremdwahrnehmung darstellt.

Zu den einzelnen Teilen des Johari-Fensters folgende Erklärungen:

Teil 1:

Dieser Teil beinhaltet den Bereich der freien Aktivität, der öffentlichen Tatsachen und Sachverhalte. Das hier gezeigte Verhalten und die Motivationen sind sowohl mir selbst bekannt als auch für andere wahrnehmbar.

Teil 2:

beinhaltet den Bereich des Verhaltens, der mir selbst bekannt und bewußt ist, den ich aber anderen nicht bekannt gemacht habe oder bekanntmachen will. So bleibt dieser Teil des Verhaltens für Mitmenschen verborgen oder versteckt.

Teil 3:

beinhaltet den blinden Fleck der Selbstwahrnehmung. Dieser Teil des Verhaltens ist für andere sichtbar und erkennbar, mir selbst aber nicht bewußt. Abgewehrtes Verhalten, Vorbewußtes, nicht mehr bewußte Gewohnheiten u. a. sind hier beinhaltet.

Teil 4:

erfaßt die Vorgänge, die weder mir noch anderen bekannt sind. Diese Vorgänge bewegen sich in dem Bereich, der in der Tiefenpsychologie »unbewußt« genannt wird.

Da die in Teil 1 gezeigten Verhalten Ihnen und anderen bekannt sind, sie also wissen, was Sie tun, können Sie die in diesem Teil gezeigten Verhalten sowohl selbst erkennen als auch — sofern Sie wollen — selbst verändern.

Teil 2, der die Kriterien Ihrer Privatperson beinhaltet, soll hier nicht verändert werden. Sie bestimmen, wem Sie was sagen, und wieviel Sie wem über sich mitteilen.

Von besonderem Wert ist der Teil 3. Je mehr Inhalte des Fremdbildes Sie erfahren, desto mehr weichen Sie den blinden Fleck auf — Sie können ihn sogar beseitigen.

Die in Teil 4 gespeicherten Informationen sind uns normalerweise nicht zugänglich. Werden diese Strebungen und Antriebe im Verhalten sichtbar, zeigen sie sich in einem der drei anderen Felder des Johari-Fensters, werden also einem selbst und anderen bekannt, einem selbst bekannt, bleiben anderen unbekannt oder führen zum Verhalten im blinden Fleck, werden also anderen bekannt und bleiben einem selbst unbekannt.

Testanweisung

Bitte unbedingt lesen, bevor Sie den Test beginnen.

Da Sie diesen Test zu Hause absolvieren, ist es notwendig, eine Kontrollperson als Zeitnehmer zu beauftragen.

Die für die einzelnen Lösungen zur Verfügung stehende Zeit ist jeweils in der Anweisung zum einzelnen Test vorgegeben.

Bitte, lösen Sie die Testaufgaben ohne Unterbrechung. Die Lösungen tragen Sie jeweils sofort in der angegebenen Form in das jeweilige Testblatt ein.

Und nun viel Spaß beim Durcharbeiten Ihres Tests.

Test

1. Allgemeinwissen

Sie finden hier eine Auswahl von mehr oder weniger gebräuchlichen Wörtern. *Alle* Wörter enthalten jedoch einen Schreibfehler, d. h. *ein Buchstabe* jedes Wortes ist falsch.

Finden Sie diesen falschen Buchstaben heraus und streichen Sie ihn durch.

Beispiel 1: Kraide (= Kreide)
Beispiel 2: Schøle (= Schule)
Beispiel 3: Muttør (= Mutter)

Arbeiten Sie bitte zügig — halten Sie sich bei einem Wort nicht zu lange auf, wenn Sie den Schreibfehler nicht sofort finden.

Sie haben 4 Minuten Zeit!

1. Ffeife
2. Trauba
3. Fluchd
4. Neapol
5. Stonde
6. Afriga
7. Hüpnose
8. Ardist
9. Insegt

10. Banbus	18. Misbel	26. Niweau
11. Mohammud	19. Tuledo	27. Lootse
12. Asttma	20. Assuen	28. Incest
13. Psiche	21. Segret	29. Bugdad
14. Burbar	22. Volklore	30. Siturn
15. Kleest	23. Chopen	31. Axion
16. Valkan	24. Usmose	32. Zarong
17. Slalum	25. Renoar	

2. Originalität

Auf den folgenden Seiten finden Sie eine Reihe von Denksportaufgaben sehr verschiedenen Schwierigkeitsgrades.
Die ersten sind sehr leicht zu lösen, die letzten lösen erfahrungsgemäß nur wenige Menschen.
Unter jeder Aufgabe finden Sie jeweils fünf Lösungen zur Auswahl, von denen stets eine und nur eine richtig ist.

Beispiel:

Herr Maier erzählt: »Vor Jahren war ich auf meiner großen Tour durch Deutschland. Ich ging eines Tages am Stachus in München spazieren. An einer Kreuzung mußte ich eine Weile warten. Viele Autos fuhren vorüber. Einer der Wagen fiel mir auf. Ich wußte sofort, daß er gestohlen war.« Wieso wußte Herr Maier das?

a) Herr Maier hatte den Wagen vorher an der Ecke seines Hotels stehen sehen...
b) Der Mann in dem Auto hatte eine dunkle Binde auf dem rechten Auge und sah verdächtig aus...
c) Am Steuer saß eine sehr aufgeregte hellblonde Frau...
d) Es war sein eigenes Auto, das Herr Maier sah...
e) Der linke Kotflügel war eingedrückt wie bei dem Wagen eines Freundes...
Die Antwort ›d‹ ist die einzig richtige. Also streichen Sie sie an.

1. Ein Architekt soll ein quadratisches Haus bauen, in dem alle Fenster in allen vier Wänden nach Süden gehen. Ist das möglich?

a) Nein, das ist unmöglich
b) Ja, am Südpol
c) Ja, am Äquator
d) Ja, am Nordpol
e) Ja, wenn alle Fenster auf einen Innenhof gehen

2. »Diese beiden Mädchen wurden am selben Tage desselben Jahres von derselben Frau geboren und sind doch keine Zwillinge!« sagt ein Arzt zu seinen Kollegen. Kann er recht haben?

   a) Ja, wenn beide am 29. Februar geboren wurden
   b) Ja, wenn die beiden verschiedene Väter hatten
   c) Ja, wenn die Frau Drillinge geboren hat
   d) Ja, wenn es siamesische Zwillinge sind
   e) Nein, das ist unmöglich

3. In einer Gesellschaft sind zwei Väter und zwei Söhne. Wieviel Personen müssen das mindestens sein?

   a) Mindestens 2 Personen
   b) Mindestens 3 Personen
   c) Mindestens 4 Personen
   d) Mindestens 5 Personen
   e) Mindestens 6 Personen

4. Auf einem Ozeandampfer, der von London nach New York fährt, treffen sich Mr. Smith und Mr. Jones. »Ich überquere jetzt zum 17. Mal den Atlantik!« sagt Mr. Smith. »Und ich zum 22. Mal!« erwiderte Mr. Jones. Wenn wir wissen, daß beide noch nie den Pazifik und nie den Pol überquert haben — läßt sich dann sagen, auf welchen Kontinenten sie geboren wurden?

   a) Beide sind Amerikaner
   b) Mr. Smith ist Amerikaner, Mr. Jones Engländer
   c) Beide sind Engländer
   d) Mr. Jones ist Amerikaner, Mr. Smith Engländer
   e) Läßt sich nicht mit Sicherheit angeben

5. Wie oft kann man von einem Haufen von 19 Nüssen eine Nuß wegnehmen?

   a) gar nicht
   b) 19mal
   c) 18mal
   d) beliebig oft
   e) einmal

6. In einer Gesellschaft von 5 Personen stößt jeder einmal mit jedem an. Wie oft erklingen die Gläser?

   a) Die Gläser erklingen 4mal
   b) Die Gläser erklingen 8mal
   c) Die Gläser erklingen 10mal
   d) Die Gläser erklingen 12mal
   e) Die Gläser erklingen 16mal

7. Ein Ziegelstein wiegt soviel wie ein halber Ziegelstein und ein Kilogramm. Wieviel wiegt ein Ziegelstein?

   a) 1 Ziegelstein wiegt 2 Kilogramm
   b) 1 Ziegelstein wiegt 1 Kilogramm
   c) 1 Ziegelstein wiegt 1½ Kilogramm
   d) 1 Ziegelstein wiegt 3 Kilogramm
   e) Das Gewicht läßt sich nicht ermitteln

8. Auf einem dunklen Dachboden hängen durcheinander zum Trocknen 3 Paar schwarze Socken und 6 Paar braune Socken. Wieviel Strümpfe muß man im Dunkeln mindestens abnehmen, um sicher zu sein, daß man ein zusammenpassendes Paar Socken bekommt?

   a) Mindestens 2 Strümpfe
   b) Mindestens 3 Strümpfe
   c) Mindestens 4 Strümpfe
   d) Mindestens 6 Strümpfe
   e) Mindestens 8 Strümpfe

9. Vor Ihnen stehen drei Urnen mit den Aufschriften: ›Schwarz/Schwarz‹ ›Schwarz/Weiß‹ ›Weiß/Weiß‹. In jeder Urne liegen zwei Kugeln — einmal zwei schwarze, einmal zwei weiße, und einmal eine schwarze und eine weiße; aber so verteilt, daß bei keiner Urne die Aufschrift stimmt. Sie dürfen sich nötigenfalls mehrmals hintereinander aus einer Urne, die Sie bestimmen, *eine* Kugel zeigen lassen. Wie oft müssen Sie das mindestens tun, um den Inhalt aller drei Urnen mit Sicherheit angeben zu können?

   a) Aus jeder Urne muß eine Kugel gezogen werden
   b) Es genügt eine Kugel aus der Urne ›Weiß/Weiß‹
   c) Es genügt eine Kugel aus der Urne ›Schwarz/Weiß‹
   d) Es genügen zwei Kugeln aus zwei Urnen
   e) Es genügen zwei Kugeln aus einer Urne

10. Jemand sagt: »Ich bin das einzige Mitglied unseres Kirchenchores, dessen Zwillingsbruder auch Mitglied des Kirchenchores ist.« Kann das zutreffen?

   a) Ja, wenn es sich um einen Bariton handelt
   b) Ja, wenn es sich um eine Sopranistin handelt
   c) Nein, wenn es sich um eine Sopranistin handelt
   d) Kann in keinem Falle zutreffen
   e) Kann zutreffen, wenn es eineiige Zwillinge sind

3. Logisches Denken

Sie sehen hier Anordnungen von Figuren, wobei immer eine Figur nicht in die Reihe paßt.

Beispiel 1:

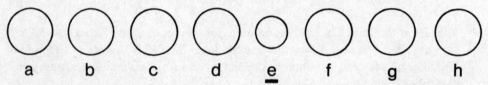

In Beispiel 1 paßt der kleinere Kreis nicht in die Gesamtordnung, deshalb ist unter Beispiel 1 der Buchstabe ›e‹ angestrichen.

Beispiel 1: a b c d e̲ f g h

Beispiel 2:

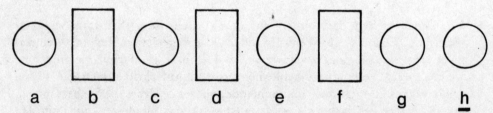

In Beispiel 2 paßt der letzte Kreis nicht in die Gesamtordnung — weil die Reihenfolge Kreis/Rechteck nicht fortgesetzt wird. In der Antwort ist deshalb unter Beispiel 2 der Buchstabe ›h‹ angestrichen

Beispiel 2: a b c d e f g h̲

Ihre Aufgabe:

Finden Sie in jeder Reihe die Figur heraus, die nicht in die Gesamtordnung paßt, und streichen Sie den Buchstaben deutlich sichtbar an. Achten Sie auf Drehung und Kippen der Figuren.

Sie haben 7 Minuten Zeit.

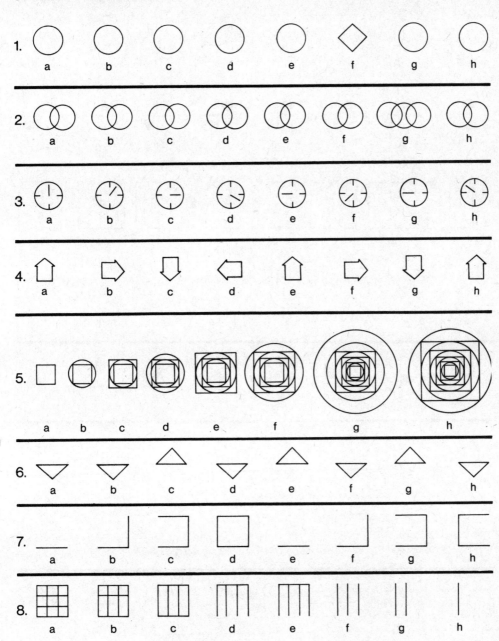

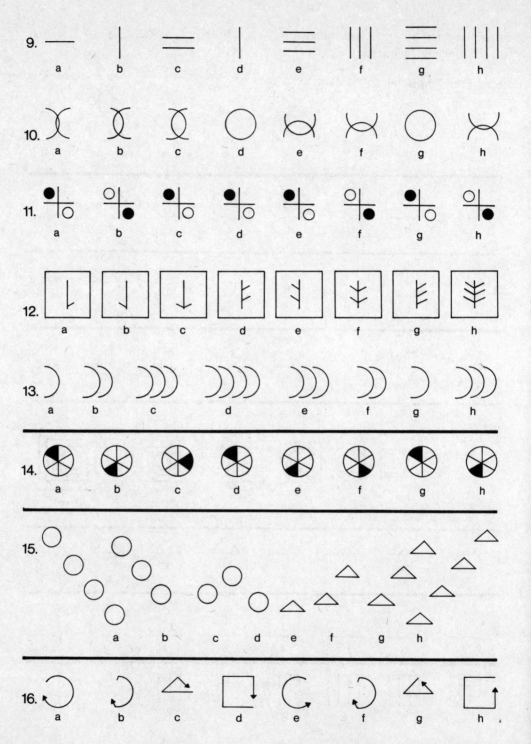

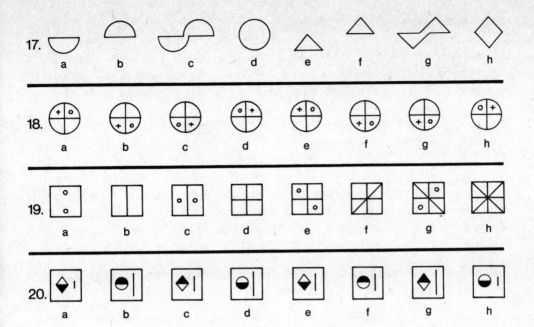

4. Einfühlungsvermögen

Zu den hier geschilderten Situationen finden Sie jeweils eine Reihe (meist drei) von verschiedenen Möglichkeiten des Verhaltens. Sie sollen dabei auf dem Antwortbogen in der Spalte »Trifft am meisten zu« diejenige anstreichen, die am ehesten Ihrem eigenen Verhalten entsprechen würde:
Sie werden also zu jeder Frage (wenn nicht ausdrücklich anders angegeben) nur eine Möglichkeit anstreichen.
Es gibt dabei keine »richtigen« oder »falschen« Antworten, denn jeder von uns reagiert ja verschieden; manchmal kann es sogar sein, daß keine der vorgegebenen Möglichkeiten genau Ihrem wirklichen Verhalten entspricht — wählen Sie dann die Antwort, die Ihrer echten Reaktion noch am nächsten kommt. (Keine Zeitbegrenzung)

1. Auf einer Eisenbahnfahrt steigt in Ihr Abteil ein redseliger Fahrgast zu, der Sie unbedingt in ein Gespräch verwickeln will. Wie reagieren Sie?

    a) Ich freue mich, daß wir uns so gegenseitig die langweilige Fahrt verkürzen können
    b) Ich fühle mich recht unbehaglich und wünsche, er würde bald aussteigen oder sich ein anderes »Opfer« suchen
    c) Wenn er mich stört, gebe ich ihm das deutlich zu verstehen

2. Sie sind zu einem »Gartenfest« bei Leuten eingeladen, die Sie bisher noch nie besucht haben; bei der Einladung wurde aber nichts über die Kleidung gesagt. Was tun Sie?

    a) Wenn nichts gesagt wurde, komme ich so, wie es mir gefällt
    b) Ich kleide mich natürlich besonders sorgfältig und festlich
    c) Ich überlege lange hin und her und frage mich, ob ich überhaupt hingehen sollte

3. Drei Leute unterhalten sich über Sinn und Wert gesellschaftlicher Formen und Etikette-Vorschriften, sie sagen:

    a) »Ich benehme mich ungeniert natürlich und offen und fahre sehr gut dabei«
    b) »Ich schätze die äußerlichen Formen der Höflichkeit hoch ein: sie machen den Umgang mit anderen flüssig und angenehm«
    c) »Man kann in der Öffentlichkeit leicht einen Formfehler begehen und damit unangenehm auffallen«

4. Man kann einen Urlaubstag auf verschiedene Weise verbringen. Was ist Ihre Vorstellung von einem »Idealen Urlaubstag«?

   a) Sich ungestört von anderen einem Hobby widmen
   b) Eine richtige Wanderung machen oder Sport treiben
   c) So richtig »mit Genuß« faulenzen

5. Wie steht es bei Ihnen ums Tanzen?

   a) Ich tanze recht gut und ausgesprochen gern
   b) Ich kann nur mit dem »richtigen« Partner gut tanzen
   c) Ich tanze nicht oder mache beim Tanzen eine »schlechte Figur«

6. Einige Tage bevor Sie gemeinsam mit anderen einen Beschluß fassen müssen, stellen Sie zufällig im Gespräch mit diesen Leuten fest, daß diese die Dinge völlig anders sehen als Sie. Was tun Sie?

   a) Ich bin froh, daß ich das rechtzeitig erfahren habe und meine Meinung noch einmal überprüfen kann
   b) Ich sage ihnen sofort, daß ich in dieser Frage ganz anderer Meinung bin und widersprechen werde
   c) Ich sage jetzt nichts, nehme mir aber vor, den anderen meine Auffassung noch früh genug vor dem Beschluß schriftlich darzulegen

7. Sie sind bei einer Tagung, einem Kursus, einer Gesellschaft o. ä. gemeinsam mit anderen Teilnehmern in einem Hotel untergebracht; am Morgen haben Sie folgende Möglichkeiten:

   a) Gemütlich mit den anderen am gemeinsamen Tisch frühstücken
   b) Etwas länger schlafen und auf dem Zimmer frühstücken
   c) Früher aufstehen und vor oder nach dem Frühstück noch einen Waldlauf oder Morgenspaziergang machen

8. In der Gesellschaft, in der Sie sind, wird ein Geschicklichkeitsspiel vorgeschlagen, das Sie noch nie probiert haben. Was ist Ihre erste Reaktion?

   a) Mal sehen, wie gut ich dabei abschneide
   b) Wenn's alle tun, bin ich kein Spielverderber und mache mit
   c) Ich muß ziemlich aufpassen, damit ich mich nicht durch Ungeschick blamiere

9. Wenn man vor einem schweren Problem oder einer wichtigen Entscheidung steht oder mit einem Schicksalsschlag fertig werden muß, kann man sehr verschieden reagieren. Was hat Ihnen bisher am meisten geholfen?

   a) Wenn ich etwas auf dem Herzen habe, dann hilft es mir am meisten, wenn ich meinen Freunden mein Herz ausschütten kann
   b) Wenn ich etwas auf dem Herzen habe, dann hilft es mir am meisten, wenn ich es in Einsamkeit und Ruhe »innerlich verarbeiten« und mit mir selbst ins Reine kommen kann
   c) Wenn ich etwas auf dem Herzen habe, dann hilft mir am meisten, wenn ich mich auf die Arbeit stürze oder sonst etwas unternehme

10. Wie reagieren Sie im allgemeinen auf eine besonders gute Nachricht oder einen Glücksfall?

    a) Ich möchte jubeln, tanzen oder sonst etwas »anstellen«
    b) Ich möchte es am liebsten gleich aller Welt erzählen
    c) Ich möchte erst mal Ruhe haben, um das im stillen zu »verarbeiten«

11. Wie steht es um Ihren Schlaf?

    a) Ich schlafe leicht und mühelos ein und ruhe dann entspannt und tief, so daß ich nachts nur schwer zu wecken bin; ich schlafe gern und vielleicht mehr als nötig
    b) Ich gehöre zu denen, die abends »schwer ins Bett finden«; dafür springe ich am Morgen selten gleich aus dem Bett — sondern es dauert meist noch eine ganze Weile, bis ich »richtig munter« geworden bin
    c) Ich bin ein typischer Frühaufsteher; ich kann sofort nach dem Aufwachen aus dem Bett springen, eine erfrischende Dusche nehmen und singen — ich brauche oft nicht sehr viel Schlaf

12. Es gibt sehr unterschiedliche Meinungen darüber, welche Zeit im Leben die glücklichste sei; wie ist Ihre Meinung?

    a) Die glücklichste Zeit im Leben sind die Perioden immer fortschreitender Reife, wenn Spannung und Unsicherheit der Jugend überwunden sind
    b) Die glücklichste Zeit im Leben sind die Jugendjahre mit ihrem kühnen Stürmen und Drängen — jenseits der 35 ist das Beste oft schon vorbei
    c) Die glücklichste Zeit im Leben war doch die Kinderzeit — und mit Kindern fühle ich mich selbst wieder jung werden

13. In einer Debatte darüber, wonach sich Wirtschaft, Regierung und die Gesellschaft im allgemeinen ausrichten sollten, werden folgende Meinungen vertreten:

   a) Wir brauchen vor allem die Erfahrung reifer Menschen und die Weisheit des Alters
   b) Wir brauchen vor allem mehr »frisches Blut« und sollten der jungen Generation mehr Chancen geben
   c) Wir Erwachsene könnten viel von den Kindern lernen, wenn wir sie nur ernster nähmen

14. Wie ist Ihre Einstellung zum Tod und Selbstmord?

   a) Ich denke oft über den Tod und über Selbstmord nach
   b) Der Tod schreckt mich nicht – eher der Gedanke, im Alter gebrechlich und greisenhaft zu werden
   c) Ich habe eine ausgesprochene Abneigung gegen Themen wie Tod und Selbstmord

5. Sprachbeherrschung

Sehen Sie sich die folgenden fünf Wörter an:

a) Osten
b) Oben
c) Westen
d) Süden
e) Norden

Offenbar paßt eines davon nicht in die Reihe, denn OSTEN, WESTEN, SÜDEN und NORDEN sind Himmelsrichtungen, OBEN ist zwar auch eine Richtung, aber keine Himmelsrichtung.

Ihre Aufgabe:
Auch bei den folgenden Gruppen von fünf Wörtern sollen Sie jeweils das Wort heraussuchen, das nicht in die Reihe paßt, und seinen Kleinbuchstaben durchstreichen.

In unserem Beispiel müßten Sie also so durchstreichen:
Beispiel: a b̸ c d e.

Bitte erst nach dem Startzeichen beginnen — Sie haben 6 Minuten Zeit.

1. a) Tee
   b) Kaffee
   c) Bier
   d) Kakao
   e) Milch

2. a) Auge
   b) Hals
   c) Nase
   d) Ohr
   e) Zunge

3. a) Salz
   b) Zucker
   c) Pfeffer
   d) Paprika
   e) Essig

4. a) Regen
   b) Nebel
   c) Hagel
   d) Wasser
   e) Schnee

5. a) Wasserfall
   b) Fluß
   c) Strom
   d) Meer
   e) Bach

6. a) bremsen
   b) vermindern
   c) zögern
   d) stürmen
   e) hemmen

7. a) Quadrat
   b) Dreieck
   c) Kreis
   d) Rechteck
   e) Pyramide

8. a) Harfe
   b) Geige
   c) Gitarre
   d) Zither
   e) Mandoline

9. a) lauschen
   b) testen
   c) spionieren
   d) weinen
   e) horchen

10. a) Welle
    b) Biegung
    c) Bucht
    d) Pfeiler
    e) Wölbung

11. a) stark
    b) edel
    c) gut
    d) ehrlich
    e) böse

12. a) leimen
    b) flicken
    c) schneiden
    d) nähen
    e) kleben

13. a) Pudel
    b) Dackel
    c) Hund
    d) Terrier
    e) Boxer

14. a) Konstruktion
    b) Analyse
    c) Aufbau
    d) Synthese
    e) Gestaltung

15. a) blank
    b) rostig
    c) hart
    d) farbig
    e) rußig

16. a) Kurve
    b) Pfeil
    c) Kreis
    d) Bogen
    e) Ellipse

17. a) Lob
    b) Tadel
    c) Strafe
    d) Erfolg
    e) Belohnung

18. a) haarig
    b) samtig
    c) pelzig
    d) weich
    e) filzig

19. a) Barriere
    b) Summe
    c) Ehe
    d) Brücke
    e) Union

20. a) Abschluß
    b) Urteil
    c) Entscheidung
    d) Initiative
    e) Entschluß

21. a) Reichtum
    b) Ehre
    c) Freiheit
    d) Treue
    e) Weisheit

22. a) Übung
    b) Planung
    c) Reklame
    d) Lehre
    e) Erfolg

6. Alternativtest
Aktivität — Verantwortungsgefühl

Sie finden jeweils alternative Aussagen zu einem Problem. Kreuzen Sie bitte an, welche Aussage eher auf Sie zutrifft. Versuchen Sie bitte, alle Feststellungen zu beantworten.

1. Manchmal beharre ich auf einer Sache, bis andere die Geduld mit mir verlieren. ○ ○ Ich weiß immer den rechten Zeitpunkt, um nachzugeben.

2. Eine Wette oder ein Spiel machen mir mehr Spaß, wenn ich dabei Geld einsetzen kann. ○ ○ Ich spiele oder wette nie um Geld.

3. Arbeiten erledige ich gerne in großen Zügen. ○ ○ Arbeiten erledige ich lieber Schritt für Schritt.

4. Manchmal kann ich mich mit ungewöhnlicher Leichtigkeit entschließen. ○ ○ Ein Entschluß fällt mir in den meisten Fällen nicht ganz leicht.

5. Ich bin der Meinung, daß man eine Lücke im Gesetz ohne weiteres zu seinem Vorteil ausnützen soll. ○ ○ Ich bin der Meinung, daß man eine Lücke im Gesetz nicht ohne weiteres zu seinem Vorteil nutzen sollte.

6. Ich neige dazu, schnell zu handeln. ○ ○ Bevor ich handle, überlege ich erst gründlich meine nächsten Schritte.

7. Ich mache mir nie Gedanken über mein Aussehen. ○ ○ Ich lege auf mein Aussehen großes Gewicht.

8. Ich gehe sehr ungern zum Arzt. ○ ○ Ich fürchte mich nicht davor, wegen einer Krankheit zum Arzt zu gehen.

9. Routinearbeiten erledige ich gern. ○ ○ Routinearbeiten sind für mich anstrengend.

10. Ich übernehme gerne Verantwortung, aber ich überbewerte sie nicht. ○ ○ Wenn ich Verantwortung übernehme, wird sie für mich zur ernsten Pflicht.

11. Man sollte versuchen, alles zu erhaschen, was man in dieser Welt erlangen kann. ○ ○ Ich bescheide mich mit einem kleinen Teil und bin zufrieden dabei.

12. Wichtige Entscheidungen möchte ich alleine fällen. ○ ○ Wichtige Entscheidungen möchte ich nur mit anderen fällen.

13. Wenn mir jemand Unrecht tut, versuche ich es ihm heimzuzahlen, schon um des Prinzips willen. ○ ○ Wenn mir jemand Unrecht tut, bin ich nicht nachtragend.

14. Ich übernehme in Gruppentätigkeiten gerne die Führung. ○ ○ Ich bin bereit, bei Gruppenarbeiten das zu tun, was die anderen auch tun.

15. Es ist mir ein hohes Gebot, daß andere sich auf mich verlassen können. ○ ○ In der Frage, ob andere sich auf mich verlassen können, kommt es auf die jeweilige Situation an.

16. Ein Projekt würde ich lieber planen. ○ ○ Ein Projekt würde ich lieber ausführen als planen.

17. Eine Arbeit führe ich trotz auftretender Hindernisse beharrlich zu Ende. ○ ○ Auftretende Hindernisse im Arbeitsablauf stellen für mich — wenn ich ehrlich bin — eine erhebliche Ablenkung dar.

18. Wenn ich etwas Neues beginne, tue ich es schnell. ○ ○ Ich beginne bei etwas Neuem lieber langsam und bedacht.

19. Ich glaube, daß ich oft ohne Grund bestraft worden bin.   O   O   Wenn ich bestraft worden bin, lag eigentlich immer ein Grund vor.

20. Ich möchte gern ein Adler, fern auf einer Bergspitze sein.   O   O   Ich wäre lieber das schnellste Pferd in einer Herde.

21. Ich bin ein Mensch, der immer darauf achtet, daß die Dinge so genau wie möglich gemacht werden.   O   O   Ich bin ein Mensch, der immer darauf achtet, daß die Dinge so zweckentsprechend wie nötig gemacht werden.

22. Ich meine: Die Welt braucht mehr Menschen, die etwas tatkräftig erledigen.   O   O   Ich meine: Die Welt braucht mehr Menschen, die sinnvoll planen.

23. Meine Schulnoten in »Betragen« waren fast immer schlecht.   O   O   Meine Schulnoten in »Betragen« waren fast immer gut.

24. Ich wohne lieber in einer Stadt, die betriebsam und vorwärtsstrebend ist.   O   O   Ich wohne lieber in einer Stadt, die kulturell bedeutend und naturnah ist.

25. Als Wappentier würde ich den Stier wählen.   O   O   Als Wappentier würde ich den Fuchs wählen.

7. Flexibilität

In diesen beiden Figuren A und B

Figur A

Figur B

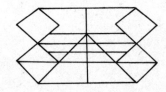

können die nachfolgend gezeichneten 17 einfachen Figuren in derselben Lage und Größe enthalten sein. Sehen Sie jede der 17 einfachen Figuren der Reihe nach daraufhin an, ob sie in Figur A oder in Figur B oder in beiden enthalten ist.

Ihre Aufgabe:

Kreuzen Sie bitte im Antwortbogen hinter der Nummer jeder dieser 17 Figuren an, ob sie in Figur A oder in Figur B oder in beiden enthalten ist.

Beispiel:

Figur 1 ist nur in Figur B (oben links) enthalten. Auf Ihrem Antwortbogen ist also nur Figur B anzustreichen.

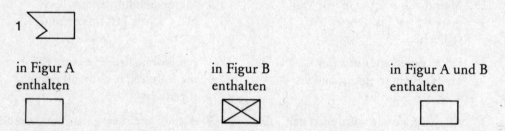

Die Figuren sind mitunter sehr versteckt und können auch von anderen Linien durchzogen sein. Bitte beachten: Die Figuren sind immer in derselben Lage und Größe.

Bitte beginnen Sie — Sie haben 12 Minuten Zeit.

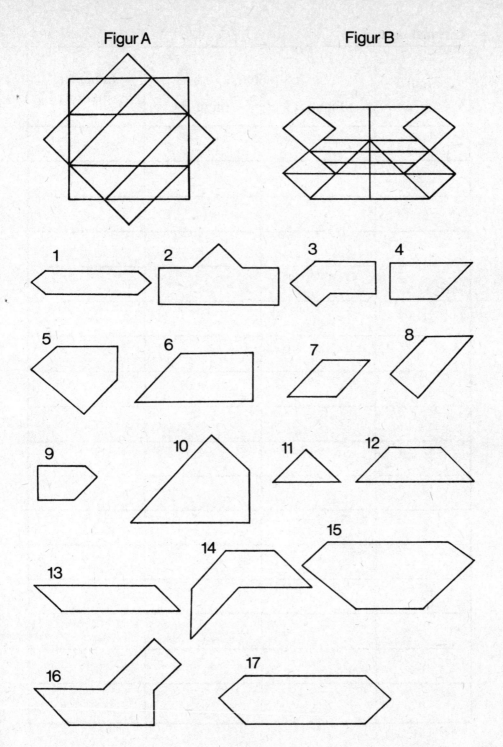

Antwortbogen

Figur	enthalten in:		in beiden Figuren
	Figur A	Figur B	
1			
2			
3			
4			
5			
6			
7			
8			
9			
10			
11			
12			
13			
14			
15			
16			
17			

8. Verhalten in Streß-Situationen

Auf jedem der Bilder, die Sie auf den folgenden Seiten finden, sieht man Leute, die miteinander sprechen. Auf der linken Seite können Sie jeweils lesen, was die eine Person sagt. Darunter finden Sie jeweils 4 mögliche Antworten der anderen Person.

Ihre Aufgabe:

Streichen Sie jeweils den Buchstaben der Antwort an, die Sie für passend halten. Arbeiten Sie bitte zügig und versuchen Sie, bei der Beantwortung möglichst Ihrem spontanen gefühlsmäßigen Eindruck zu folgen!

Der Chef lädt Herrn Samm zu sich und eröffnet ihm: »Durch diese Ungeschicklichkeit haben Sie unnötige Kosten verursacht.«

Antworten:

a) »Sie haben mich viel zu wenig für diesen Auftrag vorbereitet.«
b) »Das Problem war doch schwieriger, als ich vermutet hatte.«
c) »Es tut mir wirklich leid, ich hätte es anders anfassen sollen.«
d) »Ich werde den Fehler wieder gut machen.«

Herr Riller wird von einem vorbeifahrenden Wagen bespritzt. Sein Begleiter meint: »So können Sie kaum an der wichtigen Besprechung teilnehmen.«

Antworten:
a) »Ich hätte besser aufpassen müssen.«
b) »So ein rücksichtsloser Kerl, ich zeige ihn an.«
c) »Ich werde trotzdem an der Besprechung teilnehmen und den Herren die Sache erklären.«
d) »Der viele Regen hat aber auch alles überschwemmt.«

Frau Fischer passiert bei der Hausarbeit ein Malheur. Sie seufzt: »Die wertvollen Gläser.«

Antworten:

a) »Das kann doch jedem passieren.«
b) »Du wirst noch unser gesamtes Geschirr zerschlagen.«
c) »Wir kaufen uns halt neue Gläser und sparen dies bei anderer Gelegenheit wieder ein.«
d) »Ich hätte Dir doch helfen sollen.«

Das Ehepaar Hansen möchte ins Theater. Obwohl die Zeit drängt, versucht Frau Hansen nach Stunden immer noch, ihre Frisur zu verschönern, und sagt ungerührt: »Wenn meine Frisur nicht bald hält, kommen wir schon wieder zu spät.«

Antworten:

a) »Wir werden schon noch das Wichtigste mitbekommen.«
b) »Du trödelst aber auch wieder endlos.«
c) »Ich hätte dich schon früher auf die fortgeschrittene Zeit aufmerksam machen sollen.«
d) »Wir nehmen ein Taxi, dann schaffen wir es noch.«

Herr Gärtner bringt ein neu gekauftes Gerät zum fünften Mal zur Reklamation. »Dieses Gerät funktioniert schon wieder nicht mehr.«

Antworten:

a) »Wir werden es selbstverständlich gegen ein anderes austauschen.«
b) »Das kann bei elektrischen Geräten leicht passieren.«
c) »Sie müssen halt endlich lernen, wie man es richtig bedient.«
d) »Wir werden es reparieren und Ihnen inzwischen einen Ersatz stellen.«

Herr Engel wird um 3 Uhr nachts vom Telefon geweckt. Der Teilnehmer am anderen Ende der Leitung entschuldigt sich: »Ich habe aus Versehen die falsche Nummer gewählt.«

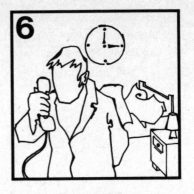

Antworten:

a) »Sie können wenigstens zu dieser Stunde besser aufpassen.«
b) »Macht nichts, ich konnte sowieso nicht schlafen.«
c) »Jetzt ist es eh schon passiert.«
d) »Am besten ist es wohl, wenn man nachts das Telefon abstellt.«

»Ihr dämlicher Hund hat meine Hose zerrissen.«

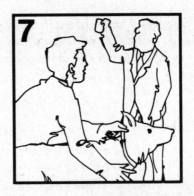

Antworten:

a) »Ich werde für den Schaden selbstverständlich aufkommen.«
b) »Mein Hund ist nicht dämlich.«
c) »Auch brave Tiere sind machmal etwas unberechenbar.«
d) »Mein Hund ist nicht angriffslustig, er fühlte sich bedroht.«

Herr Jung beeilt sich sehr, um einen Termin einzuhalten. Als er ganz außer Atem ankommt, wird ihm gesagt: »Leider können wir Sie heute nicht empfangen, weil etwas Wichtiges dazwischenkam.«

Antworten:

a) »Hätte ich vorher noch mal anrufen sollen?«
b) »Wenn Ihnen mein Anliegen zu unwichtig erscheint, kann ich ja wieder gehen.«
c) »Wenn die andere Sache so wichtig ist, können wir ja einen neuen Termin festlegen.«
d) »Vereinbarungen sollten eigentlich eingehalten werden.«

Szene im Restaurant. Der Kellner verschüttet den Wein und meint ganz gelassen: »Auf Ihrer dunklen Jacke sieht man die Flecken sowieso kaum.«

Antworten:

a) »Das glauben Sie doch selbst nicht.«
b) »Holen Sie mir bitte heißes Wasser zum Reinigen.«
c) »Ich habe zu sehr darauf vertraut, daß nichts passieren würde, und deshalb nicht reagiert.«
d) »Das kann bei soviel Betrieb schon einmal passieren.«

Herr Hilt fragt in einer fremden Großstadt einen Polizisten nach dem Weg. Der aber antwortet: »Sehen Sie denn nicht, daß ich mich bei dem Verkehr nicht um Sie kümmern kann.«

Antworten:

a) »Sie haben recht, ich sehe, daß Sie momentan zu viel zu tun haben.«
b) »Auch in solch einer Situation kann man freundlich bleiben.«
c) »Bei diesem Verkehr ist man als Polizist wirklich überlastet.«
d) »Ich werde einen Moment warten, bis der Verkehr wieder richtig in Fluß ist.«

Nach einem Zusammenstoß meint der Schuldige: »Ich konnte nicht mehr anders fahren.«

Antworten:

a) »Lassen Sie doch das Fahren sein, wenn Sie es nicht können.«
b) »Mit einer besseren Reaktion hätte ich vielleicht noch ausweichen können.«
c) »Wenn Ihre Versicherung für den Schaden aufkommt, ist die Sache schnell erledigt.«
d) »Es ist wirklich schwierig, bei so vielen Autos noch alles zu sehen.«

In einem Geschäft erklärt der Verkäufer: »Es tut mir leid, wir haben das letzte Stück gerade verkauft, obwohl Sie vorbestellt hatten.«

Antworten:

a) »Bei dieser starken Nachfrage konnten Sie wohl nicht anders.«
b) »Dafür sind Sie mir eine Erklärung schuldig.«
c) »Schade, ich hätte doch früher kommen müssen.«
d) »Benachrichtigen Sie mich bitte sofort, wenn die neue Lieferung eingetroffen ist.«

9. Durchschauen sozialer Situationen

Diese Bilder erzählen eine Geschichte. Sie sind jedoch aus der richtigen Reihenfolge geraten — wie folgendes Beispiel zeigt:

In die richtige Reihenfolge gebracht, wird ein sinnvolles Geschehen daraus:

Ihre Aufgabe:

Tragen Sie im vorgesehenen Kästchen die Buchstabenfolge ein, die Ihrer Meinung nach die Geschichte richtig wiedergibt.

In unserem Beispiel müßten Sie so eintragen:

Bildfolge 1: b d a c

Die Folge b, d, a, c gibt die Geschichte am sinnvollsten wieder.

Sie haben 6 Minuten Zeit.

Bilderfolge 1

Bilderfolge 2

Bilderfolge 3

Bilderfolge 4

Bilderfolge 5

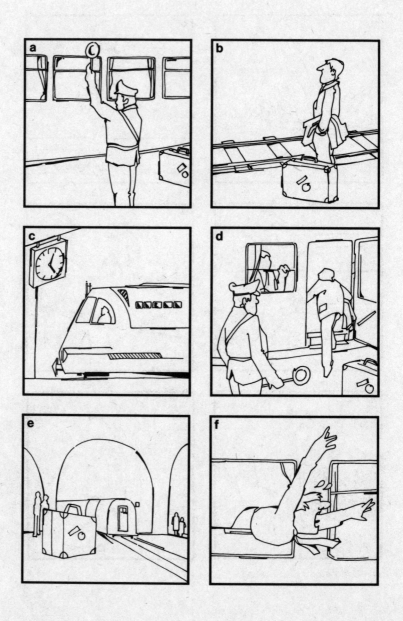

Bilderfolge 6

Bilderfolge 7

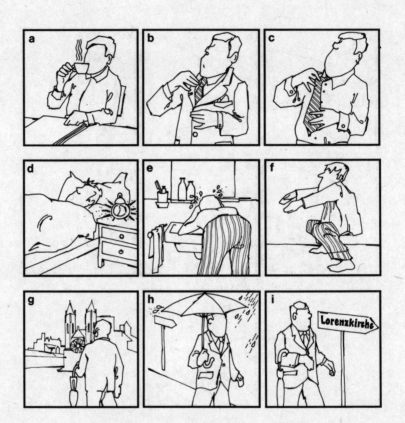

10. Kontaktfähigkeit, Dominanz, Leistungsehrgeiz

Nachfolgend geben Sie bitte »Ja« an, wenn die gegebene Aussage Ihrem Verhalten entspricht. »Nein« kreuzen Sie bitte an, wenn Sie diese Aussage nicht als richtig für Ihr Verhalten ansehen.
Arbeiten Sie bitte zügig. Im Zweifel entscheiden Sie sich bitte für die Antwort, die am ehesten zutrifft.

Ohne Zeitbegrenzung!

		ja	nein
1.	Es mißfällt mir, in einer fremden Stadt meinen Weg zu erfragen.	O	O
2.	Ich habe einen ausgeprägten »Familiensinn«.	O	O
3.	Ich leiste etwas mehr als der Durchschnitt meiner Kollegen.	O	O
4.	Ich komme viel mit Untergebenen in Berührung.	O	O
5.	Ich bin ein bequemer Mensch.	O	O
6.	Ich kann meine Freizeit erst dann richtig genießen, wenn ich meine Pflichten restlos erfüllt habe.	O	O
7.	Es ist mir peinlich, gekaufte Artikel, die nicht meinem Wunsch entsprechen, in den Laden zurückzubringen.	O	O
8.	Ich bin eher ein wenig gemütlich als forsch.	O	O
9.	Wenn ich eine Arbeit durchführe, steht mein Ansehen auf dem Spiel.	O	O
10.	Ich habe schon einmal andere um Unterstützung gebeten für eine Sache, die mir sehr am Herzen lag.	O	O
11.	Ich kann unordentliche Menschen nicht ausstehen.	O	O
12.	Ich bin einsatzfreudiger als andere.	O	O
13.	Auf Grund meiner Initiative ist schon einmal ein Club, eine Mannschaft oder eine Gruppe gegründet worden.	O	O
14.	Ich liebe es, auch bei kleineren Anlässen zu feiern.	O	O
15.	Wenn in meinem Zimmer ein Bild schief hängt, fühle ich mich so lange nicht wohl, bis ich es wieder gerade gehängt habe.	O	O

16. Es ist mir unangenehm, wenn andere mir bei meiner Arbeit zuschauen, auch wenn ich sie richtig mache. ○ ○
17. Ich liebe die üblichen Höflichkeitsgesten und -floskeln ○ ○
18. Ich glaube, daß meine Kollegen mich für tüchtig halten. ○ ○
19. Ich beschwere mich beim Kellner, wenn eine Speise ungenügend zubereitet wurde. ○ ○
20. Ich schenke sehr gern und oft. ○ ○
21. Ich neige dazu, in meiner Arbeit so aufzugehen, daß ich mich nur ungern unterbrechen lasse und zu einer anderen Tätigkeit überwechsle. ○ ○
22. Ich finde es schwierig, öffentlich zu sprechen. ○ ○
23. Ich halte mich für einen Optimisten. ○ ○
24. Ich bin leicht beim Ehrgeiz zu packen. ○ ○
25. Es ist schwierig, einen Vertreter loszuwerden. ○ ○
26. Es kommt kaum vor, daß andere mein Verhalten mißverstehen. ○ ○
27. Ich bin gegen mich selbst härter als gegen andere. ○ ○
28. Leute fragen mich oft um Rat. ○ ○
29. Ich versuche mit allen Leuten gut auszukommen, auch wenn sie es manchmal nicht verdienen. ○ ○
30. Ich bin ein äußerst gewissenhafter Mensch — in Geldangelegenheiten, bei meiner Arbeit, meinen sonstigen Pflichten usf. ○ ○
31. In Gegenwart höhergestellter Personen habe ich manchmal das Gefühl der Unterlegenheit. ○ ○
32. Die meisten Menschen können mir »am Gesicht ablesen«, ob ich fröhlich oder traurig, erfreut oder bestürzt usf. bin. ○ ○
33. Ich werde unruhig, wenn ich ein paar Tage nichts getan habe. ○ ○
34. Bei Begegnungen nehme ich gerne die Pflicht auf mich, Freunde miteinander bekannt zu machen. ○ ○
35. Ich bin so tolerant gegen andere, daß ich eine Bitte oder einen Wunsch kaum abschlagen kann. ○ ○

36. Ich freue mich am Ende des Urlaubs, daß es bald wieder weitergeht.   O   O
37. Ich habe Schwierigkeiten, einen Fremden anzusprechen.   O   O
38. Ich fühle mich nicht so recht wohl, wenn ich nichts zu tun habe.   O   O
39. Es würde mir nichts ausmachen, in einer Gruppe eine Idee zu äußern, nur um eine Diskussion anzufachen.   O   O
40. Der Mensch, an dem ich als Kind am meisten hing und den ich am meisten bewunderte, war eine Frau (Mutter, Schwester, Tante oder eine andere Frau).   O   O
41. Ich mache niemandem einen Vorwurf daraus, wenn er versucht, alles zu erhaschen, was er in dieser Welt erlangen kann.   O   O
42. Manchmal stimme ich bei Wahlen für Leute, von denen ich sehr wenig weiß.   O   O
43. Ich habe feste politische Ansichten.   O   O

Testauswertung und Erklärung der Testlösungen

Die jetzt folgenden Seiten dienen der Auswertung Ihrer Testergebnisse.

Vergleichen Sie bitte Ihre Lösungen mit nachfolgenden, richtigen Antworten und übertragen Sie die ermittelten Punktwerte in das vorgesehene Kästchen.

Aufgaben, die in der zur Verfügung stehenden Zeit nicht gelöst werden konnten, bekommen keine Punkte. Sicher interessiert es Sie auch, aus welchen Gründen die eine oder andere Lösung richtig ist. Damit Sie die Richtigkeit der Lösung nachvollziehen können, erhalten Sie — soweit notwendig — nachfolgend zu jedem der Testabschnitte entsprechende Ausführungen.

Nachdem Sie alle Testabschnitte so ausgewertet haben, übertragen Sie bitte die in die Kästchen eingetragenen Punktwerte in das später folgende Profilblatt.

Nach den jeweiligen Seiten zur Auswertung der Testergebnisse und den erklärenden Ausführungen finden Sie die Erläuterungen zum Gesamtprofil. Es ist jeweils die Einzelposition des Profilblattes dargestellt. Grafische Zeichen zeigen die Ergebnisse unterschiedlicher Gruppen, und zwar

Punkte:

Verkäufer mit unterschiedlichen Tätigkeitsbereichen aus unterschiedlichen Branchen.

Dreiecke:

Mitarbeiter mit Kundenkontakt im Innendienst (Wertpapierberater einer Bank).

Wellenlinie:

Verkäufer im Außendienst (Markenartikel).

Das offene Dreieck zeigt Ihnen jeweils den Gesamtdurchschnitt aus allen drei Gruppen.

1. Allgemeinbildung

In diesem Testabschnitt haben Sie Ihr Allgemeinwissen getestet. Jeder in Ihrem Testblatt richtig angestrichene Buchstabe bekommt einen Punkt.

Lösung:

1 Pfeife	17 Slalom
2 Traube (Trauma)	18 Mispel
3 Flucht	19 Toledo
4 Neapel	20 Assuan
5 Stunde	21 Sekret
6 Afrika	22 Folklore
7 Hypnose	23 Chopin
8 Artist	24 Osmose
9 Insekt	25 Renoir
10 Bambus	26 Niveau
11 Mohammed	27 Laotse
12 Asthma	28 Inzest
13 Psyche	29 Bagdad
14 Barbar	30 Saturn
15 Kleist	31 Axiom (Anion)
16 Vulkan (Balkan)	32 Sarong

Punktzahl

Erklärung:

Die Richtigkeit der einzelnen Wörter können Sie leicht überprüfen, wenn Sie in einem Wörterbuch nachschlagen. Ein Zweifel könnte auftauchen bei Wort 27 – Lootse. Hier sieht es auf den ersten Blick so aus, als wäre ein »o« zu viel und das Wort müßte Lotse heißen. In der Testanleitung wurde gesagt, daß ein Buchstabe in jedem Wort falsch ist. Daraus resultiert, daß kein Buchstabe zuviel, sondern daß eben ein Buchstabe unrichtig ist.

Ihr Allgemeinwissen wurde mit einem Wortschatztest ermittelt. Der Wortschatz ist Merkmal für das Allgemeinwissen. Allgemeinwissen steht in enger Beziehung zu dem Bildungsniveau des Elternhauses und der Schulbildung.

Durch Untersuchungen ist bekanntgeworden, daß die Kinder von Akademikern bzw. leitenden Angestellten über einen wesentlich höheren Wortschatz als gleichaltrige Kinder aus einem niedrigeren sozialen Niveau verfügen. Es wurden also schon in frühester Kindheit die Weichen gestellt, die über späteren beruflichen Erfolg mitentscheiden.

Die Aussagen im Verkaufsgespräch können den Produkteindruck beim Kunden wesentlich verändern. Deshalb ist gerade für den Verkäufer ein großer Wortschatz sehr wichtig. Ein gutes Ergebnis im Wortschatztest ist also als Voraussetzung für den Beruf des Verkäufers unumgänglich.

Wie viele Beschreibungsmöglichkeiten gibt es alleine für den Vorgang des »sich Fortbewegens«: laufen, hüpfen, kriechen, schlendern, flanieren, marschieren, rennen, bummeln, rollen, tänzeln, einen Fuß vor den anderen setzen, robben, fahren, fliegen, segeln, hüpfen, schwimmen und viele andere mehr. Sie sehen also, es besteht ein großer Unterschied darin, ob ein Erzähler sagt:

»Er bewegte sich fort.« Oder ob er schreibt: »Das Mädchen schwebte über die Bühne«, »die Kompanie marschierte zackig durch die Stadt«.

Daran erkennen Sie: Die richtige Wahl des zutreffenden Wortes läßt im Zuhörer ein plastisches, klares und beeinflussendes Bild entstehen.

Für die Verkäufer ist es also von ausschlaggebender Wichtigkeit, die spezifische Eigenschaft eines Produkts mit dem einzig passenden Wort bezeichnen zu können.

Gesamtprofil

Die Ergebnisse liegen zwischen 15 und 32 Punkten.

Die Durchschnittswerte zeigen sich bei

Gruppe 1	30,1 Punkte
Gruppe 2	28,0 Punkte
Gruppe 3	20,2 Punkte
Gesamtdurchschnitt	24,1 Punkte

Dies zeigt, daß das Allgemeinwissen der beratend tätigen und der im Innendienst beratend verkaufenden Absolventen sehr hohe Werte erreicht. Zu erklären ist dies mit der häufig besseren Schul- und Ausbildung der Teilnehmer.

Der Schluß ist sicher zulässig: Je hochwertiger ein Gesprächsinhalt (Verkaufsobjekt) und je höher das Niveau des Gesprächspartners — desto umfassender muß das eigene Allgemeinwissen sein.

Ihr Wert:

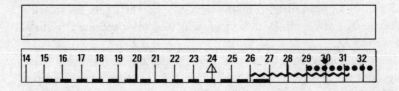

2. Originalität

In diesem Testabschnitt haben Sie Ihre Originalität getestet.

Lösung:

1 = d	Alle richtigen Lösungen im Lösungsbereich 1 bis einschließlich 5
2 = c	erhalten einen Punkt
3 = b	
4 = d	
5 = e	
6 = c	Alle richtigen Lösungen im Lösungsbereich 6 bis einschließlich 8
7 = a	erhalten 2 Punkte
8 = b	
9 = c	Alle richtigen Lösungen im Lösungsbereich 9 bis 10 erhalten 3
10 = b	Punkte

Punktzahl

Punktzahl ▢

Erklärung:

1. Richtig ist hier die Lösung d. Vom Nordpol aus gesehen gibt es nur die Richtung Süd.

2. Richtig ist die Lösung c. Die Voraussetzung, am gleichen Tag und von der gleichen Mutter geboren worden zu sein, kann nur bei Mehrlingsgeburten zutreffen, daher kann nur die Lösung c richtig sein.

3. Die richtige Lösung ist b. Die drei Personen sind Großvater, Vater und Sohn.

4. Richtig ist die Lösung d. Bei einer ungeraden Zahl von Atlantik-Überquerungen London/New York muß der Passagier in England geboren sein, bei geraden Zahlen in Amerika.

5. Richtig ist die Lösung e. Von einem Haufen mit 19 Nüssen kann man nur eine Nuß wegnehmen. Ist diese eine Nuß weggenommen, besteht der Haufen nur noch aus 18 Nüssen. Die zweite Nuß würde also bereits von einem Haufen mit 18 Nüssen weggenommen.

6. Richtig ist die Lösung c. Die Gläser erklingen 10mal.
   5 stößt an mit 4, 3, 2 und 1
   4 stößt an mit 3, 2 und 1

3 stößt an mit 2 und 1
2 stößt an mit 1.
Werden die jeweiligen Kontakte nun addiert, ergeben sich 10 Kontakte.

7. Richtig ist die Lösung a. Ein ganzer Ziegelstein wiegt gleichviel wie zwei halbe. Ein ganzer setzt sich lt. Frage zusammen aus dem Gewicht von einem halben Ziegelstein plus 1 kg. Zwei Hälften wiegen gleichviel, also muß der Ziegelstein 2 kg wiegen.

8. Richtig ist die Lösung b. Bei drei Strümpfen müssen naturgemäß mindestens 2 gleichfarbige vorhanden sein.

9. Richtig ist die Lösung c. Entscheidend ist, daß keine der Aufschriften auf den Urnen stimmt. Erhalten Sie aus der Urne schwarz/weiß eine weiße Kugel, so muß der Inhalt weiß/weiß sein. Demzufolge muß die Urne weiß/weiß, das Paar schwarz/schwarz enthalten. Die Urne schwarz/schwarz kann nur das Paar schwarz/weiß enthalten. Alle drei Urnen sind somit eindeutig festzulegen. Erhalten Sie bei der Ziehung eine schwarze Kugel, ist der Denkvorgang identisch.

10. Richtig ist die Lösung b. Wäre »d« angegeben, könnte diese Behauptung auch der Zwillingsbruder aufstellen.

Denksporttest. Personen mit hohem Punktwert in diesem Test finden häufig originelle Problemlösungen, die oft zunächst völlig abwegig zu sein scheinen.

Diese Personen machen sich frei von Erfahrungswerten und suchen neue Wege zur Problemlösung. Sie lassen sich zudem durch eine Vielzahl von Informationen nicht vom eigentlichen Problem ablenken. Die Fähigkeit zu originellem Denken ist gleichzeitig ein erstes Anzeichen für Kreativität.

»Der Köder muß dem Fisch schmecken, nicht dem Angler.« Was heißt das im Zusammenhang mit diesem Test? Nun, ein Verkäufer muß in der Lage sein, auch Produktnutzen zu nennen, die für ihn selbst nicht Grund für einen Kauf wären. Denken Sie nur daran, daß wir als Kinder einen Regenschirm gesucht haben, um daraus Pfeil und Bogen zu fertigen.

Der Verkäufer, der Originalität als eine seiner Eigenschaften bezeichnen kann, findet leichter neue Lösungen und ist damit in der Lage, seine Argumentation auszubauen und durch Schilderung mehrerer individueller Verwendungsmöglichkeiten des Produkts mehr Kunden zu gewinnen.

Gesamtprofil

Die Ergebnisse liegen zwischen 3 und 13 Punkten.

Die Durchschnittswerte zeigen bei

Gruppe 1	9,0 Punkte
Gruppe 2	8,6 Punkte
Gruppe 3	4,9 Punkte
Gesamtdurchschnitt	6,7 Punkte

Aus der Graphik ersehen Sie, daß die Werte innerhalb der Gruppen 1 und 3 verhältnismäßig eng beisammen liegen. Die Werte der Gruppe streuen. Dies erklärt sich aus der unterschiedlichen Struktur der Teilnehmer und deren unterschiedlichem Tätigkeitsbereich.

Verständlich, daß ein beratend tätiger Mitarbeiter origineller sein muß, als der, der ein konkretes Produkt verkauft.

Ihr Wert:

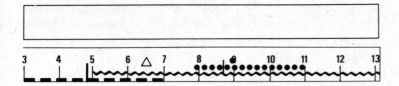

3. Logisches Denken

In diesem Test haben Sie Ihr logisches Denken getestet.

Lösung:

1 = f	8 = e	Alle richtigen Lösungen im Lösungsbereich 1 bis einschließlich 7 erhalten einen Punkt.
2 = g	9 = d	
3 = e	10 = g	
4 = h	11 = d	Alle richtigen Lösungen im Lösungsbereich 8 bis einschließlich 14 erhalten 2 Punkte.
5 = g	12 = h	
6 = a	13 = h	
7 = h	14 = f	Alle richtigen Lösungen im Lösungsbereich 15 bis 20 erhalten 3 Punkte.

15 = c   18 = g
16 = f   19 = f
17 = e   20 = f

Punktzahl [   ]

Schnelles Erfassen logischer Prozesse, sowohl bei der Analyse des Problems als auch von der gedankenlogischen Fortsetzung her.

Kombinieren, logisches Folgern, Gedankengänge erfassen und richtig fortführen, zähes Dranbleiben an gedanklichen Problemen, gibt sich nicht leicht geschlagen, ringt um eine Lösung.

Das sind die Eigenschaften, die mit dem Logiktest erfaßt werden.

Auch für den Verkäufer ist es notwendig, schnell Zusammenhänge zu erfassen. Er muß aus den Aussagen seiner Kunden logische Schlüsse zu seinem Produkt und dessen Merkmalen finden können. Logische Beziehungen sind immer »Wenn-dann-Beziehungen«. Ein Kunde wird nur dann ein Produkt kaufen, wenn er eine für ihn gültige »Wenn-dann-Beziehung« sieht. Diese persönliche »Wenn-dann-Beziehung« ist abhängig von der persönlichen Einschätzung bzw. Bewertung eines Problems. Logisches Denken heißt, die Folge einer Ursache eindeutig bestimmen zu können. Die meisten Menschen handeln jedoch unlogisch und untermauern Entscheidungen nachher mit logischen Argumenten — sie rationalisieren. Für den Verkäufer ist logisches Denken sehr wichtig, weil es ihn befähigt, zwischen Ursachen und Wirkungen Zusammenhänge herzustellen und Lösungen daraus zu erarbeiten. Das heißt, zwischen den Forderungen des Kunden und den Merkmalen des eigenen Produktes Zusammenhänge aufzuspüren und entsprechende Argumentationen zu formulieren.

Der Logiktest gibt Ihnen darüber Auskunft, inwieweit diese Fähigkeit bei Ihnen ausgeprägt ist.

Gesamtprofil

Die Ergebnisse liegen zwischen 3 und 32 Punkten.

Die Durchschnittswerte zeigen bei

Gruppe 1	26,8 Punkte
Gruppe 2	20,1 Punkte
Gruppe 3	11,6 Punkte
Gesamtdurchschnitt	16,7 Punkte

Eindeutig erkennbar ist, daß das logische Denken bei Gesprächen über abstrakte Punkte weit höher ausgeprägt ist (und sein muß) als bei Gesprächen über konkrete, greifbare Produkte und Inhalte.

Unsere Erfahrung zeigt aber auch, daß auch beim Gespräch über konkrete Inhalte logisches Denkvermögen insbesondere beim Aufbau des Gesprächs und bei der Gesprächsführung sehr wichtig ist.

Ihr Wert:

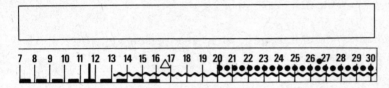

4. Einfühlungsvermögen

In diesem Abschnitt haben Sie sich einem Situationstest unterzogen. Getestet wurden:

1. Einfühlungsvermögen,
2. Durchsetzungsvermögen,
3. Soziale Sensibilität

Die vorgenannten Kriterien werden nachfolgend e-, d-, s-Werte genannt.

Lösung:

1 a = e	5 a = d	9 a = e	13 a = s
b = s	b = e	b = s	b = d
c = d	c = s	c = d	c = e
2 a = d	6 a = e	10 a = d	14 a = s
b = e	b = d	b = e	b = d
c = s	c = s	c = s	c = e
3 a = d	7 a = e	11 a = e	
b = e	b = s	b = s	
c = s	c = d	c = d	
4 a = s	8 a = d	12 a = s	
b = d	b = e	b = d	
c = e	c = s	c = e	

Punktzahl E [ ]

D [ ]

S [ ]

Dieser Test gibt Auskunft über die Art der Bewältigung, des Sich-Auseinandersetzens mit zwischenmenschlichen Situationen.

Die Kommunikation mit anderen erfolgt meistens über persönlichkeitsspezifische charakteristische Verhaltensweisen:

1. über das Einfühlungsvermögen
2. über das Durchsetzungsvermögen
3. über soziale Sensibilität.

Die meisten Menschen »bevorzugen« unbewußt eine dieser Verhaltensweisen:

Zu 1. Einfühlungsvermögen
Personen mit gutem Einfühlungsvermögen können sich gut in andere hineinversetzen, hineindenken. Sie erleben die Situationen, die psychische Verfassung des anderen quasi mit. Sie bringen oft auch einen guten »Sense« für das zu erwartende Verhalten des anderen mit. Einfühlen heißt hier: mit dem Anderen fühlen und mit seinen Augen sehen.

Zu 2. Durchsetzungsvermögen
Personen mit starkem Durchsetzungsvermögen sind meist etwas egozentrisch. Sie sind unfähig, sich einzufügen, so wie andere zu erleben und zu denken. Ihre eigene Ideenwelt scheint für sie ausschlaggebend zu sein. Sie versuchen häufig, Gegenargumente anderer zu entkräftigen, ohne sich überhaupt näher damit zu befassen. Sich-durchsetzen ist die erste Devise, alles Andere kommt danach.

Zu 3. Soziale Sensibilität
Sensible Personen suchen mittels ihres feinen Gespüres unbewußt die sozialen Beziehungen der Personen untereinander zu erfassen. Sie werden allerdings häufig zurückgedrängt, weil sie meistens sehr rücksichtsvoll sind. Sie fühlen sich nicht wohl, wenn sie Anlaß bieten, zwischenmenschliche Beziehungen zu stören. Sie versuchen behutsam, alles ins Lot zu bringen. Gute zwischenmenschliche Beziehungen sind für sie von großer Bedeutung.

Dieser Test gibt Ihnen Auskunft darüber, ob Sie mehr Einfühlungsvermögen, Durchsetzungsvermögen oder soziale Sensibilität besitzen. Gerade Einfühlungsvermögen ist für einen Verkäufer sehr bedeutsam. Er muß sich in fast idealer Weise auf die Bedürfnisse und Wünsche seines Kunden einstellen können. Jedoch Einfühlungsvermögen allein ermöglicht nur diese erwähnte Einstellung auf den Kunden. Der Verkaufsvorgang im Sinne einer dynamischen Beeinflussung wird mit Durchsetzungsvermögen erreicht. Das heißt, daß der einfühlende Verkäufer zunächst die Wünsche des Kunden erkennt, sie mit eigenen Wünschen (zu verkaufen) in Einklang bringt und mit Durchsetzungsvermögen die Eigenvorstellung verkauft.

Während Menschen mit einer guten Kombination von Einfühlungsvermögen und Durchsetzungsvermögen sich sehr gut für den Außendienstberuf eignen, haben es Menschen mit hoher Sensibilität wesentlich schwerer. Sie empfinden viele Situationen als unangenehm, ohne die Situation jedoch positiv verändern zu können. Da vorgenannte Eigenschaften immer kombiniert auftreten, sehen Sie in der Auswertung Ihres Testergebnisses die einzelnen Kombinationsmöglichkeiten und die Bedeutung dieser Kombinationsmöglichkeiten für Ihren Beruf.

Wie kommen die möglichen Kombinationen zustande?

Beispiel:

Ihr Testergebnis zeigt folgende Werte:

E = 3
D = 5
S = 6

dann zeigen Sie ein SDE-Verhalten.

Setzen Sie also bitte immer die Eigenschaft, in der Sie den höchsten Punktwert erreicht haben, an die erste Stelle, die Eigenschaft mit dem zweithöchsten Punktwert an die zweite Stelle und diejenige mit dem niedrigsten Punktwert an die dritte Stelle.

Bei gleichen Punktwerten sind die Eigenschaften gleich stark ausgeprägt.

Die sechs möglichen Verhalten:

DSE

zeigt das Verhalten eines Menschen, bei dem die Willenshaltung die dominierende Eigenschaft darstellt, die Geistesarbeit ist recht gut ausgeprägt.

Er ist dadurch in der Lage, Probleme entsprechend der Sachlage gedanklich zu erfassen und zu bewerten und auch einen einmal gefaßten Entschluß gegen vielerlei Widerstände durchzusetzen.

Bei seinen Entscheidungen läuft er aber hin und wieder Gefahr, die realen Gegebenheiten zu wenig zu beachten, und kann sich möglicherweise in manche Ideen verrennen. Durch die Wendung nach »innen« vernachlässigt er häufig den Kontakt zu den Mitmenschen. Es fällt ihm oft schwer, einen Rat anzunehmen. Ein charakteristischer Zug seines Wesens sind Aktivität und Tatendrang. Aufgrund des mangelnden Umweltkontakts und der Abstimmung mit der Realität kann er unter Umständen am Ziel vorbeihandeln, die Belange seiner Mitmenschen übersehen und auch seine Aktionen in einer zu egoistischen Art und Weise angehen.

Eine Stärke der Person liegt in der ihm eigenen Tatkraft und der Freude am Lösen von komplizierten Problemen.

Eine Schwäche ist aber in der zu wenig ausgeprägten Kontaktfähigkeit und der unterdurchschnittlichen Realitätsbezogenheit zu sehen.

DES

zeigt das Verhalten eines Menschen, bei dem die Willenshaltung die dominierende Eigenschaft darstellt, wobei die Gefühlsansprechbarkeit noch recht gut ausgeprägt ist.

Seine Kontaktfähigkeit zur Umwelt und zu den Mitmenschen ist gut. Er neigt allerdings manchmal dazu, unüberlegt und impulsiv seine eigene Meinung durchzudrücken und so die Bedürfnisse seiner Mitmenschen nicht ausreichend zu beachten.

Seine Stärke sind Handlungsbereitschaft und Tatkraft, wobei er aber stets in der Lage ist, den Bezug zur Realität zu bewahren. Bei geeignetem Tätigkeitsfeld und entsprechendem intellektuellem Niveau ist er durchaus fähig, andere zu begeistern und mitzureißen.

Eine Schwäche dieses Menschen liegt darin, daß er durch seinen Aktivitätsdrang dazu neigt, zu schnell zu handeln und die Konsequenzen seines Tuns nicht scharf einkalkuliert.

Er besitzt damit eine zu hohe Risikobereitschaft.

Planen und Knobeln im Stillen liegen ihm nicht, er bevorzugt den Umgang mit Menschen. Da er sehr stark nach außen orientiert ist, hat er wenig Zugang zu seiner eigenen Gefühls- und Gedankenwelt und lehnt jegliche echte Selbstkritik ab.

ESD

zeigt das Verhalten eines Menschen, bei dem die Gefühlsansprechbarkeit die dominierende Eigenschaft darstellt, wobei die Geistesarbeit recht gut ausgeprägt ist.

Er verfügt über ein ausgesprochen gutes Einfühlungsvermögen und ist daher für die Probleme seiner Mitmenschen aufgeschlossen. Er versteht es, auch eigene Gedanken verständlich zu äußern und ist bei gutem intellektuellem Niveau für Lehrtätigkeiten im weitesten Sinne geeignet.

Es macht ihm Spaß, über Probleme nachzudenken und zu meditieren. Durch seine Wendung nach außen besteht trotzdem nicht die Gefahr, daß er den Realitätsbezug verliert.

Seine Stärke liegt in der guten gefühlsmäßigen Anpassung an die jeweilige Situation und in klarem, abwägendem Überlegen.

Eine kleine Schwäche liegt darin, daß er sich leicht für Dinge engagieren kann, aber unter Umständen doch nicht die Willenskraft aufbringt, um bei unvorhergesehenen Hindernissen seinen Weg konsequent weiterzuverfolgen und zu verteidigen. Er ist oft zu schnell zu einem Kompromiß bereit und von anderen zu leicht in seiner Haltung zu beeinflussen.

SED

zeigt das Verhalten eines Menschen, bei dem die Geistesarbeit die dominierende Eigenschaft darstellt, wobei die Gefühlsansprechbarkeit noch recht gut ausgeprägt ist.

Er hat guten Zugang zu seiner eigenen Gefühls- und Gedankenwelt und beschäftigt sich daher häufig mit sich selbst. Er kann allerdings den Kontakt zur Umwelt ohne weiteres herstellen, wenn er dazu gezwungen wird. Nach außen erscheint er oft als beherrschte und kühle Persönlichkeit, weil er alle gefühlsmäßigen Regungen zu verbergen trachtet und im mitmenschlichen Bereich trotz vorhandener Kontaktfähigkeit zurückhaltend wirkt.

Seine Stärke ist die Beherrschtheit, die impulsive Handlungen kaum zuläßt.

Eine Schwäche liegt allerdings darin, daß er durch zu häufige Beschäftigung mit sich selbst immer wieder sein inneres Gleichgewicht herstellen muß. Er ist daher gegen Streßsituationen anfällig und braucht längere Zeit, um wieder mit sich ins Reine zu kommen. Er versucht, mit allen Problemen selbst fertig zu werden und scheut davor zurück, sich anderen anzuvertrauen.

In schwierigen Situationen verfügt er nicht über genügend Willenskraft, um konsequent seine Meinung zu vertreten. Er eignet sich gut für Tätigkeiten, bei denen er hauptsächlich selbständig arbeiten und planen kann und nur hin und wieder Kontakt zu seinen Mitmenschen aufnehmen muß.

SDE

zeigt das Verhalten eines Menschen, bei dem die Geistesarbeit die dominierende Eigenschaft darstellt, wobei die Willenshaltung noch recht gut ausgeprägt ist.

Ein charakteristisches Merkmal ist seine Wendung nach »innen«, und daher fällt es ihm schwer, Kontakt zu anderen aufzunehmen. Er erscheint anderen manchmal als »Eigenbrötler«, der zuviel mit sich selbst beschäftigt ist. Er muß aufgrund seiner Persönlichkeit viel Zeit und Energie für eigene Probleme und zur Herstellung seines seelischen Gleichgewichts verwenden. Hieraus ergibt sich die Gefahr, daß er sich zu wenig an der Realität orientiert.

Seine Stärke ist es, daß er sehr gerne Geistesarbeit betreibt und Ideen durch die ihm eigene Willenshaltung konsequent verfolgen kann. Er kann hierbei manchmal zu egoistisch sein und seine Vorstellung der Dinge stur aufrechterhalten, ohne einen Rat anzunehmen.

Seine Schwäche liegt in dem geringen Realitätskontakt und dem zu geringen Einfühlungsvermögen. Im Umgang mit Menschen zeigt er kaum natürliche Wärme und Offenheit, sondern (bei entsprechendem intellektuellem Niveau) eher Diplomatie und Schlauheit.

EDS
zeigt das Verhalten eines Menschen, bei dem die Gefühlsansprechbarkeit die dominierende Eigenschaft darstellt, wobei die Willenshaltung noch recht gut ausgeprägt ist.

Seine Kontaktfähigkeit zur Umwelt und zu den Mitmenschen ist ausgesprochen gut. Er verfügt über genügend Willenskraft, um seine Pläne durchzusetzen, ohne dabei egoistisch die Bedürfnisse seiner Umgebung zu mißachten.

Es ist charakteristisch, daß er ständig Verbindung zu den Mitmenschen braucht. Er mißt der Meinung seiner Mitmenschen über seine Person mehr Wert bei als seinem Selbstbild. Dies ist der Grund, weshalb er immer wieder versucht, mit allen in gutem Einvernehmen zu stehen; er ist daher im Alltag meist sehr umgänglich und durch Lob leicht beeinflußbar.

Seine Stärke liegt hauptsächlich in der schnellen emotionalen Anpassung und in der relativ starken Handlungsbereitschaft.

Eine Schwäche ist, daß er sich zu schnell für eine Sache engagiert und die Konsequenzen nur flüchtig abwägt. Gründliches und vorsichtiges Planen liegt ihm weniger als tatkräftiges Handeln und der Umgang mit Menschen.

Gesamtprofil
E = Einfühlungsvermögen

Die Ergebnisse liegen zwischen 2 und 18 Punkten.

Die Durchschnittswerte zeigen bei

Gruppe 1	4,0 Punkte
Gruppe 2	5,0 Punkte
Gruppe 3	5,4 Punkte
Gesamtdurchschnitt	5,1 Punkte

Hier liegen die Testergebnisse eng beisammen. Wenn wir davon ausgehen, daß nur derjenige Menschen gut führen kann, der sich gut in Menschen hineinzuversetzen vermag, ist dies nicht verwunderlich. Gleichgültig, was erreicht werden soll: Wer Menschen beeinflussen will, muß sich in den anderen hineinversetzen können — muß Menschen mögen.

Ihr Wert:

Gesamtprofil
D = Durchsetzungsvermögen

Die Ergebnisse liegen zwischen 2 und 9 Punkten

Die Durchschnittswerte zeigen bei

Gruppe 1	6,9 Punkte
Gruppe 2	5,6 Punkte
Gruppe 3	5,8 Punkte
Gesamtdurchschnitt	6,0 Punkte

Daß die Ergebnisse der einzelnen Gruppen hier keine so große Deckung zeigen, mag daran liegen, daß Durchsetzungsvermögen oft mit Leistungsehrgeiz, Kontaktfähigkeit oder Aktivität kompensiert werden kann.
  Je nach Niveau des Gesprächspartners wird die eine oder andere Eigenschaft wichtiger sein.
  Bei Gesprächspartnern mit weniger hohem Niveau wird sicher auch ein stärker ausgeprägtes Durchsetzungsvermögen eingesetzt werden können. Menschen mit hohem Niveau sind meist einsichtiger und aufgeschlossener. Hier sollte das Durchsetzungsvermögen sehr vorsichtig dosiert Einsatz finden.

Ihr Wert:

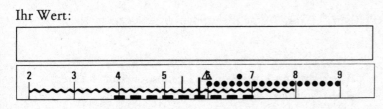

Gesamtprofil
S = Soziale Sensibilität

Die Ergebnisse liegen zwischen 1 und 5,5 Punkten.

Die Durchschnittswerte zeigen bei

Gruppe 1	2,7 Punkte
Gruppe 2	3,2 Punkte
Gruppe 3	2,8 Punkte
Gesamtdurchschnitt	2,9 Punkte

Interessant ist bei diesen Ergebnissen, daß die einzelnen Durchschnittswerte sehr eng beieinander liegen.

Dies ist verständlich, wenn wir davon ausgehen, daß die meisten — zumindest die meisten qualifizierten Verkäufer und die Menschen, die andere sehr gut beeinflussen können — sehr sensibel, weich und empfindsam sind.

Diese Eigenschaft ist wichtig zum zwischenmenschlichen Kontakt, zum Einstellen auf das soziale Umfeld. Dies soll nicht besagen, daß Sensibilität und Weichheit ausgelebt werden soll. Soziale Sensibilität besagt lediglich etwas über die Fähigkeit, Situationen zu erfassen. Wie auf diese Situationen reagiert werden kann — auch mit Härte — wird in einem späteren Abschnitt besprochen. Überläßt sich jemand einer zu stark ausgeprägten sozialen Sensibilität, kann dies zu Verunsicherung und Mißerfolg führen.

Ihr Wert:

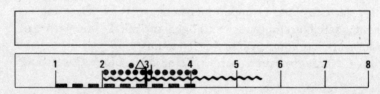

5. Sprachbeherrschung

In diesem Abschnitt haben Sie Ihre Sprachbeherrschung getestet.

Lösung:

1 = c	3 = e	Alle richtigen Lösungen im Lösungsbereich 1 bis ein-
2 = b	4 = d	schließlich 13 erhalten einen Punkt

5 = d   14 = b
6 = d   15 = c   Alle richtigen Lösungen im Lösungsbereich 14 bis ein-
7 = e   16 = b   schließlich 18 erhalten 2 Punkte
8 = b   17 = d
9 = d   18 = d   Alle richtigen Lösungen im Lösungsbereich 19 bis 22 er-
10 = d   halten 3 Punkte
11 = a   19 = a
12 = c   20 = d
13 = c   21 = a
         22 = e

Punktzahl [   ]

Erklärung:

1. Falsch in der Reihe ist c. Bier ist das einzige alkoholische Getränk, alle anderen Getränke sind alkoholfrei.

2. Falsch ist b. Dafür gibt es zwei Begründungen: Augen, Nase, Ohren, Zunge sind Kopfteile, der Hals ist kein Kopfteil. Zweite Begründung: Auge, Nase, Ohr, Zunge sind Sinnesorgane, der Hals ist kein Sinnesorgan.

3. Falsch ist e. Essig ist das einzige Flüssiggewürz.

4. Falsch ist Wasser. Regen, Nebel, Hagel und Schnee sind Erscheinungsformen von Wasser.

5. Falsch ist Meer. Alle anderen genannten Wörter bezeichnen fließendes Wasser.

6. Falsch ist stürmen. Alle anderen Verben drücken Zurückhaltung aus, stürmen ist vorwärtsdrängend.

7. Falsch ist e; e ist der einzige Körper in der Aufstellung, die anderen Wörter bezeichnen Flächen.

8. Falsch ist b. Die Geige ist das einzige Streichinstrument, die anderen Instrumente sind Zupfinstrumente.

9. Falsch ist d. Weinen ist das einzige Verb, das nicht »erkunden« in irgendeiner Form enthält.

10. Falsch ist d. Der Pfeiler ist die einzige gerade feste Form, alle anderen Formen enthalten Rundungen.

11. Falsch ist a. Stark ist eine körperliche Eigenschaft, die anderen Eigenschaften sind charakterlich.

12. Falsch ist c. Schneiden ist die einzige Eigenschaft, die trennt. Die anderen Eigenschaften fügen zusammen.

13. Falsch ist c. Alle anderen Namen bezeichnen Hunderassen.

14. Falsch ist b. Eine Analyse nimmt auseinander oder zerlegt in Details. Alle anderen Wörter bezeichnen Vorgänge, die zusammenfügen.

15. Falsch ist c. Hart ist eine Materialbeschaffenheit. Die anderen Eigenschaftswörter bezeichnen Oberflächenbeschaffenheit.

16. Falsch ist b. Ein Pfeil hat eine gerade spitze Form. Alle anderen Wörter bezeichnen Abbildungen mit Kurven.

17. Falsch ist d. Erfolg ist Anerkennung aus der Sache. Die anderen Aussagen stehen für positive und negative Anerkennung von Dritten.

18. Falsch ist d. Weich ist eine Materialbeschaffenheit, die anderen Wörter kennzeichnen Oberflächenbeschaffenheiten.

19. Falsch ist a. Eine Barriere trennt etwas, die anderen Wörter kennzeichnen Zusammenfügung.

20. Falsch ist d. Initiative ist beginnende Aktivität. Die anderen Wörter bezeichnen den Abschluß einer vorangegangenen Aktivität.

21. Falsch ist a. Reichtum ist ein materieller Begriff. Die anderen Begriffe sind ethischer Art.

22. Falsch ist e. Erfolg ist das Ende eines Weges. Die anderen Wörter bezeichnen Vorbereitungen zur Erreichung eines Zieles.

Sprachbeherrschung, gutes Erfassen von Sinngehalten, Verstehen der Bedeutung, Verstehen, was der Andere auszudrücken versucht, lebendige Sprachbeherrschung, Sinnbedeutung auch schwieriger Worte wird erfaßt. Personen mit dieser Fähigkeit sind häufig sprachbegabt und anpassungsfähig in Gesprächen.

Es ist für den Verkäufer nicht nur wichtig, das Wort zu verstehen, er muß auch den Sinngehalt erfassen können. Häufig hat der Verkäufer mit Kunden zu tun, denen es nicht leicht fällt, eigene Ansichten so in Worte zu kleiden, daß sie unmittelbar verständlich werden. Er muß also auch dann verstehen können, was der andere meint, wenn dieser mit unpassenden Worten Erklärungen abgibt. Genauso kommt es vor, daß Verkäufer mit Menschen zu verhandeln haben, deren sprachliches Niveau sehr hoch angesiedelt ist. Komplizierte Satzgestaltung und Verwendung von Fremdwörtern kennzeichnen derartiges Sprachverhalten. Auch hier muß ein Verkäufer verstehen und mitreden können.

Gesamtprofil

Die Ergebnisse liegen zwischen 14 und 34 Punkten.

Die Durchschnittswerte zeigen bei

Gruppe 1	30,1 Punkte
Gruppe 2	22,8 Punkte
Gruppe 3	19,2 Punkte
Gesamtdurchschnitt	22,2 Punkte

Wörter sind wie Sonnenstrahlen, je konzentrierter (besser) sie sind, desto tiefer geht ihre Wirkung.

Je höher das Niveau der Gesprächspartner, desto höher sollte der Wert sein, den Sie in diesem Test erreicht haben.

Verkäufer einfacher, konkreter Produkte und Menschen, die auf einfachem Niveau führen, erreichen hier weniger Punkte als »Berater« und Menschen, die auf sehr hohem Niveau führen. Ein günstigeres Ergebnis wäre zwar auch für die erstgenannte Zielgruppe besser, wenn wir aber bedenken, daß die Gesprächszeit in diesen Bereichen sehr kurz ist und daß der Inhalt meist im Mittelpunkt des Gesprächs steht, ist dieses Ergebnis annehmbar.

Viele Verkaufsleitungen überbrücken diese »Lücke«, indem sie dem Außendienst-Mitarbeiter vorformulierte Verkaufsunterlagen, sog. Sales-Folders anhand geben.

Ihr Wert:

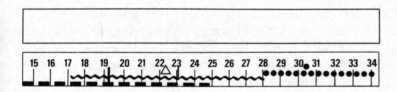

6. Alternativtest
Aktivität — Verantwortungsgefühl

In diesem Testabschnitt haben Sie sich einem Alternativ-Test unterzogen, der Ihre Aktivitäten und Ihr Verantwortungsgefühl mißt. In der nachfolgenden Auflösung steht »A« für Aktivität und »V« für Verantwortungsgefühl.

Lösung:

links	rechts	links	rechts
1 = A		14 = A	
2	= V	15 = V	
3 = A		16	= A
4 = A		17 = A	
5	= V	18 = A	
6 = A		19	= V
7 = A		20	= A
8	= V	21 = V	
9	= A	22 = A	
10	= V	23	= A
11 = A		24 = A	
12 = A		25 = A	
13	= V		

Werte A _____
V _____

In diesem Test wird gemessen, wie aktiv Sie sich empfinden und ob Sie dazu neigen, in Gruppen Führungsrollen anzunehmen.
Außerdem wird mit diesem Test das Verantwortungsgefühl bestimmt.

Gerade ein Verkäufer ist weitgehend abhängig von seiner eigenen Aktivität. Für ihn besteht Freiheit darin, sich selbst anzuspornen und zu motivieren. Wie eine zu niedere Aktivität kann allerdings auch eine zu hohe Aktivität schädlich sein. Beide Ausprägungen führen zu für den Verkäuferberuf negativen Verhaltensformen. Bei zu niederer Ausprägung ist das Verhalten zu antriebslos und inaktiv, während bei zu hoher Ausprägung impulsive und unbedachte Handlungen erfolgen können. Verantwortungsgefühl wird gerade in der Zukunft eine immer wichtigere Eigenschaft für den Verkäufer. Es geht in der Zukunft nicht mehr darum, hohe Umsätze um jeden Preis, selbst der Verärgerung eines Kunden willen, zu erzielen, sondern darum, kontinuierlich problembewußte Lösungen herbeizuführen. Wie bei der Aktivität ist auch hier sowohl ein zu hohes als auch ein zu niedriges Testergebnis negativ. Ein zu hohes Verantwortungsgefühl führt zu Entscheidungshemmung, während ein zu wenig ausgeprägtes Verantwortungsgefühl zu unbedachtem Handeln in bezug auf die Folgen führt.

Aktivität = Personen mit hohem Testwert sind sehr aktiv, wendig, immer bereit, sich einzusetzen. Sie streben in Gruppen oft die Führungsrolle an und sind in ihren Aufgaben kaum zu bremsen. Manchmal besteht die Gefahr, daß sie über das Ziel hinausschießen. Starke emotionale Beteiligung an den Problemen ist vorhanden. Oft verursacht eine zu starke Identifikation mit den Aufgaben impulsive, unbedachte Entscheidungen und Handlungen.

Verantwortungsgefühl = Personen mit hohem Testwert tragen Verantwortung als schwere Bürde und sind sich der Verantwortung auch völlig bewußt. In extremen Fällen kann das überstarke Verantwortungsgefühl zu Entscheidungshemmung führen. Solche Personen fühlen sich auch oft psychisch stark belastet, weil sie sich Entscheidungen nicht leicht machen bzw. lange und intensiv um eine Entscheidung ringen.

A = Aktivität

Die Ergebnisse liegen zwischen 3 und 11 Punkten.

Die Durchschnittswerte zeigen bei

Gruppe 1	8,5 Punkte
Gruppe 2	8,0 Punkte
Gruppe 3	7,2 Punkte
Gesamtdurchschnitt	7,7 Punkte

Je mehr jemand seinen Arbeitstag selbst organisiert, desto aktiver muß er sein. Der »geführte« Mitarbeiter, der eventuell sogar seinen Tagesablauf, als Verkäufer seinen Touren- oder Kundenbesuchsplan, von seinem Vorgesetzten vorgegeben bekommt, wird sicher weniger Eigenaktivität entwickeln wie der, der den Ablauf seines Arbeitstags selbst festlegen darf.

Darauf ist sicher auch das mehr zu niederen Punktwerten tendierende Ergebnis der »Markenartikel-Gruppe« zurückzuführen.

Ihr Wert:

V = Verantwortungsgefühl

Die Ergebnisse liegen zwischen 4 und 8 Punkten.

Die Durchschnittswerte zeigen bei

Gruppe 1	5,4 Punkte
Gruppe 2	4,4 Punkte
Gruppe 3	5,3 Punkte
Gesamtdurchschnitt	5,1 Punkte

Interessant ist bei diesem Testergebnis, daß alle drei Gruppen bei 4 Punkten beginnen. Läßt sich daraus evtl. ableiten, daß das Verantwortungsgefühl eines im Außendienst tätigen Mitarbeiters mindestens so stark ausgeprägt sein sollte?

Bei der Zielgruppe »im Innendienst beratend tätige Verkäufer« ist das Verantwortungsgefühl weniger stark ausgeprägt als bei anderen Zielgruppen.

Auf den ersten Blick ist dies erstaunlich. Wenn wir dieses Ergebnis mit Testauswertung 8 im (impunitive = Fluchtreaktion) vergleichen, wird das Bild klarer. Der höhere Wert bei 8 im korreliert mit dem Ergebnis 6 – V.

Wir können ableiten: Je mehr Möglichkeiten bestehen, Fehlergebnisse anderen (Umständen/Personen) anzulasten, desto weniger ausgeprägt wird das eigene Verantwortungsgefühl sein.

Ihr Wert:

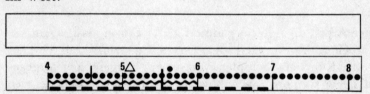

7. Flexibilität

In diesem Abschnitt haben Sie Ihre Flexibilität im Denken getestet.

Lösung:

1 = b	5 = b
2 = a	6 = a
3 = a + b	7 = a + b
4 = a	8 = a + b

9 = b   14 = a
10 = a   15 = b
11 = a + b   16 = a
12 = a + b   17 = a + b
13 = b

Für jede richtige Zuordnung erhalten Sie einen Punkt.
Für Zuordnungen, die in beiden Figuren richtig erkannt sind, erhalten Sie 2 Punkte.

Punktzahl [ ]

Erklärung:

Sicher haben Sie auch hier, nachdem Sie die richtigen Lösungen kennen, die Einzelteile in den Figuren wiedergefunden.

Figurentest. Flexibilität im Denken, schnelles Umschalten, Loslösen von Denkschablonen, sich nicht einengen lassen in festgefahrene Gedankengänge, Anpassungsfähigkeit im Denken an andere, fremde Gedankengänge. Diese Fähigkeit wird in diesem Test geprüft. Verkaufsgespräche sind nicht statisch aufgebaut, Kundenverhalten ist nicht immer logisch. Diese beiden Aussagen bedingen, daß ein Verkäufer flexibel sein muß. Er muß in der Lage sein, sich schnell auf jeweilige Situationen und neue Gesprächspunkte einzustellen. Die Bandbreite solcher Einstellungen reicht vom sachlogisch geführten Fachgespräch bis zum sekundenschnellen Einschub eines Urlaubserlebnisses. Überhören bzw. sich nicht einstellen auf derartige Gedankensprünge wird meist als mangelndes Interesse gewertet, führt zu unterbewußter Ablehnung und zu Gesprächsstörungen.

Gesamtprofil

Die Ergebnisse liegen zwischen 13 und 23 Punkten.

Die Durchschnittswerte zeigen bei

Gruppe 1	17,2 Punkte
Gruppe 2	18,4 Punkte
Gruppe 3	15,6 Punkte
Gesamtdurchschnitt	16,7 Punkte

Je mehr sich jemand auf einen konkreten Inhalt — ein konkretes Produkt — fixieren kann, umso weniger Flexibilität ist nötig.

Je abstrakter der Inhalt oder das Produkt ist, desto flexibler muß er sein.

Dies erklärt, warum Markenartikelverkäufer weniger Punkte erreicht haben als die beiden anderen Gruppen.

Ihr Wert:

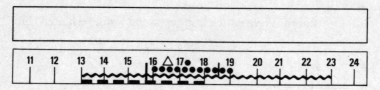

8. Verhalten in Streßsituationen

In diesem Abschnitt haben Sie Ihr Verhalten in Streßsituationen getestet. Sie erhalten die Werte e, i, m und n. Diese Abkürzungen sind in den später folgenden Erläuterungen erklärt.

Lösung:

1 a = e	4 a = im	7 a = i	10 a = i	
b = im	b = e	b = e	b = e	
c = i	c = i	c = im	c = im	
d = n	d = n	d = n	d = n	
2 a = i	5 a = i	8 a = i	11 a = e	Werte e _____
b = e	b = im	b = e	b = i	i _____
c = n	c = e	c = im	c = n	im _____
d = im	d = n	d = n	d = im	n _____
3 a = im	6 a = e	9 a = e	12 a = im	
b = e	b = i	b = n	b = e	
c = n	c = im	c = i	c = i	
d = i	d = n	d = im	d = n	

Streß ist die Reaktion auf belastende Situationen. Die Reaktionsweisen können sein:

Aggressivität, Nachgiebigkeit, Fluchtreaktion und Normalreaktion.

Stellen Sie sich vor, ein lärmempfindlicher Mensch würde den Beruf eines Discjockeys ergreifen. Was hat Lärm mit Streß zu tun? Als Lärm wird all das bezeichnet, was man nicht hören will. Deshalb ist es für den einen schon Lärm, wenn Vögel zwitschern, während für den anderen Lärm entsteht, wenn ein Düsenjäger die Schallmauer durchbricht. Genauso unterschiedlich stehen Menschen auch den Ursachen gegenüber, die Streß auslösen können. Es gibt Menschen, die eine so hohe Reizschwelle haben, daß sie selbst äußerst unangenehme Situationen nicht als Streß empfinden. Es verhält sich dann wie bei einem Rennfahrer, der die für den Normalmenschen unerträgliche Belastung noch positiv aufnimmt und verarbeitet. Die Auswertung dieses Tests zeigt Ihnen, wie ausgeprägt Ihre Streßstabilität ist.

e = extropunitive Reaktion

Unter diesem Begriff verstehen wir zu aggressive Reaktionen. Dabei wird die Schuld zu schnell beim Konfliktpartner gesucht. Der Konfliktfall wird oft emotional aufgebauscht und damit die Lösung des Konflikts schwierig gemacht. Die Lösung wird zu häufig allein vom Konfliktpartner erwartet.

Gesamtprofil

Die Durchschnittswerte zeigen bei

Gruppe 1	1,4 Punkte
Gruppe 2	1,4 Punkte
Gruppe 3	1,4 Punkte
Gesamtdurchschnitt	1,4 Punkte

Von allen drei Zielgruppen wurde hier derselbe Durchschnittswert erreicht.

Daß der Punktwert hier von allen vier im Testabschnitt 8 erreichten Werten am niedrigsten liegt, zeigt, daß qualifizierte Mitarbeiter und Verkäufer nicht aggressiv (Angriff – unkontrollierter emotionaler Ausbruch) reagieren und agieren dürfen. Je mehr der Mitarbeiter auch am Erfolg (Provision o. ä.) beteiligt ist, desto mehr wird er seine Reaktion auf die Erwartungshaltung seines Gesprächspartners einstellen. Die Gruppe der beratenden Innendienst-Verkäufer zieht aus dem Erfolg der Beratung keinen direkten finanziellen Nutzen. Vielleicht resultiert daraus der bei dieser Gruppe höher ausgeprägte Punktwert.

Ihr Wert:

i = intropunitive Reaktion

Diese Reaktion ist zu nachgiebig. Man sucht die Schuld am Konflikt zu schnell bei der eigenen Person und bringt sich damit oft in eine ungünstige Verteidigungshaltung. Man wagt keinen Gegenstoß, der Konfliktpartner wird als übermächtig erlebt. Häufig tritt diese Haltung bei gehemmten, unselbständigen Personen auf.

Die Ergebnisse liegen zwischen 1 und 5 Punkten.

Die Durchschnittswerte zeigen bei

Gruppe 1	2,4 Punkte
Gruppe 2	2,8 Punkte
Gruppe 3	2,8 Punkte
Gesamtdurchschnitt	2,7 Punkte

Das Ergebnis, das sich herausgebildet hat, steht in enger Beziehung zu dem Ergebnis bei der extropunitiven Reaktion. Je aggressiver jemand ist, desto weniger nachgiebig kann er zwangsläufig sein. Genau deckungsgleich liegt die Bandbreite der Ergebnisse bei der Gruppe »Verkäufer mit unterschiedlicher Tätigkeit« und der Gruppe, der im Innendienst tätigen beratenden Verkäufer.

Der Durchschnittswert ist jedoch unterschiedlich. Aus diesem Ergebnis sehen Sie wieder, daß derjenige Verkäufer leichter bereit ist, seine eigene Meinung anzuzweifeln bzw. zurückzunehmen, dessen Einkommen mit vom erreichten Umsatz abhängig ist. Eine weitere Erklärung für dieses Ergebnis kann sein, daß Markenartikelreisende weniger stabil in ihrer Persönlichkeitsstruktur sind und deshalb nachgiebiger auftreten. Dem widersprechen allerdings andere Ergebnisse dieses Tests, z. B. im Testabschnitt »Aktivität« und »Leistungsehrgeiz«.

Ihr Wert:

im = impunitive Reaktion

Unter impunitiver Reaktion verstehen wir eine Fluchtreaktion. Man versucht, die Konfliktursache zu verniedlichen, den Konflikt herunterzuspielen. Die Schuld wird unvermeidbaren Umständen zugesprochen. Man will mit der Sache nichts zu tun haben und vor allem keine Unannehmlichkeiten auf sich nehmen (Vogel-Strauß-Politik).

Die Gesamtergebnisse liegen zwischen 1 und 5 Punkten.

Die Durchschnittswerte zeigen bei

Gruppe 1	2,7 Punkte
Gruppe 2	3,0 Punkte
Gruppe 3	3,0 Punkte
Gesamtdurchschnitt	2,9 Punkte

Wie bereits früher gesagt, erreicht hier die Gruppe der Innendienst-Beratungsverkäufer die höchste Ausprägung. Ein Verkäufer, der im Außendienst im täglichen Kundenkontakt steht, wird mehr zu seiner Aussage, zu seinem Wort stehen müssen, als ein im Innendienst beratend tätiger Verkäufer. Dies gilt auch für Führungskräfte und Mitarbeiter, die mit entsprechenden Zielgruppen verhandeln. Hinzu kommt, daß das »zu seinem Wort stehen« bei einem Mitarbeiter, der konkrete Produkte zu verkaufen hat, leichter möglich ist, als bei jemandem, der abstrakte Produkte und Ideen anbietet. Je mehr jemand vom persönlichen Vertrauen seines Gesprächspartners profitiert, und je mehr sein Gesprächsergebnis von dem beim Gesprächspartner erweckten Eindruck der Zuverlässigkeit abhängig ist, desto weniger Punkte sollten in diesem Testabschnitt erreicht worden sein.

Ihr Wert:

n = normale Reaktion

Bei der normalen Reaktion wird die Bedeutung der Konfliktursache richtig und objektiv eingeschätzt. Übersteigerte emotionale Reaktionen kommen nicht zustande. Die Suche nach der Lösung ist wichtiger als das Diskutieren und Debattieren um die Sache.

Die Ergebnisse liegen zwischen 2 und 8 Punkten.

Die Durchschnittswerte zeigen bei

Gruppe 1	5,3 Punkte
Gruppe 2	4,6 Punkte
Gruppe 3	4,9 Punkte
Gesamtdurchschnitt	4,9 Punkte

Obwohl Markenartikelreisende die größte Testgruppe stellten, ist die Bandbreite bei ihnen am engsten. Die Gruppe hat, beginnend bei 3 Punkten als dem höchsten Anfangswert und endend bei 6 Punkten, die geringste Bandbreite. Daraus kann abgeleitet werden, daß sich die Mitarbeiter im Außendienst, die ständigen Kundenkontakt erarbeiten und vertiefen müssen, weitgehend »normalisiert« haben. Die Individualität ist also bei dieser Zielgruppe stärker eingeengt, als dies bei anderen Zielgruppen der Fall ist.

Ihr Wert:

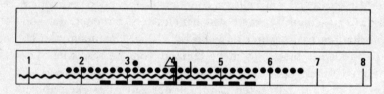

9. Durchschauen sozialer Situationen

In diesem Test haben Sie Ihre Fähigkeiten zum Durchschauen sozialer Situationen getestet.

Lösung:

1 = b, a, d, c	Für alle richtigen Lösungen im Lösungsbereich
2 = d, a, c, b	1 bis einschließlich 3 erhalten Sie einen Punkt
3 = b, a, d, c	
4 = c, b, a, f, e, d	Für alle richtigen Lösungen im Lösungsbereich
5 = b, d, a, c, f, e	4 einschließlich 5 erhalten Sie 2 Punkte
6 = c, a, b, e, d, g, f	Für alle richtigen Lösungen im Lösungsbereich
7 = d, f, e, a, c, b, i, h, g	6 bis 7 erhalten Sie 3 Punkte

Punktzahl [ ]

Erklärung:

Bei Bildfolge 1 ist die richtige Lösung	b (leerer Korb)
	a (im Lager, leerer Korb)
	d (voller Korb)
	c (Kasse)
Bei Bildfolge 2 ist die richtige Lösung	d (verläßt das Haus)
	a (öffnet die Autotür)
	c (steigt ein)
	b (fährt weg)
Bei Bildfolge 3 ist die richtige Lösung	b (pflanzt Blumen)
	a (gießt gepflanzte Blumen)
	d (Blumen wachsen)
	c (Blumen werden gepflückt)
Bei Bildfolge 4 ist die richtige Lösung	c) (Sonnenbad)
	b (Anlauf)
	a (Sprung ins Wasser)
	f (BH geht verloren, Hilferufe)
	e (Handtuch wird gereicht)
	d (BH wird aufgefischt)
Bei Bildfolge 5 ist die richtige Lösung	b (Warten am Bahnsteig)
	d (Einsteigen)
	a (Abfahrtsignal)
	c (Zug fährt an)
	f (Entdeckung, daß Koffer fehlt)
	e (der Koffer steht einsam da, Zug entfernt sich)
Bei Bildfolge 6 ist die richtige Lösung	c (Angler kommt)
	a (Angler hält Rute ins Wasser)
	b (an der Rute ist »etwas dran«)
	e (Angler zieht stärker an der Rute)
	d (an der Angel hängt ein alter Schuh)
	g (der Angler versucht sein Glück noch einmal)
	f (der Angler geht mit leerem Eimer heim und läßt den Schuh stehen)

Bei Bildfolge 7 ist die richtige Lösung d (der Wecker rasselt)
f (Frühsport mit Schlafanzug)
e (Wäsche)
a (Kaffeetrinken ohne Krawatte)
c (Krawatte binden)
b (Sakko anziehen)
i (Weg zur Lorenzkirche)
h (geht weiter, Wegweiser kleiner, Regen)
g (Lorenzkirche in Sicht)

Gesamtprofil

In diesem Bildertest wurden soziales Verständnis, Einfühlungsvermögen in zwischenmenschliche Situationen, schnelles Erfassen »was vor sich geht«, Spürnase dafür, wie einzelne Personen zueinander stehen, sich unterschiedlich verhalten, oft richtiges Voraussagen von menschlichen Verhaltensweisen, seine »Pappenheimer kennen« gemessen. Seine »Pappenheimer kennen« ist eine wichtige Voraussetzung für erfolgreiche, zufriedene Verkäufer. Diese Menschen verstehen es, sich in mehr oder weniger langer Zeit auf das soziale Verhalten der Gesprächspartner einzustellen. Sie können oft Verhaltensweisen der Gesprächspartner für die eine oder andere Situation treffend voraussagen. Menschen verhalten sich weitgehend in den ihnen zu eigen gewordenen Schablonen. Dies führt dazu, daß sich ein bestimmter Gesprächspartner in einer bestimmten Situation ähnlich verhält. Das Erkennen dieses Verhaltens, das auf Erfahrungswerten, kombiniert mit intelligenter Analyse beruht, ist nicht allein ein intellektueller Vorgang, sondern weitgehend verbunden mit Intuition.

Das Testergebnis zeigt Ihnen, wie gut Sie aufgrund Ihrer eigenen Erfahrungswerte Zusammenhänge erkennen.

Die Ergebnisse liegen zwischen 4 und 12 Punkten.

Die Durchschnittswerte zeigen bei

Gruppe 1	9,1 Punkte
Gruppe 2	8,6 Punkte
Gruppe 3	5,7 Punkte
Gesamtdurchschnitt	7,1 Punkte

Derjenige, der längere Gespräche (Beratung) mit Gesprächspartnern führen kann, hat in diesem Testabschnitt die höchsten Werte erreicht. Wahrscheinlich ist es so, daß diejenigen Menschen, die in diesem Bereich über eine gute Anlage verfügen, unterbewußte Tätigkeit des beratend tätigen Verkäufers anstreben, weil sie in dieser Tätigkeit mehr Eigenbefriedigung finden können.

Während das Durchschauen sozialer Situationen mehr aussagt über das Einfühlungsvermögen in Gruppenprozesse, gab der Testabschnitt 4 E (Einfühlungsvermögen) mehr Informationen darüber, inwieweit sich jemand in den einzelnen Gesprächspartner hineindenken kann. Daß ein Markenartikelverkäufer häufiger mit einer Person kurze Gespräche führt, während ein Beratungsverkäufer oder eine Führungskraft entweder mit einer oder mehreren Personen längere Gespräche zu führen hat, findet in dieser Ausprägung seinen Niederschlag. Der Verkäufer eines unkomplizierten Produkts, wie es der Markenartikel darstellt, muß sich weit weniger auf soziale Situationen einstellen können, als dies von dem Verkäufer abstrakter Produkte oder von Vorgesetzten, die oft auch mit Gruppen diskutieren, verlangt wird.

Ihr Wert:

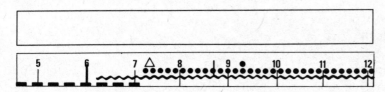

10. Kontaktfähigkeit, Dominanz, Leistungsehrgeiz

In diesem Abschnitt haben Sie Ihre Kontaktfähigkeit, Ihren Leistungsehrgeiz und Ihre Dominanz getestet. Die einzelnen Kriterien sind in dem Auswertungskästchen mit »K« für Kontaktfähigkeit, mit »D« für Dominanz und mit »L« für Leistungsehrgeiz gekennzeichnet. In der folgenden Lösung steht »n« für nein und »j« für ja. Addieren Sie nach der Auswertung die K-, D- und L-Werte und übertragen Sie diese in das Auswertungskästchen.

1 n = D	9 j = L	17 j = K	25 n = D
2 j = K	10 j = D	18 j = L	26 j = K
3 j = L	11 j = K	19 j = D	27 j = L
4 j = D	12 j = L	20 j = K	28 j = D
5 j = K	13 j = D	21 j = L	29 j = K
6 j = L	14 j = K	22 n = D	30 j = L
7 n = D	15 j = L	23 j = K	31 n = D
8 j = K	16 n = D	24 j = L	32 j = K

```
33 j = L        39 j = D
34 j = D        40 n = D
35 j = K        41 j = D
36 j = L        42 j = D
37 n = D        43 n = D
38 j = L
```

Werte	K _____
	D _____
	L _____

Eine hohe Kontaktfähigkeit ist eine der wichtigsten Voraussetzungen für Verkäufer und für viele Führungskräfte. Leistungsehrgeiz befähigt zum Erbringen akzeptabler und überdurchschnittlicher Leistungen. Dominanz ermöglicht es, Führung in Gesprächen und in sozialen Beziehungen zu übernehmen.

Erfolgreiche Außendienst-Mitarbeiter z. B. zeichnen sich immer durch überdurchschnittliche Kontaktfähigkeit, verbunden mit ebenfalls überdurchschnittlichem Leistungsehrgeiz, aus. Bei Führungskräften im Außendienst ist außerdem noch ein ausgeprägtes Dominanzstreben festzustellen.

Gesamtprofil
K = Kontaktfähigkeit

Personen mit hohem Testwert sind kontaktfreudig. Hier ist nicht nur eine bloße äußere Beziehung gemeint, sondern tiefer menschlicher Kontakt. Diese Personen zeigen sich gegenüber Problemen anderer aufgeschlossen und oft sehr hilfsbereit.

Auch »äußerer« Kontakt, z. B. in Gruppen, kann leicht aufgenommen werden.

Die Ergebnisse liegen zwischen 4 und 11 Punkten.

Die Durchschnittswerte zeigen bei

Gruppe 1	7,3 Punkte
Gruppe 2	7,3 Punkte
Gruppe 3	8,5 Punkte
Gesamtdurchschnitt	8,0 Punkte

Für jemanden, der beratend tätig ist, der im Innendienst den Besuch des Interessenten und Kunden erwarten kann, ist die Kontaktfähigkeit zwar ebenfalls wichtig, aber doch nicht so notwendig wie für den aktiven Außendienst-Verkäufer. Es ist deshalb verständlich, daß die Zielgruppe der Außendienst-Verkäufer im Bereich Markenartikel in diesem Testabschnitt den höchsten Durchschnittswert erreicht hat.

Daß die Ausprägung bei beratend tätigen Innendienst-Verkäufern so breit ist, zeigt uns, daß die Kontaktfähigkeit bei diesen Mitarbeitern nicht so stark zu sein braucht. Sicher ist jedoch, daß auch in diesem Bereich diejenigen Mitarbeiter bessere Chancen und Erfolge haben werden, die einen hohen Punktwert erreichen, als diejenigen, die an der Untergrenze liegen.

Ihr Wert:

Gesamtprofil
D = Dominanz

Personen mit einem hohen Testwert besitzen ein starkes Dominanzstreben. Sie möchten überlegen wirken und auch überlegen sein. Es kommt sogar vor, daß solche Personen sich über andere hinwegsetzen, deren Wünsche oder Probleme nicht oder nur wenig beachten.

Häufig wird die Führerrolle angestrebt. Personen mit starkem Dominanzstreben können es nicht ertragen, als Untergebene behandelt zu werden; sie begehren auf, es kann zu Zwistigkeiten kommen, weil die Unterordnung nicht gelingt.

Starkes Dominanzstreben findet man auch häufig bei Personen mit Durchsetzungsvermögen.

Die Ergebnisse liegen zwischen 8 und 14 Punkten.

Die Durchschnittswerte zeigen bei

Gruppe 1	10,5 Punkte
Gruppe 2	11,2 Punkte
Gruppe 3	10,5 Punkte
Gesamtdurchschnitt	10,7 Punkte

Die Gruppe der beratend tätigen Verkäufer hat hier den höchsten Gesamtdurchschnitt und die höchste Ausprägung erreicht. Unseren Erfahrungen zufolge entwickeln beratend tätige Verkäufer oft ein ausgeprägt elitäres Gefühl. Sie sind (oder glauben, es zu sein) dem Gesprächspartner oft in Spezialgebieten überlegen. Dies führt zwangsläufig dazu, daß sich eine dominante Haltung entwickelt. Daß diese Gruppe hier einen so hohen Durchschnitt erreicht hat, während der

Durchschnitt bei der in Verbindung stehenden Eigenschaft »Durchsetzungsvermögen« niedrig liegt, ist auf das durch das größere Wissen gegebene Überlegenheitsgefühl zurückzuführen. Dieses Verhalten könnte seinen Niederschlag darin finden, daß diese Berater in Gesprächen nicht durch die eigene Persönlichkeit, sondern mehr durch das zur Schau gestellte Wissen (Fachchinesisch) dominieren. Die Bandbreite von 8 bis 14 Punkten bei dieser Gruppe zeigt allerdings, daß dies nicht für die gesamte Gruppe zutrifft.

Personen mit hohem Dominanzwert verfügen meist über eine schwächer ausgeprägte Kontaktfähigkeit. Sehr deutlich wird dies, wenn Sie das Ergebnis der Außendienst-Verkäufer in diesen beiden Testabschnitten vergleichen.

Ihr Wert:

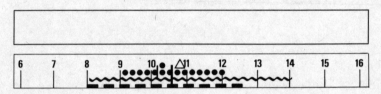

Gesamtprofil
L = Leistungsehrgeiz

Personen mit hohem Testwert sind sehr leistungsbesessen — Leistungsehrgeiz wirkt wie ein innerer Motor, der sich immer wieder zu neuen Taten antreibt. Sie fühlen sich unwohl und unzufrieden, wenn ihre Leistungskraft auch nur scheinbar nicht auf voller Höhe ist. Leistung bringt ihnen Anerkennung, deshalb sind sie auch bereit, Leistungen zu bringen, ohne daß ein materieller Anreiz dahinter stehen muß. Leistung ist für sie Selbstbestätigung — für sich und vor den anderen.

Die Ergebnisse liegen zwischen 5 und 11 Punkten.

Die Durchschnittswerte zeigen bei

Gruppe 1	8,6 Punkte
Gruppe 2	7,8 Punkte
Gruppe 3	9,0 Punkte
Gesamtdurchschnitt	8,6 Punkte

Geringer Leistungsehrgeiz führt dazu, daß ein allein auf sich gestellter Außendienst-Mitarbeiter zu wenig Voraussetzungen für seine Tätigkeit besitzt. Oft ist es gerade der unterbewußte Antrieb, der einen Mitarbeiter dazu bewegt, in den Außendienst zu gehen. Wir können grundsätzlich sagen, daß die Mehrzahl der

Menschen, die in Innendienstberufen tätig sind, einen schwächeren Leistungsehrgeiz entwickelt haben als die Mitarbeiter, die im Außendienst tätig sind. Leistungsehrgeiz, der nicht mit Anerkennung oder Lob belohnt wird, wird oft in andere Bahnen gelenkt. Was in der Berufsarbeit nicht eingesetzt werden kann, wird für Hobbys oder die Erfüllung privater Interessen genutzt.

Ihr Wert:

Profilblatt für Einzelergebnisse

Ihr Profilblatt

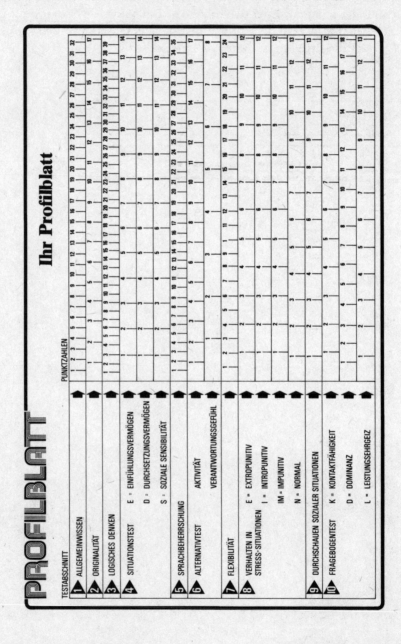

Erläuterungen zum Profilblatt

Sie haben nun Ihr »Persönlichkeitsprofil« erstellt. Es zeigt Ihnen Stärken und Schwächen.

Auf den Seiten 50 bis 83 erfahren Sie, was die einzelnen Punktwerte bzw. Ergebnisse aussagen.

Nun: Ein Testergebnis für sich allein besagt nicht viel. Erst der Vergleich mit den Ergebnissen anderer Absolventen der gleichen Berufs- und Altersstruktur gibt weitergehende Aufschlüsse. Repräsentativ ist ein Vergleich erst, wenn mindestens 2000 Ergebnisse ausgewertet worden sind. Ein Trend zeichnet sich wahrscheinlich schon bei 200 ausgewerteten Ergebnissen ab.

Beim Vorliegen einer derartigen Anzahl von Auswertungen ließe sich eine sogenannte Gauß'sche Normalverteilung herausarbeiten.

Dabei würden die Schwerpunkte der Einzelergebnisse enger zusammenrücken. Die Vergleichsmöglichkeit Ihres Ergebnisses mit den vorliegenden Resultaten wäre präziser.

Es konnte nicht Aufgabe dieses Buches sein, ein so geeichtes Testverfahren zu publizieren.

Um Ihnen jedoch einen Anhaltspunkt zu geben, habe ich in einigen Seminaren repräsentative Teilnehmer gebeten, diesen Test zu absolvieren.

Die Ergebnisse repräsentieren Mitarbeiter im Kundenkontakt (Verkäufer und Berater) aus folgenden Tätigkeitsbereichen:

1. Seite 87
   11 Verkäufer gemischt (●●●●) tätig im: beratenden Außendienst (Beratungsunternehmen),
   Einzelhandel
   pharmazeutischen Außendienst (Ärztebesucher) u. a.

2. Seite 88
   15 im Innendienst beratende/verkaufende Absolventen (Wertpapierberater einer Bank) (∿∿∿)

3. Seite 89
   32 im Außendienst tätige Markenartikelverkäufer (Nahrungsmittel) (— —)

Eine zusammenfassende Übersicht sehen Sie auf Seite 90.

Die von den einzelnen Zielgruppen erreichten Durchschnittswerte sind durch senkrechte Striche bzw. durch einen Punkt angezeigt. Die Gesamtdurchschnittswerte werden durch folgendes Symbol gekennzeichnet: △

Der Gesamtdurchschnittswert wurde wie folgt errechnet:

Addition aller Einzelergebnisse aus allen drei Gruppen, geteilt durch Anzahl aller Teilnehmer.

Dies kann zu einer Überberücksichtigung der größeren dritten Gruppe führen. Da in der dritten Gruppe jedoch die meisten verkäuferischen Elemente vertreten sind, hat das auf den Durchschnittswert keinen negativen Einfluß.

PROFILBLATT

VERKÄUFER MIT UNTERSCHIEDLICHEN TÄTIGKEITSBEREICHEN (11 ABSOLVENTEN)
AUS UNTERSCHIEDLICHEN BRANCHEN

TESTABSCHNITT / PUNKTZAHLEN

1. ALLGEMEINWISSEN
2. ORIGINALITÄT
3. LOGISCHES DENKEN
4. SITUATIONSTEST
   - E = EINFÜHLUNGSVERMÖGEN
   - D = DURCHSETZUNGSVERMÖGEN
   - S = SOZIALE SENSIBILITÄT
5. SPRACHBEHERRSCHUNG
6. ALTERNATIVTEST
   - AKTIVITÄT
   - VERANTWORTUNGSGEFÜHL
7. FLEXIBILITÄT
8. VERHALTEN IN STRESS-SITUATIONEN
   - E = EXTROPUNITIV
   - I = INTROPUNITIV
   - IM = IMPUNITIV
   - N = NORMAL
9. DURCHSCHAUEN SOZIALER SITUATIONEN
10. FRAGEBOGENTEST
    - K = KONTAKTFÄHIGKEIT
    - D = DOMINANZ
    - L = LEISTUNGSEHRGEIZ

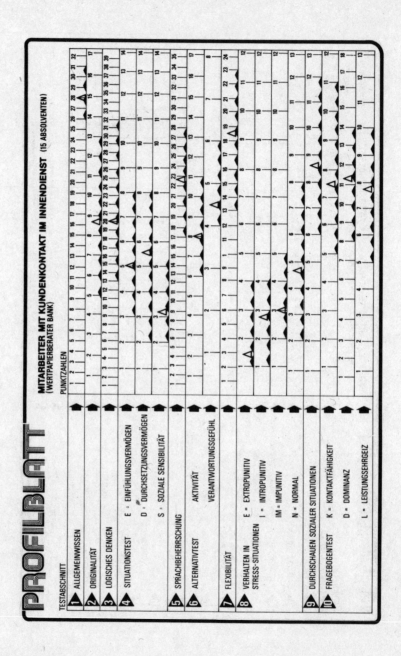

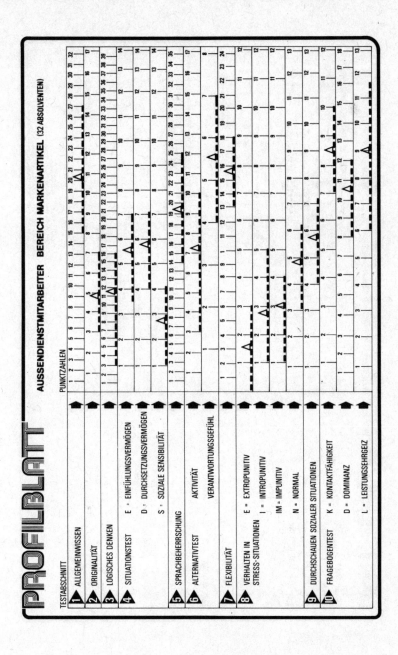

Mit dem nachfolgenden Test kann die Übereinstimmung von Personen gemessen werden.

Damit Sie den Test sofort praxisnah verwenden können, finden Sie diesen in zweifacher Fertigung.

Bitte, ergänzen Sie die Sätze mit eigenen Gedanken. Lassen Sie dann denselben Test von Ihrer Gattin, Ihrem Freund oder einer sonstigen Person ebenfalls ausfüllen (die Sätze ergänzen) und prüfen Sie anschließend, bei welchen Ansichten Übereinstimmung vorhanden ist.

Bei Menschen, die (auch im Arbeitsleben) gut miteinander harmonieren, wird sich eine häufige Übereinstimmung herausstellen.

Sicher wird dieser Test Anlaß für manche Diskussion sein. Gerade derartige Diskussionen fördern Mißstimmungen zutage und verbessern damit das Zusammenleben.

Satzergänzungs-Test

Hier sind 32 Reihen mit Worten, die Sie zu ganzen Sätzen ergänzen sollen.

Bitte schreiben Sie — ohne lange zu überlegen — diejenigen Worte auf, die Ihnen als Ergänzung zu den angegebenen Satzanfängen einfallen oder deren Sinn Ihnen zutreffend erscheint.

Es gibt hier keine »falschen« oder »richtigen« Antworten. Schreiben Sie einfach auf, was Ihnen einfällt, aber bitte: jeweils nur einen einzigen Satz.

Da längeres Nachdenken nicht erforderlich ist, sollten Sie die 32 Sätze in nicht mehr als 20 Minuten schaffen können.

1. Erfolg ist _____
2. Manchmal fällt es mir schwer _____
3. Ein Vorgesetzter muß _____
4. Spaß macht es mir _____
5. Ärgerlich werde ich _____
6. Hauptaufgabe eines Verkaufsleiters _____
_____
7. In meiner Freizeit _____
8. Ungern gehe ich _____

9. Die Kontrolle eines Verkäufers _____

_____

10. Meine Familie _____
11. Die Mehrzahl der Kunden _____
12. Der Nutzen der Verkaufspsychologie _____
13. Die Gegenargumente vieler Kunden _____
14. Mitarbeiter müssen _____
15. Eine Ehefrau sollte _____
16. Am besten kann ich arbeiten, wenn _____
17. Ich möchte, daß _____
18. Mein besonderes berufliches Interesse _____
19. Nichts ist so ärgerlich wie _____
20. Geplant werden muß _____
21. Kunden-Reklamationen sind meistens _____
22. Beim Warten in der Kundenfirma _____
23. Die Erfahrungen eines Verkäufers _____
24. Jeder Verkaufsbezirk ist _____
25. Das Problem der Kleinaufträge kann _____
26. Die Reihenfolge der Kundenbesuche _____
27. Umsatz-Vorgaben sind _____
28. Die Leistung eines Verkäufers _____
29. Zufrieden bin ich _____
30. Der Verkäufer von heute _____
31. Der Arbeitstag _____
32. Für den Verkäufer ist der Computer _____

Vergleich von Persönlichkeitsprofilen

Sie kennen nun aus dem Persönlichkeitstest und aus den anderen Tests Ihr eigenes Persönlichkeitsprofil und die Einschätzung Ihrer Eigenschaften durch andere.

Natürlich muß der persönliche Faktor ein bestimmtes Gewicht haben. Leistungsanforderungen dürfen aber ebensowenig übersehen werden wie das fachtechnische, das arbeitstechnische, das leistungstechnische und das unternehmerische Geschick.

Leistungsanreize sind nicht immer der einzige Grund für Leistung. Zwar entsprechen materielle Leistungsanreize dem Streben des Verkäufers, viel verdienen zu wollen. Wenn der Verkäufer aber nur an höheren Verdienst denkt, braucht er dafür nicht unbedingt eine hohe Leistung erbringen zu wollen. Von Ihrer Persönlichkeit hängt es ab, inwieweit Sie beides miteinander in Beziehung setzen können.

Leistung muß in einem Anforderungskatalog einen entsprechenden Platz haben. Erst mit weiteren Faktoren in Verbindung gebracht, läßt sie sich jedoch näher benennen. Viel verdienen zu wollen, ist sicher mit ein Wunsch, aus dem heraus jemand Verkäufer wird. Für das Unternehmen ist dieser Faktor zwar nicht unwichtig, jedoch rangiert weit vor diesem Faktor, ob und inwieweit der Verkäufer auf psychologische Leistungsanreize reagiert, ob er sich führen läßt. Die Motivationsmöglichkeit durch materielle Leistungsanreize gehört in das Beurteilungsbild der Leistung, das Ansprechen auf psychologische Leistungsanreize gehört zum Persönlichkeitsbild.

Wenn wir Verkaufsleiter fragen oder wenn Verkaufsleiter mit ihren Verkäufern darüber diskutieren, welche Voraussetzungen für den Verkaufserfolg gegeben sind, kommen wir zu weiteren Kriterien.

Die Ergebnisse sind in beiden Fällen ähnlich. Es läßt sich daraus ein Anforderungskatalog für Anfänger aufbauen, der sich in Verbindung mit dem Persönlichkeitsbild des Verkäufers zu einem individuellen Maßstab ausbauen läßt.

Von Verkäufern entworfen, könnte eine derartige Rangordnung wie folgt aussehen:

1. Sicheres Auftreten, Haltung, Benehmen
2. Rede- und Ausdrucksgewandtheit
3. Willenskraft, Initiative
4. Intelligenz
5. Zielgerichtetheit, Durchsetzungsvermögen

6. Anpassungsfähigkeit und Einfühlungsvermögen
7. Zuverlässigkeit
8. Verantwortungsbewußtsein
9. Selbstbewußtsein
10. Verhalten gegenüber Kunden, Vorgesetzten, Kollegen.

Würde diese Rangreihe von Verkaufsleitern erarbeitet, beinhaltet sie, unseren Informationen zufolge, folgende Eigenschaften:

1. Charakter, guter Ruf, Anständigkeit, Ehrlichkeit, Fairneß
2. Gewandtes Auftreten, gute Erscheinung
3. Lebenskraft und Gesundheit
4. Einfühlungsvermögen, Aufgeschlossenheit
5. der Wille sich zu behaupten, Konzentrationsfähigkeit, Durchsetzungsvermögen
6. Fleiß und Ehrgeiz
7. Wettbewerbsgeist, Mut, Selbstvertrauen
8. Schlagfertigkeit und Entschlußkraft
9. Anpassungsvermögen und Takt
10. Mut und Initiative
11. Kreativität
12. Warenkenntnisse.

Alle diese Eigenschaften dürfen nur gesehen werden im Verhältnis zum Markt.
Es ist sehr gut möglich, daß ein etwas besseres rhetorisches Vermögen eine weniger gute Fachkenntnis (in der Anfangszeit) kompensiert. Genauso kann es natürlich auch umgekehrt sein.
Wichtig ist, daß der Verkäufer seine eigenen Schwächen erkennt, sie — soweit möglich — in Gesprächen mit Vorgesetzten und Kollegen analysiert und zielbewußt an sich arbeitet.

Beurteilung im Vorstellungsgespräch

Im ersten Gespräch mit Ihrem evtl. künftigen Arbeitgeber oder dessen Beauftragten werden Sie sicher entsprechend dem Eindruck, den Sie verursachen, bewertet.
Damit Sie sich auf ein solches Gespräch vorbereiten können, finden Sie nachfolgend eine Aufstellung der Faktoren, die besonders häufig bewertet werden.
Es ist zu empfehlen, daß Sie sich so vorbereiten, daß Sie positive Eindrücke hinterlassen.

Qualifikationsfaktoren

Qualifikations-Faktoren:	Noch über den Anforderungen:	Entsprechend den Anforderungen:	Gerade noch akzeptabel	Unzureichend:
Äußere Erscheinung				
Alter				
Schulische Vorbildung				
Fachliche Vorbildung allg.				
Branchenkenntnisse				
Produktkenntnisse				
Verkäuferische Erfahrung				
Familienverhältnisse				
Bisheriges Einkommen				
Zeugnisse				
Reisebereitschaft				
Kredit-Auskunft				
Auskünfte/Referenzen				
Berufliche Stabilität				
Wohnort/Umzugsbereitschaft				
Möglicher Eintrittstermin				
Kraftfahrzeug				
Kontaktfähigkeit				
Ausdrucksweise/Wortschatz				
Sprache/Tonfall				
Überzeugungsvermögen				
Aufmerksames Zuhören				
Höflichkeit im Umgang				

Sachliche Fragenstellung				
Fortbildungsbereitschaft				
Gesundheit				

Kaum ein Mensch kennt sich selbst richtig. Sicher werden auch Sie bei der Bewertung der einzelnen Faktoren sich selbst über- oder unterschätzen.

Sie sollten eine zweite Person (Ehefrau, Freund oder sonstigen Vertrauten) ebenfalls um eine Meinung bitten. Stimmt die Meinung mit Ihrer Eigenbewertung überein, wissen Sie, wie Sie auf andere wirken. Überall dort, wo die Bewertung nicht übereinstimmt, sollten Sie bitte zunächst an Ihrer eigenen Bewertung zweifeln. Gegebenenfalls können Sie weitere Personen um deren Meinung bitten.

Sie wissen nun einiges mehr über sich. Der blinde Fleck ist gelüftet. Aus den Testergebnissen, dem Satzergänzungstest, dem Vergleich Ihres Eigenbildes mit Fremdbildern und sicher vielen Gesprächen mit Freunden haben Sie sich neu kennengelernt.

Zwei grundsätzliche Ergebnisse konnten sich herauskristallisieren:

1. Die Testergebnisse und die Fremdbilder sind besser als Ihr Selbstbild, besser als Sie glaubten.

2. Die Testergebnisse und die Fremdbilder sind weniger gut als Sie angenommen haben.

Im ersten Fall dürfen Sie gerne in die Fremdeinschätzung »hineinwachsen«. Möglicherweise waren Sie seither zu bescheiden, haben zu wenig aus sich gemacht.

Im zweiten Fall läßt sich mit konsequenter Arbeit an sich selbst viel erreichen. Entsprechende Übungen zu jeder der mit dem Test gemessenen Eigenschaften finden Sie in diesem Buch. Es hat keinen Sinn, etwas haben zu wollen — es sei denn, man ist bereit, etwas dafür zu tun. Dieser Leitsatz kann Ihnen bei Ihrer Arbeit an sich selbst Stütze und Hilfe ein.

Sollten Sie nun, mit diesem neuen Wissen über sich ausgestattet, Entscheidungen treffen, werden Sie sich entsprechenden Gesprächen stellen müssen. Um Ihnen dabei zu helfen, gebe ich Ihnen folgende Anregungen für die Vorbereitung und die Führung eines Vorstellungsgesprächs.

Vorbereitung des Vorstellungsgesprächs

Durchsicht der Bewerbungsunterlagen:

1. Vollständigkeit

Bitte achten Sie darauf, daß Ihre Bewerbungsunterlagen vollständig und chronologisch lückenlos sind.

2. Bewerbungsunterlagen

Analysieren Sie die Angaben im Stellenangebot. Stellenanbieter beschreiben meist recht genau, was sie vom Bewerber erwarten. Nicht immer allerdings ist die Anforderung inhaltlich genau definiert. Lesen Sie zwischen den Zeilen! Listen Sie die im Stellenangebot geforderten Eigenschaften auf und schreiben Sie dahinter die Merkmale Ihres seitherigen Berufswegs, Ihrer Ausbildung oder Ihrer Persönlichkeit, mit denen Sie glauben, diese Anforderungen abdecken zu können. Sie müssen den Beweis dafür führen, Sie müssen dafür argumentieren, daß Sie der richtige Mann für die ausgeschriebene Position sind. Diese Argumentation gehört in Ihr Bewerbungsanschreiben. Ein unveränderbares Kriterium ist das Lebensalter. Für viele Tätigkeiten wird Erfahrung gefordert, die oft fälschlicherweise aus Lebensjahren abgeleitet wird. Erfahrung ist die Fähigkeit, aus Situationen zu lernen und künftiges Verhalten entsprechend dieser Lernprozesse zu gestalten. Es gibt viele alte Menschen ohne Erfahrung (nur mit Routine) und viele jüngere Menschen, die bereits sehr viel Erfahrung gesammelt haben. Heben Sie als jüngerer Mensch nicht ausschließlich auf Ihre Vergangenheit, sondern mehr auf Ihre Zukunft ab. Sie können Ihrem Bewerbungsschreiben eine Anlage beifügen, in der Sie beschreiben, wie Sie sich die Gestaltung der neuen Tätigkeit vorstellen. In vielen Fällen hilft das mehr, als wenn Sie seitenlang schreiben, was Sie seither schon getan haben.

3. Zeugnisse

Legen Sie den Bewerbungsunterlagen alle Zeugnisse bei. Das Fehlen von Zeugnissen macht einen weniger guten Eindruck als ein Zeugnis, das einmal nicht ganz so gut ausgefallen ist. Sie haben entweder in Ihrem Bewerbungsschreiben oder im persönlichen Gespräch immer noch die Möglichkeit, zu einem weniger guten Zeugnis Stellung zu nehmen.

4. Lebenslauf

Es ist üblich, einen tabellarischen Lebenslauf beizufügen, der in chronologischer Folge die Stationen Ihres Lebens zeigt.

5. Personalfragebogen

Sollte Ihnen für die neue Position ein Fragebogen zugesandt worden sein, füllen Sie diesen sorgfältig aus. Haben Sie keine Angst, zuviel über sich zu verraten. Erfahrene Personalchefs bringen die blinden Flecke Ihrer Persönlichkeit ohnehin in Erfahrung. Ehrlichkeit und Offenheit beim Ausfüllen derartiger Fragebogen erleichtern Ihnen das spätere Gespräch und geben Ihnen die Möglichkeit, jetzt schon Argumente auf evtl. Fragen zurechtzulegen.

6. Sonstige Unterlagen

Derartige Unterlagen können sein:
Seminarscheine, Befähigungsnachweise, Dankschreiben, Referenzliste, Manuskripte Ihrer Veröffentlichungen u. a.

Äußere Bedingungen für ein Vorstellungsgespräch

1. Zeit

Führen Sie, wenn Sie die Wahlmöglichkeit haben, Ihr Vorstellungsgespräch zu einem Zeitpunkt, an dem Ihre psychologische Leistungsbereitschaft hoch ist. Die geeignetsten Zeiten sind:
Vormittags zwischen 8.00 und 11.00 Uhr und nachmittags zwischen 15.00 und 19.00 Uhr. Seien Sie pünktlich und planen Sie genügend Zeit für das Gespräch ein.

2. Gesprächsort

Meist werden Bewerber zum Stellenanbieter oder einem Personalberater eingeladen. Den Normen entsprechend bestimmt der Stellenanbieter wo und wann das Gespräch stattfindet.

3. Vorbereitung

Vorbereitung ist der halbe Erfolg. Günstig ist es, wenn Sie vor dem Gespräch möglichst viele Informationen über das Unternehmen, bei dem Sie sich bewerben, und die angebotene Tätigkeit sowie den Gesprächspartner beschaffen. Erstellen Sie eine Liste der Punkte, zu denen Ihr Gesprächspartner wahrscheinlich Fragen stellen wird und bereiten Sie Ihre Antworten sorgfältig vor.

4. Gesprächspartner

Wenn möglich, erfragen Sie vor dem Gesprächstermin, wer Ihre Gesprächspartner sein werden. Die Tätigkeitsbereiche, aus denen die Gesprächspartner kommen, bestimmen weitgehend auch die Art der Fragen, die Sie vorgelegt bekommen, und die Gesprächsinhalte.

5. Gesprächsziele

Klären Sie bitte vorher, ob es sich um ein unverbindliches Erstgespräch mit Vorauswahl oder um ein schon konkretes Einstellungsgespräch handelt. Im zweiten Fall brauchen Sie klare Vorstellungen über Ihre Forderungen und Bedingungen. Ihr Gesprächspartner wird bei einem schon konkreten Einstellungsgespräch Klarheit erwarten. Nur aus taktischen Gründen oder wenn Forderungen auf Sie zukommen, deren Einhaltung Sie beim besten Willen jetzt nicht zusagen wollen, sollten Sie sich Bedenkzeit ausbitten.

6. Spesen

Klären Sie bitte vorher, mit welchem Verkehrsmittel Sie anreisen sollen, damit es nicht bei der Übernahme der für Ihr Vorstellungsgespräch angefallenen Reisespesen zu Konflikten kommt.

Das Vorstellungsgespräch

Dieses Gespräch läuft üblicherweise in vier Phasen:
- Gesprächseröffnung
- Analyse und Vertrauensphase
- Angebotsphase
- Abschlußphase

In der ersten Phase, der Gesprächseröffnung, wirken Ihre äußeren Wirkungsmittel auf die Partner und deren Wirkungsmittel auf Sie. Sie haben eine der Situation, dem Gesprächsort und der ausgeschriebenen Position entsprechende Kleidung gewählt, waren pünktlich und stellen sich nun ihren Gesprächspartnern vor. Nach einem kurzen — oft nichtssagenden — Pflegegeplauder beginnt das eigentliche Gespräch. Bei den meisten Vorstellungsgesprächen wird das Gespräch vom Gastgeber begonnen. Es ist zu empfehlen, daß Sie zu Beginn klären, wie das Gespräch ablaufen soll. Will Ihr Gesprächspartner zunächst weitere Informationen von Ihnen, oder dürfen Sie in der folgenden Vertrauens- und Analysephase Informationen von Ihrem Partner erfragen.

Die zweite Phase, die Vertrauens- und Analysephase gestalten Sie entsprechend der mit Ihrem Partner getroffenen Absprache. Sie antworten auf seine Fragen oder stellen selbst Fragen. Hören Sie bitte genau zu und analysieren Sie, was Ihr Gesprächspartner mit seinen Fragen erfragen will. Oft sind nämlich Fragen nicht so klar formuliert, daß der Informationsbedarf eindeutig abgeleitet werden kann. Seien Sie ehrlich. Mit indirekten Fragen (Fangfragen) könnte Ihnen Ihr Gesprächspartner sehr schnell Widersprüche entlocken und daraus folgernd Zweifel entwickeln. Dürfen Sie Fragen stellen, formulieren Sie Ihre Fragen klar und eindeutig. Verwenden Sie möglichst viele offene Fragen (beginnend mit Fragewort) und verwenden Sie geschlossene Fragen, wenn überhaupt, nur um Themen anzustimmen. Zum Beispiel geschlossene Frage: Gibt es für den Inhaber der ausgeschriebenen Position weitere Entwicklungsmöglichkeiten? Bei Antwort »Ja«: vertiefen mit offener Frage: »Welche Entwicklungsmöglichkeiten sind das?«

Die dritte Phase, die Angebotsphase läßt Sie und Ihren Gesprächspartner das konkrete Angebot formulieren. Sofern Ihr Gesprächspartner Ihnen Fragen gestellt hat, wird er Ihnen jetzt die angebotene Position genauer definieren. Sofern Sie Fragen stellen durften, haben Sie die zu besetzende Position kennengelernt und können ihrerseits nun Ihre Fähigkeiten und Bedingungen in bezug auf diese Position darstellen. Sowohl Ihr Partner als auch Sie werden Argumente und Folgerungen verwenden – argumentieren – um die Position oder die eigene Leistung für den anderen passend darzustellen. Beispiel: Angenommen Sie haben in Erfahrung gebracht, daß in der angebotenen Position besondere Kenntnisse in Spezialbereichen nötig sind, werden Sie nicht nur antworten, daß Sie diese Kenntnisse besitzen, Sie werden mit vorhandenen Merkmalen (Erfahrung, Ausbildung, Seminare, Literatur u. a.) einen Beweis führen. Die Formulierung würde dann lauten: Meine Erfahrung in diesem Spezialgebiet, die in diesem Bereich absolvierten Seminare und die von mir durchgearbeitete Fachliteratur befähigen mich, spezielles Wissen in die Position einzubringen.

Sind die Darstellungen des Angebots mit dem vorhandenen Bedarf deckungsgleich, passen also Bewerber und Position oder Position und Bewerber in allen Einzelheiten zusammen, wird ein schnelles Ja möglich sein. Gibt es Differenzen, folgt häufig eine Überlegungsphase.

Die vierte Phase, die Abschlußphase schließt sich also nur nahtlos an das Gespräch an, wenn diese Deckungsgleichheit erzielt wurde.

Kommt es zu einer Überlegungsphase, wird Ihr Gesprächspartner die von Ihnen erhaltenen Informationen seinen Anforderungen noch einmal gegenüberstellen und Ihre Daten mit denen anderer Bewerber vergleichen. Sie haben also noch eine Chance. Durchdenken Sie nach dem Gespräch noch einmal alle Einzelheiten und fragen Sie sich, welche Informationen hätte ich meinem Gesprächspartner noch geben können bzw. müssen, um meine Qualifikation eindeutiger nachzuweisen? Fallen Ihnen solche Informationen ein, können Sie diese noch in einem Brief, mit dem Sie sich für das persönliche Gespräch bedanken, oder einem Telefonat unterbringen.

Nachfolgend sehen Sie die Auflistung von Qualifikationsfaktoren, nach denen viele Personalchefs und Personalberater auswählen.

Checkliste

Das Unternehmen, bei dem Sie sich vorstellen, hat eine (hoffentlich) klare Vorstellung über den gesuchten Mitarbeiter.
Dort liegt auch eine Checkliste (siehe folgende Seiten) vor.
Versuchen Sie herauszufinden, was von Ihnen als Bewerber erwartet wird.

Anforderungen:	Erforderlich:	Bevorzugt:	Zusätzlich wünschenswert:
Alter			
Familienstand			
Wohnort			
Fahrzeug			
Telefon			
Schulbildung			
Fachliche Ausbildung			
Berufserfahrung			
einschlägige Tätigkeiten			
berufliche Stabilität			
Arbeitslosigkeit			
Gesundheit			

seitheriges Einkommen			
Zeugnisse			
Verfügbarkeit			
Sonstiges			

Mögliche Fragen eines »neuen« Arbeitgebers im Vorstellungsgespräch
Auf die folgenden Fragen Ihres Gesprächspartners sollten Sie vorbereitet sein. Ihr Gesprächspartner wird Ihre Antworten entsprechend werten.

evtl. Wertung des Gesprächspartners:

Was wissen Sie über unser Unternehmen?

Warum haben Sie sich bei uns beworben? — *Plausibler Grund?* / *Unklare Gründe?* / *Bewirbt sich anscheinend überall.*

Wie haben Sie ihre derzeitige/letzte Stellung erhalten? — *Systematisch gesucht?* / *Zufällig beworben?* / *Verbesserung?*

Wie viele Tage pro Woche übernachten Sie auswärts? — *Häufiger als unsere Verkäufer?* / *Weniger häufig?* / *Überhaupt nicht?*

Wie viele Auswärts-Übernachtungen pro Woche halten Sie für zumutbar? — *Mehr als wir erwarten?* / *Weniger?* / *Deutliche Ablehnung?*

Fahren Sie gern Auto?

Wie viele Kilometer fahren Sie jetzt im Monat? — *Mehr als bei uns?* / *Weniger?* / *Fährt offensichtlich ungern.*

Wie lange sind Sie schon verheiratet?

Ist ihre Frau berufstätig? Als was? — *Untergeordnet?* / *Selbständig?*

Wieviel Prozent des Familieneinkommens wird von Ihrer Frau beigetragen? — *Viel* / *Kaum ins Gewicht fallend* / *Vorübergehende Mithilfe*

Wie steht Ihre Frau zu Ihrem Beruf als Verkäufer? — *Positiv* / *Wenig positiv* / *Unaufrichtige Antwort*

Wären Sie und Ihre Frau bereit, in einen anderen Ort zu ziehen, wenn der Beruf es erfordern sollte?	*Bejahung* *Ausweichende Antwort* *Ablehnung*
Welche Fächer haben Ihnen in der Schule am meisten Freude bereitet?	*Abstrakte Fächer?* *Deutsch und/oder neue Sprachen?* *Sport?*
Was wollen Sie in fünf Jahren beruflich erreicht haben? Und welches Einkommen wollen Sie dann erzielen?	*Klare Zukunftsvorstellung?* *Realistische Einkommensschätzung.* *Zögernde und unsichere Antwort?*
In welchen Eigenschaften sehen Sie Ihre Stärken als Verkäufer?	*Glaubwürdiges Selbstvertrauen?* *Eigenlob?* *Unsichere Antwort?*
Wo liegen Ihre verkäuferischen Schwächen?	*Erkennbare Selbstkritik?* *Selbstüberschätzung?* *Unsichere Antwort?*
Was gefällt Ihnen bei Ihrer jetzigen Tätigkeit besonders gut?	*Prompte, überzeugende Antwort?* *Zögernde Antwort?* *Unsicher?*
Was gefällt Ihnen bei Ihrer jetzigen Tätigkeit nicht?	*Glaubhafte Beanstandungen?* *Konstruierte Beanstandungen?*
Wie planen Sie Ihre tägliche Arbeit?	*Erkennbare Eigenplanung?* *Planen andere für ihn?* *Werden Schwierigkeiten der Planung überbetont?*
An welche Kunden verkaufen Sie gern? Warum?	
An welche Kunden ungern? Warum?	*Überzeugende Gründe?* *Weg des geringsten Widerstandes?* *Vorurteile bzw. Ausreden?*
Was halten Sie von Verkaufspsychologie?	*Vernünftige Einstellung?* *Deutliche Vorurteile?* *Überbetonung der Kundenindividualität?*
Welche verkaufspsychologischen Techniken halten Sie für wichtig?	
Welche wenden Sie an?	*Überzeugende Beispiele?* *Keine?* *Ausreden?*

Was halten Sie für Ihren bisher größten Erfolg?	*Überzeugendes Erfolgsbeispiel?* *Zögernde, unsichere Antwort?* *Kein Beispiel?*
Lesen Sie regelmäßig Fachzeitschriften? Welche? Welche Fachbücher haben Sie in der letzten Zeit gelesen?	*Schnelle Antwort?* *Längeres Nachdenken?* *Fehlanzeige?*
Welche Verkäuferaufgaben lassen sich Ihrer Meinung nach mehr systematisieren, als es meistens geschieht?	*Vernünftige Meinung?* *Überbetonung der Praxis?* *Ablehnung jeder Systematik?*
Welche Einstellung haben Sie zur Verkaufsplanung?	*Durchdachte Stellungnahme?* *Überbetonung der »unplanbaren« Faktoren?* *Deutl. Ablehnung?*
Mit welchen neuen Problemen im Verkauf haben Sie sich in letzter Zeit auseinandersetzen müssen?	*Überzeugende Beispiele?* *Zögernde Stellungnahme?* *Leugnung »neuer« Probleme*
Würden Sie gern in irgendeinem Wissensbereich noch etwas hinzulernen? Was?	*Verkaufsbezogener Wissenswunsch?* *Zögernde Antwort?* *Kein Weiterbildungsbedürfnis?*
Was kennzeichnet Ihrer Meinung nach einen erfolgreichen Verkäufer?	*Wirtschaftlichkeitsgesichtspunkte berücksichtigt?* *Fleiß und Einsatzfreude?* *Reines Umsatzdenken?*
Treiben Sie Sport? Welchen?	*Gruppensport?* *Einzelsport?* *Ablehnung?*

Berufsstrategie

Neben den Menschen, die bereits wissen, was sie wollen und ihre Ziele systematisch angehen, die also mit den vorigen Ausführungen arbeiten können, gibt es andere, die noch nicht so genau wissen, was sie wollen.

Wer nicht weiß, wohin er will, braucht sich nicht zu wundern, wenn er ganz woanders ankommt. Wer plant, braucht eine Strategie. Es handelt sich dabei um das Herausarbeiten von Zielen, die beständig sind und für einen langen Zeitraum gelten. Derartige Ziele sind Fernziele. Die Strategie sagt aber auch, auf welche Weise die Ziele erreicht werden können und wie der Plan aussehen muß, der zu ihrer Verwirklichung führt. Den Weg zum Fernziel planen wir mit den Mitteln strategischer Überlegung im großen Überblick. Details dieses Weges fallen in den Bereich der Taktik. Die Taktik hilft, Etappenziele, kurzfristige Ziele also, zu erreichen. Während das Fernziel unverrückbar fest liegt, erlauben die taktischen Etappenziele Änderungen im einzelnen, kleine Umwege, bei denen aber das Fernziel nicht aus den Augen gelassen wird.

Der nur strategisch Denkende läuft leider oft Gefahr, die Details nicht zu beachten oder sie als starre Größen zu sehen. Der Nur-Taktiker sieht oft vor lauter Details das Ganze nicht mehr und verrennt sich möglicherweise in abwegige Details, die nicht mehr in das strategisch Ganze passen. Strategie und Taktik ergänzen einander.

Das fernste Fernziel ist das Lebensziel. Mit jedem Bewußtseinsstand ändern sich möglicherweise auch die Zielsetzungen. Es ist deshalb notwendig, die Zielsetzungen immer wieder neu zu überdenken und gegebenenfalls zu berichtigen. Diese Anregung darf aber nicht dazu führen, daß täglich Fernziele verworfen und neu formuliert werden. Es ist notwendig, ein Stück des Weges zum Ziel zurückzulegen, Erfahrungen zu sammeln, um aufgrund dieser Erfahrungen und des vorhandenen neuen Bewußtseins die Ziele zu überprüfen. Befürchten Sie bitte nicht, daß dann das, was Sie bis jetzt für Ihr vorhandenes Ziel getan haben, falsch sei. Jedes an sich Tun führt zu Erkenntnissen. Nur, wer nichts tut, tut nie das Falsche oder besser gesagt, er tut eigentlich immer das Falsche.

Die Entfaltung läuft in bestimmten Phasen ab, die bei der Gesamtplanung berücksichtigt werden müssen. Zunächst erleben wir die Zeit der Entwicklung. In ihr findet der Mensch zu sich selbst. Sie beginnt etwa mit dem 12. Lebensjahr, der Pubertät. Es folgt die Zeit der Ausweitung, wichtige Etappenziele im Beruf und Privatleben werden erreicht, Wissen und Können erworben, verfestigt und differenziert. An diese Phase schließt sich die Kulmination (Steigerung bis zum Höhepunkt) an. Etwa im 42. Lebensjahr hat diese Phase ihren Höhepunkt. Bis zu diesem Zeitpunkt sollte der planende Mensch seine beruflichen Ziele weitgehend erreicht haben. Ab diesem Alter ist es nicht mehr leicht, weitere Ziele zu erreichen. Nach der Kulmination folgt die Phase der Krise. Innere Kämpfe finden statt. Sie sind darauf ausgerichtet, den Leistungsknick aufzuhalten. Ab jetzt muß der Mensch häufiger mit Möglichkeiten des Versagens im körperlichen und seelischen Bereich rechnen. Der geistige Bereich scheint sich weiter zu entwickeln. So kann das, was körperlich versagt wird, im geistigen Bereich wieder ausgeglichen werden. Es ist die Zeit der geistigen Reife, der geistigen Entfaltung, des sich entwickelnden geistigen Schöpfertums.

Langsam löst sich dann der Mensch vom Leben. Der körperliche und seelische Abbau schreiten stärker fort. Das Geistige verwandelt sich in die sprichwörtliche

»Weisheit« des Alters. Jetzt zeigt sich, ob der einzelne die Phasen seines Lebens phasengerecht durchlebt und durchgestanden hat, und ob er das Ende seines Daseins heiter hinzunehmen vermag.

Für Ihre persönliche Entwicklung ist es wichtig, daß Sie die einzelnen Stufen zur richtigen Zeit und in der richtigen Art durchschreiten. Bleiben Sie nicht auf einer bestimmten Stufe stehen, überspringen Sie die Phasen der Entwicklung nicht, leben Sie im Fluß Ihrer Entwicklung. Nur so können Sie gefahrlos wachsen und reifen.

Wie Sie bei einer Reise ein stark anziehendes Fernziel haben, Nahziele planen und Ihre jeweilige Kondition berücksichtigen, verhält es sich auch bei der »Reise« durch das eigene Leben. Sie können Ihr Fernziel möglicherweise mit einem großen Sprung nach vorne erreichen. Wer energiemäßig gut ausgestattet, antriebsstark und dynamisch ist, wer fachliches Wissen und Können besitzt, wer Hilfe und Hilfsmittel von hoher Qualität zur Verfügung hat, kann diesen großen Sprung riskieren. Fehlt aber einer dieser Helfer, ist das Ziel nicht erreichbar. Frustration (enttäuschte Erwartungshaltung) stellt sich ein und Minderwertigkeitsgefühle können entstehen.

Da ist es schon besser, das Ziel in (kleineren oder auch größeren) Teilschritten zu erreichen. Das Erreichen des jeweiligen Etappenziels macht Mut und stärkt die Zuversicht. Mut und Zuversicht wiederum fördern neue Kraft zutage und erleichtern es, folgende Teilziele zu erreichen. Je näher sie nun dem Fernziel kommen, desto größer wird seine Anziehungskraft. Haben Sie das Fernziel erreicht, erkennen Sie, daß sich dahinter erneut neue Ziele auftun, die Sie vorher nicht sehen konnten. Nur derjenige aber erkennt neue Ziele, der seine vorherigen Ziele erreicht hat. Wer ständig nur neue Ziele konstruiert, verhält sich wie ein Tagträumer, seine Ziele sind Hirngespinste.

Arbeiten Sie auf dem Weg zu Ihren Zielen systematisch, exakt, rationell und termingerecht. Improvisieren sollte sich nur der leisten, der alles andere schon kann.

Möglicherweise haben Sie schon ein Fernziel, an dem Sie bereits hart arbeiten, dann kann Ihnen das vorliegende Buch helfen, das eine oder andere anders, wirksamer oder besser zu gestalten. Sollten Sie noch nach einem Ziel suchen, kann ich Ihnen helfen: Eines der wichtigsten Ziele des Menschen sollte die Entfaltung der Gesamtpersönlichkeit sein. Nur wer insgesamt echt auf seine Umwelt wirkt, hat dauerhafte Erfolge. In dieses starke, echte Verhalten eingebautes Wissen, welches sich dann in persönlichkeitsadäquatem Können ausdrückt, garantiert, daß die erreichten Ziele auch mit Befriedigung genossen werden können.

Dieses Buch zeigt Ihnen die eine oder andere verbesserungsbedürftige Eigenschaft Ihrer Persönlichkeit. Mit Teilzielen und Fernzielen und der systematischen, exakten, rationellen, termingerechten und konsequenten Arbeit an sich selbst können Sie diese Ziele unter Verwendung der folgenden Übungen erreichen.

Sich ändern

Ich bin eben so. Das ist mein Charakter. Das ist angeboren, ich kann mich nicht ändern. Diese Auffassung ist nach heutigem Wissen total falsch. Sie ist selbstschädigend (schädigt das Selbst). Die Meinung, sich nicht ändern zu können, macht Änderungen von vornherein unmöglich. Wer keine Ziele hat versinkt in Resignation. Ziele sammeln Energie. Ohne Ziele kann das Selbstwertgefühl sinken. Herabgesetztes Selbstwertgefühl ist Minderwertigkeitsgefühl. Überkompensiert entsteht oft Selbstherrlichkeit (oder Uneinsichtigkeit).

Gehemmte Aktivität und Angst, beides sich evtl. gegenseitig bedingend kann zu Vermeidungsverhalten führen. Bin ich nicht aktiv, kann mir auch nichts passieren. Eine Vogel-Strauß-Politik entsteht. Dieses Verhalten ist für den seelischen Haushalt wesentlich gefährlicher als Aggression. Was sich bewegt kann gesteuert werden. Was sich nicht bewegt ist nicht oder nur schwer erkennbar. Der Nichtselbstbewußte läßt alles über sich ergehen, steckt alles ein, führt negative Selbstgespräche, gibt keine Botschaften seines Mißvergnügens.

Selbstbewußtsein kann in Ihnen aufgebaut werden, oder können Sie an anderen aufbauen. Jeder möchte »gestreichelt« werden. Streicheln dafür daß jemand »ist« ist die Grundlage für das Streicheln dafür daß jemand etwas tut. Wird jemand nur gestreichelt dafür daß er »ist« fühlt er sich kindlich. Bei streicheln nur für das Tun als Funktionär. Derartige »Streicheleinheiten« müssen »warm« sein, d. h. in einer aktiven Phase erfolgen. Nicht zu spät. Man nennt dies »Sofortverstärkung«.

Derartige den anderen streichelnde Verhalten müssen aufrichtig sein. Nur so entsteht Vertrauen. Diese Vertrauensgrundlage erleichtert das Lösen von Konflikten. Ohne Konflikte keine Weiterentwicklung. Ohne Vertrauen keine Konfliktlösung. Beides bedingt sich. Die Frage ist nur, wie man kommuniziert und mit wem!

Entsprechend Situation und Rolle müssen wir gelegentlich unseren Ärger hinunterschlucken. Tut man das ständig stellt sich Krankheit ein. Also muß man ab und zu seinem Ärger Luft machen. Schweigen, den anderen »schneiden« ist die schlimmste Form der Aggression. Auch das Sammeln der einzelnen Situationen für eine Generalabrechnung ist falsch. Kritik muß wie Anerkennung »warm« sein. Nur so weiß der Partner was geschieht und wie er sich verhalten soll. Hier einige Regeln für die Lösung von Konflikten:

1. Lernen Sie nichtwörtliche und wörtliche Konfliktsignale kennen und beachten (siehe auch mein Buch: Körpersprache).

2. Helfen Sie anderen Menschen ihren Ärger zu artikulieren. Nicht jeder kann

über seine Gefühle sprechen. Lernen Sie über Ihre Gefühle zu sprechen. Üben Sie am besten im privaten Bereich. Die Ich-Botschaft kann Ihnen hier helfen. Sie sagen nicht

konfliktträchtig:	sondern	konfliktlösend:
Du bist schlecht aufgelegt ...		Ich habe das Gefühl, daß du heute schlecht aufgelegt bist ...
So kannst Du mir nicht kommen ...		Dein Verhalten ärgert mich ...

Machen Sie aber aus der werturteilsfreien »Ich-Botschaft« kein Mittel der unfairen Dialektik. Eigentlich ist die Resonanz, die Sie auf Ihre Umwelt entwickeln Ihr Problem. Auch mit der Ich-Botschaft erwarten viele, daß Ihre Umwelt auf Sie Rücksicht nimmt. Warum eigentlich?

3. Will jemand zu Ihnen über seine Probleme sprechen, helfen Sie ihm! Stellen Sie Fragen. Beginnen Sie das Gespräch. Hören Sie zu! Zeigen Sie Aufmerksamkeit! Urteilen und Verurteilen Sie nicht! Zeigen Sie Verständnis für Ihren Partner und seine Probleme! Lassen Sie Ihrem Partner dessen Selbstachtung! Behalten Sie Diskretion über das Anvertraute!

Das fällt mir schwer, das kann ich nicht — könnte nun mancher sagen, der die vorstehenden Anregungen gelesen hat. Er kehrt zurück zum »Ich bin eben so«. Friede und Erfüllung werden durch Verstehen erreicht. Was der Mensch verstanden hat, kann er beherrschen. Die Wissenschaft bemüht sich, unser Verständnis der dinglichen Welt zu vergrößern. Jedes Verstehen bringt zwangsläufig eine Veränderung im Bewußtsein zustande. So sind Wissenschaft und Religionen Mittel zum Zweck. Der Mensch sehnt sich nach Frieden mit seinem Selbst. Um dies zu erreichen, braucht er keinen großen Besitz. Menschen waren schon glücklich (und unglücklich) bevor Wissenschaften und Religionen sie mit ihren Segnungen überhäuften.

Den Zusammenhang zwischen Wissenschaft und grenzwissenschaftlichen Bereichen hat der Psychologe C. G. Jung erkannt, als er über die Astrologie formulierte: »Astrologie wird von der Psychologie ohne Einschränkung anerkannt, weil die Astrologie die Summe des psychologischen Wissens der Antike darstellt.« »Wissenschaftlich« wurde zu einem Kriterium, mit dem man versucht, die Richtigkeit von Theorien und Gedanken zu messen. Durch unsere Erziehung denken wir selbst in »wissenschaftlichen« Kategorien. Dies auch in Bereichen, die mit Wissenschaft im Grunde genommen nichts zu tun haben. So sind wir wissenschaftsgläubig geworden. Wir glauben der Wissenschaft, ohne prüfen zu wollen oder zu können. Die erstellten Theorien sind jeweils Abbild des Bewußtseinsniveaus der Erkennenden. Weiteres Forschen entwickelt einen höheren Bewußtseinsstand und läßt neue Theorien entstehen. Die Wahrheit von heute ist so der Irrtum von morgen. Wissenschaftler erforschen in ihrer Arbeit die sichtbare und unsichtbare Außenwelt. Entsprechend der uns als Materie entgegentretenden Außenwelt sind die Forschungsmethoden den Bedingungen der Materie angepaßt worden. Da man so nur Materie messen kann, schließt man zu schnell, daß man außerhalb der Materie nichts gibt. Je mehr materielle Hilfsmittel entwickelt werden, um Zeit einzusparen, umso geringer wird die Zeit, die wir haben. Eigentlich ein Widersinn. Erkennen wir, daß Zeit nicht gegenständlich, sondern eine Qualität und damit mit unserem Bewußtsein eng verbunden ist, sparen wir Zeit nicht durch Hilfsmittel, sondern durch Bewußtsein.

Je mehr Bewußtsein wir entwickeln, desto mehr können wir mit der Zeit anfangen. Es ist nicht wenig Zeit, die wir haben, es ist viel Zeit, die wir nicht nutzen. Gelingt es jemandem, eine bestimmte Arbeit durch mehr Interesse, durch mehr Wissen und höheres Bewußtsein schneller zu erledigen, spart er wirkliche Zeit. Nutzt er nur Planungshilfen, wird er die auf dem jeweiligen Bewußtseinsstand für die Arbeit, die getan werden muß, nötige Zeit einkalkulieren müssen. Er spart also nicht wirklich Zeit. Er hat die zur Verfügung stehende Zeit lediglich eingeteilt.

Neue Einsichten, mehr Wissen, ein höheres Bewußtsein, sind also die Säulen, auf denen eine Verhaltens- und Persönlichkeitsänderung basiert.

Zu vieles ist vorgegeben, als daß sich der Mensch grundlegend ändern könnte.

Die wissenschaftliche Entdeckung des genetischen Code hat entscheidende Einsichten geliefert. Die Zelle ist der Baustein der Natur für alle Lebewesen. Das Gen kann Erbinformationen von einer Zelle auf die andere übertragen. Dies erkannte der österreichische Mönch und Biologe Gregor Mendel, als er die ersten Vererbungsregeln nach Kreuzungsversuchen mit Wicken aufstellte.

Im Augenblick der Empfängnis mischen sich die Gene aus den Zellen der Eltern und es entsteht ein neues Lebewesen, das ein bestimmtes »Programm« in Form von Erbinformationen mitbekommt.

Lange Zeit wußte man nicht, wie Gene aufgebaut sind. Inzwischen wurde entdeckt, daß das Gen auf dem komplizierten Molekül der Desoxyribonukleinsäure aufgebaut ist. Drei Wissenschaftler, die für ihre Arbeit den Nobelpreis für Chemie erhielten, der amerikanische Biologe J. D. Watson und die beiden Briten F. H. C. Crick und M. H. F. Wilkins haben folgende Theorie aufgestellt:

Das Schicksal jedes einzelnen Lebewesens ist mit der Geburt in seinen Genen schon festgeschrieben. Unsere charakterlichen Eigenschaften, unsere Intelligenz, ihre wechselnden Neigungen und Stärke in der Jugend, im Erwachsenenstadium und im Alter sind dort in unauslöschlicher Schrift eingeprägt. Nicht nur unsere zukünftigen physischen Stärken und Schwächen sind dort niedergeschrieben, sondern auch schon der Zeitpunkt in der Zukunft, an dem unser Körper und seine Organe zu verfallen beginnen und vergreisen.

Auch der inzwischen verstorbene Dr. Franz I. Kallmann, der am psychiatrischen Institut in New York tätig war, hat dies bestätigt. Über einen Zeitraum von 30 Jahren hat er 27 000 eineiige Zwillingspaare untersucht. Er wollte die Theorie beweisen, daß eineiige Zwillinge neben äußerlichen Gemeinsamkeiten die gleichen Erbinformationen besitzen.

Kallmann erwähnt u. a. den Fall von eineiigen Zwillingen, die getrennt bei Adoptiveltern in verschiedenen Ländern aufwuchsen, beide Berufssoldaten wurden und im Rang eines Obersten aus dem Dienst ausschieden. Er kam aus diesem und anderen Fällen zu dem Schluß, daß in jedem Menschen mit der Geburt eine Art Uhr in Bewegung gesetzt wird, die u. a. Krankheiten und Unfälle vorherbestimmt. Derartige Übereinstimmungen, so werden Kritiker sagen, könnten auch Zufall sein. Seit den Fortschritten auf dem Gebiet der Genetik jedoch lassen sich Theorien, die den Zufall zu Hilfe nehmen müssen, um solche Ähnlichkeiten zu erklären, jedoch nicht mehr vertreten.

Ein anderes Beispiel wird berichtet, das Beispiel zweier Frauen, die sich im Krankenhaus von Havensack/New Jersey kennenlernten. Sie stellen fest, daß sie den gleichen Rufnamen, Etna, hatten. Ihre zweiten Vornamen, Hanna und Osborn, waren verschieden. Sie fanden weiter heraus, daß sie in nahe beieinander liegenden Städten am gleichen Tag und im gleichen Jahr geboren waren. Die beiden Frauen fanden aber noch weitere Ähnlichkeiten, eine Kette von »Zufällen«, die ihren Fall zum klassischen Beispiel machten.

Beide Frauen hielten sich im Krankenhaus auf, um ihr erstes Kind zur Welt zu bringen. Beide Babys erblickten zur gleichen Zeit das Licht der Welt, hatten das gleiche Gewicht und bekamen die gleichen Vornamen: Patricia Etna.

Die beiden Frauen hatten dasselbe Körpergewicht, dieselbe Körper- und Kleidergröße, waren brünett, hatten blaue Augen und hatten am gleichen Tag vor 3½ Jahren geheiratet. Die Ehemänner beider Frauen hießen Harold, hatten denselben Beruf und fuhren einen Wagen gleicher Marke, Ausstattung und Farbe. Die Ehemänner waren am gleichen Tag im gleichen Jahr geboren. Beide Männer gehörten der gleichen Religionsgemeinschaft an. Auch die beiden Frauen hatten die gleiche Religionsgemeinschaft, jedoch nicht die der Männer. Die Frauen hatten die gleiche Anzahl von Brüdern und Schwestern. Außerdem entdeckten die beiden Frauen, daß beide Familien einen Hund gleicher Größe und Rasse besaßen und daß beide Familien den Hund auf den Namen Spot riefen.

Ein weiterer oft publizierter Fall berichtet von 21jährigen Zwillingen aus New Rochelle/New York, die jahrelang keinen Kontakt miteinander hatten. Am gleichen Tag standen sie vor Gericht. Sie hatten an verschiedenen Orten zwei Männer getötet. Beide Opfer waren 36 Jahre alt. Polizeiunterlagen aus Miami berichten von einem Zusammenstoß zweier Kühlwagen. Beide Kühlwagen waren von gleicher Bauart und mit Geflügel beladen. Die beiden Kühlwagen wurden von eineiigen Zwillingen gefahren, die seit ihrer Geburt getrennt aufwuchsen. Die Zwillinge hatten denselben Beruf, Frauen mit gleichen Vornamen, dieselbe Anzahl von Kindern. Auch Alter und Geschlecht der Kinder stimmten überein.

Auch diese Beispiele könnten mit Zufall erklärt werden. Sind es Zufälle, dann hat jeder Mensch die freie Entscheidung über sein Leben. Stimmt die Erklärung Zufall nicht, ist das Schicksal vorgegeben — was übrigens die Astrologen seit 10 000 Jahren behaupten.

Die Entdeckungen der Genetiker besagen nicht, daß das ganze Programm unseres Lebens im Moment der Empfängnis oder der Geburt gestartet wird. Sie meinen, daß es Phase für Phase aktiviert wird. Wie und wann die jeweiligen Programmteile aktiviert werden, kann die Wissenschaft noch nicht erklären. Die Astrologie scheint eine Antwort zu haben. Sie behauptet, daß die Himmelskörper des Sonnensystems ewige Uhren seien, die nicht nur Zyklen von Tag und Nacht, Jahreszeiten und Gezeiten regeln, sondern auch das persönliche Verhalten der Menschen. Diese Regelung geschieht nicht zufällig aus irgendeiner Laune, sondern gemäß dem Schicksal, das jedem einzelnen im Augenblick der Geburt gewissermaßen mitgegeben wurde. Dies schien der Psychologe C. G. Jung zu meinen, als er sagte: »Die Persönlichkeit des Menschen stimmt in der erstaunlichsten Weise mit den Erwartungen der traditionellen Astrologie überein.« Dies schien sich auch in einem Versuch zu bestätigen, den der amerikanische Biologe Dr. Frank Brown von der Nordwestern Universität durchführte. Er brachte Austern aus dem Meer von Long Island in hermetisch abgeschlossenen Behältern in sein Labor nach Evanston in Illinois, also 1600 km landeinwärts. Wie würden sich diese Austern so weit von ihrer angestammten Umgebung entfernt zur Fütterungszeit verhalten? Wie erwartet, verhielten sie sich in der ersten Zeit entsprechend dem Gezeitenrhythmus der Ostküste und öffneten sich zur gewohnten Zeit. Nach 14 Tagen geschah etwas Bemerkenswertes. Der Rhythmus verschob sich langsam und bald öffneten sich die Austern genau zu dem Zeitpunkt, an dem die Gezeitenwelle, wäre sie über das Land weitergewandert, das Labor erreicht hätte. Dies war genau der Augenblick, in dem der Mond den Meridian, auf dem Evanston liegt, erreichte. Die »Monduhr«, die mit dem Zyklus in den Zellen der Austern verbunden zu sein schien, wurde also durch Laborbedingungen nicht lange außer Kraft gesetzt. Diese und andere Versuche scheinen zu beweisen, daß jedes Lebewesen in gesetzmäßige Zusammenhänge und Abläufe im Universum eingebunden ist. Auch die Polizei kennt die Auswirkungen des Vollmondes auf das menschliche Verhalten. Sie weiß, daß zunehmender Mond Gefahr bedeutet und in der letzten Phase vor Vollmond ein Anstieg der Verbrechenszahlen zu verzeichnen ist. Die Polizei von Philadelphia erstellte eine umfassende Studie mit dem Titel: Die Auswirkungen des Vollmondes auf das menschliche Verhalten. Darin wurde bestätigt, daß Mensch und Tier unter dem Einfluß des Mondes unkontrollierbare Triebe entwickeln. Diese Ansicht wird von der Polizei in Detroit, Los Angeles, New York und San Francisco bekräftigt. Auch Sir William Blackstone (1723 - 1780) einer der Väter der englischen und amerikanischen Gesetzgebung und der erste Kronanwalt Englands hatte einen Zusammenhang zwischen Verbrechen und Mondphasen festgestellt.

Daß Sonnenflecken den Empfang von Radiowellen stören, ist seit Jahren bekannt. Der technische Direktor einer amerikanischen Rundfunkanstalt, John H. Nelson, berichtet aus einer mehrere Jahre andauernden Untersuchung: »Es steht fest, daß andere Kräfte (als die Sonne) am Werk sind. Es ist daher notwendig, neue Wege zu beschreiten. Die Beobachtungen der Planeten hat ermutigende Resultate gezeigt und eine genauere Untersuchung ist angebracht. Eine hoch entwickelte Methode zur Voraussage von Störungen, die auf den Planetenbewegungen basiert, hätte den Vorteil, daß sie langfristige Voraussagen ermöglicht, weil die Planetenbewegungen ja schon lange bekannt sind.« Nachdem in weiteren Schritten die Planetenkonstellation bei den Berechnungen berücksichtigt wurden konnten, Tage mit schlechtem Empfang mit 93%iger Sicherheit vorausgesagt werden.

Überraschend an den Ergebnissen war, daß Störungen immer besonders stark auftraten, wenn die Planeten entweder im Quadrat (90 Grad) in Konjunktion (0 Grad) oder in Opposition (180 Grad) zur Sonne standen. Ein weiteres Beispiel über den Einfluß der Sonne auf den Menschen liefert das Versagen der »Takata-Reaktion.« Mit dieser vom japanischen Arzt Dr. Maki Takata, Prof. an der Toro-Universität in Tokio, entwickelten Methode, wurde von Gynäkologen weltweit die Phase des Ovulations- und Menstruationszyklus der Patienten bestimmt. Die Takata-Reaktion trat ein, wenn eine Blutprobe einer Frau mit einem Reagenz gemischt wurde. Männerblut ergab keine Reaktion. Plötzlich trat jedoch die Takata-Reaktion überall nicht mehr auf. Gleichzeitig zeigt Männerblut sehr instabile Eigenschaften. In 17jähriger Arbeit löste Takata das Rätsel. Die Sonnenfleckenaktivität hatte das Blut jedes Menschen verändert. Die Forschungsergebnisse zeigten, daß Veränderungen des Blutes immer dann besonders stark waren, wenn Sonnenflecken im Laufe ihres 11-Jahreszyklus ins Zentrum der Sonne wanderten und die Sonne die Erde mit einem Maximum von Partikeln und Wellen beschoß. Takata stellte fest, daß der Mensch eine Art lebende Sonnenuhr ist, wenn die Sonne Veränderungen des Blutserums bewirkt, dann hängen diese von der jeweiligen »Stimmung« unseres Fixsterns ab.

Die Beobachtungen von Takata zeigten auch, daß wenige Minuten vor Sonnenaufgang ein enormer Anstieg der Aktivität im Blut, welches die ganze Nacht »geruht« hatte, einsetzt, als ob das Blut das Aufgehen der Sonne vorausahnt. Bei Tests während dreier Sonnenfinsternisse fand Takata außerdem heraus, daß die Aktivitäten im Blut abnahmen, sobald der Mond die Sonne verdunkelte und ein Aktivitätsminimum bei totaler Bedeckung der Sonnenscheibe vorhanden war.

Auch russische und italienische Forscher haben diese Zusammenhänge bestätigt.

Der italienische Chemiker Georgio Piccardi sollte herausfinden, aus welchen Gründen aktiviertes Wasser Ablagerungen in Boilern und Rohren auflösen kann und normales Wasser nicht, und warum diese Auflösung nicht immer funktioniert. Piccardi stellte fest, daß anorganische Kolloide im Wasser von Kräften aus der Tiefe des Weltraums beeinflußt werden und sich in Abhängigkeit von der Position der Erde im All verändern. Er fand auch heraus, daß kosmische Kräfte die Struktur des Wassermoleküls aufbrechen. Diese Eigenschaft kann jedoch durch Kräfte aus dem Weltraum verhindert werden. Die Wirksamkeit hängt von Jahr, Monat, Tag und sogar Stunde ab.

Betrachtet man diese Beispiele, die Erkenntnisse von Wissenschaft und Grenzwissenschaft, die beide Disziplinen einander immer näherrücken lassen, wird erkennbar, daß Materie, Energie, Körper und Geist, Sichtbares und Unsichtbares sich ständig wechselseitig beeinflussen und formen.

Geben wir der Zeit nicht nur die Eigenschaft, meßbar zu sein, sondern eine eigene Qualität, dann können wir vereinfacht sagen, die Zeitqualität hat Einfluß auf das jeweilige Bewußtseinsniveau der Menschen. Es scheint sich auch darin zu bestätigen, daß jeweilige Erfindungen oft an verschiedensten Stellen der Erde fast gleichzeitig zustande kamen.

Schon Kybalion sagte: »Alles ist zwiefach, alles hat zwei Pole, alles hat sein Paar von Gegensätzlichkeiten, gleich und ungleich ist dasselbe; Gegensätze sind identisch in der Natur, nur verschieden im Grad; Extreme berühren sich; alle Wahrheiten sind nur halbe Wahrheiten; alle Widersprüche können miteinander in Einklang gebracht werden.« Was wir Menschen vorfinden, und was wir uns vorstellen können, erscheint immer in zwei Polen. Außerhalb dieser Pole können wir uns eine Einheit nicht vorstellen. Diese Einheit würde zahlensymbolisch der 1 entsprechen. Ohne die 1 kann es die 2 nicht geben. Wenn also aus dem Ursprung aller Dinge die Materie in ihrer Ausdehnung entstand, so entstand aus der 0 die 1 und die 2. Erst in der 3, der Dreieinigkeit, entsteht eine Verbindung zwischen Urkraft und Materie. Weitergeführt entspräche die 4 der 2, die 5 der 3 usw. Dieser kleine Ausflug in die Zahlenmystik lohnt sich deshalb, weil auch die Physik in ihrer neuesten Entdeckung zu verblüffenden Resultaten kam. Die früher als kleinste Bausteine der Materie bekannten Atome bewiesen sich als Ergebnis kleiner Bausteine. Im Atomkern kreisen Neutronen und Protonen. Diese wiederum bestehen aus Quarks und jedes einzelne Quark aus Tohu und Bohu. Wenn wir also eine Analogie ziehen können, hieße dies, aus der ursprünglichen Einheit (Energie, Urkraft) – dem Tohu-Wabohu, von dem die Forscher den Namen für die kleinsten Teilchen abgeleitet haben, entstanden in der Polarität der Materie Tohu und Bohu. Erst die Vereinigung dieser Bausteine im Quark ergibt die Materie, die als solche energetisch ladbar wird. So zeigt sich auch in diesen beiden Betrachtungsweisen, der Mystik und der Physik die Polarität des Seins. Seit Jahrtausenden geistig begriffen, erschließt sich den Meßinstrumenten der Forscher jetzt auch die Materie als identisches Abbild mystischer Wahrheiten.

Haben wir nun die Freiheit des Willens, das zu tun, was wir für richtig halten und in jeder Lebenssituation frei zu entscheiden?

Jeder von uns kennt die aus der Umwelt resultierenden Zwänge, die Entscheidungen beeinflussen. Daß Freiheit also schon aus diesen Einflüssen heraus beschränkt ist, wissen wir. Meist erfühlen wir aber noch andere Beeinflussungen. Gefühle, Ahnungen und undefinierbare Hemmnisse scheinen uns oft vom einen Weg weg auf den anderen Weg zu schieben. Diese unbewußten Einflüsse rechtfertigen wir dann mit den Argumenten, die unser Verstand uns liefert, mit Scheinargumenten. Wenn nun Zeit entsprechend der Polarität eine Quantität und eine Qualität besitzt, dann würde die Qualität nur solche Ereignisse und Entscheidungen realisierbar werden lassen, die dieser Qualität entsprechen. Demnach könnte man sich nicht irgendwann einmal so oder so entscheiden. Die herrschende Zeit würde die Entscheidung beeinflussen oder sogar bestimmen. Die seit langem bekannte Aussage »jeder Anfang trägt das Ende in sich« besagt, daß bereits im Beginn einer Sache der gesamte Verlauf und das Ende festgelegt sind. In unserer scheinbaren Freiheit glauben wir, daß es möglich sei, in ein laufendes Geschehen einzugreifen und es zu beeinflussen. Jedes Samenkorn trägt, wie Physiker nachgewiesen haben, die gesamte Pflanze in sich. Mittels kirlianscher Photographie ist es möglich geworden, das »Feld« um ein Samenkorn zu photographieren und die fertige Pflanze um das Samenkorn herum sichtbar zu machen. Vergleiche zwischen fertiger Pflanze und ursprünglicher Aufnahme zeigen, daß sich die Pflanze in dieses Feld hineinentwickelt hat. Es ist also immer alles in allem, in dem Samen ist die Frucht, in der Entscheidung die Folge. Es ist also wichtig, etwas »zur rechten Stunde« zu beginnen. Deshalb blickten früher die Priester »in die Stunde«; aus diesem Tun entstand das Wort »Horoskop«, denn es heißt (hora = Stunde; skopein = blicken) in die Stunde blicken.

Immer noch steht die Frage im Raum, wie weit die Freiheit des Menschen etwas an seinem Lebensweg ändern kann. Der Lehrplan, den ein Lebewesen zu erfüllen hat, scheint vorgegeben zu sein. Innerhalb dieses Lehrplans bleibt die Polarität jedoch wirksam. Diese Polarität stellt uns vor die Wahl, wie wir was tun, und auf welche Weise wir lernen. Dabei bleiben uns zwei Möglichkeiten:

1. Das bewußte Lernen

   Es erfordert die Bereitschaft, sich den Anforderungen des Schicksals zu stellen und die auftretenden Probleme freiwillig durch Aktivität zu lösen.

2. Das unbewußte Lernen

Dies tritt automatisch in Kraft, wenn der Mensch es versäumt, ein Problem bewußt zu lösen.

Auch dies haben wir alle schon erlebt. Man schiebt Probleme vor sich her und hofft, daß sie sich selbst lösen. Durch diese Art, den Problemen zu entfliehen, oder sie zu negieren (Psychologen nennen dies verdrängen) werden die Probleme größer. Der Mensch wird Opfer der so selbst herbeigeführten Situation und sein Schicksal zwingt ihm die Problemlösung auf. Ein derartiger Lernprozeß muß unvollständig bleiben, weil der Widerstand des Erleidenden recht groß ist. Erst nach Aussöhnung mit diesem Leiden kann die Sinnhaftigkeit begriffen werden. Ein evtl. nicht erlöster Rest des Problems kann neue Keime für Zwangsbelehrungen legen. Dazu ein Beispiel:

Ein Seminarteilnehmer beschrieb sein Verhalten u. a. als dialogfreudig und einsichtig. Das Fremdbild der Gruppe sagte: »Er redet zuviel, unterbricht ständig, formuliert Belehrungen und rechtfertigt das ihm gezeigte Fehlverhalten.« Das so erhaltene Fremdbild wurde vom Teilnehmer gerechtfertigt. Er meinte, es liege an der besonderen Seminarsituation, an der Empfindlichkeit der Teilnehmer und am Diskussionsthema, daß er sich so verhalte. Der mögliche Lernprozeß wurde durch Uneinsichtigkeit, durch die Unfähigkeit, sich in Frage zu stellen, unmöglich. Zwei Jahre später hatte der unbewußte Lernprozeß, das Schicksal, eingesetzt. Er war wegen Mangel an Kollegialität und ständiger Rechthaberei von seiner Position als Führungskraft entlassen worden. Die Abfindung, die ihm ausgezahlt worden war, diente in seinem Telefonat mit mir als Rechtfertigung dafür, daß man nur hart bleiben müsse. Daß er seine gute Position als Abteilungsleiter verloren hatte und arbeitslos war, verdrängte er aus seinem Bewußtsein. Ein weiteres Jahr später hatte er immer noch keine neue Tätigkeit gefunden, sich aber viele weitere Ausreden ausgedacht. Es war ihm unmöglich gewesen, bewußt zu lernen, einen anderen Weg einzuschlagen, das, was er gebraucht hätte, zu tun. So wird er weiterhin durch Leid lernen und es wird der Moment eintreten, in dem Ausreden nutzlos werden, in dem er nackt vor sich selbst steht und sehen muß, was er nie sehen wollte. Wer nicht lernt, leidet. Viele Menschen benehmen sich so, als hätten sie ein Anrecht darauf, daß es ihnen gut gehe, daß sie reich, gesund und glücklich seien. Der Mensch kommt aber nicht in die Welt, um in Faulheit zu genießen, sondern um sich zu entwickeln und mit seinen Fähigkeiten der Welt zu dienen. Wer bewußt seine Fähigkeiten sucht und sie bewußt dem Positiven widmet, findet Glück.

Oft glauben Menschen, Glück sei von Äußerlichkeiten abhängig. Sobald nach sinnloser Jagd der ersehnte Glücksträger erreicht ist, entpuppt er sich als unzulänglich, das angestrebte Glück zu vermitteln. Hat jemand endlich die Wohnung, sehnt er sich nach einem Haus, hat er dieses, braucht er noch Ruhm und Anerkennung. Äußere Dinge sind nur so lange reizvoll, solange man sie nicht hat. Glück kann man nicht erreichen, glücklich kann man nur sein. Es ist ein seelisch geistiger Bewußtseinszustand – unabhängig von der Außenwelt. Der Gegenpol des Glückes, das Leid, sorgt »zum Glück« dafür, daß diese Irrwege nicht zu einem endgültigen Verlaufen führen, sondern daß der Weg letztlich durch Ablösen von Leid doch zum Glück führt.

Wir können erkennen: Die dem jeweiligen Bewußtseinsniveau entsprechenden Erlebensnotwendigkeiten sind vorgegeben. Die Frage ist nur, werden diese in bewußten Lernprozessen erlernt oder durch Leid aufgezwungen. Um dies an einem Beispiel zu verdeutlichen: Ein Wanderer will von A nach B. Auf einer Wanderkarte hat er sich einen Weg ausgesucht, der vom Anfang bis zum Ziel (von der Geburt bis zum Tod) führt. Unser Wanderer beginnt seinen Weg und lenkt seine Schritte in Einklang mit der Wanderkarte (seinem vorgegebenen Schicksal). Er fühlt sich wohl, weil er sich mit diesem Weg in Einklang findet. Plötzlich aber weicht unser Wanderer vom Weg ab. Erkennbare Signale zeigen ihm, daß er sich nicht mehr auf dem richtigen Weg befindet. Er erlebt Zweifel und Unsicherheit. Anstatt nun aber einen Schritt zurückzugehen und den von ihm vorgegebenen Weg zu suchen, setzt er seinen »Willen« ein und überzeugt sich selbst davon, daß er auch auf diesem Weg irgendwann eine Abzweigung finde, die ihn zum Ziel führt. So läuft er unglücklicher als vorher neben dem ursprünglichen Weg her. Er erreicht eine Gabelung und kann sich nun mit seiner »Willensfreiheit« entscheiden, links oder rechts zu gehen. Egal, ob er den linken oder rechten Weg wählt, was er erleben wird, ist vorgegeben. Sowohl der linke als auch der rechte Weg sind in einer bestimmten Weise ausgestattet, bieten bestimmte Erschwernisse und Erleichterungen, Ausblicke oder Verirrmöglichkeiten, egal, ob unser Wanderer den einen oder anderen Weg geht. Unser Wanderer entscheidet sich aufgrund seines Orientierungssinns, den linken Weg zu gehen und kommt nach einiger Zeit wieder auf den von ihm ursprünglich geplanten Weg. Er erreicht sein Ziel.

Dieses Beispiel in die Lebenspraxis übertragen zeigt wichtige Erkenntnisse:

1. Der erste Schritt zum Finden des persönlichen Lebensweges zur Harmonie mit dem vorgegebenen Schicksal ist die Suche nach dem »was ist für mich bestimmt?«.

2. Das versuchsweise Gehen auf dem so erahnten Lebensweg führt zu Wohlgefühl und Harmonie (richtiger Weg) oder zu Krankheit und Disharmonie (falscher Weg).

3. Die so erlebten Reaktionen auf die Wahl des Weges und die Art des Beschreitens sind Wegweiser für die weitere Weggestaltung.

4. Das Zurücknehmen der eigenen Wichtigkeit, der egozentrischen Befriedigung

eigener Selbstherrlichkeit verhindert schicksalträchtige Nebenwege und läßt den richtigen, vorbestimmten Weg wieder finden.

Das würde jedoch heißen, daß dem Menschen nicht alles offensteht, daß er nur das erreichen kann, was ihm vorgegeben ist. Diese Aussage stimmt tatsächlich mit der Realität überein. Schauen Sie sich selbst und die Menschen Ihrer Umwelt an. Ist jedem alles möglich? Oder erleben Sie, daß sich jeder Mensch nur in der ihm gegebenen Bandbreite entwickeln kann? Ganz sicher das zweite. Menschen, die die ihnen gegebene Bandbreite mit Gewalt durchbrechen wollen, wurden mit Krankheiten und Schicksalsschlägen eines besseren belehrt.
Wenn dem so ist, müßten die universalen Gesetze – wir können sie auch Gott nennen – auf dem Hintergrund, daß Unterschiedslosigkeit Gerechtigkeit ist, ungerecht sein. Für die kurze Zeitspanne, in der wir den Wanderer oder das Leben betrachtet haben, mag dies zutreffen. Übertragen wir die Zeitstrecke der Erlebnisse auf eine Zeitstrecke von Billionen Jahren, erleben wir Schicksalsketten, die immer wieder neue Schicksale produzierten und alte Schicksale ablösen halfen. Wie sollen wir aber unser kurzes Leben in solchen Zeiträumen betrachten können? Diese Frage beantwortet sich nur aus der Anerkennung der Fortexistenz des Bewußtseins, der Seele, des eigenen Ich nach dem Tode. Eine ungeheuerliche Behauptung werden viele denken. Warum aber nicht? Wir befinden uns, wenn wir diese Hypothese für möglich erachten, in bester Gesellschaft mit den Lehren der Religionen und den Erkenntnissen führender Geister der Menschheit. Schon Goethe sagte: »Des Menschen Seele gleicht dem Wasser, vom Himmel kommt sie, nieder zur Erde muß sie und wieder auf zum Himmel steigt sie, ewig wechselnd.« Können wir uns diesem Gedanken nähern, begreifen wir auch das Gesetz des Karma. Es ist das Gesetz des Ausgleichs. Es sorgt dafür, daß der Mensch immer wieder mit demselben Problemtyp konfrontiert wird. Erst wenn er durch Handeln oder Leiden dieses Problem gelöst hat, sich den für ihn geltenden Gesetzmäßigkeiten untergeordnet hat, ist er erlöst. Alle Taten und Gedanken warten darauf, durch eine Gegenhandlung kompensiert zu werden. So wird der Mensch verantwortlich für alles, was er denkt und tut. Begreifen wir dies, begreifen wir auch den Sinn unseres Seins. Zu viele Menschen sind am Verlust der Sinnhaftigkeit erkrankt, weil sie versucht haben, Verantwortung loszuwerden. Wer Verantwortung loswerden will, sucht Schuld bei anderen. Wer aber nach dem Sinn sucht, findet immer zuerst die Verursachung bei sich selbst. Erst wenn er dies akzeptiert, offenbart sich ihm der Sinn dessen, was ihm geschieht.
Was wir heute erleben, kann an sich ungerecht sein. Plötzlich erleben wir das Glück, einen Freund zu finden, oder das Unglück, jemanden zu verlieren. Auf den Tag bezogen, ist das Schicksal ungerecht. Eingebettet in ein ganzes Leben, oder eingebettet in eine noch längere Strecke von Bewußtsein, bekommt das Erleben seinen Sinn. Dies ist schwer zu verstehen. Genauso wenig, wie ein Mensch

jedoch am Beginn eines neuen Tages sein bisheriges Tun, seine Gedanken und Handlungen ungeschehen machen kann, genauso wenig kann der Mensch in einem neuen Leben die Vergangenheit streichen. Bisher gesponnene Fäden müssen weitergesponnen werden.

Man muß die Vergangenheit nicht kennen, um sein Leben, um den Tag richtig zu gestalten. Jeder Tag, jeder Entwicklungsstand, jedes Leben vermittelt neue Informationen. Oft wird konkretes Wissen der aus Wissen und Können erwachsenen Reife gleichgesetzt. Schon in der Schule haben wir vieles gelernt, was wir heute nicht mehr wissen. Die Beschäftigung mit den Lernstoffen jedoch hat uns zu mehr Reife verholfen. Auch, wenn das Konkrete verloren geht, bleibt ein Reifestand, ein bestimmtes Bewußtsein erhalten. Der Effekt des Lernens besteht also in der Bewußtseinserweiterung. Der Gegenstand, an dem wir lernen, hat keine Eigenbedeutung. Haben wir beim Aufeinandersetzen von Bausteinen Grundkenntnisse der Physik erworben, haben die Bausteine keine Eigenbedeutung mehr. Wir können das erworbene Wissen in anderen Arbeiten wieder verwenden und unsere Reife weiter ausbauen. Entsprechend dieser Reife begreifen wir Zusammenhänge oder lehnen diese als unbegreiflich, oft sogar als unmöglich ab. Dieses Verhalten ist Ausdruck des jeweiligen Bewußtseinsniveaus. Je höher das Bewußtseinsniveau entwickelt, je reifer jemand ist, desto mehr Toleranz läßt er für andere Ideen und Ansichten. Nur der Unreife und Intolerante lehnt alles, was er selber nicht verstehen kann, pauschal ab. Nur das Wissen kann nutzbar gemacht werden, das dem eigenen Bewußtseinsstand entspricht. Ein physikalisch ungebildeter Mensch kann die Bedeutung einer physikalischen Formel nicht erkennen. Sie ist für ihn nichtssagendes Gekritzel. Vielleicht ist so Johannes I. zu verstehen: »Das Licht kam in die Finsternis, doch die Finsternis erkannte es nicht.«

Wie schwer es für uns Menschen ist, außerhalb unserer Reife, außerhalb unseres Bewußtseinsniveaus liegende Zusammenhänge zu begreifen, erleben wir täglich am Beispiel der Astronomie und an Erkenntnissen der Physik. Wir können immer nur einen kleinen Ausschnitt des Gesamten erkennen, nur einen Teil des Lichtspektrums sehen und nur einen kleinen Teil der Frequenzen hören. Wenn wir uns überlegen, daß ein Eisenblock fast nur aus Zwischenräumen besteht, die von den atomaren Teilchen umkreist werden, und daß die Entfernungen zwischen den festen Teilchen im Eisenblock in der Relation den Entfernungen zwischen den Planeten unseres Sonnensystems entsprechen, ist unser Vorstellungsvermögen schnell überfordert. So wie ein Virus als eigenständiger Organismus für unsere Vorstellung zu klein ist, erleben wir die Entfernung von 10 Millionen Lichtjahren für unvorstellbar groß. Als Menschen oder besser gesagt, als bestimmtes Bewußtseinsniveau sind wir auf angemessene Größenordnungen angewiesen. Begreifen wir aus der so begreifbar werdenden Kleinheit unseres Ichs, daß wir wie ein Rädchen im Räderwerk des Universums eine Aufgabe zu erfüllen haben, wird uns vieles klarer. Bewußtsein ist selbst in der kleinsten Einheit der Zelle. Auch die Zelle empfindet sich individuell als Leberzellle, Herzzelle oder Hautzelle. Entsprechend der ihr gegebenen Individualität arbeitet sie. Entdeckt sie persönlichen Drang zur Freiheit, entartet sie, wird sie zur Krebszelle. Oft verhalten sich Menschen ähnlich. In scheinbarer Freiheit brechen sie aus den auch für sie geltenden Gesetzmäßigkeiten aus, wollen eigene Existenz entfalten, entarten und werden so zur Krebszelle des Ganzen. Glaubt ein Mensch durch seine Aktivität die Welt verändern zu können, merkt er meist nicht, daß er in Wirklichkeit Sklave der Verhältnisse geworden ist, die ihn verändern. Sicher, man möchte zeigen, wer man ist, man will sich wichtig nehmen. Man möchte nicht verzichten auf liebgewordene Kämpfe. Man möchte sich wehren. Man möchte weiterhin den anderen zeigen, daß man jemand ist. Selbst Petrus zog im Garten Gethsemane das Schwert und bewies damit, daß er die Lehren Jesu noch nicht verstanden hatte. Nur wer unter dem Gesetz steht, ist frei. Die meisten Menschen versuchen jedoch, Freiheit aus der Willkür heraus zu erreichen. Dieser Weg aber macht wirklich unfrei. Leid ist lediglich die Reibung, die zwischen den Menschen und dem Gesetz dieser Welt entsteht.

Verhaltensänderung

Oft wird geraten, Autosuggestion u. a. zu verwenden um sich zu ändern.

Vom Oberbewußtsein formulierte, auf das Unterbewußtsein und die dort zu behebende Schwäche zielende Suggestionen sollen verwendet werden. Dabei ist allgemein die »Ich will nicht . . .«-Suggestion stärker wirksam als die »Ich will. . .«-Suggestion. Trotzdem wird übersehen, daß die Kräfte des Oberbewußtsein und die Wirkungen im Unterbewußtsein genutzt werden sollen, um das Unterbewußtsein zu verändern. Oft kämpft man so gegen Windmühlenflügel – kaum ist der eine vorüber, taucht der andere schon auf. Suggestionen unterdrücken zwar möglicherweise die abzulegenden Symptome, beseitigen aber nicht die Quellen, aus denen diese Symptome gespeist werden. Neue Symptome entstehen. Kein Wunder sagt man: Die Summe der Laster ist immer gleich und meint damit, daß sich einzelne Laster nur verschieben.

Autosuggestion gleicht einem frommen Selbstbetrug. Gleichwohl ist sie ein Mittel, Symptome zu beseitigen. Ähnlich den Mitteln, die die Medizin einsetzt um Wirkungen an Symptomen zu erreichen – leider oft ebenfalls ohne die Wurzeln des Leidens auszuräumen. Kräfte des Seelischen erzeugen und bedingen sich gegenseitig. Es ist wirksamer, ihr Wesen zu erkennen, ihre Bindung an die Gesetzmäßigkeiten, an Gegensätze, an Raum und Zeit. Gelingt dies, hat der Mensch einen wesentlichen Schritt in Richtung neues Verhalten getan. Er wird fröhlich, gelöst, voll innerer Heiterkeit. Er nimmt die Kategorien seines Ichs nicht mehr ernst, stellt sich selbst in Frage.

Neues Verhalten, das mit den Gesetzmäßigkeiten in Einklang steht, verlangt weder Verantwortung noch Kampf oder gar Rechtfertigung. Es ruht in sich selbst. Nur der einzelne weiß um die Richtigkeit seines Tuns. Anderen ist er keine Rechenschaft schuldig. Dieses Wissen ist nicht das sonst übliche Glauben. Ein kleines Kind muß zunächst glauben, daß die Herdplatte heiß sei und es sich verbrennen könnte. Erst nach dem ersten Versuch ist aus dem Glauben Wissen geworden. Wissen entsteht nur aus Erfahrung – aus erfahren – nicht aus hören!

Wer erfahren hat, kann Verantwortung für sein Tun – falls er überhaupt noch etwas tut, wofür Verantwortung nötig wäre, leichter tragen. Erfahrung heißt auch Folgen kennen. Deshalb kann der Erfahrene, der Wissende tun, ohne daß ihn Verantwortung belasten würde. Er ist frei. Verantwortung heißt immer, daß man sich vor etwas Vorhandenem verantworten will bzw. muß. Kampf ist nur möglich, wenn etwas da ist, wogegen wir kämpfen. Leben wir in unseren Erfahrungen, wissen wir um das Sein, ist Dualität aufgehoben. Der Gebundene sucht Freiheit, wenn er die Bindung hemmend erlebt. Der Freie sucht, ist er nicht auch innerlich frei, Bindungen, die ihm Struktur geben.

Meist ist das erstrebenswert, was man nicht hat. Weiterentwicklung ist nur sinnvoll, wenn sie Entfernung vom Ich ermöglicht und zur Lösung aus seinen Bindungen führt. Der so Freie wird nicht gütig handeln, um sich daran zu erfreuen, sich erneut zu binden. Er wird sich nicht identifizieren, weil Identifikation Bindung ist und er weiß, daß Bindungsfähigkeit abhängig von der Bewußtseinsfähigkeit ist. Viele Menschen sind Bindungen eingegangen, deren Sinn sie später nicht mehr verstanden, haben für Dinge gekämpft, die ihnen nach mehr Reife vermittelnden Erfahrungen lächerlich dünkten. Nur unser Bewußtseinsstand kann entscheiden was gut und böse, Freud und Leid, Tugend und Sünde ist. Für den Kannibalen ist das Essen von Menschenfleisch gut, Freude und Tugend, für uns ist es böse und Sünde.

Nicht daß wir besser wären! Schlechter und Besser sind Polaritäten und vom Bewußtseinsstand abhängig. Wir sind nur anders. Anders erzogen würden wir ebenfalls Menschenfleisch essen, ohne daß sich unser Gewissen regen würde. Wir sehen daran, daß das, was wir Gewissen nennen, weitgehend von Erziehung und Umwelteinflüssen abhängig ist. Dies gilt für den, der sich nicht über diese Bande, über die Fesseln von Erziehung und Umwelteinflüssen hebt. Nicht Überheblichkeit ist erstrebenswert – sie wäre bereits wieder eine Bindung, sondern das vorurteilsfreie, als Ausfluß der Polarität gesehene Betrachten der Dinge. Weg vom Ich, vom Mein zum Wir und Unser. Wir sagen mein Mann, meine Frau, mein Kind, mein Baum, mein Garten, meine Welt. Diese »Besitztümer« sind uns nicht ursächlich zugeordnet, sind nicht für die Herrlichkeit des Ichs bestimmt. Sie pflegen sogar weiterzubestehen, wenn der Besitzer gestorben ist. Sie existieren für sich selbst. Selbst Gott wollen wir in der Aussage »mein Gott« besitzen. Das besitzenwollende Ich stattet ihn auch sofort mit Eigenschaften des Ichs aus, teilt in

Kompetenzen, erfüllt dessen Raum und dessen Zeit, dessen Geschichte und dessen Wohlergehen. Angst ist wohl der Grund für dieses Besitzstreben. Je mehr ich raffe, desto weniger Angst muß ich haben – scheint der Gedankengang zu sein. Das Gegenteil ist der Fall. Je mehr Besitz, desto mehr Angst, diesen zu verlieren.

Nicht Besitz macht frei, sondern die Einstellung zu den Dingen. Vom Habenwollen gehabt und vom Besitzenwollen besessen sind viele und damit unfrei. Erst innere Freiheit, die Fähigkeit, alles als geliehen zu betrachten, Sachwalter eigener Fähigkeiten und Besitztümer zu sein, ohne Abhängigkeit und Bindung, erlaubt Verhaltensänderungen. Angst, nicht mehr der zu sein, der man war, Angst, dadurch Freunde zu verlieren, Angst davor, auf dem neuen Weg Schwierigkeiten zu haben, verhindert Entwicklungen. Der so Empfindende begreift nicht, daß auch wenn er nichts aktiv unternimmt, die Zeit an ihm etwas tut. Vielen wurde genommen, was sie so krampfhaft hüteten.

Die Umwelt reflektiert mein Verhalten

Aktio = Reaktio, Druck = Gegendruck sagen uns physikalische Gesetze. Reiz und Reaktion stehen im Zusammenhang miteinander. »Wie man in den Wald hineinruft, so hallt es heraus«, sagt ein Sprichwort. Ein anderes Sprichwort sagt: »Getroffene Hunde bellen.« Es meint, daß der einzelne oder die Umwelt immer auf das reagiert, was sie selbst betrifft. So wie eine Stimmgabel nur mitschwingt, wenn der reizende Ton ihrer Eigenfrequenz entspricht und wie ein auf Mittelwelle eingestellter Radioempfänger nur Mittelwelle empfängt, reagiert auch der Mensch nur auf die Reize, die ihn betreffen. Für die Stimmgabel bestehen keine anderen Töne, für den Mittelwellenempfänger keine anderen Wellenbereiche. Auch für den Menschen besteht anscheinend nichts, was nicht zu seinem Weltbild paßt. Schon Goethe erkannte dies, indem er sagte: »Wär' nicht das Auge sonnenhaft, die Sonne könnt' es nie erblicken; läg' nicht in uns des Gottes eigene Kraft, wie könnt' uns Göttliches entzücken?«

Entsprechend dem vorhandenen Bewußtsein werden Informationen aufgenommen. Wer ein Buch liest, glaubt dieses ganz zu verstehen, obwohl er nur den Teil aufnehmen konnte, der mit seinem momentanen Bewußtseinsstand korrespondierte. Auch in der Umwelt interessieren uns immer die Dinge, Situationen und Eigenschaften, für die wir eine Affinität mitbringen. Wir lassen uns immer von den Situationen beeindrucken oder von den Meinungen anstecken, für die wir bewußte oder unbewußte Bereitschaft mitbringen. Gerät jemand in einen Streit, geschieht dies nicht zufällig, sondern aufgrund seiner eigenen Affinität. Wer zu Streit keine Affinität besitzt, wird auch nicht in einen Streit verwickelt. Menschen wirken aufeinander, ziehen sich gegenseitig an oder stoßen sich ab. Sympathie und Antipathie sind Ergebnisse unterbewußter Resonanz zueinander.

Das Gegenüber, die gesamte Umwelt ist ein Spiegel, in dem sich der Mensch selbst erlebt. Wer gegen andere, gegen deren Verhalten, Ansichten oder Meinungen kämpft, kämpft in Wirklichkeit gegen sich selbst. Es stört jemand am anderen das, was ihn unbewußt an sich selbst stört. Deshalb gibt es in Wirklichkeit auch keine Gewinner, sondern immer nur Verlierer. Wer das, was ihn an anderen oder an der Umwelt stört, in bezug auf diese Aussage vorurteilsfrei erforscht, erfährt viel über sich selbst. Zunächst will der Mensch ungern wahrhaben, daß das, was ihn in der Außenwelt stört, fehlende Aussöhnung mit dem Analogieprinzip in ihm selbst anzeigt. Wer sich über freizügige Sexualität aufregt, zeigt damit an, daß er selbst damit Schwierigkeiten hat. Hätte er diese nicht, würde ihn dieser Bereich nicht stören. Ist er selbst großzügig, kümmert das Verhalten anderer ihn nicht. Wer sich von etwas nicht betroffen fühlt, kann Tatsachen annehmen, ohne sich darüber aufzuregen. Nüchtern betrachtet, ist alles so wie es ist. Nichts ist gut oder böse, schön oder häßlich, stark oder schwach. Es kommt immer auf den Betrachter und dessen Wahrnehmung an. Ein Kannibale beurteilt das Essen von Menschenfleisch gut, einem sinnesfreudigen Menschen gefällt Aktmalerei, einem Kind scheint der Vater stark.

An viele Dinge haben wir uns gewöhnt. Wasser ist flüssig, und diese seine Eigenschaft regt niemanden mehr auf. Diese Eigenschaft spricht eben keine Problematik im Menschen an. Daß es zwischen Menschen Konflikte gibt und in der Welt Kriege entstehen, ist ebenso eine Tatsache, wie Wasser flüssig ist. Darüber aber regen sich die Menschen auf und so beginnen sie für den Frieden zu kämpfen. Für vieles wird gekämpft, für Menschlichkeit, für Gerechtigkeit, für Gesundheit und vieles andere mehr. Viel einfacher und erfolgversprechender wäre es, Friede, Gerechtigkeit und Gesundheit in sich selbst herzustellen. Wir sprachen an anderer Stelle schon über die Vorstellungen. Stehen die eigenen Vorstellungen mit der Realität auf dem Kriegsfuß, beginnt man zu kämpfen – aber nicht, indem man seine eigenen Vorstellungen ändert, sondern indem man die Umwelt seinen Vorstellungen anpassen will. Dadurch entstehen Widerstände, die schließlich wieder neue Probleme entstehen lassen. Wer sein eigenes Programm ändert, empfängt wie ein Radioapparat, bei dem von Mittelwelle auf UKW umgeschaltet wurde, ein anderes Programm. Er sieht seine Umwelt plötzlich anders. Wer das, was ihm geschieht auf den Sinn, der im Geschehen liegt, untersucht, erkennt möglicherweise, daß das ihm Geschehene einen Lernprozeß in Gang setzen soll. Gelingt es dem einzelnen, sein Bewußtsein zu verändern, auf einer höheren Wellenlänge zu schwingen, wird ihn das, was ihn vorher betraf, nicht mehr erreichen. Er wird es zwar sehen, aber er wird nicht mehr darauf reagieren müssen.

In der Psychopathologie gibt es den Begriff des »sensitiven Beziehungswahns«. Es handelt sich hierbei um eine Eigenart von meist an Schizophrenie Erkrankten. Diese beziehen alles Geschehen der Welt wahnhaft auf die eigene Person. Der positive Pol dieser Krankheit ist das »sensitive Beziehungsdenken«. Dieses Denken beinhaltet das Wissen: Alles, was geschieht, hat für den, der es erlebt, eine Bedeutung.

Wer so denkt, erkennt, daß alles Böse und alle unliebsamen Ereignisse Boten sind, die ihm Unsichtbares sichtbar machen wollen. Er ist bereit, die Verantwortung für sein Schicksal selbst zu übernehmen und verliert damit alle Angst vor dem drohenden Zufall.

Dieser Mensch begreift, daß er nicht versehentlich ermordet werden und nicht versehentlich reich werden kann. Beides manifestiert sich nur, wenn der entsprechende Reifegrad, die entsprechende Affinität und die entsprechende Zeitqualität gegeben ist. Viele Menschen streben nach Reichtum und Erfolg und versäumen dabei, sich dafür reifzumachen. Viele Künstler und Sportler, die Reichtum und Erfolg hatten, jedoch die Reife versäumten, verloren beides. Der konsequente Lehrmeister Schicksal hat das Nachlernen dessen erzwungen, was vorher versäumt wurde. Wer sucht, bekommt, was er braucht. So ist auch das Wort zu verstehen: Suchet, so werdet Ihr finden. Klopfet an, so wird Euch aufgetan. Wer sich für ein bestimmtes Thema interessiert, lernt »zufällig« oder sagen wir besser zwangsläufig jemanden kennen, der ihm etwas mehr über dieses Thema sagen kann. Ihm fallen »zufällig« jetzt alle die Zeitungsartikel auf, die sich mit dem neuen Thema beschäftigen. Wir können aber auch sagen, sein neuer Reifegrad, sein Wissenwollen, hat sein Bewußtsein und seine Wahrnehmung verändert. Selektive Wahrnehmung ist ein Prozeß, bei dem aus den von den Sinnesorganen aufgenommenen Eindrücken diejenigen herausgefiltert werden, die mit dem eigenen Interesse zusammenhängen. Wer sich ändern will, muß sein Bewußtsein, seine Wahrnehmung, sein Interesse verändern. Wer sich nur für Fußball interessiert, braucht sich nicht zu wundern, wenn für seinen Beruf wichtige Informationen an ihm vorbeigehen. Wer sich selbst verändert, verändert die Welt. Nicht, daß sich dadurch die Welt wirklich ändert, er nimmt die gleiche Umwelt anders wahr. Viele Seminarteilnehmer bestätigen uns nach Seminarbesuchen, daß Mitarbeiter, Kollegen oder Kunden wesentlich freundlicher oder netter geworden seien. Die Sensibilisierung auf das Verhalten anderer Menschen und die Hinführung zur positiven Wahrnehmung ergab einen neuen Interessenkreis, der durch eine neue Wahrnehmung plötzlich bestätigt wurde. Ein positiver Kreislauf kann so entstehen. Wer Positives bei anderen wahrnimmt, verhält sich plötzlich selbst positiv. Dadurch beeinflußt er andere Menschen, positiv zu sein, und die Rückwirkung des positiven Verhaltens dieser Menschen löst bei ihm erneut positive Einstellung aus. »So leicht ist das?« werden Sie fragen. Ja, es ist so leicht. Es ist im Grunde einfach, erfolgreicher und glücklicher zu sein, wenn man nicht mehr nach Macht, Ansehen und Profilierung strebt und statt dessen ein für sich höheres Bewußtseinsniveau anstrebt. Alles, was zu einem gehört, wird man dann bekommen und was einem nicht gehört, bekommt man auch nicht, wenn man noch so sehr dafür kämpft oder nur für kurze Zeit, um es anschließend zu verlieren und im Verlieren gezwungenermaßen zu lernen. Auf den folgenden Übungsblättern können Sie sich Rechenschaft über sich selbst, über die seitherigen genutzten oder ungenutzten Lernprozesse ablegen.

Die folgenden Tabellen geben Ihnen die Möglichkeit, Situationen, die Sie lieber nicht erlebt hätten, und Situationen, die Sie einmal erfreut haben, zu sammeln. Die mittlere Spalte »Parallele zu« nutzen Sie, um Parallelen der einzelnen Situationen zu suchen. Wahrscheinlich gibt es sowohl bei Situationen, die Sie lieber nicht erlebt hätten, als auch bei Situationen, die Sie einmal erfreut haben, ähnliche Hintergründe. Um Ihnen das an einem Beispiel zu erklären:

Ein Seminarteilnehmer hatte in überaus vielen Situationen die Gemeinsamkeit: Von anderen (Autoritäten) bestraft worden zu sein. Nachdem ihm diese Parallelen und die daraus resultierende Formung bewußt geworden waren, konnte er viel leichter neues Selbstbewußtsein aufbauen. In der Spalte »Meinung auf heutigem Bewußtseinsstand« konnte er sich zu jeder Situation individuell Rechenschaft ablegen, seinerzeitiges eigenes Fehlverhalten zuordnen und damit die negativen Vorurteile gegen Autoritätspersonen abbauen.

Mein seitheriges Schicksal:			
lfd. Nr.	Situationen, die ich lieber nicht erlebt hätte:	Parallele zu:	Meinung auf heutigem Bewußtseinsstand:

Mein seitheriges Schicksal:			
lfd. Nr.	Situationen, die mich einmal sehr erfreut haben:	Parallele zu:	Meinung auf heutigem Bewußtseinsstand:

Sie haben dieses Buch gekauft, den Test absolviert, weil Sie mehr über sich wissen wollten und sicher auch, weil Sie vorhaben, Ihr Verhalten zu ändern. Im vorigen Kapitel haben Sie viel über Gesetzmäßigkeiten von Verhalten, über den Sinn des Schicksals u. a. Themen gelesen. Sie stehen an dem vorher beschriebenen Weg mit der Gabelung. Sollen Sie links oder rechts gehen? Sollen Sie alles, was Sie bisher erfahren haben, und damit das Buch und die weitere Arbeit an sich in die Ecke legen, oder sollen Sie aktiv an sich arbeiten? Mancher wird jetzt dem Wanderer ähneln, der an der Gabelung sitzt und stundenlang darüber nachgrübelt, ob der linke oder rechte Weg besser wäre. Da der Wanderer weder die Zukunft des linken, noch die Zukunft des rechten Wegs kennt, kann er keine Entscheidung fällen.

Der ratlose Wanderer wird sich erst entscheiden können, wenn er Informationen ersinnt, die den einen Weg besser als den anderen erscheinen lassen. Da er im voraus nicht wissen kann, ob die erdachten Informationen eintreffen, wird er nach Wahrscheinlichkeit entscheiden – nach seiner Wahrscheinlichkeit. Seine Wahrscheinlichkeitsrechnung wird im Zusammenhang mit seinem Bewußtseinsniveau stehen. Eigentlich hätte er auch eine Münze in die Luft werfen und sich entsprechend oben liegender Zahl oder Wappen entscheiden können. Da die Zukunft nicht berechenbar ist, kann dieses Verfahren genauso zum »richtigen« Weg führen, wie die Spekulation. Daß in der Vergangenheit abgelaufene Entwicklungen und jetzt bekannte Tatsachen die Zukunft nicht kalkulierbar machen, sehen wir täglich an den Aktienbörsen. Die seither positive Entwicklung einer Aktie ist eben kein Garant dafür, daß diese Entwicklung in der Zukunft ebenso verläuft. Nach welchen Kriterien soll man sich dann entscheiden, wenn Erfahrungen und momentanes Wissen keine Sicherheit bieten? Interessanterweise gibt es auf diese Frage eine Antwort. Man sagt, er hatte das richtige Gefühl, die richtige Intuition, den richtigen Griff, wenn die zukünftige Entwicklung einer Entscheidung recht gab. Nur selten sagt man, er hat richtig kalkuliert und richtig vorausberechnet. Der Volksmund scheint zu ahnen, daß das Gespür für eine Situation, eben das Gefühl, ein wichtiger Faktor ist.

Vielleicht wird der Mensch von seinem Ziel angezogen. Mit dem jeweiligen Bewußtsein verändert sich das Ziel. Wer unter seiner Armut leidet, möchte reich sein, wer seine Armut akzeptiert, ist mit seinem Zustand zufrieden. »Den Seinen gibt's der Herr im Schlaf« kann möglicherweise ausdrücken, daß nur der mehr haben kann, der mit dem Erreichten zufrieden ist. Damit kann aber nicht gemeint sein, daß man sich auf Lorbeeren ausruhen soll. So würde sich der schon beschriebene Fatalist verhalten. Wer als Realist sucht, findet, was er braucht. Was er nicht braucht, will er nicht haben. Hat er es trotzdem, verschreibt er sich diesem Haben nicht, läßt sich nicht binden, sondern bleibt frei, weil er weiß, daß alles haben nur ein momentaner Zustand ist und daß ihm die Zukunft alles, was er hat, nehmen kann. In dieser Einstellung leidet er auch nicht unter Verlusten, sondern sieht, was er hat, als Leihgabe des Schicksals, die er annimmt, und mit der er arbeitet.

Wer gebunden ist, ist abhängig. Bindungen, die eigentlich Gemeinschaften erhalten sollen, zerstören diese sehr oft. Bindungen produzieren Eifersucht und Abhängigkeiten. Wer wirklich liebt, gönnt dem andere freie Entwicklung. Wer bindet, hemmt die freie Entwicklung des anderen aus Angst, ihn zu verlieren. Wieder können wir sagen, wer besitzen will, verliert, wer verlieren kann, besitzt alles.

Versuchen Sie, Ihr Lebensziel zu ergründen. Stellen Sie diesem Lebensziel gegenüber, was an Ihrem jetzigen Bewußtsein, an Ihrem jetzigen Verhalten signalisiert, daß dieses Ziel Ihr Ziel sein darf. Bauen Sie dann diejenigen Ihrer Stärken aus, die Sie am Zielort benötigen und ordnen Sie die Schwächen Ihrem Bewußtsein zu, unter denen Sie am Ziel nicht mehr leiden wollen. Schwächen, die dem Bewußtsein zugeordnet sind, sind unschädlich, konfrontierbar und bauen sich von selbst ab.

Wie ein Sportler, der sich für eine bestimmte Sportart, entsprechend seinem Interesse und Begabungsgebiet, entscheidet, die Übungen absolviert, die ihm die Erreichung seines individuellen Ziels möglich machen, absolvieren Sie in folgenden Übungen zu den Bereichen, die Sie für Ihr individuelles Ziel, sei es Berufs- oder Lebensziel, benötigen.

Verhaltensänderung

Sie lesen weiter, Sie haben sich entschieden. Die folgende Übersicht zeigt Ihnen den Weg, den Sie jetzt gehen werden.

1. Sie haben sich über Ihr Selbstbild, Ihr Ausgangsverhalten, den Jetzt-Zustand Rechenschaft abgelegt.
2. Mit dem Test und den ausgefülllten »Fremdbildern« haben Sie erlebt, wie andere – der Test und Ihre Umwelt – Sie sehen.
3. Sie haben sich über den Unterschied zwischen Selbstbild und Fremdbild Gedanken gemacht.
4. Sie haben sich entschieden, an sich zu arbeiten.
5. Schaffen Sie Motivationen für die Arbeit am erwünschten Verhalten.
6. Im folgenden finden Sie Übungen, aus denen Sie die für Sie geeigneten für Ihre Arbeit auswählen können.
7. Sie werden eine Konfliktsituation erleben, in der Sie altes innerlich und äußerlich ablehnen, aber neues noch nicht beherrschen. Fallen Sie nicht in altes Verhalten zurück, weil das von Ihnen erwünschte neue Verhalten noch zu schwierig erscheint.
8. Sie brauchen Durchstehvermögen, um Ihren Weg zu gehen.
9. Die Selbstbestätigung oder Fremdbestätigung des neuen Verhaltens wird Ihnen Motivation liefern und das bereits erreichte Verhalten bestätigen.
10. Mit einem neuen Bewußtseinsstand ist die Integration des Erlernten abgeschlossen. Sie haben dem Schicksal ein Schnippchen geschlagen.

Die Kraft der Vorstellung

Man braucht nur einen eisernen Willen, dann erreicht man schon, was man will. Diese Vorstellung ist tief verwurzelt. Definieren wir Wille, dann erkennen wir: Es ist die Fähigkeit, sich bewußt aufgrund von Fakten zu entscheiden. Dazu folgendes Beispiel:

Stellen Sie sich bitte vor, Sie müßten über ein auf dem Boden liegendes, 30 cm breites und 5 m langes, stabiles Brett gehen. Sie würden sich aufgrund der Fakten (links und rechts liegt Schmutz) entscheiden, diesen Weg zu benutzen. Sie würden Ihre Entscheidung problemlos ausführen und über das Brett gehen können.

Stellen Sie sich nun bitte vor, genau das gleiche Brett, noch um einiges stabiler, würde zwischen zwei Kirchtürmen liegen und Sie würden sich ebenfalls entscheiden, diesen Weg zu benutzen, um von einem Kirchturm zum anderen zu gelangen. Würde Ihr Wille ausreichen, diesen Weg zu überstehen? Wahrscheinlich würde Ihre Vorstellung, was alles passieren könnte, Sie am Begehen hindern, für Ihre Willensentscheidung neue Fakten liefern und die Entscheidung herbeiführen, nach der Sie besser die Treppen des einen Kirchturms hinunter und die Treppen im anderen Kirchturm hinaufsteigen.

Ihr Wille hätte sich also nicht durchgesetzt. Ihre Vorstellung hätte einen neuen Willen entstehen lassen.

Es ist demnach die Kraft der Vorstellung, die unsere Entscheidung beeinflußt, die unbewußt bewirkt, was wir scheinbar wollen.

Weil das so ist, ist es notwendig, schädliche Vorstellungen auszuräumen und diese durch nützliche Vorstellungen zu ersetzen.

Jeder Mensch hat sowohl schädliche als auch nützliche Vorstellungen von sich und einem gewollten Tun. Überwiegen die schädlichen Vorstellungen, entsteht Desinteresse, Mißmut, Depression und Krankheit. Überwiegen die nützlichen Vorstellungen, entsteht Hoffnung, Freude, Lebensmut und Aktivität. Vor der gleichen Situation kann man sich ängstigen oder man kann sich darauf freuen.

Ein Bergsteiger, der den Schwierigkeitsgrad der Wand als Herausforderung an seine Leistungsfähigkeit erlebt, freut sich auf das Klettern und entwickelt Aktivitäten. Jemand, der die Schwierigkeiten negativ erlebt, sich ängstigt, sucht tausend Gründe, um nicht in diese Wand einzusteigen. Genauso ist es im Leben. Freut man sich darauf, schwierige Situationen bewältigen zu dürfen, entwickelt man Aktivität, hat man Angst zu versagen, entstehen Ausreden. Passivität stellt sich ein.

Der Bergsteiger steigt freiwillig in die Wand ein, der Tennisspieler spielt freiwillig Tennis, der alpine Skiläufer fegt freiwillig die Abfahrt hinunter. Viele Arbeiter oder Angestellte müssen zur Arbeit.

Aus dieser Aufzählung sehen Sie deutlich, daß schon aus dem Gebrauch von Worten eine Vorstellung entsteht, oder daß eine unbewußte Vorstellung entsprechende Worte und Benennungen zustande kommen läßt. Niemand muß zur Arbeit, niemand muß viel Geld verdienen. Jedem wäre es möglich, mit einem Minimum an Einkommen auszukommen, wenn er seine Ansprüche entsprechend reduzieren würde. Zu viele Menschen werden vom Habenwollen gehabt und vom Besitzenwollen besessen. So kaufen Sie sich von Geld, das sie nicht haben, Dinge, die sie nicht brauchen, um Menschen zu imponieren, die sie nicht mögen.

Würden sie ihre Vorstellungen, ihr Bild von sich selbst verändern, würden sie nicht im Streß stehen müssen und hätten die Kraft, Platz zu machen für diejenigen, die das, was sie nicht gerne tun, besser und mit mehr Freude tun könnten.

Wenn wir also etwas erreichen wollen, ist es notwendig, Gründe zu suchen, aus denen wir uns auf das, was wir tun sollen, freuen können.

Wer sich nicht auf seine Aufgabe freut, wer sich nicht vorstellen kann, daß ihm die Aufgabe Spaß macht, wird die Aufgabe auch nicht so bewältigen können, daß sich Erfolg einstellt.

Ist die Vorstellung positiv, wird auch die Wahrnehmung positiv. Jemand der mit Ängsten durch das Leben geht, nimmt immer wieder Situationen wahr, mit denen seine vorhandenen Ängste scheinbar begründet werden. Dazu sagte Wilhelm Busch: »Wer durch des Argwohns Brille schaut, sieht Raupen selbst im Sauerkraut.«

Wer frohgemut und mit Optimismus durchs Leben geht, nimmt Situationen wahr, an denen er sich freuen kann. Die Kraft der Vorstellung, die unbewußte Einstellung zu den Dingen, prägt die Wahrnehmung.

Stellen Sie sich folgende Situation vor: Zwei Mitarbeiter sprechen über das Unternehmen, in dem Sie beschäftigt sind. Sie wählen dazu folgende Benennungen:

Mitarbeiter A	Mitarbeiter B
unfähige Führungskräfte, viele Reklamationen, ständige Änderungen	fähige Vorgesetzte, hohen Umsatzzuwachs, anpassen an Marktsituation

Sie werden wahrscheinlich Mitarbeiter A bedauern und Mitarbeiter B beneiden – nur Mitarbeiter A und B sind im gleichen Unternehmen beschäftigt. In diesem Unternehmen gibt es unfähige und fähige Führungskräfte. Durch den hohen Umsatzzuwachs haben auch die Reklamationen zugenommen und die ständigen Änderungen sind bedingt in der Fähigkeit des Unternehmens, sich an Marktsituationen anzupassen.

Mitarbeiter A und B haben also unterschiedlich wahrgenommen. Wie sagte Wilhelm Busch? »Wer durch des Argwohns Brille schaut, sieht Raupen selbst im Sauerkraut.« Wir könnten diese Aussage auch abändern und sagen: Wer selbst demotiviert ist, sieht immer neue Gründe, mit denen er seine Demotivation untermauern kann.

Ein negatives Wort, eine aufgenommene negative Wahrnehmung kann eine negative Einstellung bewirken und eine Negativeskalation entstehen lassen. Es ist also für uns selbst sehr wichtig, daß wir das Positive suchen, um mit dem Negativen leben zu können. Überall gibt es beides. Die Polarität bewirkt, daß es immer Negatives gibt. Jeder einzelne Mensch hat die Möglichkeit, das eine oder andere ausschließlich oder stärker zu sehen. Er bestimmt mit seiner Erwartungshaltung, ob er ständig enttäuscht oder ständig zufrieden und glücklich ist.

Stellen Sie sich vor, Sie bekämen DM 2000,—. Ist das viel oder wenig? Würden Sie enttäuscht oder glücklich sein? Ich glaube, es ist abhängig von Ihrer Erwartungshaltung. Wer DM 10 000,— erwartet, wird enttäuscht sein, wer nur mit DM 100,— gerechnet hat, wird glücklich und erfreut sein. Wenn es uns gelingt, unsere Erwartungshaltung auf die Möglichkeiten einzustellen, verhindern wir Frustrationen. Frustration ist schließlich nur enttäuschte Erwartungshaltung.

Auch der jeweilige Bewußtseinsgrad, der Reifezustand bestimmt, wie wir wahrnehmen. Ein Kind erlebt eine Frau ganz anders als ein Mann oder gar ein Greis. Haben wir nicht alle erlebt, daß wir als 7jährige unsere Eltern als sehr alt begriffen und daß wir als 40Jährige 30Jährige plötzlich als jung erleben?

Werden die Filter, die eigenen Vorstellungen und Erwartungshaltungen, die unsere Wahrnehmung beeinflussen, deutlich, können diese kontrolliert und berichtigt werden. Wir können die Umwelt dann so wahrnehmen, wie sie ist, weil wir uns wahrnehmen können, wie wir sind.

Unsere Vorstellungen stehen häufig im Widerstreit mit der Realität. Wir können die Vorstellungen oder die Realität ändern. Wer versucht, die Realität zu ändern, ist vergleichbar einem Fanatiker, der ständig gegen die Wand läuft. Wer überhaupt nichts tun will, ist ein Fatalist, der alles nur über sich ergehen läßt. Wer lernt, mit der Realität zu leben, seine Vorstellungen also verändert, ist ein Realist oder anders ausgedrückt:

Wer einfach auf dem Strom schwimmend sich treiben läßt, ist der Fatalist, wer gegen den Strom anschwimmt, ist der Fanatiker und wer mit dem Strom schwimmend kräftige Schwimmzüge ausführt, ist der Realist.

Jeder von uns kann Realist werden. Er kann lernen, alte Vorstellungen zu verändern oder neue Vorstellungen aufzunehmen.

Jedesmal, wenn wir uns ärgern, ist dies ein deutliches Signal dafür, daß wir versagt haben. Wir ärgern uns dabei nicht über die Situation oder die Sache, sondern wir ärgern uns immer über uns selbst. Dies hört sich zunächst unglaublich an. Nehmen wir auch hier ein Beispiel: Zwei Menschen sehen eine Spinne. Den einen ergreift Ekel und der andere freut sich über dieses seltene Tier. Nicht die Spinne ist also der Grund für Ekel oder Ärger, sondern das System im Menschen, das das Gesehene verarbeitet. Frühe Lernprozesse, Erlebnisse und Erinnerungen lassen automatisch Bewertungen von Eindrücken entstehen. Wer sich ändern will, muß suchen, was ihn geprägt hat, die Prägungen abbauen oder neu wahrzunehmen lernen.

Wer mit positiver Einstellung an seine Umwelt herantritt, wird von dieser positiv erlebt. Die Umwelt ist der Spiegel des eigenen Verhaltens, wie man in den Wald hineinschreit, so hallt es heraus. Dies zu begreifen und in kleinen Schritten zu lernen, sich zu ändern und mit positiven Vorstellungen zu leben, diese Entwicklung hat Tausende unserer Seminarteilnehmer zufriedener, glücklicher und erfolgreicher werden lassen.

Wahrnehmung

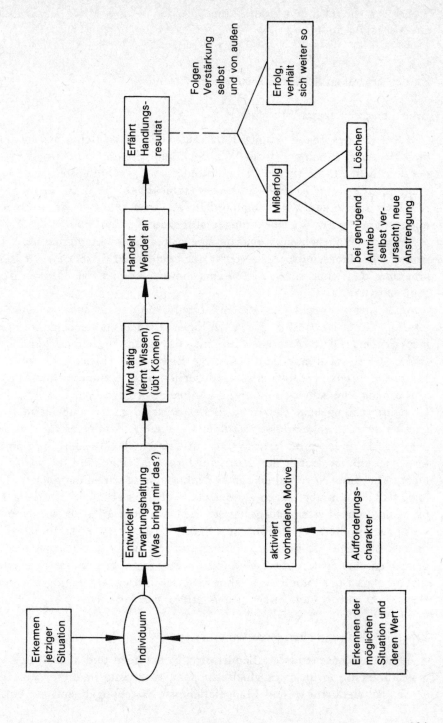

Auf der vorstehenden Grafik sahen Sie den Weg von der Wahrnehmung bis zur Verhaltensänderung.

Zu den einzelnen Schritten folgende Erklärungen:

Erkennen der jetzigen Situation

Unsere Sinnesorgane nehmen Reize auf. Unser psychisches System verarbeitet diese Reize, wir nehmen wahr. Wahrnehmung ist die subjektive Registrierung der Wirklichkeit. Sie wird durch physiologische, psychologische und soziale Bedingungen zu einem aktiv-selektiven (subjektiven) Prozeß. Beim Strukturierungsvorgang in der Wahrnehmung handelt es sich um spezifische Operationen, mittels derer unsere Wahrnehmungen aufgebaut werden.

So ist die Wahrnehmung einer jetzigen Situation nicht einfach die Widerspiegelung von Sinneseindrücken. Von verschiedenen Gehirnzentren erfolgt eine Bearbeitung der Sinneseindrücke. Wahrnehmung kommt wie Denken durch geistige Aktivität zustande.

Am besten wir vergleichen diesen Vorgang mit der Arbeitsweise eines Computers. Der Computer besteht aus vielen Einzelteilen aus unterschiedlichen Materialien (Körper). Diese Materialien arbeiten als System zusammen. Um miteinander funktionieren zu können, brauchen Sie Elektrizität (Leben). Entsprechend des Produktionsziels (Veranlagung) wird der jeweilige Computer nur Aufgaben lösen können, die seiner Ausstattung (Anlagen) entsprechen. Die Art, wie dieser Computer eingegebene Reize verarbeitet, wird durch das eingelesene Programm (Erziehung, Umwelteinflüsse) bestimmt. Werden z. B. in einen für wissenschaftliche Berechnungen produzierten und mit dem entsprechenden Programm gefütterten Computer Daten der Finanzbuchhaltung eingelesen, er würde sich gar nicht oder idiotisch verhalten. Seine Reaktionen wären »unmöglich«. Diese Analogie will ich nun übertragen auf das menschliche Verhalten. Ein Körper und ein psychologisches System, ausgestattet mit bestimmten Anlagen, wird von der Umwelt programmiert. Treffen ihn nun Reize, wird er diese programmgemäß verarbeiten. Erst eine Umprogrammierung würde sowohl beim Computer als auch beim Menschen, sofern diese Umprogrammierung aufgrund der gegebenen Anlagen möglich ist, zu anderen Reaktionsweisen führen. Psychologen sagen: Alles, was erlernt wurde, kann auch wieder verlernt werden.

Erkennen der möglichen Situation und deren Wert

In jedem Menschen leben Bedürfnisse, Strebungen und Wünsche. Zwar kann man kurzzeitig »wunschlos glücklich« sein, langfristig ist dieser Zustand kaum erreichbar. Bedürfnisse sind Mangelerlebnisse, Strebungen sind auf ein Ziel zuführende Antriebe, Wünsche sind Vorstellungen eines begehrten Gegenstandes oder einer Situation mit dem stark erlebten Drang nach deren Erlangung. So resultieren Wünsche, Strebungen und Bedürfnisse immer aus Unzufriedenheit.

Das Individuum

Das Individuum, das seine jetzige Situation begreift, kann mit dieser Situation zufrieden oder sogar glücklich oder aber unzufrieden respektive unglücklich sein. Im zweiten Fall entwickelt das Individuum eine Erwartungshaltung. Diese kann sehr konkret im Sinne eines definierten Zieles oder aber unkonkret im Sinne einer Wunschvorstellung sein. Die so erzeugten Bilder aktivieren entsprechend dem individuellen Aufforderungscharakter vorhandene Motive. Energie wird frei gesetzt und der Weg zur Verwirklichung dieser Erwartungshaltungen wird eingeschlagen. Das Individuum wird tätig, es lernt, nimmt also Wissen auf und übt, um dieses Wissen in Können zu verwandeln. Entsprechend dem Fortschritt dieses Tuns wird das erarbeitete Wissen und Können angewendet. Dieses Verhalten erfährt ein Handlungsresultat. Dieses Resultat, die Folgen des Tuns, sind für das Individuum entweder aus dem eigenen Selbst oder aus der Umwelt grundsätzlich: Belohnung, Bestrafung oder Toleranz.

Führt das Handlungsresultat zum Erfolg, wird also das gezeigte Verhalten verstärkt, wird es reproduziert. Das Individuum verhält sich weiterhin so.

Führt das Handlungsresultat zum Mißerfolg, wird es also bestraft, wird es entweder unterdrückt oder gelöscht.

Bei genügend starkem Antrieb, und wenn der Mißerfolg einsichtig selbst verursacht wurde, entwickelt das Individuum neue Anstrengungen, wird erneut tätig, lernt erneut Wissen und übt erneut Können. Je stärker der Antrieb, desto weniger führen Mißerfolge zum Aufgeben, desto mehr wird der Mißerfolg als Chance, neue Wege einzuschlagen, begriffen. Das intelligente Individuum wird bei sich einstellendem Mißerfolg die gegebene Situation und die angestrebte Situation erneut überprüfen. Mißerfolg kann der ideale Regulator für die Berichtigung des Zieles, für die Entwicklung neuer Strategien sein. Nur wer kritisch und selbstkritisch in der Lage ist, sich, sein Verhalten und seine Ziele in Frage zu stellen, findet die Ziele und den Weg, der zur Selbstverwirklichung führt.

Dazu ein Beispiel:

Ein Kind hat gelernt, nicht zu widersprechen. Im Trotzalter formulierte Widersprüche sind von den Eltern bestraft worden, das Kind hat ein auf Belohnung ausgerichtetes Verhalten entwickelt und Widersprüche unterlassen. Dieses Verhaltensprogramm ist eingegeben. Im Laufe seines Lebens wird dieses Kind berufstätig und übt irgendwann den Beruf des Verkäufers aus. Mögliche Gegenargumente der Kunden lösen den Wunsch zum Widerspruch aus. Entsprechend dem eingegebenen Programm »nicht widersprechen« und dem jetzt gegebenen Wunsch und Willen zum Widerspruch entsteht ein Konflikt. Dieser Konflikt kann gelöst werden durch Flucht, (der Verkäufer sucht einen anderen Wirkungskreis), durch Angriff (der Verkäufer reagiert aggressiv) oder durch Unterwerfung (der Verkäufer gibt den Argumenten des Kunden nach). Den Beweis für diese Verhaltensweisen erleben wir immer wieder in unserer Trainingspraxis. Entsprechend vorgegebenen Lebensprogrammen reagiert der Mensch auf Umweltreize. Erkennt der Verkäufer die jetzige Situation und begreift er, daß es für ihn möglich ist, andere Reaktionsweisen zu entwickeln, erkennt er deren Wert für seine zukünftige Tätigkeit, ist der Aufforderungscharakter dieses neuen Verhaltens groß genug, werden Motive aktiviert, der Verkäufer übt ein neues, wirksameres Verhalten. Dabei verlernt er langsam das in ihm einprogrammierte seitherige Verhalten. Er handelt und wendet sein neu erlerntes Verhalten, konfliktarm zu kommunizieren, an. Auf diese Anwendung erfährt er Handlungsresultate. Erfährt er Erfolg, wird er sich weiterhin entsprechend verhalten. Erfährt er Mißerfolg, kann er entweder wieder zu seinem früheren Verhalten zurückkehren, Konfliktsituation ist erneut gegeben, oder bei genügend starkem Antrieb so lange üben, bis er das für richtig erkannte Verhalten der konfliktarmen Kommunikation beherrscht. Nun wird unserem Verkäufer kaum ein Kunde ein echtes offenes Feedback geben. Auch Kunden haben in ihrer Kindheit gelernt, den Intimbereich anderer zu achten (tabubeladene Themen). Häufigste Reaktion: Unzufriedene Kunden = weniger Aufträge. Wer also soll das vom Verkäufer zu produzierende Verhalten verstärken? Der Vorgesetzte! Dieser Vorgesetzte aber hat in seiner Kindheit ebenfalls gelernt, zu tabuisieren. Es fällt ihm schwer, das Verhalten seines Mitarbeiters analytisch zu betrachten und werturteilsfreies Feedback zu geben. Wird unser Verkäufer nun Vorgesetzter, wird er seine Erfahrungen auf das Verhalten seiner Mitarbeiter übertragen wollen. Er schließt wie viele Menschen von sich auf andere nach dem Motto: So muß man das machen, dann hat man Erfolg. Dabei übersieht er, daß gleiches Verhalten zweier unterschiedlicher Menschen unterschiedlich wirkt. Es gibt nicht »das erfolgreiche« Verhalten. Der Erfolgreiche kopiert nicht, er kapiert. Unser erfolgreicher Vorgesetzter weiß dies und würde sich mit jedem seiner Mitarbeiter individuell auseinandersetzen. Er würde erarbeiten, welche dialogfördernden und welche dialoghemmenden Verhalten beim Mitarbeiter beobachtbar sind und versuchen, dem Mitarbeiter dieses Verhalten in Einzelgesprächen bewußt zu machen. So würde er seinen Mitarbeitern beim Erkennen der jetzigen Situation helfen, auf der Grundlage der beobachteten Fähigkeiten mögliche Situationen definieren, beim Mitarbeiter vorhandene Motive aktivieren, den möglichen Weg beschreiben und beim Tätigwerden helfen. Die Anwendung der definierten Möglichkeiten durch den Mitarbeiter würde er analysieren, bei sich einstellendem Erfolg diesen verstärken. Bei eventuellem Mißerfolg würde er seine Anregungen noch einmal überprüfen und diese entweder berichtigen oder den Mitarbeiter erneut motivieren. Führen heißt, zur gemeinsamen Zielerreichung beitragen.

Derartiges Führungsverhalten schließt zufällige Führungserfolge aus. Es nutzt Gesetzmäßigkeiten, die den einzelnen und damit das geführte System erfolgreich sein lassen. Von Zufällen muß nur der sprechen, der Gesetzmäßigkeiten nicht kennt. Wo es keine Gesetzmäßigkeiten gibt, muß Chaos herrschen. Gegenstände fielen auch schon entsprechend dem Gravitationsgesetz, als dieses noch nicht erkannt war. Möglicherweise verwenden wir das Wort ›Zufall‹ nur für Situationen, deren Gesetzmäßigkeiten wir noch nicht entdeckt haben. Der hat Glück gehabt, der hat beim Würfeln zufällig gewonnen, drückt die Momentaufnahme einer Situation aus. Eingebettet in einen sehr langen Zeitraum finden wir weder Glück, Unglück noch den Zufall. Über lange Zeiträume untersuchte Würfelergebnisse zeigen, daß sich eine gesetzmäßige Kurve, eine Normalverteilung, ergibt. Die Summierung nicht gesetzmäßiger Einzelergebnisse ergibt so eine Gesetzmäßigkeit. Möglicherweise haben die alten Griechen das Universum deshalb mit einem Wort (Kosmos) benannt, einem Wort, welches in unserer Sprache Ordnung heißt.

Die nachfolgende Tabelle ermöglicht Ihnen eine Lebenslaufanalyse auf der Grundlage dieser Erkenntnisse.

Tragen Sie bitte in diese Tabelle diejenigen Ihrer seitherigen Erlebnisse ein, über die Sie sich geärgert oder an denen Sie sich erfreut haben.

Lebenslaufanalyse

Erlebnisse die mich freuten	die mich ärgerten

Nachdem Sie möglichst viele Einzelstichworte niedergeschrieben haben, suchen Sie Gemeinsamkeiten der Erlebnisse. In fast allen mir in Einzelgesprächen vorgelegten Erlebnislisten zogen sich Grundtendenzen wie rote Fäden durch die Erlebnisse. Das Bewußtmachen dessen, was die Erlebnisse ausdrücken sollten, führte in allen Fällen zur individuellen Erkenntnis und zu entsprechender Neuorientierung. Vielleicht haben, um diesen Erkenntnisprozeß zu fördern, die Griechen am Tempel von Delphi eingemeißelt: »Erkenne Dich selbst, damit Du Gott (die Gesetzmäßigkeit, der Verfasser) erkennst.«

Allgemeinwissen

Es gibt Informationen, die wir einfach wissen (vererbte Instinkte) und solche, die wir lernen müssen.

Im Test wurde der zweite Bereich gemessen. In den einzelnen Kulturen hat sich durch Übereinkunft gemeinsames Wissen entwickelt. Entspricht das Wissen eines Menschen der in der Umwelt vorhandenen Norm, ist sein Wissensstand normal. Die Norm bestimmt also jeweils, ob jemand mehr, viel, durchschnittlich viel oder wenig weiß. Die notwendigen Wissensinhalte wechseln ständig. Wer heut viel weiß, kann dadurch, daß er nicht neues Wissen aufnimmt, morgen schon wenig wissen. Auch das, was der Einzelne wissen sollte, orientiert sich am jeweiligen Umfeld und an der vorhandenen Rolle. Unter Rolle verstehen wir die Summe der erwarteten Verhaltensweisen. So wird jemand von einem Professor wesentlich mehr spezifisches Fachwissen erwarten als von einem Laien. Für bestimmte Berufe ist Wissen ausschlaggebend, so z. B. für den Beruf des Lehrers, des Technikers, des Physikers u. a. Wer nur weiß, gleicht einem Computer, der auf Knopfdruck Wissen reproduzieren kann. Menschen, die lediglich Wissen haben, gleichen Kalenderidioten, die außer Wissen reproduzieren nichts können. Daraus ersehen Sie den Unterschied zwischen jemandem, der weiß und jemandem, der Wissen anwenden kann. Theoretiker nennen wir die Menschen, die ihr Wissen nicht in Können umgesetzt haben. Wissen allein also genügt noch nicht. Damit, daß jemand weiß, wie man einen Nagel in die Wand schlägt, ist dieser Nagel noch nicht eingeschlagen. Fast jeder weiß, wie Fußball gespielt wird und sieht im Vergleich mit diesem Wissen die Fehler der Profis. Die meisten aber können selbst nicht und schon gar nicht besser spielen.

Nicht, daß jetzt der Eindruck entsteht, Wissen sei unnötig. Wissen ist die Voraussetzung für Können. Durch anwendende Übung wird Wissen zum Können. Ein Vorgesetzter, der über psychologische Grundprinzipien der Führung nichts weiß, kann sein Führungsverhalten nicht mit diesem Wissen vergleichen und demzufolge auch keine Fehler in seiner Führung erkennen. Erkannte Fehler sind aber nicht zwangsläufig schon Verhaltensänderungen. Erkennen ist lediglich die Vorstufe für die Entwicklung von neuem Verhalten.

Wer Wissen aufnimmt, lernt, wer Wissen anwendet, übt. Die Aufnahme von Wissen ist wesentlich vom Interesse, von der Motivation abhängig. »Das interessiert mich nicht«, hören wir oft von Schülern, die bestimmte Wissensgebiete schwer lernen. Der Wissensvermittler muß die Fähigkeit besitzen, den Lernenden so zu motivieren, daß er am zu vermittelnden Wissensgebiet Spaß und Freude bekommt. Ohne Freude und ohne Interesse ist Lernen harte Arbeit.

Wichtig ist, daß Teilschritte der Wissensaufnahme bekräftigt werden. Wir sprechen dann vom Verstärkungslernen.

Folgt auf Verhalten oder das Abgebenkönnen von Mehrwissen ein für uns angenehmer Zustand, wird das Verhalten dadurch bekräftigt und tritt in Zukunft mit größerer Wahrscheinlichkeit auf.

Ein Kind weiß, daß es mit Weinen auf sich aufmerksam machen kann. Wird dieses Wissen angewendet und das Kind weint, kann die Umwelt mit Nichtbeachtung oder Beachtung reagieren. Reagiert die Umwelt mit Beachtung, ist dies für das Kind ein angenehmer Zustand, und es wird häufiger weinen.

Alle Lernsysteme nutzen Bestrafung für denjenigen, der nicht gelernt hat und Verstärker für denjenigen, der gelernt hat.

Materielle Verstärker sind die Dinge, die dem einzelnen wichtig sind (Geld, Schokolade, Schallplatten, Getränke u. a.). Soziale Zuwendung (Lächeln, Lob, Freundlichkeit u. a.), Verstärker durch sich selbst (die Zufriedenheit mit dem Erreichten). Aufhören eines unangenehmen Zustandes (z. B. Schmerzen).

Das verstärkte Verhalten tritt auch in anderen Situationen auf und wird dort probiert. Wer sich bestimmte Wissensinhalte angeeignet hat, versucht, diese in verschiedensten Situationen wiederzugeben und probiert so, in welchen Situationen dieses Wissen belohnt wird. So entsteht Verhalten in bestimmten Rollen.

Folgt auf das Abgeben von Wissen keine Bekräftigung mehr, tritt zunächst Verunsicherung auf. Wird längere Zeit keine Bekräftigung gegeben, wird das Wissen gelöscht. Auf diesem Prinzip funktioniert die sogenannte Gehirnwäsche. Daraus sehen wird, daß schon Nichtbekräftigung (Nichtbeachtung) eine Bestrafung darstellt. Wirkliche Bestrafung durch Entzug materieller Dinge, Entzug von sozialer Zuwendung, Aufhören eines angenehmen Zustandes u. a. unterdrücken das vorhandene Wissen. Wissen um Geheimnisse wird z. B. dann nicht mehr abgegeben. Bestrafung und Drohung unterdrücken jedoch nur kurzfristig. Unter diesen Einflüssen wird nur gelernt, Bestrafung und Kontrolle geschickter zu vermeiden. Abschreiben in der Schule und Geschwindigkeitsüberschreitungen im Straßenverkehr, von deren Folgen jeder weiß, werden nicht abgebaut. Meist werden nur Mechanismen gesucht, die Folgen von Strafe zu reduzieren bzw. zu vermeiden.

Eine Bestrafung ist auch dann gegeben, wenn erwartete angenehme Konsequenzen nicht eintreten. Enttäuschte Erwartungsverhaltung (Frustration) tritt dann auf. Strafe ist schon deshalb unsinnig, weil die beim motivierten Menschen vorhandene Erwartungshaltung ohnehin enttäuscht ist und das so entstehende schlechte Gefühl Strafe genug ist. Belohnung nicht bekommen ist ebenfalls Strafe.

Wer sein Wissen erweitern will, muß seinen Interessenkreis erweitern. Ein Verkäufer, den sein Produkt nicht interessiert, ein Arzt, der sich statt für Medizin für Geldverdienen interessiert, wird kaum motiviert sein, fehlendes Fachwissen zu erweitern.

Ist Interesse vorhanden, wird durch dieses Interesse die Wahrnehmung gesteuert. Wer sich für Blumen interessiert, sieht die Blumen im Zimmer eines Gastgebers, wer sich für Literatur interessiert, sieht die Bücher im Büro eines Geschäftsfreundes.

Wer nun sucht, darf sich nicht allein auf Wegweiser verlassen. Wegweiser sind noch nicht Wege. Wegweiser signalisieren lediglich den Weg, den man gehen kann. Sie geben Ausblicke und ermöglichen auf dem folgenden Weg gezieltere Wahrnehmung. Demzufolge ist auch ein vorhandenes Buch noch nicht Wissen. Erst, wenn das Buch gelesen (besser: durchgearbeitet) ist, ist Wissen aufgenommen worden. Die Wissensaufnahme wird vermehrt dadurch, daß mehrere Sinne in die Wissensaufnahme integriert werden.

Wenn Sie nun, weil Sie im Bereich Allgemeinwissen ein Sie nicht zufriedenstellendes Testergebnis erreicht haben, mehr Wissen aufnehmen wollen, ist wichtig, daß Sie sich Rechenschaft darüber ablegen, was Sie wissen wollen.

Dazu dient die nachstehende Tabelle:

Wissensgebiete	Möglichkeiten der Wissenserweiterung

Auf dem Weg der Wissensaufnahme ist Aufmerksamkeit sehr wichtig. Wer unaufmerksam ein Buch liest oder einen Film sieht, wird wenig Wissen aufnehmen. Die Aufmerksamkeit ist Teil des Willensvorganges. Nur mit dem Willen, Aufmerksamkeit zu steuern, strengt an. Wer Wissen einfach auf sich wirken läßt, wer Interesse statt Konzentration einschaltet, lernt fast von selbst. Durch Interesse wird das Tor zum Unbewußten aufgerissen. Der Sinn des Aufgenommenen wird klar und verknüpft sich mit bereits vorhandenen Inhalten.

An einem Beispiel könnten wir sagen, der Wille ist der Fabrikherr, die Aufmerksamkeit ist der Torwächter. Beide lassen nur die Eindrücke ins Bewußtsein, die im Getriebe der wachen Denkarbeit einen Platz haben. Ist der Ort und der Einfluß der Aufmerksamkeit aufgehoben, ohne daß das Bewußtsein erlischt, entstehen Träume.

Wachen und träumen liegen nebeneinander bereit, schließen sich nicht aus. Sie decken sich und gehen fließend ineinander über, je nachdem, ob Wille vorhanden ist oder fehlt. Auf dieser Gesetzmäßigkeit basiert das vor einigen Jahren entwickelte Superlearning. Mit dieser Lerntechnik können Sie in kurzer Zeit enorme Wissensmengen aufnehmen. Die Wissensaufnahme erfolgt im entspannten Zustand, einem Zustand zwischen wachen und träumen. Mittels Kombinationen von Atemtechnik, entspannender Musik und einem Angebot von Wissensinhalten in Pausen wird das Gedächtnis fast ohne eigenes Zutun programmiert.

Wenn Sie diese Lerntechnik anwenden wollen, empfehle ich die dazu erschienenen einschlägigen Bücher.

Egal, ob sie nun das in Ihrer Tabelle erarbeitete Wissen aus Büchern, Filmen, von Tonbändern oder anders aufnehmen, alles Wissen war immer da. Es war Ihnen nur nicht zugänglich, es war nicht in Ihnen.

Auf dem Weg, den Sie nun bewußt einschlagen, entwickeln Sie sich in das vorhandene Wissen hinein. Wissensinhalte werden Inhalte Ihres Bewußtseins, mit diesem Wissen sammeln Sie Erfahrungen und können neue Informationen und Situationen mit dem vorhandenen Wissen vergleichen.

Dabei erfahren Sie auch sich selbst. Sich selbst erfahren ist Leben. Wer nur von anderen erfährt, vegetiert. Alles, was lebend ist, sich entwickelt und Individualität zeigt, hat Bewußtsein. Gehen Sie mit Interesse an die Aufnahme neuen Wissens. Wer weiß wird gefragt, wer gefragt wird, ist wichtig. Ihre Neugierde beim Lernen sollte Ihnen immer wichtiger sein als ein mögliches Darstellungsbedürfnis.

Entwicklung

Wer nichts lernt, kann auch nichts wissen. So entschuldigen wir unsere Beharrlichkeit, wenn es darum geht, daß unsere Kinder sich besser Städte, Flüsse, Formeln und Vokabeln merken. Damit setzen wir uns oft leichtfertig über die Schwierigkeiten hinweg, die das Gehirn den Informationen entgegenstellt. Viele neigen dazu, Heranwachsende allein nach der Merkfähigkeit der Gehirne zu beurteilen. Dabei wird leider oft vergessen, daß der ganze Mensch Erfolg oder Mißerfolg haben kann. Sicher, gute Schulzeugnisse erleichtern den Start. Wie vieles vom Eingepaukten muß aber wieder vergessen werden und wird auch wieder vergessen? Es ist viel einfacher, einen Menschen an reproduzierbarem Wissen zu messen, als sich mit seiner Gesamtpersönlichkeit auseinanderzusetzen. Viele schlechte Schüler wurden erfolgreiche Menschen. Vielleicht, weil sich ihr Persönlichkeitskern nicht verfälschen ließ. Wie viel Leid müssen Schüler ertragen, weil sie als reproduzierende Computer angesehen werden. Weil Eltern es als persönliche Blamage betrachten, wenn IHR Kind (das Kind, das sie besitzen), nicht Musterschüler ist.

Oft vergessen wir, daß der Mensch nicht als voll programmierbares Neutrum auf die Welt kommt. Ein Programm ist nämlich, ähnlich wie bei einem Taschenrechner, bereits mitgeliefert. Wie man es macht, daß man sich Zahlen und Namen merkt, sie speichert, hervorholt, wiederfindet und miteinander verknüpft, wie man also lernt und behält, das ist bereits mehr oder weniger gut angelegt.

Die Milliarden von Nervenzellen, jede mit vielen fadenförmigen Ausläufern und Verbindungsstücken, dazu überall im Zellsaft die hochkomplizierten Kernsäuren-Moleküle ergeben irgendwie eine komplexe Struktur, die unser Lern- und Wissensprogramm leistet.

Ein aufregendes Experiment schien schon vor Jahrzehnten Licht in diese Frage zu bringen und die geheimen Kniffe des Lernens und Wissens zu enthüllen. Der amerikanische Professor McConnell dressierte 1962 Plattwürmer auf Dunkelfurcht: Sie bekamen jedesmal einen elektrischen Strafreiz, wenn sie ins Dunkle krochen und hatten ihre Lektion schließlich gelernt. Später verfütterte er das Gehirn dieser »wissenden« Würmer an unwissende Artgenossen, und siehe da: Nach der Mahlzeit, bei der offensichtlich ausreichende Mengen von »Gedächtnismolekülen« verspeist und ins Gehirn der Fresser gelangt waren, wurden sie zu Wissenden, die nun ebenfalls Dunkelfurcht zeigten. Der Schwede Hydén wiederholte das Experiment 1969 erfolgreich an Ratten. Diese Tiere wußten, was sie nicht gelernt hatten: Sie hatten das Programm und die Daten nicht selbst aufgebaut und durch Sinnestätigkeit erworben, sondern geschluckt!

Die Experimente führten allerdings über die Dunkelfurcht der Würmer und Ratten und das in ihren Hirnen auffindbare »Scotophobin« (nach dem griechischen Wort für Dunkelfurcht) nicht hinaus. Unser Gehirn, das zusammen mit dem übrigen Körper aus einer einzigen befruchteten Eizelle entstanden ist, ist einmalig.

Es ist theoretisch möglich, daß in jeder Sekunde 2 Millionen Bits (Informationseinheiten) in ihm gespeichert und ein ganzes Leben lang verfügbar gehalten werden.

Dazu eine ungeheure Menge von Kreuz- und Quer-Verbindungen und Kombinationen: Ein Elektronenrechner der modernsten Bauart müßte immer noch sehr groß sein, wenn er ähnliches leisten sollte.

Weiterhin kann unser Gehirn seine eigenen Programme entwickeln und verbessern. Diese Programme können so verfeinert werden, daß wir, die wir das Gehirn nicht »sind«, sondern es haben, uns »blind« darauf verlassen können. Außerdem kann das Gehirn nicht nur das Erlernte behalten und hervorholen (das nennen wir erinnern), sondern auch Gewußtes unterdrücken und verdrängen (das nennen wir »vergessen«). Es kann Wichtiges von Unwichtigem unterscheiden und verschont uns daher mit Ballast, der uns sonst erdrücken würde. Dieser Vorgang funktioniert bei einer bestimmten Geisteskrankheit nicht mehr. Bei »Kalender-Idioten« funktioniert das Gedächtnis wie ein Computer. Er weiß alles, was er jemals speicherte, kann aber nicht unterscheiden, was wichtig ist.

Weil wir also so wissen, wie es jetzt ist, ist es schwierig, in angeborenes und erworbenes Wissen zu unterscheiden. Instinkte sind z. B. derart angeborene Wissensinhalte. Jeder Säugling weiß unmittelbar nach der Geburt, wie man atmet, schluckt, saugt, schreit und sich festhält.

Diese Fähigkeiten sind zwar beschreibbar, aber ihr Entstehen ist nicht erklärbar. Der Philosoph Immanuel Kant erklärte einmal: »In den Insekten denkt Gott für die Tiere«. Wir wissen also nur: Es gibt solches angeborenes, aus keiner persönlichen Erfahrung und keinem möglichen Erlernen herrührendes Wissen. Bei niederen Tieren stellt dieses Wissen ein Großteil des Wissens überhaupt dar. Instinktverhalten machen bei niederen Tieren Lernen — Veränderungen des Verhaltens — unmöglich. Eine Arbeiterbiene »weiß«, wieviel Honig sie in eine Wabe einfüllen muß, ehe sie ein Ei hineinträgt und dann die Brutkammer mit einem Deckel verschließt. Sie kann aber nie lernen, Honig nachzufüllen, wenn etwas herausgenommen wurde. Uneinsichtig in ihr sinnloses Tun würde Sie auch über eine entleerte Wabe einen Deckel legen.

Ein Trichterwickler-Käfer »weiß«, wie er das Haselnußblatt anschneiden muß, damit es sich durch die Spannungskräfte von allein zur Tüte zusammenrollt, in der die Larven geschützt liegen (Mathematiker haben nachgerechnet, daß die vom Käfer angelegte Schnittlinie genau einer komplizierten Kurve folgt, die alle Spannungskräfte im Blatt berücksichtigt). Die Erbsenkäfer-Larve »weiß«, daß sie vor der Verpuppung in der noch weichen Erbse den Ausschlupfgang anlegen muß, damit sie im Herbst nicht in der inzwischen hart gewordenen Erbse eingeschlossen ist. Für »Lernen« ist in allen diesen Fällen keine Zeit, alles ist fest vorgegeben und funktioniert, als ob das Tier wüßte, was es tut. Doch jedes Experiment zeigt, daß dies ein Trugschluß ist: Es hat nicht gelernt und »weiß« auch nicht, was es tut — aber es tut dennoch das Richtige!

Nach den Erkenntnissen der Biologie gibt es keine Vererbung erworbener Eigenschaften. Ein Vorfahre kann also nicht erlernt haben, was die Biene oder der Käfer heute tut. Wir wissen also nicht, wie Instinkte und eingegebene Reflexe entstehen und sich vererben können. Aber wir wissen, daß es sie gibt. Wie der wachsende Keim eines Lebewesens »weiß«, zu welcher Gestalt und Funktion er sich entfalten soll, »weiß« er auch, wie er seine Organe später gebrauchen muß. Bis heute kann die Molekularbiologie mit dem DNS-Modell nur die Buchstaben der Schrift entziffern. Nur höher entwickelte Tiere können neues hinzulernen. Ererbtes Verhalten führt bei »primitiven« Tieren zu lebenslang gleichem Verhalten. Auch wenn dieses sinnlos geworden ist, wird es beibehalten.

Ein Lebewesen, das Teilbereiche lernen kann oder muß, kann Neues übernehmen und möglicherweise sogar weiterentwickeln. Hätte jeder Hund ein angeborenes Wissen über seine Familie, würde er nur seiner Mutter oder dem Leitwolf folgen. Er kann aber lernen, wer sein »Herr« ist und kann so zum treuen Begleiter des Menschen werden. Auch beim Menschen wäre kein Fortschritt möglich, wenn alles Wissen schon instinktiv vorgegeben wäre. Konrad Lorenz sagte: Tradition, also die Grundlage von Zivilisation und Kulturen gibt es, weil der Mensch ein Lebewesen ist, das die Vererbung erworbener Eigenschaften erfunden hat — nämlich das Lernen, das seinem Wissen und Handeln vorausgeht.

Jeder Säugling bringt eine ganze Menge Verhaltensweisen und Erwartungshaltungen mit, die ihn befähigen, sein angeborenes Wissen durch Dazulernen zu mehren. Er weiß bereits, was und wie er lernen will und ist von Anfang an genial genug durch Anblicken, Hinhören, Nachahmen, seinem Interesse entsprechend das Erworbene mit dem Angeborenen zu einer Einheit zu verknüpfen.

Originalität

Im Test haben Sie Denksportaufgaben gelöst. Sie sehen aus dem Ergebnis, inwieweit Sie in der Lage sind, originelle Problemlösungen zu finden.

Einstein sagte einmal: »Hätte ich die Relativitätstheorie im Alter von 40 Jahren gefunden — ich hätte Sie nicht mehr geglaubt.« Verfestigte Denkschablonen verhindern also Originalität und Kreativität.

Dazu folgendes Beispiel:

Versuchen Sie bitte die folgenden 9 Punkte mit vier Strichen zu verbinden, ohne das Schreibgerät abzusetzen.

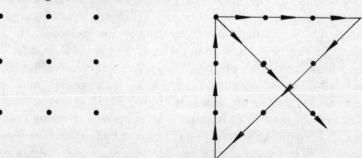

Sie werden gemerkt haben oder noch merken, wie schwer diese Aufgabe zu lösen ist. Legen Sie diese Aufgabe einem Kind vor, wird es sehr unkonventionell die folgende Lösung finden:

Ein Kind hält sich nicht an einem Bezugsrahmen und löst deshalb die Aufgabe wesentlich leichter als ein Erwachsener. Sie als Erwachsener werden immer innerhalb der neun Punkte nach einer Lösung gesucht haben. Innerhalb des Feldes ist jedoch eine Lösung nicht möglich. Es ist hier wie bei vielen Problemen der täglichen Praxis. Im unmittelbaren Problemfeld ist die Lösung unmöglich, und an Lösungsansätze außerhalb dieses Schemas denkt der Erwachsene zunächst nicht.

Schon die alten Griechen entwickelten als »eigentliche Entdecker des Geistes« Methoden des programmierten Lernens und Erfindens. Sie betrachteten ihre Wissenschaften, z. B. Mathematik und Geometrie nicht als bloße geistreiche Spiele, sondern betrieben diese als eine Art »Hebammenkunst« — als Wecker des Geistes und als Anreger zu schöpferisch erleuchtendem Denken.

Der kreative Mensch hat fast immer folgende besondere Merkmale: Skeptisch, kritisch, unkonventionell, wissensdurstig, introvertiert, feinfühlig, spontan, innerlich unruhig, begeisterungsfähig.

Oft sind es die »schwierigen« Kollegen und Mitmenschen, die zart beseitet, labil und empfindsam die besten kreativen Fähigkeiten in sich tragen. Beim kreativen Menschen müssen wir ein gewisses labiles Gleichgewicht in Kauf nehmen. Der schöpferische Mensch hat eine ganz besondere Einstellung zu seiner Zielsetzung. Er besitzt eine Konzentration von besonderem Ausmaß. Es ist nicht die Aufmerksamkeit, die normalerweise beim Studieren, Lesen oder Beobachten erlebt wird, sondern eine dauernde Aktivierung von geistigen Kräften zugunsten der gestellten Aufgabe. Diese Aktivierung verläuft in der unbewußten Sphäre, verliert aber nicht den Zusammenhang mit dem Bewußtsein. Ein Schaffensprozeß beginnt niemals mit dem Einfall. Schöpferische Phantasie schwebt nicht in der Luft. Sie ist wie ein Strom, der durch Zuflüsse breiter und mächtiger wird. Der notwendige Stoff resultiert aus der Erfahrung, aus Kenntnissen und aus der erlebten Wirklichkeit. Vor jedem schöpferischen Akt steht eine mehr oder weniger lange, bewußte oder unbewußte aber intensive, den ganzen Menschen erfassende Vorbereitung.

Denkprozesse vollziehen sich in drei Schritten. Ein erster Gedanke, eine Idee wird geboren. Diese These läßt einen zweiten Gedanken, die Antithese entstehen. Die These wird mit der Antithese konfrontiert. Aus der Gegenüberstellung von These und Antithese wird die Synthese gefunden, die ihrerseits wieder zur These wird. Erneut wird nun dieser These eine Antithese gegenübergestellt und so ein Denkgerüst aufgebaut, das in immer neuen Synthesen zu immer neuen Ergebnissen führt. So entsteht im Denkprozeß eine eigene Gesetzlichkeit. Es ist nicht subjektiv und zufällig wie z. B. Empfinden und Fühlen. Erst wer das Denken des Denkens erlernt hat, erreicht optimale Denkleistungen. Er wird frei von Bedingungen der Herkunft und der Umwelt und entwickelt sein schöpferisches Potential. Die Macht der Gewohnheit wird verkleinert. Die Ansicht, daß Verhaltensweisen, die sich immer wieder bewährt haben, die einzig richtigen sind, wird in Frage gestellt.

Dem einstigen Jung-Forscher, Max Planck, riet sein Professor, sich nicht mit Physik zu beschäftigen, weil auf diesem Gebiet bereits alles erforscht sei. Planck jedoch revulutionierte durch seine Quanten-Theorie die gesamte bisherige Denkweise der Physik.

Zahlreiche Unternehmen sind durch ihre Erfahrungen, die Erfolgserlebnisse vergangener Perioden, die daraus resultierende Art, Situationen zu verarbeiten, in den finanziellen Ruin geraten. Wer sich nur auf frühere, positive Erfahrungen beruft, schafft damit häufig ein Hindernis für neue Ideen und somit Ursachen für verfahrene oder blockierte Situationen.

Wie ist es nun zu erklären, daß der menschliche Verstand, dieses hochleistungsfähige Informationssystem sich durch Gewohnheiten einnebeln läßt? Wie können wir erklären, daß er eindeutige Argumente gegen alte Erfahrungen und Tradition nur mit großer Mühe akzeptiert? Die einzig mögliche Antwort ist wohl: Angst. Jede neue Idee löst beim Denkenden selbst oder in der Umwelt Gefühle aus. Wer eine neue Idee hat, kann deren Folgen aus Mangel an Erfahrung zunächst nicht beurteilen. Er erlebt Unsicherheit und Zweifel. Oft hemmen bereits diese Gefühle so stark, daß die neue Idee nicht ausgesprochen, sondern vor weiteren Denkprozessen verworfen wird. Der gewohnte, durch Erfolg abgesicherte Weg wird ungern zugunsten eines vagen, noch nicht voraussehbaren Ergebnisses verlassen. Eine innere Kontrollinstanz will das Denken ständig auf Gewohntes und Bewährtes zurückziehen. Wer bisherige Erfahrungen in Frage stellt, bezweifelt zugleich einen Teil seiner Persönlichkeit und gerät dadurch aus dem Gleichgewicht. Es ist schon schwer genug, mit einer liebgewordenen, aber unbrauchbar gewordenen Erfahrung zu brechen. Noch weit schwerer ist es, gewohnte Denkhaltungen aufzugeben. Oft wird dieses noch besonders erschwert, wenn die seitherige Denkhaltung von der Gesellschaft ebenfalls eingenommen wird und durch Dogmen, Tradition und herrschende Wertesysteme abgesegnet ist.

Koestler schreibt über die inneren Zweifel des Johannes Kepler, der vor seiner Neuentdeckung stand, die alle bisherigen Erkenntnisse in Frage stellte:

«... um eine gewohnte Denkhaltung, die durch Dogma oder Tradition geheiligt ist, zu zerstören, muß man umfangreiche Hindernisse des Intellekts und des Gefühls überwinden. Ich spreche nicht nur von den Kräften der Trägheit der Gesellschaft; der Hauptwiderstand gegen ketzerische Neuerungen sitzt in dem Gehirn dessen, der sie entdeckt.» Als Zeuge sei Kepler und sein Aufschrei der Angst bei der Entdeckung, daß die Planeten nicht auf einer Kreisbahn, sondern auf einer Ellipsenbahn sich bewegen, angeführt: »Wer bin ich, Johannes Kepler, um das göttliche System der Kreisumläufe zerstören zu können!« Zu der Kontrollinstanz »Gewohnheit« gesellen sich weitere Hürden. Sie multiplizieren sich, wenn die eigene Idee in einer Umwelt durchgesetzt werden soll. Ausschlaggebend dafür, ob sie Ihre Idee an andere »verkaufen« können, ist die Art, wie Sie diese vermitteln. Bevor wir jedoch unsere Ideen verkaufen, müssen wir diese gefunden haben. Kann man Kreativität verbessern? Grundsätzlich ja — im Rahmen der vorgegebenen Möglichkeiten. Der schöpferische Mensch muß aus seiner geistigen Mitte leben. Er darf nicht nur »Kopf« sein, er muß denken und fühlen. Er hört auf seine innere Stimme und ist in gewissem Sinn Schwärmer und Visionär. Er träumt von ungewöhnlichen Ideen und nimmt die kalte Realität nur ungern, als unabänderlich und endgültig hin. Er setzt sich mit seinen Ideen auseinander und träumt oft wirklich davon und von möglichen Lösungen, profitiert also von seinem Unbewußten, seinem schöpferischen Quell.

Hat der Ideenfinder Beobachtungen und Tatsachen gesammelt, diese in seinem Gedächtnis geordnet, stellt seine Phantasie wie im Traum neue Gedankenverbindungen her. Er bringt allerdings nur dann Sinnvolles und Nützliches hervor, wenn er die Verbindung zur Wirklichkeit nicht verliert und nach seinen Reisen ins Reich der Phantasie wieder auf der Erde landet. So muß der Kreative gleichzeitig weltentrückt und weltverbunden sein. Der Erfolgreiche versteht es, sich äußere Anstrengungen zur Gewohnheit zu machen. Selbst blühende Kulturen sind verfallen, wenn ein Volk den Willen zur harten Arbeit aufgegeben und sich der Bequemlichkeit, der Muße und der Sicherheit verschrieben hat. Daraus könnte man folgern, daß Kreativität oft aus Not geboren ist und im Überfluß stirbt. Demzufolge wiederum ist Kreativität eine mehr oder weniger vorhandene Grundfähigkeit, die durch Umwelteinflüsse entfaltet oder lahmgelegt wird.

So glaube ich, daß zwar eine Grundanlage für jegliches Verhalten vorhanden sein muß, wenn dieses Verhalten sich zu einer über dem Durchschnitt stehenden Fähigkeit entwickeln soll. Da nur wenige Menschen ihre Anlagen genau kennen und die Fähigkeiten nur selten systematisch entwickelt worden sind, bin ich davon überzeugt, daß in jedem Menschen Reserven schlummern, die durch geeignetes Training entwickelt werden können.

Kreativität ist überlebensnotwendig. Daraus resultiert, daß alles, was überlebt, über mehr oder weniger ausgeprägte Kreativität, bewußt oder unbewußt, verfügen muß. Pflanzen, Tiere, alle Lebewesen, die wir heute vorfinden, haben überlebt, weil es Ihnen möglich war, sich an die jeweilige Umwelt anzupassen, Systeme und Verhalten zu entwickeln, die Überleben ermöglichten.

Die Fähigkeit, Einfälle zu haben und erfinderisch Probleme zu lösen, geht zurück bis zur Geburtsstunde des Menschen. Ohne Erfindungsgabe würden wir heute noch in feuchten Höhlen hausen, uns mit Fellen bekleiden und uns am offenen Holzfeuer wärmen.

Das von dem Zoologen, Wolfgang Köhler, mit seinem Chimpansen Sultan durchgeführte Experiment liefert den Beweis dafür, daß auch Tiere kreativ sein können. Er legte dem Affen eine Banane so weit vor den Käfig, daß Sultan diese mit seinen Händen nicht ergreifen konnte. Nun gab er dem Tier einen Stock. Sultan spielte zuerst damit, ließ ihn aber nach einiger Zeit fallen. Wieder wandte er seine Blicke der Banane zu. Der von der Banane ausgehende Aufforderungscharakter wurde immer größer. Die so entstandene Spannung löste schließlich den zündenden Funken aus. Sultan entwickelte die Idee, mit dem Stock die Banane zu angeln und verspeiste sie genüßlich. Ähnliche Versuche wurden mit Ratten und anderen Tieren durchgeführt. Der Wille zur Selbstbehauptung führt zu schöpferischen Taten. Die Motivation ist ausschlaggebend für die kreative Fähigkeit. Wer etwas erreichen will, braucht die Idee und das Werkzeug. Einige Werkzeuge erleichtern kreative Gedankenfindung.

Das laterale Denken

Eine Erfahrung der Ölgesellschaften besagt, daß im Durchschnitt jede achte Bohrung erfolgreich ist. Sieben Bohrungen also frustrieren, und nur bei einer Bohrung stellt sich der erwartete Erfolg ein. Das Problem ist nur, daß niemand vorher weiß, welche die achte Bohrung, die erfolgreiche also sein wird. Falscher Ehrgeiz führt dazu, daß jemand so lange wartet, bis er den richtigen Punkt findet, und weil er diesen richtigen Punkt nicht findet, niemals etwas zu tun braucht. Professor Dr. Edward de BONE sagt, die rein vertikale Denkmethode sei unwirtschaftlich und unzeitgemäß. Sie sei eine Fehlleistung unserer einseitig rationalen, also vordergründig und aktiv zielorientierten Geisteshaltung. Er fordert, wieder spielerisch und passiv inspiriert denken zu lernen. Dieser Art zu denken gab er den Namen »laterales Denken«. De Bone behauptet, es sei uns schlechterdings nur mit Hilfe dieser intuitiven und ungeordneten Sucharbeit möglich, mit einem minimalen Aufwand an Zeit und Mühe ungewöhnliche Lösungen zu finden. Nur durch diese Fähigkeit, die ungewöhnliche Lösungen in ungewöhnlicher Zahl hervorbringt, durch die Fähigkeit des gleichzeitigen Suchens im Umkreis von 360 Grad sei der Mensch dem künstlich denkenden Computer überlegen. Er meint etwas überspitzt: Die Funktion des Denkens besteht darin, das Denken zu eliminieren und damit zu ermöglichen, daß die Aktion unmittelbar auf das Erkennen einer Situation erfolgt. Verbortes, engstirniges Wollen läßt nur zu oft beruflichen Erfolg und Glück verpatzen. Meist leuchtet nur in Absichtslosigkeit unversehens hellste Geistesgegenwart auf. Wie von selbst tut sich, was zu tun ist, und plötzlich haben wir im Bewußtsein die gesuchte Idee. Der weise Chinese Tschuang-Tse erzählt in einem uralten Gleichnis:

»Der gelbe Kaiser reiste nordwärts vom roten See, bestieg den Berg Khun-Lun und schaute gegen Süden. Auf der Heimfahrt verlor er seine Zauberperle. Er sandte Erkenntnis aus, sie zu suchen, aber sie fand sie nicht. Er sandte Klarsicht aus, sie zu suchen, aber sie fand sie nicht. Er sandte Denkgewalt aus, sie zu suchen, aber sie fand sie nicht. Endlich sandte er Absichtslosigkeit aus, und er fand sie. Seltsam fürwahr, sprach der Kaiser, daß »Absichtslos« sie zu finden vermocht hat«.

Auch »Absichtslos« hatte sich vorgenommen, die Perle zu finden. Er suchte jedoch in einer anderen Einstellung. Er befolgte eine der Grundlehren der östlichen Philosophie: Er handelte durch Nichthandeln. Er war nicht Heischender. Er suchte als Empfangender. Die innerliche Distanz von seinem Vorhaben, die Einstellung, nicht Du mußt finden, es wird sich finden, brachte ihm Erfolg. De Bone sagt: »Während beim vertikalen Denken die Logik über den Geist herrscht, steht sie ihm beim lateralen Denken in dienender Funktion bei, und das laterale Denken wird durch die Beschränkungen notwendig, denen das vertikale Denken unterliegt«. So verläßt das laterale Denken die üblichen Denkschemata. Vergleichbar einem Spiel: Wenn wir im Familienkreis innerhalb einer vereinbarten Zeit möglichst viele, mit dem Buchstaben »A« beginnende Ortschaften aufschreiben sollen. Niemand wird diese Aufgabe so lösen, daß er Erdteil um Erdteil, Staat um Staat, Land um Land durchforstet. Jeder springt mit seinen Gedanken kreuz und quer.

Nutzen Sie diese Möglichkeit für die Ausweitung Ihrer kreativen Fähigkeiten. Suchen Sie nicht nur unmittelbar am Problem, sondern »bohren Sie neue Löcher« neben dem Problem. Möglicherweise erwischen sie dabei eine Problemwurzel, von der aus sie das Gesamtproblem neu aufrollen und aus anderer Sicht betrachten können.

Synektik

Synektik arbeitet nach dem Grundsatz »mache das Gewöhnliche ungewöhnlich — das Ungewöhnliche gewöhnlich«.

Das Ungewöhnliche wird ungewöhnlich durch die Technik der Verfremdung. Sie zeigt das Altgewohnte, das Bekannte in neuer Sicht. Die Art der Beschreibung läßt aufhorchen und das Bekannte, Gewohnte neu realisieren und verstehen.

Einer unserer langjährigen Trainingskunden produziert u. a. Zündkerzen. Das hohe Qualitätsniveau führt zwangsläufig dazu, daß diese Zündkerze für jede Fahrweise geeignet ist und bei jeder Witterung funktioniert. Dies in eine Werbeaussage gebracht, würde lauten: »Die X-Zündkerze funktioniert bei jeder Fahrweise und jeder Witterung«. Diese »gewöhnliche« Aussage würde kaum neu Interesse wecken. Also wäre es notwendig, das Gewöhnliche ungewöhnlich zu machen. Eine derartige Aussage wurde dann tatsächlich formuliert. Sie lautet: »Wir bauten eine Zündkerze für Grönland, eine für die Sahara, eine für die Autobahn und eine für den Stadtverkehr. Das macht vier in einer«.

Ahnlich wirbt VW. Die Aussage, daß der Volkswagen zweimal gespritzt wird, würde niemanden überraschen. Die ungewöhnliche Aussage: »Wenn wir den Volkswagen gespritzt haben, spritzen wir die Farbe« weckt da schon mehr Interesse und Aufmerksamkeit. Beim zweiten Teil der Anregung »das Ungewöhnliche gewöhnlich machen« bringen wir Kompliziertes auf den einfachsten Nenner. Ein Weg dazu kann sein, daß abstrakte Gedanken in ein Bild umgesetzt und somit leichter begreiflich werden. Diese Art des induktiven Denkens gewinnt das Allgemeine aus vielen einzelnen Besonderheiten. Es schließt also vom Einzelnen auf das Allgemeine. Im Gegensatz dazu leitet das deduktive Denken vom Allgemeinen auf das Besondere. Das induktive Denken arbeitet nach dem Prinzip der Erweiterung, das deduktive Denken nach dem Prinzip der Verengung.

Bei der Anwendung der Synektik als Technik zur Ideenfindung werden Sie, wie die Forschungsarbeit der Synektors erkennen ließ, fünf Stufen durchlaufen:

1. Sie entrücken dem tatsächlichen Problem und betrachten es entspannt von allen Seiten.

2. Jetzt gehen Sie in die Problemsituation hinein, identifizieren sich mit ihr.

3. Sie werden auf voreilige Lösungen verzichten und die sich spontan anbietenden Schlußfolgerungen hinausschieben.

4. Aus einer risikofreudigen Haltung bearbeiten Sie die Aufgabe weiter und spielen mit vielen möglichen Lösungen.

5. Jetzt schließlich haben Sie ein autonomes Ideengebäude auf fester Grundlage und mit klaren Formen.

Nun ist es andererseits für Kreativarbeit nicht ideal, wenn ein stufenweiser Ablauf durchlaufen werden soll. Zwar ordnet dieser Ablauf die Vorgehensweise, engt aber gleichzeitig die gebotenen Möglichkeiten ein. Deshalb wurde die Synektik um weitere Möglichkeiten der Ideenfindung erweitert.

Die persönliche Analogie

Eine Analogie ist ein Gleichnis. Wir fühlen uns mit dem Gegenstand unserer

Betrachtung so sehr identisch, daß wir eins mit ihm werden. Wir fühlen uns als Zündkerze, als Farbe, als Gegenstand.

Direkte Analogie

Bei der direkten Analogie suchen und finden wir Parallelen aus anderen Wissensgebieten. Als besonders fruchtbar wurden Vergleiche mit der Biologie entdeckt. Viele Probleme hat die Natur bereits gelöst, lange bevor die Aufgaben für den Menschen zum Problem wurden. Denken wir dabei nur an einen Grashalm als Analogie zu einem Fernsehturm.

Symbolische Analogie

Bei dieser Arbeitsweise werden symbolische Vergleiche gezogen und Assoziationen hergestellt. Derartige Analogien können sich blitzartig einstellen. In solchen Fällen spricht man von einer poetischen, ganz gefühlsbetonten Reaktion.

Phantasieanalogie

In Weiterentwicklung der symbolischen Analogie entstand die Phantasieanalogie. Derartige Analogien sind nicht an Realitäten gebunden, sondern gehören zum Bereich des Unwirklichen, Prophetischen und Träumerischen. Es entsteht dabei ein Wunschtraumdenken.

Aus der Beschreibung dieser einzelnen Analogiemöglichkeiten wird auch deutlich, daß Synektik zu Recht diesen, aus dem Griechischen stammenden Namen trägt. Besagt doch Synektik sinnentsprechend: Verbinden und Vereinen verschiedener ungewohnter, am Anfang unzusammenhängender Elemente.

Wenn Sie, um Probleme zu lösen, eine Synektikgruppe zusammenstellen wollen, brauchen Sie 5 – 6 professionelle Ideenfinder. Diese müssen idealerweise lange in dieser besonderen Methode trainiert worden sein. Der ideale Teilnehmer braucht umfangreiches, auf dem neuesten Stand stehendes Wissen. Er muß fähig sein, Probleme mit beinahe kindlicher Kreativität anzugehen. Er soll in der Lage sein, sich so intensiv mit der Aufgabe zu befassen, daß seine gesamte Persönlichkeit davon durchströmt wird.

Morphologisches Denken

Morphologisches Denken beschäftigt sich, das sagt schon der Name, mit der Gestalt. Damit ist nicht gemeint die Gestalt von Gegenständen, sondern die Gestalt von Ideen. Die der Methode eigene Systematik macht Entscheidungs- und Denkprozesse durch strenge Formalisierung erlernbar und narrensicher. Dadurch wird blinder Zufall ausgeschlossen. Die Systematisierung fördert gleichzeitig die Intuition und regt neue Verknüpfungen, Kopplungs- und Schaltfunktionen an.

Entwickelt wurde diese Technik von dem Professor für Astrophysik, Dr. Fritz Zwicky. Er ist der Meinung, daß jeder Mensch die Fähigkeit hat, morphologisch zu forschen, zu denken und zu handeln und dadurch mit einem Minimum an Aufwand zu einer optimalen Lösung zu kommen.

Der Morphologe glaubt an die Kontiunität aller Dinge. Er sieht die Welt und das Menschsein als Ganzheit. Er glaubt an die Ganzheit des Mikro- und Makro-Kosmos. Er geht davon aus, daß in allem von allem etwas enthalten ist. Diesen Gedanken pflegten schon die östlichen und griechischen Denker, wie z. B. Paracelsus, der davon ausging, daß alle Heilungen, des Leibes und des Geistes, nur aus einer Erkenntnis des Weltganzen geschehen können. Parmenides schrieb: »Das Seiende ist nicht teilbar, es gleicht der Masse einer wohlgerundeten Kugel«. Heraklid formulierte, daß alles durch alles gelenkt werde, und daß sogar das Auseinanderstrebende letztlich eine Einheit, mit sich selber übereinstimmend bilde.

Mit der Technik »Morphologisches Denken« dieser Technik arbeiten Sie so, daß Sie zwischen Festpunkte alle Faktoren einbauen, welche die Lösung eines Problems beeinflussen. Diese Faktoren müssen möglichst restlos bestimmt und lokalisiert werden. Diese Parameter des Problems reihen Sie nun systematisch horizontal und vertikal oder falls möglich sogar dreidimensional, im sogenannten Morphologischen Kasten auf und erhalten damit alle nur denkbaren Kombinationen und Lösungsmöglichkeiten. Es bleibt keine denkbare Entscheidungsmöglichkeit unberücksichtigt. Professor Zwicky zeigt an einem Beispiel, wie wirklichkeitsnah diese von ihm entwickelte Methode ist: Einem Geschworenengericht liegt die Überzeugung zugrunde, daß jeder Geschworene, sofern er nicht geistesgestört ist oder an einen Fall mit unüberwindlichen Vorurteilen herangeht, fähig ist, sich in jeder, auch noch so verwickelten Lage ein richtiges Bild von den in Frage stehenden Umständen zu machen, vorausgesetzt, er durchdenkt alle bekannten Faktoren. Wenn er sich dabei allein auf seinen »gesunden Menschenverstand« verlassen muß, so ist das im wesentlichen gleichwertig mit der Aussage, daß er sich der Methode der Feldüberdeckung bedient. Dies werde, so schließt Professor Zwicky besonders deutlich, in solchen Fällen, in denen es verfehlt wäre, nur in einigen wenigen Richtungen nach den Urhebern des Verbrechens zu suchen. In allen Richtungen müsse gesucht werden, das Gesamtfeld sei zu überdecken, andernfalls kämen, wie das leider oft noch geschehe, Fehlurteile heraus, und der Unschuldige werde bestraft.

Wir alle denken, wenn wir ein viele Unbekannte umfassendes Problem lösen wollen, intuitiv, morphologisch. Je mehr wir uns des Prinzips bewußt sind, desto erfolgreicher tun wir dies. Nachfolgend sehen Sie nun einen Morphologischen

Kasten, mit dem, hier im Beispiel eine Feier zum 10jährigen Bestehen eines Unternehmens geplant werden soll:

Morphologischer Kasten (Teilansicht)

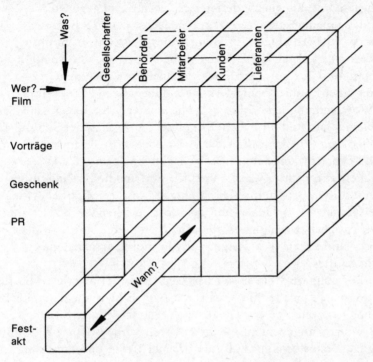

Dieser Kasten zeigt in der senkrechten, was zu geschehen hat und in der waagerechten Ebene, wer etwas zu veranlassen oder zu tun hat. Die Tiefe des Kastens ist analog der Zeit, wie sie aus der herausgezogenen Schublade ersehen können. Sie besagt, wann etwas zu tun sei.

Die Reihe, in welcher sich die herausgezogene Schublade befindet, würde also beinhalten können: Wir nutzen das 10jährige Bestehen des Unternehmens für PR-Maßnahmen, und zwar mit einzelnen Gesellschaftern (Gründungsgesellschafter), unter Einbeziehung der Behörden, der Mitarbeiter und der Lieferanten, indem wir Kunden und potentielle Kunden als Zielgruppe betrachten. Die herausgezogene Schublade könnte besagen, daß die Mitarbeiter, die für diese PR-Veranstaltung herangezogen werden, zu einem bestimmten Zeitpunkt bestimmte Aufgaben zu erfüllen haben.

Brainstorming

Für das Brainstorming gilt besonders: Aus nichts wird nichts. In dieser von dem Amerikaner Alex Osborn erfundenen Technik dürfen wertungsfrei Ideen und Lösungsansätze zu einem definierten Problem abgegeben werden, wobei diese auch dazu dienen, die Gruppenmitglieder zu neuen Assoziationen und Lösungsansätzen zu befruchten. Im Brainwriting, einer dem Brainstorming verwandten Technik, werden diese Ideen nicht ausgesprochen, sondern niedergeschrieben und an dafür zur Verfügung gestellte Pinwände geheftet.

Der Leiter einer Brainstorming-Gruppe sollte genügend Enthusiasmus mitbringen. Das Wort »unmöglich« sollte er nicht kennen. Der Leiter muß das zu lösende Problem selbst studiert haben. Er muß es am Anfang der Sitzung möglichst klar umreißen und einengen. Er fragt nicht nach Lösungsansätzen, sondern er schildert das Problem, um damit eine Vielzahl von Ideen zuzulassen.

Er formuliert also nicht: »Was können wir tun, um die Leistung unserer Mitarbeiter zu verbessern?« sondern: »Die Mehrzahl unserer Mitarbeiter ist gewohnt, bestehende Kunden zu besuchen und den dort bestehenden Bedarf aufzuschreiben. Welche Möglichkeiten gibt es, die Mitarbeiter zum Besuchen neuer Kunden zu motivieren und sie zu veranlassen, auch Produkte anzubieten, die der Kunde seither nicht kauft?«

Im Brainstorming wird ein möglichst konkretes Ziel anvisiert, die Ideenproduktion wird auf dieses Ziel hin kanalisiert. Nur so kann die gedankliche Arbeit der Teilnehmer rationell genutzt werden. Eine geschäftliche Sitzung, in der diskutiert, informiert, angewiesen und beschlossen wird, ist für ein Brainstorming nicht geeignet. Brainstorming muß sich in einer freien und unbekümmerten Atmosphäre abspielen. Die Ideenproduktion soll spontan, kühn, eruptiv, erfolgen. Ruhiges, geradliniges und logisches Denken hemmt den Kreativitätsprozeß.

Nach der vom Sitzungsleiter gegebenen Initialzündung, mit der er vorbereitete Lösungen präsentiert, kommt das Gespräch in Gang. Er drosselt dann die eigene Produktion, um die Mitarbeiter ausgiebiger produzieren zu lassen. Der Leiter motiviert und überwindet tote Punkte, indem er anregende Fragen stellt oder eigene neue Vorschläge einbringt. Lähmende Pausen lähmen auch den Kreativitätsprozeß.

Der Leiter setzt die Zeitdauer des Brainstormings fest. Die Zeit wählt er nicht zu lange (maximal 40 Minuten) und verhütet so Ermüdungserscheinungen.

Eine Assistentin oder Sekretärin wird die Gedanken der Gruppe der Reihe nach protokollieren und darauf achten, daß diese Gedanken klar formuliert sind. Sowohl der Leiter als auch die Assistentin unterlassen jede sprachliche oder körpersprachliche Kritik oder Bewertung.

An die Gruppenmitglieder werden keine besonderen Anforderungen gestellt. Aus je mehr Bereichen die Gruppenmitglieder kommen, desto mehr Lösungsansätze können gefunden werden. Führungskräfte sollten nicht zusammen mit Mitarbeitern in Brainstorminggruppen arbeiten, weil sonst die Gefahr des Sich-profilieren-müssens entsteht.

Folgende Regeln sollten eingehalten werden:

1. Kritisieren der abgegebenen Gedanken ist verboten. Die protokollierten Ideen werden erst nach dem Brainstorming bewertet.
2. Jeder darf seinen Gedanken freien Lauf lassen. Auch unorthodoxe und skurrile Vorschläge sind willkommen.
3. Jeder Teilnehmer darf alles sagen, was ihm durch den Kopf geht. Die Quantität ist wichtiger als die Qualität.
4. Aus den abgegebenen Gedanken darf jeder neu kombinieren, ergänzen und daraus entstehende eigene Ideen erneut vorschlagen.

Es empfiehlt sich, regelwidriges Verhalten zu ahnden, damit der Gedankensturm freien Lauf nehmen kann.

Mit Gruppengrößen zwischen 4 und 12 Teilnehmern sind beste Erfahrungen gemacht worden. Mehr Teilnehmer sind schwer zu führen, bei weniger Teilnehmern entsteht zuwenig gegenseitige Befruchtung.

Damit ist nicht gesagt, daß nicht auch ein einzelner für sich Brainstorming nutzen kann. Schöpferische Arbeit ist auch im Alleingang, im stummen Gespräch des Ideensuchenden mit sich selbst möglich. Leonardo Da Vinci soll so gearbeitet haben.

Der einzelne kann seine Kreativität mit diesem Brainstorming steigern. Dazu einige Regeln:

1. Schaffen Sie ein günstiges Arbeitsklima.
   Schopenhauer arbeitete morgens am besten. Balzac war ein Nachtarbeiter. Er konsumierte große Mengen schwarzen Kaffees, der ihn wach hielt und schöpferisch sein ließ. Goethe sagt: »Wenn man getrunken hat, weiß man das Rechte«.

2. Schaffen Sie das richtige Umfeld.
   Der Ordnungsliebende wird vor seinen Denkprozessen die Umgebung fein säuberlich aufräumen, andere fühlen sich um so wohler, je unordentlicher der Arbeitsraum und der Schreibtisch aussieht. Der eine ist unter bedrückenden Sorgen kreativer, der andere braucht inneres Gleichgewicht, um kreativ sein zu können. Mozart schrieb: »Wenn ich recht für mich bin und guter Laune, etwa auf Reisen, im Wagen oder beim Spazierengehen, auch in der Nacht, wenn ich nicht schlafen kann, da kommen mir die Gedanken stromweise und am besten«.

Wenn Sie nun Ihre Kreativität steigern wollen, üben Sie sich in möglichst vielen Fähigkeiten. Fassen Sie Vertrauen zu sich selbst und Ihrem Können, treten Sie positiv mit Elan und Enthusiasmus an Ihre Aufgabe heran. Professor Dr. Fritz Zwicky formulierte: »In jedem Menschen steckt ein Genie«.

Glauben Sie daran, üben Sie, und Sie werden Ihr Können erleben.

Logisches Denken

Oft fragen wir, was denkst Du, woran denkst Du oder fordern auf, denk daran, oder denk nicht daran. Sehr oft also verwenden wir das Wort »denken«, weil uns selbstverständlich scheint, daß wir denken. Der erste Schritt des Denkens ist die Aufnahme von Informationen. Diese Informationen gelangen durch Rezeptoren (wir sehen, hören, riechen, schmecken, tasten) in unser Gehirn. Die genannten Vorgänge können wir beobachten. Denken selbst können wir nicht sehen, hören, riechen, schmecken oder tasten. Denken ist demzufolge nicht wahrnehmbar. Es ist ein Vorgang unter Verwendung der aufgenommenen und gespeicherten Informationen.

Beobachten und wahrnehmen können wir beispielsweise Helligkeitsunterschiede. Die zustandekommenden Sinnesempfindungen werden durch die Nervenbahnen zum Gehirn geleitet. Es erfolgen Reaktionen. Aufnehmen und wahrnehmen sind die Anfänge des Erkennens. Dies sind die ersten geistigen Tätigkeiten des Kleinkindes. Das Kleinkind nimmt »wahrnehmen« wörtlich: Es nimmt für wahr an. Alle Wahrnehmungen, die wir im Laufe unseres Lebens sammelten, werden im Gehirn gespeichert. Werden diese Wahrnehmungen wieder wachgerufen, sprechen wir von Vorstellungen. Vorstellungen sind demzufolge Erinnerungsbilder unserer sinnlichen Wahrnehmungen. Während Wahrnehmungen deutlich, scharf, klar und in Einzelheiten abgegrenzt sind, sind Vorstellungen undeutlich, unscharf, matt, ungenau und unklar, arm an Einzelheiten und meist verschwommen. Je schärfer die Wahrnehmung, desto schärfer bleiben auch die Vorstellungen. Man kann sich an bestimmte Erlebnisse deutlich oder schwach erinnern.Eine weitere Einflußgröße auf die Erinnerung ist die innere Anteilnahme an der Wahrnehmung. Je stärker die innere Anteilnahme, desto klarer die Vorstellungen. Je mehr sie am Geschehen inneren Anteil nehmen, desto größer ist der sich in der Erinnerung zeigende Merkwert.

Indem wir denken, vergleichen wir neue Wahrnehmungen ständig mit früheren Vorstellungen. Neue Wahrnehmungen lassen frühere verblaßte Vorstellungen wieder deutlich werden, ergänzen alte Vorstellungen, berichtigen sie durch besseres Wahrnehmen und Beobachten.

Während wir uns erinnern, können Gedankenketten entstehen, wir kommen »ins Denken«. Dabei verknüpfen sich einzelne Vorstellungen mit anderen Vorstellungen und rufen neue Vorstellungen hervor. Derart assoziativ zu denken, können sie leicht üben. Ein Beispiel gibt ein oft erzählter Witz:

Ein Professor, der dafür bekannt war, seine Biologiestudenten immer im Thema »Würmer« zu prüfen, stellte in der Prüfung plötzlich das Thema »Elefanten«. Die Studenten hatten sich lediglich auf das Thema »Würmer« vorbereitet. Auf die Frage, »Was ist ein Elefant?« antwortete einer der Studenten: »Ein Elefant ist ein großes graues Tier mit einem Rüssel, an dem sich ein wurmartiger Fortsatz befindet. Die Würmer gehören zur Familie der Kriechtiere ...«

Der Student erklärte also nicht mehr weiterführend den Elefanten, sondern assoziierte über einen gemeinsamen Bezugspunkt das Thema, auf das er sich vorbereitet hatte: Würmer.

Beim Assoziieren werden Vorstellungen ohne inneren Zusammenhang aneinandergereiht. Dies geschieht oft wechselnd und sogar sprunghaft. Die einzelnen Vorstellungen gehen ohne erkennbare Leitgedanken durcheinander. Auch sinnlose Verbindungen können zustande kommen: Dann sind die Verbindungen »widersinnig« – wider unsere Sinne, weil unsere Sinneswahrnehmungen uns deutlich belehren könnten, daß das Aneinandergereihte nicht zutrifft. Diese widersinnigen Gedankenverbindungen entstehen häufig beim sogenannten »Dösen«. Dabei sind die entstehenden Vorstellungen oft nur ungeordnet. Werden Sie geordnet, entsteht Denken. Fragen wir uns also immer wieder, ob die sich zeigenden Vorstellungen auch tatsächlich mit Wahrnehmungen übereinstimmen. Den geistigen Vorgang, das Prüfen, das Verwerfen, das Auswählen von Vorstellungen bezeichnen wir als Denken.

Aus vorhandenen Informationen, aus Vorstellungen (noch einmal vor sich hinstellen) können Erwartungen entstehen. Fälschlicherweise sagen wir, »ich denke, daß ich nächste Woche einen Termin bekomme«, und meinen, »ich erwarte, daß ich nächste Woche einen Termin bekomme«. Wer etwas erwartet, baut auf Erfahrungen auf. Er muß erfahren haben, daß die als Erwartung auftretende Folgerung eintreffen kann. Je mehr Erfahrungen vorhanden sind, um so mehr kann durch richtiges Denken erwartet (»vorausgesehen«) werden.

Es ergibt sich folgender Ablauf:

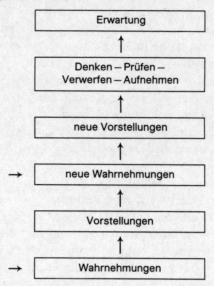

Sich ergebende Vorstellungen und Erwartungen sind anschaulich, Gedanken aber sind immer unanschaulich (abstrakt). Denken bekommt lediglich scheinbare Anschaulichkeit, weil unser Denken auf anschauliche Vorstellungen zurückgreift.

Vorstellungen können konkret (= gewachsen), also Abbildungen der natürlichen und unverkürzten Wirklichkeit sein. Konkrete Vorstellungen geben die Wahrnehmung möglichst vollständig und vollinhaltlich wieder. So stellen wir uns Gegenstände vor.

Vorstellungen können auch abstrakt sein. Dann ist das Individuelle der Vorstellung abgestrichen worden. Wer an das Gewicht eines Gegenstandes denkt, macht das Denken frei von anschaulichen Inhalten. Er abstrahiert. Abstrahieren heißt: Abziehen, von etwas absehen, nur das Wesentliche, die Hauptsache, das Notwendige, das Allgemeine berücksichtigen. Dabei wird das Unwesentliche, Zufällige oder Besondere außer acht gelassen. Abstraktes ist gegenüber Konkretem unanschaulich. Dadurch wirkt es abgeblaßt und farblos, nüchtern und unlebendig, es ist dann nicht mehr ergebnisgeladen und wirklichkeitsnah. Gerade deshalb ist die Abstraktion ein sehr wichtiger Vorgang beim Denken. Abstrahieren ist lernbar.

Beim Abstrahieren lösen wir uns von einem gegebenen Eindruck. Einzelne Dinge stellen dann nur zufällige Beispiele für die Dinge an sich dar.

Wasser ist frisch, kalt, naß, stehend, fließend, sauber, schmutzig = konkret.

Wasser besteht aus Wasserstoff und Sauerstoff (H_2O) = abstrakt.

Der Denken-Lernende darf nicht an einzelnen Vorstellungen und einmaligen Erlebnissen »kleben bleiben«. Er muß absehen vom einzelnen, vom einmaligen. Wer abstrahiert, nimmt den Dingen etwas weg. Gehören zum Wesentlichen eines Baumes die Blätter? Nein! Wenn die Blätter im Herbst abfallen, sehen wir immer noch einen Baum. Wesentlich sind dagegen: die Wurzeln, der Stamm, die Äste, die Zweige und der aufrechte Wuchs.

Abstrahieren geschieht also dadurch, daß wir den »Rest« einer Vorstellung für sich herausheben, um ihn in weiteren Denkschritten anwenden zu können.

In unserer Wahrnehmung erleben wir Gegebenheiten, in unserer Vorstellung geben wir solche Gegebenheiten wieder. In unserem Denken können wir auswählen. So kann unser Denken mit dem Mittel der Abstraktion die sinnliche Welt verändern, weil wir alles, was um uns herum vorgeht, in Gedanken anders machen können.

Wer etwas nicht kapiert (capere = fassen) hat einen Zusammenhang nicht erfaßt. Er hat den Zusammenhang noch nicht greifen, begreifen, fassen können. Er hat diesen neuen Eindruck noch nicht in Zusammenhang bringen können mit den bisherigen Eindrücken. Als denkender Mensch ist jeder mit einer Menge von Kenntnissen ausgerüstet. Diese Kenntnisse ermöglichen es ihm, sich mit jedem neuen geistigen Inhalt auseinanderzusetzen, ihn zu prüfen und abzuwägen — seine Bedeutung zu bestimmen.

Logisches Denken

Unter logisch denken verstehen wir: durch folgerichtiges und methodisches Erkennen RICHTIG (= gemäß den Regeln) zu denken. In der Logik ist enthalten die Lehre von der Identität und ihre Verneinung durch die Verschiedenheit.

Wer logisch denkt, hält sich an bestimmte Vorschriften. Wer sich nicht an bestimmte Vorschriften hält, denkt und handelt unlogisch. Langjährige Konditionierungsprozesse kennzeichnen die Lerngeschichte des Denkens. Der Mensch lernt zunächst seine Sprache, eine Form vieler motorischer Gewohnheiten und erst später auch sein Denken beherrschen. Im Laufe des Lebens wird vielfältiges Denken zu konditionierten Reflexverbindungen. Dabei denkt der logisch, der die vorgegebenen Spielregeln fehlerfrei beherrscht. Logik informiert also darüber, aufgrund welcher Spielregeln die Denkinhalte des Denkens miteinander in Beziehungen stehen, wenn diese als logisch anerkannt werden.

Jeder Mensch kann denken, braucht also dafür an sich kein Training. Denken ist Tätigsein des Geistes (= Gesamtheit aller in sich und untereinander geordneter mentalen, d. h. psychischen Prozesse des Individuums). Logik ist die Funktion eines materiellen Parameters, des Gehirns, dessen sich die immaterielle Wesenheit (Geist) bedient, um sich in Zeit für uns sichtbar und erkennbar zu machen. Die aus der dynamischen Einheit von Wesen, Funktion und materiellem Träger entstehenden Produkte bezeichnen wir als Denken. Beim Denken muß sich immaterielles (freies) in Materiellem (gefangen) darstellen. Falsche Denkergebnisse sind demzufolge oft Folge der Gefangenschaft. Viele emotionale Reaktionen entstehen als Ausdruck der materiellen Gefangenheit und führen deshalb eher zum Verkennen als zum Erkennen. Wer Logik trainieren will, muß sich deshalb zuerst aus der »Gefangenheit« befreien. In allen Denkprozessen ist mehr oder weniger Logik enthalten.

Im Logiktraining beginnt ein Suchen und Aufgraben. Deshalb sind günstige Bedingungen: Heraus aus dem Zwang der Kausalität, Infragestellen der Vorurteile, Öffnen der Augen, Suchen und Staunen und das Erscheinende zulassen, auch wenn es angeblich nicht sein darf. Abschied nehmen vom Zwang, etwas finden zu müssen, nur weil es die Effektsucht unseres gewohnten Kausaldenkens verlangt. So wird Logiktraining auch zum Antiborniertheitstraining. Es baut Scheuklappen ab und läßt Freiheit innerhalb der Grenzen der Logik wiedergewinnen.

Wir können den Begriff der Logik erweitern und sagen: Logik ist die Lehre vom Begreifen, vom Urteilen und vom Schlußfolgern. Als Instrumente benötigen wir Begriffe, Urteile und Schlußfolgerungen.

Definieren

Schon bei der Definition von Begriffen beginnt das Problem. Ist Logik die Gesamtheit der Regeln folgerichtigen Denkens, ermöglicht logisches, also richtiges Denken die richtige Definition eines Begriffes. Versuchen Sie gleich einmal eine Definitionsübung. Was heißt definieren? Definieren ist etwas so bestimmen, daß feststeht, was gemeint ist und was nicht. Aus dieser Definition ersehen Sie, daß wir beim Definieren immer einen Oberbegriff und ein Unterscheidungsmerkmal brauchen. Der Oberbegriff bestimmt die Gattung, das Unterscheidungsmerkmal benennt die Art und den Unterschied zu anderen, ähnlich zu verstehenden Oberbegriffen. Entsprechend der aus dem Umfeld des Wortes gegebenen Bedeutung kann die Definition desselben Begriffes unterschiedlich sein. So wird der Begriff »Rolle« im Sozialpsychologischen definiert als »Summe von erwarteten Verhaltensweisen«, im Schauspiel als »dargestellte Person«.

Definieren ist eine der ersten Übungen in der Logik.

Wenn Sie Ihre Fähigkeit, logisch zu denken, trainieren wollen, beginnen Sie mit einfachen Definitionsübungen. Sie können Begriffe aus Ihrer beruflichen

Praxis oder aus dem Privatbereich wählen. Diese Begriffe schreiben Sie auf und versuchen anschließend die Definition. Beachten Sie dabei, daß Sie Oberbegriff und ein oder mehrere Unterscheidungsmerkmale finden. Diese Übung können Sie leicht überprüfen, indem Sie anschließend ein Wörterbuch zu Rate ziehen.

Wer definieren kann, kann besser verstehen und genauer argumentieren. Verlangen Sie in Gesprächen von Ihren Partnern Definitionen, damit Sie sicher sein können, über das Gleiche zu reden. Werden Begriffe undefiniert, oder unterschiedlich definiert verwendet, entstehen oft Mißverständnisse.

Nachdem Sie nun geübt haben, werden Ihnen einige weitere Regeln helfen, Ihre Definitionen zu überprüfen, Fehlerquellen aufzuspüren und in Folgeübungen noch genauer zu werden:

1. Das Definierende muß bekannter sein als das Definierte. Dasjenige also, das erklärt, was erklärt werden soll, muß Ihnen und demjenigen, dem Sie erklären, eher zugänglich sein, als das Abstrakte, das Sie erklären wollen. Wäre das nicht so, wäre die Definition wertlos, da die Erklärung weiterer Definitionen bedürfte.

2. Die Definition muß anders sein als das Definierte. Wäre Definition und Definiertes gleich, entstünde lediglich eine Umbenennung, eine nichtssagende Tautologie — kein neuer Begriff. Würden Sie sagen, ein Flugzeug ist ein Fahrzeug mit Rädern — und dieses stimmt tatsächlich — wäre das Definierende zwar jedem Gesprächspartner bekannt, es würde aber das Definierte (Flugzeug) nicht erklären.

3. Ein komplexer Begriff ist dann definiert, wenn in ihm die Gesamtheit der ihm eigenen Merkmale repräsentiert ist. Ziel der Definition ist die Vollständigkeit und Klarheit.

4. Bei einem individuellen Begriff ist die Definition dann richtig, wenn seine einmalige Identität bestätigt ist. Hier ist das Ziel nicht die Vollständigkeit, sondern die Eindeutigkeit. Es ergibt sich ein charakteristisches Verhältnis zwischen individuellem und universellem Begriff. Dieses Verhältnis zeigt ein verschiedenes mit Identitätsanhang oder ein identisches im Verschiedenen. In einem Beispiel vertritt das Wort Gattung den universellen Begriff, Art den individuellen. Das Wort Baum ist ein Gattungsbegriff, das Wort Nadelbaum benennt die Art.

Die folgende Übersicht zeigt Ihnen den Unterschied zwischen Gattung, Art und weiterer Unterteilung an einem Beispiel:

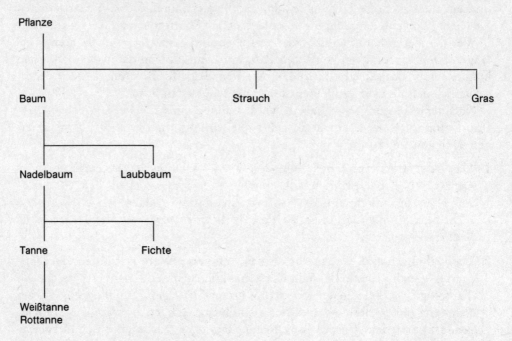

Dieser Ablauf zeigt Ihnen, wie Sie aus einem allgemein gültigen Bereich im Sinne logischer Durchdringung in immer speziellere Einzelteile hineinfinden können. Würden Sie den Begriff Weißtanne erneut unterteilen wollen, müßten Sie weitere Gliederungen entsprechend der Größe und andere finden. Führt Ihr Denkprozeß aber plötzlich von der Weißtanne zum Wald und vom Wald zu den Tieren, haben Sie nicht mehr logisch gedacht, sondern frei assoziiert.

Beachten Sie die Definitionsvorschrift: Die Wesenserläuterung geschieht mit Hilfe der nächst höheren Gattung und dem artgebenden Unterschied. Dies am Beispiel Nadelbaum angewendet, würde lauten: Ein Nadelbaum ist ein Baum, an dessen Ästen und Zweigen sich Nadeln befinden. Würden Sie statt dessen sagen, ein Nadelbaum ist eine Pflanze, dann hätten Sie nicht die nächst höhere Gattung, sondern die übernächste Gattung erwähnt. Die Umgrenzung wäre aufgelöst, da kein Unterschied mehr zu Sträuchern oder Gräsern möglich würde. Wird der artgebende Unterschied nicht richtig angegeben, also z. B. ein Nadelbaum ist ein Baum, der im Wald steht, so könnte der Nadelbaum auch ein Laubbaum sein. Sie sehen also, wenn Sie die Definitionsregel nicht einhalten, mißlingt die Definition. Sie wird entweder zu weit, zu eng oder aber ganz falsch.

Sie müssen also beim Definieren in Zusammenhängen denken.

Folgende Zusammenhänge sind zu beachten:

Innerhalb einer gedachten Begriffshierarchie ist jede Gattung (einer Gattung) auch Gattung für deren Arten und Unarten. Wenn also Pflanze die Gattung für Baum ist, dann ist sie es auch für Strauch und Gras.

Eine Gattung kann auch eine Art sein, eine Pflanze kann ein Baum sein.

Eine Art hat eine Gattung. Ein Baum muß also immer eine Pflanze sein.

Verschiedene Arten werden zu einer Gattung zusammengefaßt. Die eine Art kann nicht gleichzeitig eine andere Art sein. Ein Baum kann kein Strauch sein.

Was in der Gattung an wesentlichem ausgeschlossen ist, ist auch in den zur Gattung gehörenden Arten und Unterarten ausgeschlossen. Eine Pflanze kann zum Beispiel nicht sprechen, dies gilt auch für einen Baum, für einen Nadelbaum, für eine Tanne usw.

Was eine Art einschließt, wird durch die Gattung nicht ausgeschlossen. Wenn ein Nadelbaum Wurzeln besitzt, muß jeder Baum Wurzeln haben.

Was die Art ausschließt, schließt die Gattung nicht unbedingt ein. Wenn also ausgeschlossen ist, daß eine Tanne Blätter besitzt, dann ist nicht anzunehmen, daß ein Nadelbaum mit Blättern gefunden wird.

Sie sahen, eine Definition muß etwas so zutreffend wie möglich ausdrücken. Dabei soll der definierte Begriff so universal wie nötig, aber so individuell wie möglich sein. Die meisten Definitionsfehler entstehen daraus, daß die Individualität mißachtet wird. Aus Mangel an Wortschatz, an sprachlichem Ausdruck und Präzision geraten Definitionen oft zu weit. Es entstehen Verallgemeinerungen, in denen Artbegriffe scheinbar Gattungscharakter erhalten.

Wer definieren will, muß also:

1. Merkmale eines Begriffes aufzählen (ein Auto hat mindestens 3 Räder).
2. Den Inhalt des Begriffs angeben (ein Auto ist ein Fahrzeug).
3. Um noch genauer zu bestimmen, mit anderen Begriffen vergleichen und dadurch abgrenzen (im Gegensatz zum Pferdewagen ist ein Auto ein Fahrzeug mit Motor).

Dabei ist zu beachten:

1. Eine Definition darf keine Verneinungen enthalten: Ein Auto ist kein Pferdefuhrwerk.
2. Eine Definition darf nicht zu eng sein: Ein Auto hat Räder.
3. Eine Definition darf nicht zu weit sein: Ein Auto ist ein Fahrzeug.
4. Die Definition darf nicht nur eine Umbenennung sein, es darf nicht das zum Definieren benutzt werden, was definiert werden soll: Das Auto ist als Fahrzeug zum Fahren da.

Urteilen

Einen Teil der Logik haben Sie kennengelernt, das Begreifen. Nun zum Urteilen. Ein Urteil (ein Deklarationssatz, das sprachliche Gebilde, das einen Sachverhalt beurteilt, und sein Inhalt, der behauptete Sachverhalt, die Proposition; aber auch die Äußerung eines Deklarationssatzes und die Anerkennung oder Ablehnung einer Proposition, die Stellungnahme zu einem Satz) ist immer formuliert in der Formel: Etwas ist. Demzufolge ist es ein Urteil, wenn wir formulieren, drei mal drei ist neun. Etwas, das ist, kann nicht rückgängig gemacht werden. Oft formulieren wir aber auch, drei mal drei ergibt neun. Damit ist kein Urteil gefällt. Das Wort ergibt kann auch im Sinne von ‚ergibt bei mir' verwendet, zur Formulierung eines Fehlschlusses benutzt werden. Ein Urteil verleiht einem Sinn Bedeutung. So wird ungeordnetes Nebeneinander zu einer geordneten Sinnstruktur. Die Ursache dafür, daß Menschen ‚ergibt' meinen und ‚ist' sagen, daß sie ‚wirkt auf mich' meinen und ‚ist' sagen, liegt im Wesen des Menschen begründet. Dieses Verhalten resultiert aus der Art, wie der Mensch Erfahrung aufnimmt, interpretiert und verarbeitet. So liegt die größte Gefahr für das logische Urteil in einem selbst. Verallgemeinerungen und Einengungen resultieren aus den Funktionen von Gehirn- und Nervensystem. Die Sinnesorgane arbeiten eliminativ, nicht produktiv. Der Geist als ganzes muß, um biologisches Überleben zu ermöglichen, durch Reduktionsventile im Gehirn- und Nervensystem fließen. Was dabei als Bewußtsein entsteht, ist ein Rest, der es uns gerade noch ermöglicht, auf der Oberfläche unseres Planeten am Leben zu bleiben.

Da der Mensch selektiert, erfährt er normalerweise nicht, was insgesamt erfahrbar ist. Dieses Informationsdefizit gleicht er aus, indem er durch Übertragung oder Generalisierung seines momentanen Erfahrungs- und Bewußtseinsstandes seine Weltsicht zimmert. So wird die am Ergebnis der Reduktionskette stehende individuelle Meinung als allgemeingültiges Urteil dargestellt. Bequemlichkeit siegt oft gegenüber anstrengender Denkarbeit. Problematisch wird es, wenn diese Einbahnstraße zur Benommenheit führt, die Wachsamkeit des Denkens gegenüber Verführungen einschläfert und am Schluß der Benommenheitsstraße Betäubung eintritt. Dieser Weg führt weg von der Kreativität und Eigenpersönlichkeit hinein in die Imitation. Aus Gewohntem wird subjektiv Unveränderbares. Die Welt wird nicht mehr in wahren und falschen Hälften, sondern in gewohnten und ungewohnten Teilen wahrgenommen. Seitherige Erfahrung — oder sagen wir besser Routine — verhindert Durchdringung von Prozessen. Anstatt sich mit möglichen Folgerungen und den so entstehenden Urteilen auseinanderzusetzen, werden Möglichkeiten als nicht machbar (weil es immer anders gemacht wurde) abgelehnt.

Oft wird der Begriff Erziehung dahingehend mißverstanden, daß Kinder Wertvorstellungen der Eltern zu übernehmen haben. Wer aber sagt den Eltern, daß ihre Wertvorstellungen richtig sind? Die Wertvorstellungen und Ansichten der Menschen haben sich von Generation zu Generation verändert. Waren diese Vorstellungen jemals richtig oder ist immer alles im Fluß, den wir lernend begleiten müssen?

Dazu Walter Heitler, theoretischer Physiker, in: »Der Mensch und die naturwissenschaftliche Erkenntnis«

Daß die »qualitativ-kausalanalytische Wissenschaft trotz ihrer Ausbreitung nur einen äußerst beschränkten Ausschnitt aus der Welt erfaßt, den »toten Aspekt« der Natur und weiter: »Der Hexenglaube hat zahlreichen unschuldigen Frauen das Leben gekostet, auf grausamste Weise. Der mechanistische Aberglaube ist gefährlicher. Er führt in eine allgemeine geistige und moralische Verödung... Nichts brauchen wir dringender als einen tief eingepflanzten Sinn für Verantwortung — als eine Ethik, die der heutigen Naturwissenschaft angepaßt ist«.

Wir orientieren uns am Normalen. Unter normal verstehen wir das mehrheitlich Vertretene. Wenn derzeit unlogisches, vorschnelles Urteilen und Handeln, Pauschalieren von Vorgängen mehrheitlich vertreten ist, würde also dieses »normale« Verhalten der Menschen auf die kommende Generation übertragen. Geschieht dies, werden Kinder dazu erzogen, sich selbst zu verlieren, indem sie sich dem Zwang unterordnend, anpassen und die Haltung der Erwachsenen unkritisch übernehmen. Gott sei Dank aber hat der Mensch Phasen, in denen Selbstfindungsprozesse durchlaufen werden. Insbesondere in der Pubertät werden übernommene Werte in Frage gestellt und neue Werte gesucht. In der Pubertät wirkt ein Pendel, das, je mehr links festgehalten, jetzt desto mehr rechts ausschwingt. Wie jedes Pendel aber findet es sich, wird es in seinen Ausschlägen nicht zu stark gestört, nach genügendem hin und her wieder in Ruhestellung. Wer liebt, will das Positive für den anderen. Wer seine Kinder liebt, läßt diese Ausschläge mit Verständnis und beobachtender Haltung zu, ist analytischer Gesprächspartner und Freund. Nur wer also Egoismus als Triebfeder erlebt, wird auch jetzt noch versuchen, subjektive Normen aufzuzwingen. Kinder, die es dann sich selbst, ihrer unmittelbaren Umwelt und den so anders wollenden Eltern rechtmachen möchten, erleben nicht selten ihr Verhalten als »schizophren«. Dieser Begriff beinhaltet das Wort ‚gebrochen' (schiz) und Seele bzw. Herz (phrenos).

Der erwachsen werdende Mensch muß sich selbst und seine Umwelt neu begreifen lernen. Bisher hat er Logik als von den Eltern gegebene Meinungen und Vorurteile verstanden. Jetzt sucht er sein eigenes Wertsystem. Er versucht seine Welt zu begreifen, indem er sie kennenlernt und gliedert. In diesem Vorgang zeigt sich Logik und Erkenntnis. Die Qualität der Logik, mit der das Ich und die

Umwelt verstanden wird, hängt von den Fähigkeiten ab, die in Klassifizieren und Differenzieren erworben wurden. Im Klassifizieren beweist der Mensch die Fähigkeit, das Universelle, das Sichüberschneidende, das Nichtidentische zu erkennen. Die Fähigkeit zu differenzieren ermöglicht, das Identische, das Verschiedene, das Individuelle zu erkennen.

Im Begreifen gewinnt etwas durch den Begriff Identität. Damit wird die Voraussetzung für Denken und Erkennen geschaffen. Ist etwas begriffen, stellt sich oft Statik ein — weil es so ist, bleibt es so. Wer also zeitgemäß urteilen will, muß ständig überprüfen, ob die zum Urteil führenden Begriffe und Wertvorstellungen gültig sind.

Die Erde ist ein erkalteter Himmelskörper, der sich um die Sonne dreht und sich dabei noch um sich selbst dreht.

Diese Feststellung gilt grundsätzlich für jeden Planeten. Somit ist die Erde ein Planet. Das Ergebnis eines Vergleichs ist entweder Übereinstimmung oder Verschiedenheit. Vergleichen wir die Erde mit der Beschreibung eines Planeten, erhalten wir Übereinstimmung. Vergleichen wir die Erde mit der Beschreibung eines Fixsterns, erhalten wir Verschiedenheit. Wenn wir also sagen, die Erde sei ein Planet, ist dies zunächst eine Behauptung (unbewiesene Aussage). Wir behaupten dann die Übereinstimmung von zwei Begriffen, weil der Verstand diese Übereinstimmung festgestellt und anerkannt hat. Damit übernehmen wir Verantwortung für den Inhalt der Behauptung. Wir müßten erforderlichenfalls dieses in Form einer Behauptung ausgesprochene Urteil begründen können.

In der Praxis sind fast immer mehrere Urteile vorhanden, die miteinander verglichen werden sollen. Solche Urteile können sich sehr verschieden zueinander verhalten:

1. Verkaufen ist schwierig aber wichtig. Hier sind zwei Urteile so verbunden, daß ein Urteil in bezug auf das andere Urteil verneint wird oder umgekehrt. Wir haben dann eine adversative Relation.

2. Der Himmel ist bedeckt, und die Straße ist dunkel. Hier muß eine innere Beziehung zwischen den beiden Urteilen bestehen. Es kann nicht etwa heißen: Der Himmel ist bedeckt, und das Auto ist alt (in der Logik nennt man solche Beziehung koppulative Reaktionen).

3. Ein Kind muß seinen Eltern mehr folgen als den Geschwistern. Die beiden miteinander verbundenen Urteile drücken hier das Ergebnis eines Vergleichs aus (komparative Relation).

4. Nachdem man die Abiturprüfung abgeschlossen hat, kann man auf einer Universität studieren. Diese beiden Urteile sind in bezug auf Ort und Zeit aufeinander bezogen (relative Relation).

5. Das Eis auf dem Fluß ist geschmolzen, weil die Sonne gegen Mittag höher stand. Hier ist das eine Urteil die Ursache des anderen Urteils (kausale Relation).

6. Wenn man hart arbeitet, kommt man beruflich vorwärts. Hier wird das eine Urteil durch das andere Urteil behauptet (hypothetische Relation). Hier wird nur unterstellt und angenommen. Gerade derartige kühne und gewagte Hypothesen haben die Welt verändert. Columbus dachte: »Wenn die Erde rund ist, muß ich auch nach Indien kommen, wenn ich nach Westen über den Ozean fahre«.
James Watt dachte schon als Knabe, »wenn der heiße Dampf den Deckel des Wassertopfes hebt, dann muß diese Kraft auch in größerem Maße verwertet werden können.

Wer in seinen Denkprozessen fortschreitet, schlußfolgernd denkt, folgert Schlüsse. Werden diese Schlüsse sprachlich ausgedrückt, entsteht eine Beweisführung. Somit sind zur logischen Beweisführung drei Hauptteile notwendig:

1. Der Begriff und das Wort
2. Das Urteil und der Satz
3. Der Schluß und die Beweisführung

Schon ein Kleinkind urteilt. Damit, wie es ein einziges Wort, z. B. Schokolade ausspricht, drückt es durch die Art der Betonung seine Beurteilung dieses Begriffes aus. Derartige Urteile sind zunächst immer auf den Urteilenden selbst bezogen. Wir sagen: Die Arbeit ist schwer (und vergessen dabei möglicherweise, daß wir unseren Kindern negative Vorstellungen über die spätere Arbeit einimpfen).

Je mehr wir unser Denken verfeinern, umso mehr vermeiden wir Statik, desto mehr nützen wir damit unserer Lebenserweiterung. In unseren Urteilen nehmen wir aufgrund unseres momentanen Bewußtseinsniveaus Stellung zur Welt.

Wir sagen, die Luft ist blau, das Brot ist verschimmelt und formulieren dabei immer zwei Begriffe. Dabei bestimmt der zweite Begriff den ersten näher.

In jedem Urteil müssen also wenigstens zwei Begriffe enthalten sein. Der erste Begriff, von dem etwas ausgesagt wird, ist das Subjekt, der zweite Begriff, der etwas aussagt, ist das Prädikat. Die Erde ist ein Planet. Dabei ist »Erde« der Begriff, der bestimmt wird, »Planet« ist der Begriff, durch den ein anderer Begriff bestimmt wird.

Schlußfolgern

Schließen heißt: Neue Urteile aufgrund alter Urteile, Urteile aufgrund anderer Urteile zu behaupten, wobei das neue Urteil als bereits logisch in alten Urteilen enthalten verstanden wird. Daraus resultiert, daß, wenn die logischen Vorschriften eingehalten werden, dann Urteile immer schon in anderen Urteilen enthalten sind und bei der neuen Urteilsfindung als Voraussetzungen oder Prämissen fungieren.

Schließen ist die Krönung des logischen Denkens.

Schlußfolgern ist deshalb so schwierig, weil sich der schlußfolgernde Geist in einer beeinflussenden Umwelt von Emotionalismen befindet. Ergreift man die Partei des denkenden Geistes, wird die Seele zu dessen Widersacher. Ergreift man die Partei der Seele, wird der denkende Geist zum Widersacher der Seele. Reden wir der Seele, dem psychologischen System in uns, das Wort, herrschen oft Leid und Zwietracht, sind Menschen undankbar und die Welt schlecht. Sprechen wir dem analytischen Geist das Wort, sind gerade diese Situationen Herausforderung für Analyse, Begreifen und Wachstum. Im Schlußfolgern bedient sich die klassische Logik vorwiegend folgender Techniken:

Schluß, Syllogismus, Modus Barbara (der Schluß aller Schlüsse).

Der Schluß ist die Ableitung eines Satzes aus anderen Sätzen, die Konklusion aus Prämissen.

Syllogismus (grch.), in der traditionellen Logik der → Schluß.
In der auf *Aristoteles* zurückgehenden traditionellen Lehre des kategor. Schlusses, der Syllogistik, betrachtet man Schlüsse mit zwei Prämissen, die ebenso wie die Konklusion eine der vier Formen haben: »Alle S sind P« (symbolisch SaP; allgemein bejahendes Urteil), »Kein S ist ein P« (SeP; allgemein verneinendes Urteil), »Einige S sind P« (SiP; partikular bejahendes Urteil) und »Einige S sind nicht P« (SoP; partikular verneinendes Urteil). Die Prämissen haben einen Begriff, den Mittelbegriff (M) gemeinsam. Wenn man den Subjektsbegriff der Konklusion mit S, ihren Prädikatsbegriff (den terminus maior) mit P bezeichnet und die Prämisse, die P enthält (den Obersatz, die proposito maior), als erste schreibt (die zweite Prämisse heißt Untersatz oder proposito minor), so erhält man folgende vier Schlußfiguren:

```
M · P        P · M        M · P        P · M
S · M        S · M        M · S        M · S
─────        ─────        ─────        ─────
S · P        S · P        S · P        S · P
```

Für die Punkte können die Buchstaben a, e, i, o eingesetzt werden. Man erhält so $4 \cdot 4^3 = 256$ mögliche Schlußformen oder Modi, von denen 24 logisch gültige Schlüsse darstellen. Die gültigen Modi kann man mit Ableitungsregeln (Konversions-, Abschwächungs-, Subalternationsregeln u. a.) in verschiedener Weise aus einem oder einigen dieser Modi ableiten und erhält damit eine axiomatische Theorie der S. Zur Bezeichnung der gültigen Modi hat man in der Scholastik mnemotechnische Ausdrücke entwickelt. Es sind dreisilbige Wörter mit den Vokalen a, e, i, o, die die Aussageform von Prämissen und Konklusion bezeichnen. So bezeichnet z. B. barbara den Schluß der ersten Figur, der durch Ersetzung aller drei Punkte durch a entsteht, bocardo den Schluß der dritten Figur, der durch Ersetzung der drei Punkte (beginnend von oben) durch o, a, o entsteht.

Die Syllogistik ist von Theophrast, Eudemos, Apoleius und anderen antiken Autoren und dann in der Scholastik weiter entwickelt worden.

Neben den assertorisch-kategorischen hat die Logik der Stoa hypothetische S. als aussagenlogische Schlüsse entwickelt. Bei Aristoteles finden sich auch Ansätze zur Begründung einer → Modallogik mit S. Die assertorische Syllogistik ist aber das Kernstück der traditionellen Logik geblieben. In der modernen Logik stellen die S. nur einen kleinen Teil der prädikatenlogischen Schlüsse dar.

Heinrich Maier: Die Syllogistik des Aristoteles, 3 Bde (1898 – 1900); *J. Lachelier:* Etudes sur le syllogisme (Paris 1907); *F. Weidauer:* Zur Syllogistik (1928); *G. Gentzen* in Mathemat. Ztschr. 39 (1934); *O. Bennett:* The nature of demonstrative proof (Washington 1943); *P. Hoenen* in: Gregorianum 20 (1947); ders.: Recherches de logique (Rom 1947); *Aristoteles:* Die Lehrschriften, 2,2: Erste Analytik, dt. v. *P. Gohlke* (1953); *J. Ukasiewicz:* Aristotele's Syllogistic (Oxford^2 1957); *W.* u. *Martha Kneale:* The development of logic (ebd. 1962); *K. Ebbinghaus:* Ein formales Modell der Syllogistik des Aristoteles (1964); *F. v. Kutschern:* Elementare Logik (1967); *G. Patzig:* Die aristotel. Syllogistik (^{3}1969); *W. Albrecht* u. *Angelika Hanisch:* Aristoteles assertorische Syllogistik (1970); *J. M. Bochenski:* Formale Logik (^{3}1970); *P. Lorenzen:* Formale Logik (^{4}1970).

Syllogistik, die von Aristoteles entwickelte Lehre vom → Schluß (Syllogismus) als Kernstück der traditionellen → Logik.*

Jeweils neue Schlüsse ermöglicht der Hegel'sche Dreierschritt. In Hegel'schem Sinne bestimmt sich jeder Satz aus seinen Gegensätzen. Jedes Bestimmte kann sich nur bestimmen aus und von seinem anderen her. Satz und Gegensatz erreichen jedoch nur Seins-Sinn, wenn sie in einem höheren umfassenden (Synthese) enthalten sind, in dem sie sich gegenüberstehen und doch aufgehoben sind. Dazu ein Beispiel:

These:

Mit Atomkraftwerken können wir den Strombedarf von morgen decken.

Antithese:

Wenn wir Atomkraftwerke bauen, versäumen wir das Suchen nach anderen Energieformen.

---
* Quelle: Brockhaus Enzyklopädie, 17. Auflage 1973, Band 18.

Synthese:

Wir dürfen also neben dem Bau von Atomkraftwerken nicht die Suche nach anderen Energieformen vernachlässigen.

Mit dieser Form der Dialektik wird rein emotionales (Vor-)Urteil verhindert, logisches Verstehen von Standpunkten ermöglicht und die Fähigkeit erworben, aus unterschiedlichen Standpunkten Verbindendes herauszuarbeiten und damit Lösungsansätze zu entwickeln.

Die im Dreierschritt entstehende Synthese kann nun ihrerseits wieder These, also Ausgangspunkt weiterer Dreierschritte sein.

Indem Sie sich und Ihre Welt neu begreifen, aus diesem Begreifen heraus zu vielleicht neuen, aber eigenen Urteilen kommen, werden Sie aus diesen Urteilen schlußfolgern und ihr Leben im von Ihnen begriffenen Sinne neu einrichten können. Die im Text gegebenen Beispiele können Anregungen für eine Vielzahl von Übungen sein.

Beim Schließen schreitet unser Denken von Erkenntnis zur Erkenntnis. Indem wir von einer Erkenntnis zu einer weiteren Erkenntnis fortschreiten, bedienen wir uns eines Hilfsmittels, einer Stütze:

An einem klassischen, Sokrates zugeschriebenen Beispiel soll dies erläutert werden:

Fragt man sich, ob man selbst sterblich sei, wird die Erfahrung antworten, daß alle Menschen sterblich sind. Also kann festgestellt werden: Der Mensch ist sterblich. Diese sehr weite Feststellung, sie bezieht sich auf alle Menschen, wird als Oberbegriff herangezogen. Der Satz, der den Oberbegriff enthält, wird Obersatz genannt. Denken wir nun weiter: Ich bin ein Mensch, stimmt diese Feststellung mit der Definition von Mensch überein, so daß wir einen zweiten Satz mit kleinerem Umfang gefunden haben. Dieser Satz ist der Untersatz. Der Satz, der den Unterbegriff enthält, heißt Untersatz.

Wie bei einer Rechenaufgabe werden diese beiden Sätze nun untereinander geschrieben:

Der Mensch ist sterblich.
Ich bin ein Mensch.
―――――――――――――
Also bin ich sterblich.

Die beiden ersten Sätze werden auch Vordersätze genannt. Das Ergebnis nennen wir den Schlußsatz. Nur weil ein gemeinsamer Mittelbegriff zur Hilfe genommen wurde, sind wir auf dem logischen Denkweg zu der Schlußfolgerung gelangt und können jetzt definieren:

Der Schluß ist die Ableitung eines Urteils aus zwei anderen Urteilen, wobei diese beiden anderen Urteile durch einen gemeinsamen Mittelbegriff verbunden sind.

Zur Übung können Sie gerne weitere Beispiele bearbeiten:

1. Ich frage mich, ob kompakte Metalle im Wasser untergehen.
2. Ich will wissen, ob ein Hohlkörper schwimmt.

Kommen wir nochmals zurück auf das bereits angesprochene Schließen.

Wir können nicht denken, ohne an einen Inhalt zu denken. Wir können aber auch nicht denken, ohne in einer bestimmten Form zu denken: in der Form des Urteils oder des Schlusses.

Wir können wählen, ob wir mehr auf den Inhalt oder mehr auf die Form achten. Wenn wir schließen (logisch folgern), achten wir nur auf die Form. Anders ist dies beim Beweis. Dort achten wir ausschließlich auf den Inhalt und vernachlässigen die Form. Beim Schluß gehen wir von bekannten Vordersätzen aus und schließen daraus zum Unbekannten. Wir wissen beim Bilden der Vordersätze noch nicht, zu welchem Ergebnis wir gelangen werden.

Beim Beweis gehen wir umgekehrt vor. Wir wissen den Satz, den wir beweisen wollen, kennen also bereits den Schlußsatz und suchen nun im Hinblick auf den zu beweisenden Schlußsatz nach den richtigen Vorsätzen.

Bei dieser Vorgehensweise stellen wir also eine These auf, eine Behauptung, die zu beweisen ist.

Solche Thesen können sein:

Qualität ist wichtig.
Der Preis eines Produkts ist unwichtig.
Die Bosch-Zündkerze spart Treibstoff u. a.

Diese Thesen (Behauptungen) müssen nun gedanklich gestützt werden durch andere Sätze, deren Inhalt gesichert ist.

Diese gesicherten Inhalt enthaltenden Sätze nennen wir Beweisgründe oder Argumente. Wir brauchen also Argumente, um unsere These zu stützen:

1. Qualität ist wichtig.

   Argumente: Qualität beinhaltet genaue Verarbeitung, was genau verarbeitet ist, verschleißt weniger. Seitherige Kunden, die sich für dieses Qualitätsniveau entschieden haben (Referenzen) hatten langfristigen Nutzen.

   Mit solchen Argumenten können wir beweisen, Qualität ist wichtig.

Wir können aber auch umgekehrt vorgehen, indem wir sagen: Saubere Verarbeitung ist bei uns kennzeichnend für den Begriff Qualität. Kunden, die sich für diese Qualität entschieden haben, waren langfristig zufrieden. Daraus resultiert, daß Qualität wichtig ist und ihnen nützt.

Während wir im ersten Beispiel eine These (eine Behauptung) anschließend zu beweisen suchten, haben wir im zweiten Beispiel zunächst die Argumente (Beweisgründe) genannt und daraus Folgerungen abgeleitet.

Während sich die erste Vorgehensweise bei Vorträgen, dort dient die These zum Steigern der Spannung beim Zuhörer, eignet, rate ich von dieser Vorgehensweise im Dialog ab. Der Zuhörer in einem Vortrag läßt dem Redner normalerweise Zeit, seine Thesen zu beweisen. Im Dialog folgen Reaktionen schneller und die Aufforderung zur Begründung der These kann sehr schnell zu Rechtfertigungen und Streitgesprächen führen. Gehen wir also in Dialogsituationen besser vom Beweisgrund (dieser muß unwidersprochen bleiben) aus und folgern daraus individuelle Nutzen. Diese Form der Argumentation nennen wir Nutzenargumentation.

Beweisen

Nun zu einigen Arten von Beweisen:

1. Der direkte Beweis.

Der direkte Beweis ist völlig überzeugend und von zwingender Logik. Er basiert auf der mathematischen Gleichung:

$A = B$

$C = A$
$$\text{also ist } C = B$$

Der Schlußsatz, der zu beweisen ist, ergibt sich hierbei direkt aus den beiden Vordersätzen.

Beispiel:
Wer spricht, der kann denken ($A = B$).
Der Mensch spricht ($C = A$).
Also kann der Mensch denken ($C = B$).

2. Der indirekte Beweis.

Hier gibt es mehrere Möglichkeiten.

— Der Beweis aus der Unmöglichkeit des Gegenteils.

- Der negative Beweis.
- Der deduktive Beweis.
- Der induktive Beweis.

Beim Beweis aus der Unmöglichkeit des Gegenteils weisen wir nach, daß das Gegenteil der Behauptung unmöglich ist. Die Behauptung, das Wasser fließe abwärts, beweisen wir, indem wir die Unmöglichkeit des Gegenteils, die Unmöglichkeit nämlich, daß Wasser bergauf fließen kann, nachweisen. Aus der Undenkbarkeit des Gegenteils folgern wir die Richtigkeit der Aussage.

Im negativen Beweis weisen wir nach, daß Behauptungen unwahr sind. Wer seine Behauptungen nicht begründen kann, muß gegen sich gelten lassen, daß die Behauptung nicht begründet ist. Dialektisch geschickt verhielt sich ein Angeklagter vor Gericht. Er sagte: »Sie wollen zwei Zeugen bringen, die mich gesehen haben? Ich kann Ihnen 50 Zeugen bringen, die mich nicht gesehen haben.«

Beim deduktiven Beweis leiten wir das Besondere aus dem Allgemeinen her. Wir können sagen: Wohnungen ohne Heizung sind im Winter kalt.

Meine Wohnung besitzt keine Heizung.
Daher ist meine Wohnung im Winter kalt.

Beim induktiven Beweis, der vom Einzelnen zum Allgemeinen geht, formulieren wir:

Meine Wohnung ohne Heizung ist im Winter kalt, also sind *alle* Wohnungen ohne Heizung im Winter kalt.

Also ist davon abzuraten, Wohnungen ohne Heizung zu erstellen.

Die Wissenschaft bedient sich vorwiegend der induktiven Beweisführung. Es wird beim Einzelnen begonnen und zum Allgemeinen, das schon im Einzelnen enthalten ist, weitergegangen.

Dafür kann folgendes Beispiel dienen:

Ein Physiker erreichte mit vielen Experimenten immer nur allgemeine Ergebnisse. Er wollte weitere Versuche aufgeben mit der Begründung, daß seine seitherigen 2.368 gefundenen Ergebnisse nicht weiterführten. Der Professor folgerte: Dann wissen wir also, daß diese 2.368 Ergebnisse für unser Ziel nicht geeignet sind.

Oft wird induktive Beweisführung mit der Formulierung von Erfahrungssätzen verwechselt. »Wenn das Telefon klingelt will jemand etwas von mir«, ist ein solcher Erfahrungssatz, der zwar auf Erfahrung basieren kann, aber keine Gewißheit enthält. In Erfahrungssätzen ist das Risiko der Ungewißheit mehr oder weniger groß. In der logischen Beweisführung gilt es, die Risiken möglichst zu beseitigen.

Hüten Sie sich also vor folgenden Beweisfehlern:

1. Unbegründete Verallgemeinerung.

2. Zirkelschlüsse (Tautologien). Dabei ist das zu Beweisende bereits in der Voraussetzung enthalten.

3. Sophismen.
Sophisten (Weisheitslehrer) waren im alten Griechenland u. a. diejenigen, die Wissenschaft trieben. Spitzfindigkeiten, die dem Sophismus zugerechnet werden, sollten beweisen, daß offensichtliche Wahrheit Unwahrheit sein muß und Irrtümer als Wahrheiten beweisen.

Dazu ein klassisches Beispiel:

In Athen erschien ein Mann und erklärte, alle Kreter sind Lügner. Dieser Mann stammte von der Insel Kreta. Ist der Inhalt seines Satzes wahr, hat er gelogen, wenn er aber lügt, ist diese Aussage ebenfalls gelogen. Also sagen alle Kreter doch die Wahrheit. Wenn also alle Kreter die Wahrheit sagen, dann sagt dieser Kreter auch die Wahrheit. Also ist es doch wahr, daß alle Kreter lügen, usw. ...

Ein weiteres Beispiel:

Ein Dorfbarbier sagt: »Ich rasiere in meinem Dorfe alle, die sich nicht selbst rasieren.« Stimmt diese Aussage, darf der Dorfbarbier sich selbst nicht rasieren. Rasiert er sich aber selbst, stimmt seine Aussage nicht.

4. Denkfehler.
Denkfehler entstehen durch unlogisches Denken. Häufig erleben wir solche Denkfehler bei Rechenvorgängen. Falsche Rechenergebnisse sind auf Denkfehler zurückzuführen. Irrtümer und Täuschungen erleben wir, wenn wir etwas verwechseln, wenn wir uns versehen, uns verhören, uns falsch erinnern, und so zu falschen Behauptungen kommen.

5. Trugschlüsse.
Trugschlüsse sind auf Denkfehlern beruhende, unrichtige Schlüsse. Dabei können Denkfehler gewollt oder auch ungewollt sein. Seneca führte seine Schüler aufs Glatteis, indem er sagte:
Maus ist ein Wort.
Ein Wort benagt den Käse nicht.
Also benagt die Maus den Käse nicht.

Ein anderes Beispiel, oft als Rätsel erzählt:

Wir stehen jeweils am Ende eines fünf Meter langen Rohrs mit einem Durchmesser von einem Meter. Auf der einen Seite sehen Sie, auf der anderen Seite sehe ich hinein. Trotzdem sehen wir uns nicht. Wie ist das zu erklären?
Die Antwort ist einfach: Ich sehe montags hinein und Sie mittwochs.

6. Kurzschlußdenken.
Im Kurzschlußdenken werden oft Absurditäten formuliert. Auf einem Briefkasten steht: Postsendungen, die nicht durch den Briefkastenschlitz gehen, dürfen nicht eingeworfen werden. Oder die Aussage: Heute nacht war es kälter als draußen. Viele solcher Absurditäten werden gerade wegen des erforderten Kurzschlußdenkens zu Witzen.

Nun zur praktischen Anwendung.

Logik allein macht noch nicht zum Denker. Wer Anatomie beherrscht, ist noch lange kein guter Arzt. Wer leistungstüchtig werden will, der muß die allgemeingültigen Regeln des Denkens richtig anwenden auf praktische Einzelfälle. Leider greifen viele Menschen nur auf vorhandene Erfahrungen zurück. Der Mensch befindet sich — bildlich vorgestellt — in einem begrenzten Raum, dessen Mauern durch die Reichweite seiner fünf Sinne gezogen sind. Die Sinnesorgane dienen der Wahrnehmung von Signalen. Schnell kommt die Aussage zustande: Ich glaube nur, was ich sehe. Es gibt aber vieles, was unsere fünf Sinne nicht aufnehmen können. Wir brauchen dann technische Gerätschaften, um Radiosendungen hörbar, Fernsehsendungen sichtbar zu machen.
Erst wenn wir in der Lage sind, uns auch außerhalb der durch unsere Sinne aufgenommenen Informationen — durch Abstrahieren unter Anwendung logischer Gesetzmäßigkeiten neue Schlüsse zu ziehen, können wir neue Informationen werturteilsfrei aufnehmen. Die Fähigkeit, durch Denken Zusammenhänge zu begreifen und zu beurteilen, kann trainiert werden. Dieses Training, in dem in die Gedankengänge ein Nacheinander von Beziehungen, ein Ineinandergreifen von Erkenntnissen geschaffen wird, läßt das Leben leichter bewältigen und meistern. Logisches Denken ist abhängig von allgemein gültigen Gesetzen. Beim Rechnen sind wir streng an das Zehnersystem gebunden, beim Messen an das Metermaß, beim Denken an allgemein gültige Normen.
Je klarer wir unsere Äußerungen begründen und vortragen können, desto beeindruckender wirken wir. Zum Erfolg gehören klares Denken und klare Ausdrucksweise.
Vorurteile und vorgefaßte Meinungen entstehen aus gefühlsmäßiger Befangenheit, sie zeigen sich als Sympathie und Antipathie. Geistige Durchleuchtung

darf jedoch nicht von Gefühlen abhängen. Nur, wer Vorurteile weitestgehend ausschalten kann, gibt ein unvoreingenommenes Urteil ab. Wer von Vorurteilen behaftet bleibt, ist unfähig, neutral zu beobachten, eigenständig zu denken und sachlich zu urteilen. Er bleibt befangen und gehemmt. Er ist unfrei in seinem Denken und seinen Schlußfolgerungen. Aussagen wie: »Ich bin von vornherein dagegen«, beweisen nur, daß jemand nicht vorurteilsfrei ist − nicht etwa seinen »guten« oder »starken« Charakter.

Nur wer in der Lage ist, unter dem Eindruck neuen Wissens ein vorläufiges Urteil zurückzunehmen, bleibt kritisch. Also prüfen Sie, analysieren Sie, durchdenken Sie. Sie lassen dann viele Probleme gar nicht erst entstehen. Die beste Zeit Probleme zu lösen, ist die Zeit vor deren Entstehung − durch logisches Aufarbeiten von Reizen und Kalkulieren von möglichen Situationen.

Einfühlungsvermögen

Empathie und Sympathie

Das psychische Geschehen im Menschen ist relativ gleichförmig.

Trotzdem ist es schwierig, sich in andere einzufühlen. Um sich einfühlen zu können, ist eine breite Skala seelischer Regungen notwendig. Wer selbst nur geringer seelischer Regungen fähig ist, kann außerhalb des eigenen Empfindungsbereichs liegende Empfindungen anderer Menschen kaum miterleben. Er ist dann nur zu einer Teileinfühlung fähig, kann nur verstehen und fühlen, was seinen eigenen Empfindungsmöglichkeiten entspricht. Die Gefahr, daß dabei Erlebnisinhalte anderer überbewertet werden und eigene Erlebnisinhalte in den Mitmenschen hinein projiziert werden, ist groß.

Intuitives Einfühlen kann zu starker Sympathie oder Antipathie führen. In beiden Fällen zeigen wir Resonanz für Verhalten anderer Menschen. Im Falle der Sympathie entspricht die Resonanz des anderen der Eigenresonanz. Im Falle der Antipathie stehen die seelischen Empfindungen des anderen konträr zu eigenen Empfindungen.

Nachstehend einige Übungen, mit denen Sie Ihre Empathie steigern können:

1. Willenloses Sich-überlassen.

   Wille, die Fähigkeit, sich bewußt zu entscheiden, führt zwangsläufig in die Polarität. Der Willensentscheid führt immer zu einem »So oder So«, zu einem »Jetzt oder Später«, zu einem »Ja oder Nein«. Versuchen wir, das Verhalten unserer Mitmenschen so zu verarbeiten, fallen wir zwangsläufig in Wertungen. Der Mitmensch ist dann entweder offen oder verschlossen, verspannt oder gelöst u. a. Das willenlose, den Eindrücken, die von einem Mitmenschen zustande kommen, Sich-überlassen, ein gewisses »Mitlaufen«, ein Sich-mitreißen-lassen, erzeugt in einem selbst die Gefühle, die mit großer Wahrscheinlichkeit im anderen wirken. Bei dieser Übung stellt man fest, daß man seinem Mitmenschen näherkommt. Die Gefahr, negative Einstellungen und Verhaltensweisen zu übernehmen, entsteht dann, wenn das Sich-willenlos-überlassen zu lange und unkontrolliert praktiziert wird. Wichtig ist also, daß die während dieser Übung zustande kommenden Eindrücke ins Bewußtsein gehoben und so verarbeitet werden können.

2. Die absichtliche Nachahmung.

Diesen Weg zum besseren Verstehen des Mitmenschen hat schon Kant zutreffend formuliert. Er sagte, »daß das Gesicht eines Menschen, das man durch eine Grimasse für sich allein nachahmt, auch zugleich gewisse Gedanken und Empfindungen rege mache, die mit dem Charakter desselben übereinstimmen«. Bei diesem Nachahmen ist es wichtig, daß auch die wichtigsten Lebenserfahrungen, die bedeutendsten Faktoren, die das Leben des anderen beeinflußt haben, bekannt sind und soweit möglich nachempfunden werden. Auf diese Weise ist es auch möglich, das körpersprachliche Verhalten anderer Menschen besser zu verstehen. Körpersprachliches Ausdrucksverhalten entstammt dem gemeinsamen Kommunikationsschatz einer bestimmten Gruppe oder Kultur. Deshalb ist es sehr wahrscheinlich, daß der Nachahmende bei Ausführung dieser Übung gleiche Gefühle erlebt wie der, den er nachahmt. Auch diese Übung soll zeitlich begrenzt sein, da sonst die Übernahme von vielleicht nicht besonders erstrebenswertem fremden Verhalten riskiert wird.

3. Das Resonanzverfahren

Bei diesem Verfahren werden die sichtbaren Wirkungsmittel ausgewertet. Dazu ist eine intensive und detaillierte Beobachtung der Einzelverhalten, durch die Regungen ausgelöst werden, notwendig. Neben der Fremdbeobachtung, also der Beobachtung des vom Beobachteten ausgesandten Verhaltens, muß parallel eine intensive Selbstbeobachtung stattfinden. So ist es möglich, herauszufinden, welche Reize des Partners welche Empfindungen bei einem selbst auslösen.

Durchsetzungsvermögen

Jeder, der aus der Masse herauswächst, beweist der in der Masse befindlichen Umwelt, daß er fähiger ist. Rechtfertigungsmechanismen und das eigene Wollen, aber nicht Können der Umwelt, kann Projektionen erzeugen. In derartigen Projektionen (Wiederhinausverlegen von Empfindungen in den Raum, in dem die die Reizgrundlage abgegebenen Gegenstände oder Ereignisse liegen. Abwehrmechanismus bei dem anderen Menschen eigene Fehler oder Wünsche zugeschrieben werden.) wird eigenes Versagen unbewußt dem, der sich entwickelt hat, angelastet. Es wird ihm befohlen, so zu sein wie die Umwelt. Aussagen von »liebenden« Eltern beweisen dies täglich: »Was glaubst Du schon, wer Du bist! Bleibe nur auf dem Teppich! Du wirst Dir die Hörner schon noch abstoßen! So lange Du in unserem Hause lebst, hast Du zu gehorchen! u. a.« So wird das Dasein einer Person geregelt durch erworbene Gewohnheiten und durch das, was andere Menschen ihr zumuten. Die Person fügt sich reibungslos ein, bleibt »Mitläufer«. Die Persönlichkeit »kämpft« gegen den Trott der anderen. Nachstehend sehen Sie eine Aufstellung von Eigenschaften, die die Person deutlich von der durchsetzungsfähigen Persönlichkeit unterscheiden:

Person	*Persönlichkeit*
Ohne Profil	*Profiliert*
undifferenziert	differenziert
schwerfällig	geistesgegenwärtig
gedankenarm	gedankenreich
geistig träge	geistig rege
interessenlos	geistig interessiert
stumpfsinnig	scharfsinnig
vorstellungsarm	vorstellungsreich
einseitig	vielseitig
enger Horizont	weiter Horizont
subjektiv	objektiv
gefühlsabhängig	nüchtern
voreingenommen	unvoreingenommen
unsicher	sicher
kritiklos	kritisch
willensschwach	willensstark
wankelmütig	zielbewußt
unentschlossen	entschlossen
energielos	energisch
passiv	aktiv
unkonzentriert	konzentriert
uneinsichtig	einsichtig
unbelehrbar	belehrbar
hinterweltlerisch	fortschrittlich

ungeordnet	geordnet
planlos	planvoll
ungeschliffen	geschliffen
systemlos	systematisch
dürftiges Wissen	umfassendes Wissen
vergesslich	nicht vergesslich
schwerfällig	elastisch
langsam	schlagfertig
unerfahren	lebenserfahren
unfertig	durchgeistigt
unausgereift	gereift
einschichtig	vielschichtig
engstirnig	weitblickend
Lebensleere	Lebensfülle
abhängig	unabhängig
unselbständig	selbständig
u.a.	u.a.

Die Entwicklung Ihres Durchsetzungsvermögens ist unabhängig vom Lebensalter. Gerne können Sie in der vorherigen Aufstellung die Eigenschaften ankreuzen, die auf sie zutreffen. Sind viele der links genannten Eigenschaften angekreuzt, dürfte Ihr Durchsetzungsvermögen bereits gut ausgeprägt sein. Stehen viele Kreuze rechts: Üben Sie! Dabei können Sie die rechts angekreuzten Eigenschaften direkt verändern. Sie haben damit erste Ansatzpunkte für die Arbeit an sich selbst.

Es ist niemals zu spät! Morgen ist der erste Tag vom Rest Ihres Lebens, und morgen entscheiden Sie wie der früher beschriebene Wanderer an der Weggabelung, ob sie nach links oder rechts gehen. Diese Entscheidungsfreiheit haben Sie! William Shakespeare hat in seinen Dramen immer wieder die Auffassung dargelegt, daß der Mensch sich dauernd wandelt und verändert − und daß alle 7 Jahre »ein völlig anderer Mensch« aus ihm wird. Dies hat die moderne Biologie bestätigt: Alle 7 Jahre werden sämtliche Zellen im Körper des Menschen erneuert.

Ich höre schon Ihren Einwand: »Ich bin so, wie ich bin, ich kann nicht mehr aus mir herausholen, als in mir drin ist«. Woher nur wissen Sie, wie Sie sind? Woher wissen Sie, wieviel »in Ihnen drin ist«? Diese Frage wurde wahrscheinlich von Ihrer Umwelt seither entsprechend beantwortet, Ihre Umwelt hat Ihre Meinung über sich selbst geprägt. Wer die vorher formulierten Aussagen ausspricht, hat das weitere Suchen und Graben, das Sich-weiter-entwickeln aufgegeben. Vielleicht aus Bequemlichkeit, vielleicht aus innerer Antriebslosigkeit, vielleicht, weil er keinen Sinn darin sieht. Der Fleiß, dieses Graben und Suchen ist wichtiger als das Talent. Schon Goethe sagte: »Genie ist Fleiß«.

Sie aber wollen anders sein — sonst würden Sie dieses Buch nicht durcharbeiten. Mit jeder Antwort auf Fragen und Situationen beweisen Sie, »wer Sie sind«.

Besserwisserei würde Ihnen schaden. Wer vieles weiß, ist in der Lage, seine Umwelt zu überzeugen. Nur, das allein genügt nicht. Das Verhalten anderer Menschen, deren Einsicht zu verändern, bedingt: Menschen gewinnen, überzeugen und zur Entscheidung führen. Wer Menschen gewinnen will, formuliert so, daß der andere, auch wenn er seinen Standpunkt ändert, seine Selbstachtung behalten kann. Wer Menschen überzeugen will, formuliert logisch durchdacht, und wer zu einer Entscheidung führen will, zeigt den aus der Meinungsänderung resultierenden Nutzen. Durchsetzungsfähigkeit ist also das sich ständig »Verkaufenkönnen«. Nur wer seine Meinung, seine Art und sein Verhalten ständig verkaufen, also individuell und eben auf seine Art an den Mann bringen kann, kann sich in der Umwelt durchsetzen.

Die sich so zeigende Selbstsicherheit, das Übereinstimmen von gezeigtem Verhalten und aus der Umwelt zugetrautem Verhalten wird akzeptiert. Ich bin selbstsicher, sagt: Ich bin *MEINER SELBST* sicher. Es besagt, daß die gezeigte Sicherheit nicht nur von den Umständen, nicht nur von anderen Menschen abhängt, sondern hauptsächlich in den Grundsätzen der eigenen Persönlichkeit wurzelt.

Aus dieser Selbstsicherheit wächst das Selbstvertrauen. Es besagt: daß jemand sich selbst vertraut. Nur wer sich kennt, kann sich selbst vertrauen. Auch einem Fremden, den wir nicht kennen, würden wir eher mit Mißtrauen begegnen. Dies umso mehr, wenn im Verhalten dieses Fremden für uns unerklärbare Einzelheiten auftauchen. Derartige Einzelheiten machen uns, weil nicht sofort erklärbar, unsicher und erzeugen Mißtrauen. Genauso ist es mit der eigenen Persönlichkeit. Wer immer wieder Wesenszüge erlebt, die er an sich nicht kennt, über die er nichts weiß, wer also keine Selbsterkenntnis besitzt, wer nicht seiner selbst sicher ist, wird sich auch nicht selbst vertrauen können.

Nun hat jede Selbstentfaltung, jedes Durchsetzungsvermögen, Grenzen. Diese Grenzen der eigenen Entfaltung werden aufgerichtet durch den Entfaltungswillen anderer. Eigene egoistische Strebungen haben dort aufzuhören, wo der Egoismus anderer anfängt. Auch ein »egoistisch« zu Tal fließender Fluß versucht nicht ausschließlich, einen im Wege stehenden stabilen Berg zu durchlöchern. Der Fluß sucht vielmehr einen Umweg und »schlängelt« sich zum Ziel. Im Laufe der Jahre wird auch der stärkste Berg der Kraft des Wassers nachgeben. Wir sagten früher einmal: Druck erzeugt Gegendruck. Lassen Sie Ihr Durchsetzungsvermögen nicht als Druck auf andere wirken, nutzen Sie die Kraft der anderen, helfen Sie anderen und Sie werden eine Vielzahl von Helfern gewinnen.

Wer ständig gegen die »Gesetze« angeht, ist in Wirklichkeit unfrei. Nur wer im Gesetz lebt, kann wirklich frei sein. Es ist nicht Beweis von Durchsetzungsvermögen, wenn Sie bestehende Gesetze übergehen, in einer Ortschaft also ständig mehr als 50 km/h fahren. Nur wer das Gesetz — die Gesetzmäßigkeiten — achtet und für sich nutzt, kann im, von diesen Gesetzmäßigkeiten gestalteten, Umfeld erfolgreich werden.

Menschen mit Durchsetzungsvermögen sind offen für eigene Stärken und Schwächen. Ihre Selbstsicherheit gründet auf Selbsterkenntnis. Durch richtige Zuordnung der eigenen Fähigkeiten zu den in der Situation geforderten Verhalten werden unnötige Enttäuschungen erspart. Menschen mit Durchsetzungsvermögen brauchen andere nicht zu beneiden. Neid macht schwach. Wer an den Erfolg anderer gebunden ist, läuft Gefahr in eine Schablone zu laufen — zu imitieren. Wer seinen Erfolg anstrebt, bleibt individuell. Auch Schadenfreude schadet dem eigenen Durchsetzungsvermögen. Es ist dumm und plump, im Schmutz anderer zu wühlen, um schadenfroh feststellen zu können, daß man angesichts solcher Verkommenheit noch ein ganz passabler Zeitgenosse ist. Jeder von uns hat (vergleichen Sie noch einmal das Johari-Fenster) dunkle Flecken, die Unsicherheit und Schuldgefühle auslösen können. Für erfolgreiche Menschen gibt es nur eine Zukunft. Wer sich ständig an seinen Fehlern erfreut, sich selbst kasteit entwickelt sich zum Masochisten. Erstellen Sie eine Bilanz seitheriger Verhaltensfehler, ordnen Sie diese dem Bewußtsein zu und beschäftigen Sie sich ab jetzt mit Ihrer Zukunft. Schließen Sie Freundschaft mit sich selbst. Nehmen Sie seitherige Versagen, seitherige Fehler als notwendige Lernprozesse. Vielleicht waren es gerade diese seitherigen Fehler, die Sie motiviert haben, dieses Buch zu kaufen. Auch selbstsichere, durchsetzungsfähige Persönlichkeiten haben ihre Unsicherheiten. Der Unterschied ist nur, daß der Durchsetzungsfähige diese Unsicherheiten kennt, also bewußt mit ihnen kalkuliert, während der Überhebliche oder Arrogante diese Unsicherheiten zu verstecken trachtet. Sturheit ist Scheinsicherheit. Der Sture verfolgt, unfähig Argumente anderer einzusehen und sein Verhalten zu ändern, seine Ziele. Wer sich so verhält, also nicht in der Lage ist, sein Verhalten auf vorhandene Situationen einzustellen, aus Situationen und Informationen zu lernen, steht eines Tages allein. Selbstsicherheit erreichen Sie auch nicht durch Willenstraining. Wille ist die Fähigkeit, sich bewußt aufgrund von Fakten zu entscheiden. Wille ist also Entscheidungsfähigkeit. Der Durchsetzungsfähige sucht den machbaren Kompromiß. Insoweit braucht er die Fähigkeit, sich rechtzeitig zu entscheiden, wie und auf welchem Wege er seine Vorstellungen durchsetzen will.

Es gibt keine angeborene Erfolgs- und Durchsetzungsfähigkeit. Jeder echte Erfolg muß ernsthaft erarbeitet werden. Je mehr Erfolge von der Umwelt anerkannt werden, desto leichter fällt es dem so Erfolgreichen sich zu entfalten. Wer sich gegen andere durchsetzen will, ist dumm. Wer die Anerkennung anderer nutzt und sich über deren Anerkennung durchsetzen »läßt«, braucht nicht auf anderen zu trampeln — er wird von anderen getragen. Er kennt den Unterschied zwischen Egoismus und Rücksichtslosigkeit.

Die Möglichkeit, positiv auf sich aufmerksam zu machen, durch Anregungen und Vorschlägen zur Problemlösung beizutragen, also der jeweiligen Umwelt individuell Nutzen stiften, bringt die für das eigene Durchsetzen notwendige Anerkennung. Jede Gruppe, jede Umwelt wird denjenigen sich durchsetzen lassen, der am meisten zur gemeinsamen Zielerreichung beiträgt. Denken Sie also in Ihrem Vorgehen nicht: Ich will mich durchsetzen — ich werde hart, oder ähnliches, sondern überlegen sie, wie kann ich der Zielgruppe, bei der ich mich durchsetzen will, am meisten Nutzen stiften. Ihre Selbstsicherheit, Ihre Fähigkeit, situationsbezogen zu formulieren, Ihr Verhalten so einzustellen, daß die anderen Sie akzeptieren, sind die Grundpfeiler Ihrer Durchsetzung. Sie werden dann Menschen gewinnen, überzeugen und zur Entscheidung führen dürfen. Wer sich durchsetzen will, braucht angstfreies, furchtloses und selbstbewußtes, selbstsicheres Verhalten.

In der folgenden Tabelle können Sie die noch in Ihrem Bewußtsein vorhandene Situation, in denen Sie Angst oder Unsicherheit erlernt haben, auflisten. Suchen Sie dann die Signalreize, die diese Gefühle ausgelöst haben (z. B. ich empfinde immer wieder Unsicherheit, wenn ich vor Gruppen stehe; auslösender Signalreiz: mehr als 5 Personen).

Nach dieser Auflistung konfrontieren Sie die auslösenden Signalreize, bereiten sich also, um bei unserem Beispiel zu bleiben, seelisch-geistig darauf vor, vor größeren Gruppen zu stehen, konfrontieren Sie die dann entstehenden Gefühle, nehmen Sie diese Gefühle an, durchleben Sie diese Gefühle, und Sie werden sehen, in der sich ergebenden praktischen Situation können sie, falls das Gefühl wieder auftaucht, mit diesem Gefühl leben. Sie unterdrücken dieses Gefühl nicht. Es ist Teil Ihres Bewußtseins geworden.

Selbstanalyse — unangenehme Situationen

unangenehme Situationen:	vermutete Signalreize:

Nicht nur unangenehme, auch angenehme Erlebnisse prägen. »Liebe und Haß machen blind«. Jeder Mensch strebt danach, Negatives abzuwenden und Positives zu erleben. Die vorhandene Erwartungshaltung bestimmt, ob Reize angenehme oder unangenehme Gefühle auslösen. Entsprechend vorhandenem Bewußtseinsniveau lösen Reize unbewußt und spontan Emotionen aus, oder werden mit Bewußtsein verarbeitet. Wer sich Reizen unbewußt überlassend, nur mit Gefühlen reagiert, kann schnell »Roboter« werden, bei dem andere nur auf »Knöpfe« zu drücken brauchen. Wie bei einer Marionette kann dann ein anderer durch gezielte Reize an den Fäden ziehen und Verhalten produzieren. Jemand kann außer blind in seinen Aggressionen auch süchtig nach Zuwendung werden.

Kinder weinen, um Zuwendung zu erhalten. Tränen fließen bei Erwachsenen oft nicht mehr, es sind feinere Mechanismen für den Erwerb von Zuwendung entwickelt worden. Schmollen, Jammern, Klagen über Streß bis zur Flucht in die Krankheit, können sich zeigen.

Prüfen Sie, welches Verhalten Ihrer Umwelt Sie mit Ihrem Verhalten herbeiführen wollen. Prüfen Sie, ob dieses Umweltverhalten lediglich ein infantiles Bedürfnis in Ihnen befriedigen soll. Lösen Sie sich dann von derartigen Bedürfnissen — werden Sie frei!

Verhalten ist weitgehend erworben. Signalreize der Umwelt haben angenehme Situationen gestaltet. Unbewußt sucht der Mensch in seinem weiteren Leben erneut Signalreize, die sein Leben angenehmer machen können. Er wird von solchen Signalreizen abhängig.

Psychologen sagen, daß jemand, der aus Ärger ißt, nicht essen muß, weil er sich geärgert hat, sondern sich ärgern wollte, damit er essen »darf«. Möglicherweise hat dieser Mensch für das Leeressen seines Tellers als Kind viel Lob und Zuwendung erhalten. Fehlen Zuwendung und Lob, hat sich also Ärger eingestellt, sucht das Unterbewußtsein Signalreize und läßt damit im Sinne konditionierter Reflexe angenehme Gefühle entstehen. Diese Vorgänge sind dem Menschen nicht bewußt. Wären sie dies, könnte durch Verarbeiten der Prägungen ein höheres Bewußtseinsniveau erreicht werden.

Selbstanalyse — angenehme Situationen

angenehme Situationen:	vermutete Signalreize:

Soziale Sensibilität

Einfühlungsvermögen, Durchsetzungsvermögen und soziale Sensibilität sind wichtige Verhaltensspektren erfolgreicher Menschen. Eindrücke von einzelnen Menschen und soziale Sensibilität für gegebene Situationen lassen Wahrnehmungen entstehen und fördern die Informationen ins Bewußtsein, aufgrund derer Entscheidungen möglich sind. Aktionen oder Reaktionen können nun entsprechend der gegebenen Situation »aus dem Gefühl« oder voll bewußt gesteuert werden und als momentanes Schweigen oder Stellungnehmen gestaltet werden. Auch für die Gestaltung der Stellungnahme ist der Eindruck, das Gefühl bezüglich der Situation, wichtig. »Er verhält sich wie ein Elefant im Porzellanladen« besagt, daß es an sozialer Sensibilität fehlte.

Sensibilität ist Empfindsamkeit. Unter sozialer Sensibilität verstehen wir Empfindsamkeit für zwischenmenschliche Beziehungen. Empfindsamkeit kommt von empfinden. Demzufolge liegt der wesentliche Teil dieser Fähigkeit im Unterbewußtsein. Aus der Umwelt ausgesandte Reize (Verhalten unserer Mitmenschen u. a.) wird über die Sinnesorgane aufgenommen und führt zu Empfindungen. »Der spricht auf mich an« besagt, daß etwas vom Verhalten des Senders etwas im Gesprächspartner (Empfänger) aktiviert hat. Wir können zur Verdeutlichung noch einmal das Resonanzprinzip heranziehen. Wer allerdings Umweltreize nur »sensibel« verarbeitet, ist der Umwelt weitgehend ausgeliefert. Auf dessen Gefühlen kann leicht »Klavier« gespielt werden. Es läuft ihm dann leicht »eine Laus über die Leber«. Um so zustande kommende, ungewollte Aktionen und Reaktionen zu verhindern, ist es notwendig, Eindrücke und Umweltreize bewußt zu verarbeiten. »Wer Augen hat zu sehen, wer Ohren hat zu hören«, sieht und hört.

Lassen wir Umweltreize nicht einfach unkontrolliert in unseren Gefühlsbereich eindringen und dort wirken! Analysieren wir vielmehr furchtlos Partneraussagen und Situationen, schaffen Bewußtsein für diese Situation und verhalten wir uns situationsentsprechend.

Wer im Testabschnitt »soziale Sensibilität« eine hohe soziale Sensibilität bestätigt bekam, kann häufig mit Unsicherheiten zu kämpfen haben. Während das sensible Empfinden bestimmte Verhalten fördert, kann von der teilbewußten Verarbeitung der Situation ein anderes Verhalten wünschenswert sein. So kommt es zum Konflikt. Um nichts falsches zu tun, tut man dann möglicherweise gar nichts. Solches von Konflikten herrührendes Schweigen wird von der Umwelt oft als Unsicherheit erlebt.

»Wie sollte ich mich in dieser Situation verhalten?« Diese Frage stellen Menschen, die derartige Konflikte nicht oder falsch gelöst haben. Um richtig zu reagieren, ist der Aufbau analytischen Verhaltens und Selbstsicherheit notwendig. Dadurch schwindet nicht soziale Sensibilität, sie wird dann erst richtig nutzbar.

Auch ein Radioapparat verliert nicht die Empfangsfähigkeit, wenn die Lautstärke erhöht wird.

Adolph Freiherr von Knigge hat 1788 sein Buch »Über den Umgang mit Menschen« herausgebracht. Dieses allgemein für ein »Buch des guten Tons« gehaltene Werk kann auch heute noch viele Anregungen für Benehmensform geben. Solche »Benimm«-Regeln können die Frage, »was soll ich jetzt tun«, beantworten helfen. Statt dem Gefühl nachzugeben oder sich nur vom Verstand her zu verhalten, besteht die Möglichkeit, sich auf Regeln zurückzuziehen.

Knigge lehrt nicht nur Wichtiges über den Umgang mit Menschen, er zeigt auch, wie man durch den Umgang mit anderen ein besserer Menschenkenner werden kann. Damit helfen Benimm-Regeln demjenigen, der aufgrund von Gefühlen und Informationen einem Gesprächspartner »Mißachtung« entgegenbringt, diesen aber für sein Weiterkommen benötigt, ihn nicht einfach ignorieren oder umgehen kann. Intelligenz ist, so sagten wir früher: die Fähigkeit, auf soziale Situationen angemessen zu reagieren. Wer immer nur seinen Gefühlen Ausdruck gibt, mag zwar ein sehr offener Mensch sein, er legt sich jedoch ständig Steine in den Weg, die er mit seinem Verstand, wenn es überhaupt noch möglich ist, mühsam wieder zur Seite räumen muß. Wahre Bescheidenheit liegt darin: Den anderen gelten zu lassen, ihn so zu nehmen, wie er ist. Jeder Mensch hat Stärken und Schwächen. Ihre Sensibilität wird entsprechend ihrer eigenen Einstellung entweder mehr die Schwächen oder mehr die Stärken des anderen oder aber beides wahrnehmen lassen. Dem anderen nun unmittelbar zu sagen, was man von ihm hält, grenzt an Borniertheit. Situationen aufnehmen, die entstehenden Gefühle und Eindrücke möglichst neutral analysieren und zur richtigen Zeit in der richtigen Art kommentieren – das ist das anzustrebende Verhalten.

Seien Sie kein zu offenes Buch. Knigge sagt zu diesem Thema »Klage den Herrschern nie dein Ungemach, vertraue ihnen nie den Kummer deines Herzens an. Sie haben nämlich im Grunde kein rechtes Interesse dafür. Sie verstehen sich kaum auf freundliche Anteilnahme, sie fühlen sich gelangweilt; deine Geheimnisse sind ihnen nicht wichtig genug, um sie treu zu bewahren. Immer meinen sie, man wolle dadurch bei ihnen etwas herausschlagen (z. B. Gehaltszulage, Förderung, Aufstieg). Im Grunde verachten sie den Menschen, der nicht glücklich, nicht frei ist. Von wohlbehüteter Jugend auf glauben sie, jedermann spekuliere auf ihren Geldbeutel, auf ihre Wohltaten. Überhaupt sehen die »Höheren« den anderen von dem Augenblick, da dieser etwas zu suchen, seiner zu bedürfen scheint, mit ganz anderen Augen an als vorher. Man läßt uns Gerechtigkeit widerfahren, ja man zeigt sich bezaubert von unseren angenehmen Talenten, von unserer Herzensgüte, von den glänzenden Vorzügen unseres Geistes, solange wir mit all diesen schönen Eigenschaften nichts als höfliche Behandlung und Gefälligkeit verdienen wollen, solange wir als fremde, als unabhängige Menschen dem anderen nicht im Wege stehen, den »Höheren« nicht verdunkeln.«

So schätzen also »Größere« die »Kleineren«, die Umwelt den einzelnen dann, wenn Scharfsinn, Festigkeit und Gradheit Achtung einflößt, ohne Befürchtungen auszulösen.

Es ist der Umwelt schon unlieb, wenn der einzelne Ansprüche auf Verstand, Witz, hohe Tugenden, Gelehrsamkeit, Kunstgefühl oder worauf es immer sei, geltend macht und dadurch andere in den Schatten stellen will.

Um ja nichts falsch zu machen, schweigt der Sensible lieber. Er unterdrückt seine Regungen, »frißt« vieles in sich hinein und schafft sich so selbst Probleme.

Es stellt sich also immer wieder die Frage: Wie sage ich was wann?
Hüten wir uns vor kriecherischer Schmeichelei. Es gibt eine Vielzahl von Formuliermöglichkeiten und Verhaltensmustern, mit denen die eigene Meinung so dargestellt werden kann, daß sie weder unterwürfig kriecherisch, noch überheblich arrogant wirkt. Wer bereits aus seiner Sensibilität eine Antwort auf bestimmte Situationen gefunden hat, bricht sich kein Bein, wenn er ohne nur auf sein eigenes Gefühl zu achten, diesbezügliche Fragen an seine Umwelt stellt. Er muß nicht sich selbst in den Vordergrund stellend formulieren: »Mir gefällt dieser Herr X nicht, ich habe in bezug auf ihn so ein schlechtes Gefühl.« Er kann auch sagen: »Wie ist Ihre Meinung über Herrn X?« Während die Feststellung entweder zur Bejahung (und damit zur Bestätigung des eigenen Vor-Urteils) oder zum Streitgespräch führt, bringt die Frage, andere Meinungen, unter deren Aspekt das eigene Gefühl, die eigene Meinung überprüft werden kann.

Wer fragt zeigt kein unterwerfendes Verhalten. Er stellt nur seine eigene Meinung nicht in den Vordergrund! Kriecherei lehnen wir ab. Nettsein gegenüber anderen darf nicht so weit getrieben werden, daß darunter das eigene Selbstwertgefühl leidet. Gefälligkeiten müssen dort aufhören, wo der eigene Charakter in Gefahr gerät.

Balthasar Gracian schreibt in seinem 1653 erschienenen »Handorakel der Weltklugheit«, welches 1832 von Schopenhauer übersetzt wurde:

»Der Kluge und der Dumme mögen dasselbe tun, jedoch unterscheiden sie sich in der Zeit, in der sie es tun: Jener tut es zur rechten, dieser zur unrechten Zeit. Wer dumm ist, bleibt es in der Regel auch. Bildlich gesprochen: Was er auf den Kopf setzen sollte, trägt er an den Füßen. Aus dem linken macht er das rechte, er verkehrt all sein Tun. Damit der Dumme dennoch auf den rechten Weg kommt, gibt es nur eine Methode: Daß er gezwungen wird, das Rechte zu tun, nachdem er das Rechte freiwillig nicht hat tun können.«

Der Kluge dagegen erkennt gleich, was jetzt oder was später getan werden muß. Er ergreift zur rechten Zeit die Initiative und führt die Arbeit mit allen Ehren aus.

Selbsterkenntnis ist für jeden Menschen nützlich. Jeder sollte wissen, was ihm fehlt. Viele wären ganze Leute, wenn ihnen nicht gerade dasjenige abgehen würde, ohne welches sie ihr Ziel nie erreichen können.

An einigen wird immer wieder offenbar, daß sie sehr viel sein könnten, wenn sie sich in einer Kleinigkeit verbessern wollten; es fehlt ihnen vielleicht am Ernst (ein solcher Fehler kann große Fähigkeit verdunkeln). Dem anderen geht die Freundlichkeit des Wesens ab (eine Eigenschaft, welche seine nächste Umgebung bald vermissen wird, zumal wenn es sich um Leute im Amt handelt). Anderen wieder fehlt es an Tatkraft, noch anderen an Selbstbeherrschung.

Allen diesen Übelständen könnte jeder leicht abhelfen, wenn er sie nur an sich selbst bemerkte. Jedoch: Wer übt schon in der Selbsterkenntnis?

Ein jeder sollte es lernen, nicht einem jeden alles zuzugestehen, jemandem auch etwas abzuschlagen. Dabei kommt es darauf an, wie etwas bewilligt oder abgelehnt wird. Besonders die »Höheren« sollten sich in dieser Kunst üben. Es kommt für den, den es betrifft, sehr darauf an, wie ihm etwas abgeschlagen oder zugestanden wird. Das Nein des einen wird höher eingeschätzt als das Ja manches anderen. Ein vergoldetes Nein befriedigt oft mehr als ein trockenes Ja. Viele gibt es, die immer das Nein im Munde haben: Sie müssen den Leuten alles mehr als in Frage stellen. Das Nein ist bei ihnen immer das erste und wenn sie nachher auch alles bewilligen. Ein solches Verhalten wird nicht geschätzt, weil das erste Nein einem schon alles verleidet hat. Man soll nichts gleich rundweg abschlagen. Vielmehr führe man die Bittsteller Zug um Zug von ihrer Selbsttäuschung zurück. Auch soll man nie etwas ganz oder gar verweigern. Man lasse immer noch ein wenig Hoffnung übrig. Das versüßt die Bitterkeit der Absage. Endlich fülle man durch Höflichkeit diejenige Lücke aus, welche die Ablehnung geschaffen hat, man setze schöne Worte anstelle der Werke. Ja und Nein sind schnell gesagt. Man sollte aber lange genug darüber nachdenken, bevor man eines dieser Worte ausspricht. Die Methode in schwierigen Fällen mit einem »ja-aber« zu antworten, statt rundherum »nein« zu sagen, hat sich allerorten bewährt.

Man sollte mit solchen Menschen umgehen, von denen man lernen kann. Der Umgang mit Freunden sei eine Schule der Erziehung. Eine jede Unterhaltung mit ihnen sei eine bildende Belehrung. Mache Dir Deinen Freund zu Deinem Lehrer und lasse Nützliches lernen und vergnügliche Unterhaltung sich wechselseitig durchdringen.

Mit Leuten von Einsicht umzugehen, bringt doppelten Gewinn: Beifall für das, was man sagt! Nutzen von dem, was man hört!

Wer klug werden will, besuche häufig die Häuser wahrhaft gebildeter und kenntnisreicher Menschen; nicht die Paläste der Eitelkeit fördern den Besucher, sondern die Schauplätze der Größe. An dem Schauplatz der Größe finden sich Menschen, die im Ruf der Weltklugheit stehen. Diese sind nicht nur Beispiel und Vorbild, sondern der Umgang mit ihnen und mit der Schar, die sie umgibt, bildet, wie es kaum eine Akademie edler und guter Klugheit tun könnte.«

Diese 1653 niedergeschriebenen Gedanken gelten — wie Sie sicher ebenfalls erstaunt festgestellt haben — heute noch! Sie helfen, vorhandene Sensibilität wirksam zu nutzen und Verhalten passend zu steuern.

Wer sehr sensibel ist, leidet oft unter der Beeinflussung anderer. In der Hand von Manipulatoren wird er zum knetbaren Wachs. Meist hängen Beeinflussungen mit der besonderen Art eines Mitmenschen zusammen. Erinnerungen an einen Zeitgenossen, der die eigene Lebensfreude, Arbeitslust und Tatkraft allein durch sein Dasein lähmte, können alle sensiblen Menschen beschreiben. Die individuellen Wirkungen anderer Menschen kann Sensible geistig und seelisch krank machen. Die Voraussetzung dafür, daß Sie solchen Beeinflussungen gar nicht erst verfallen: Schauen Sie länger, schärfer und öfters hin. Seien Sie nicht gleich zu offenherzig und vertrauensselig, halten Sie Ihre Urteilskraft wach und schärfen Sie Ihr Kritikvermögen! Sie können sich auf diese Weise gegen fremde negative Einflüsse und ihre dadurch entstehenden negativen Gefühle absichern.

Entsteht das Gefühl, daß Sie negativ beeinflußt werden, gehen Sie auf Distanz! Beschränken Sie den Umgang mit so auf Sie wirkenden auf das Allernotwendigste. Es gibt nur zwei Möglichkeiten: Entweder Sie lernen — und das braucht Zeit — mit negativ auf Sie wirkenden Menschen umzugehen, verarbeiten die von diesen ausgesandte Reize analytisch, oder Sie meiden derartige Menschen. Jeder Außendienst-Mitarbeiter wird mir recht darin geben, daß es sich ohne entsprechende eigene persönliche Entwicklung nicht lohnt, immer wieder bei potentiellen Kunden zu akquirieren, wenn die persönliche Wellenlänge nicht stimmt, ja wenn sogar beim bloßen Anblick des Gesprächspartners Mißstimmung in einem selbst entsteht.

Ein günstiger Lernprozeß, negativen Einflüssen weniger ausgesetzt zu sein oder diese zu kompensieren, ist das Suchen positiver Einflüsse. Oft verhält sich die Umwelt negativ, weil man selbst Negatives ausstrahlt. Überprüfen Sie, wie Sie selbst auf andere wirken, sammeln Sie Feedback und steigern Sie damit Ihre eigene Selbstsicherheit. Je mehr Sie sich dann auf das Gespräch mit anderen, auch denen, die negativ auf Sie wirken, freuen, umso mehr verbessern Sie Ihre Fähigkeit, mit Menschen umzugehen. Sie werden denken, wie soll ich mich auf den, der so negativ auf mich wirkt, freuen können? Alles was negativ auf Sie wirkt, trifft Negatives in Ihnen selbst. Wäre der Gesprächspartner an sich negativ, müßte er auf alle Menschen negativ wirken, müßte er bei allen Gesprächspartnern dieselben Gefühle auslösen. Erinnern Sie sich noch an unser Beispiel mit der Wirkung der Spinne auf einzelne Menschen? Auch der auf Sie negativ wirkende Gesprächspartner ist von Menschen umgeben, die ihn lieben. Vielleicht nehmen diese Menschen etwas anderes, Positives, an ihm wahr. Oder vielleicht lassen diese Menschen sich nicht durch das Negative aufladen. Wer auf das Verhalten anderer mit negativen Gefühlen antwortet, zeigt, daß Resonanz auf derartige Gefühle vorhanden ist, daß also die Gefühle in ihm selbst sind.

Fragen Sie sich immer wieder: Aus welchen Gründen wirkt diese Situation auf mich so? Suchen Sie dabei nicht verkrampft nach einer Antwort, sondern geben Sie diese Frage einfach und entspannt an Ihr Unterbewußtsein und erwarten Sie dann ruhig und entspannt Antworten. Je mehr Sie bereit sind, auch unangenehme Antworten zu konfrontieren, desto mehr wird Ihnen Ihr Unterbewußtsein »sagen«. Erlebnisse können vor Ihrem geistigen Auge auftauchen, Zusammenhänge bewußt werden. So holen Sie mehr und mehr »Schutt« aus den verborgenen Tiefen Ihrer Persönlichkeit und bauen damit »negativ empfinden müssen« ab. Aus belastender Sensibilität, die sofort Gefühle zur Verfügung hatte, wird dann eine werturteilsfreie Empfindsamkeit für Umweltsituationen, die es Ihnen leicht macht, situationsbezogenes Verhalten einzusetzen.

Sensible Menschen durchlaufen Hoch- und Tiefphasen viel deutlicher als andere. Trotz aller Anstrengung ergibt sich kein seelisches Gleichgewicht. Befinden Sie sich in dem Augenblick, wo andere auf Sie einwirken, in einer negativen Phase, sind Sie besonders anfällig für negative Fremdbeeinflussung. Schirmen Sie sich deshalb möglichst gut gegen solche Negativeinflüsse ab. Dazu einige Anregungen:

1. Verstärken Sie Ihre rationale Abwehrkraft.
   Je verstandesmäßiger Sie sich einstellen, je sachlicher, fester und bestimmter Sie sich verhalten, desto geschützter sind Sie gegen Fremdbeeinflussungen. Ihr Verstand macht Ihnen im wahrsten Sinne des Wortes eine »dicke Haut«, die Sie abschirmt.

2. Gehen Sie in Zeiten Ihres eigenen Tiefs Situationen und Menschen, die negativ auf Sie ausstrahlen aus dem Weg.

3. Durch Entspannung und Orientieren am Positiven können Sie Negativeinflüssen entgegenwirken. Richten Sie Ihre Wahrnehmung auf das Positive!

»Ich bin halt so sensibel«, sagen viele Menschen, die nicht die Möglichkeit hatten, am Aufbau eines gesunden Selbstbewußtseins zu arbeiten. Oft genug rutscht diese Sensibilität dann zur Depression ab. Zeigt sich Sensibilität so, daß diese Gefahr besteht, kommt der Sensible also bei seinen Wahrnehmungen ins Grübeln und neigt er dann zur Selbstanklage, ist schnelle Hilfe geboten, um diesem »seelischen Schnupfen« den Garaus zu machen. So wie wir auch bei körperlichen Krankheiten, die wir nicht verstehen oder aus unseren Erfahrungen nicht selbst behandeln können, einen Arzt aufsuchen, ist dringend anzuraten, daß bei Anzeichen von in Depression umschlagender Sensibilität von einem Fachmann behandelt wird. Leider ist es in unserer materiellen Gesellschaft so, daß der Weg zum Arzt, weil dort sichtbar körperliche Leiden kuriert werden, anerkannt, der Weg zum Psychologen aber, weil man von dessen Arbeit zu wenig weiß, mit Fragezeichen versehen ist. Psychologen und Psychotherapeuten sind Ärzte der Seele.

Wer sich seelisch krank fühlt, gehört in die Sprechstunde eines Psychologen, wenn er nicht später wegen körperlicher Störungen in der Sprechstunde des Arztes landen will.

Bei leichteren Störungen ist auch eine Selbstbehandlung möglich. Das Disziplinieren eigener Gedanken und Wünsche, die positive Einstellung zu den Forderungen des Alltags, zu Fragen des Lebens können da viel helfen. Ein sinnvolles Lebensziel, untergliedert in erreichbare Teilziele, verhindert, daß der Sensible zum Spielball unkontrollierter, negativer Einflüsse und Vorstellungen wird.

Ausräumen von Selbstzweifeln, Konfrontieren aller unerwünschten Vorstellungen des Unvermögens, des Mißerfolgs, der Kraftlosigkeit, der Krankheit und des Todes verhindern trübe Stimmungen. Wer alten negativen Vorstellungen nachhängt, lädt diese ständig mit neuer Kraft auf, solange bis Sie ihn »besitzen« können. Nicht umsonst spricht man in solchen Fällen oft auch von Besessenheit. Selbstmitleid produziert Schwäche und zieht neues Schicksal an. Die eigene »Wellenlänge« zieht Situationen der gleichen Wellenlänge an und führt automatisch Menschen zu einem, die ebenfalls nur jammern können. Eine positive Einstellung zieht positive Menschen an.

Das Streben nach klarer Erkenntnis der eigenen Fehler und Schwächen macht stark. Wer aber über eigene Schwächen und Fehler in herabwürdigendem Sinne denkt und spricht, will nur bedauert werden. Es ist besser eigene Fehler als etwas zu behandeln, das bereits abgebaut wird.

Stellt sich der Erfolg ein, beweist er folgerichtiges Verhalten. Abstrakt können wir unter Erfolg verstehen: Er-folg(t) den Handlungen. So gesehen, kann wie in der Betriebswirtschaft Erfolg positiv oder negativ sein, ist also an sich werturteilsfrei, wenngleich wir unter Erfolg normalerweise das Positive verstehen. Müdigkeit kann der Erfolg von zu spät Ins-Bett-gehen sein. Sprachlich haben wir uns angewöhnt, bei negativen Erscheinungen nicht von Erfolg, sondern von Folgen zu sprechen. Wer also positiven Erfolg haben will, muß sich der Folgen seines Tuns bewußt sein und sein Tun so gestalten, daß positive Folgen möglich sind. Vorgänge laufen »folgerichtig« ab und führen zu Ergebnissen.

Ich kann heute nicht an mir arbeiten, folglich muß ich in Kauf nehmen, morgen von anderen überholt zu sein. Oder: Ich arbeite heute an mir, infolge dessen werden meine Chancen für die Zukunft größer.

Leider nehmen viele Menschen Folgen ihres heutigen Tuns nicht bewußt in Kauf, sondern verdrängen diese. Wie sonst wäre zu verstehen, daß jemand lieber Pessimismus entwickelt, als aktiv für die bessere Gestaltung der Zukunft — seiner Zukunft — zu arbeiten.

Bestandene Prüfungen sind ganz einfach die Folge guter Vorbereitung. Wer unter Prüfungsängsten oder Lampenfieber leidet, sollte dies nicht als Ursache für eine verhauene Prüfung betrachten. Gerade derjenige muß sich noch besser auf

Prüfungen vorbereiten. Nur eine derartige Vorbereitung gibt die Sicherheit, die Lampenfieber und Prüfungsängste reduzieren hilft.

Erfolg ist vorausberechenbar! Die Frage: »Was geschieht, wenn . . .?« läßt uns über Folgen klar werden. Die Frage: »Was kann ich tun, um diese Folgen zu reduzieren, bzw. zu verhindern?« führt zu den möglichen Mitteln.

Die individuelle Sensibilität wird die so gefundenen Mittel als richtig erkennen, oder als möglicherweise falsch in Frage stellen. Die Wahrheit erfährt nur der, der suchend und an sich arbeitend einige Schritte geht. Es ist vernünftiger, nach einigen Schritten gegebenenfalls wieder umzukehren, als die ersten Schritte gar nicht erst zu tun.

Wer Erfolg haben will, muß ständig den unermüdlichen und vollen Einsatz der ganzen Persönlichkeit bringen. Trotzdem kann Erfolg nicht erzwungen werden. Für die Erringung von Erfolg ist Zeit ein wichtiger Faktor. Der eine schafft es schneller, der andere langsamer. Der Schnellere ist deshalb nicht erfolgreicher, er ist einfach nur »schneller«. Oft ist es sogar wertvoller für den ganzen Menschen, wenn der Erfolg etwas später erreicht wird, weil die Zeit Reifeprozesse zuläßt, die erfolgsfähig machen. Zur Erfolgsfähigkeit gehört Selbstvertrauen und Selbstsicherheit. Vertrauen in die eigene Leistung, in das eigene Können, muß vorhanden sein. Positiv entwickelte Sensibilität kann auf der Suche nach dem richtigen Weg hilfreich sein. Objektiv brauchen wir für den Erfolg das erforderliche Rüstzeug an Wissen und Können. Subjektiv hängt der Erfolg wesentlich davon ab, ob die eigene Sensibilität eher Unsicherheiten und Selbstzweifel oder aber eher Optimismus und positives Lebensgefühl vermittelt.

Zum Erfolg gehört mehr als Glück. Auch wenn der Volksmund sagt: »Der hatte mehr Glück als Verstand.« Der Verstand kann lediglich Folgen voraussehen. Das was der Volksmund als »Glück« benennt, ist oft die Sensibilität, die Chancen erkennen läßt. Der Erfolgreiche hatte genügend Einfühlungsgabe und »Fingerspitzengefühl«. Er hat sich auf eine Art von »Eingebung« ein gefühlsmäßiges Erkennen, ein »Entdecken« von Zusammenhängen verlassen. Nicht umsonst kann man von einem erfolgreichen Menschen auch sagen: »Er ist ein Mensch mit kühlem Verstand, aber mit heißem Herzen.«

Sprachbeherrschung

Die sprachlichen und motorischen Fertigkeiten eines Kindes entwickeln sich Hand in Hand. Bereits in den frühen Lebensmonaten übt ein Säugling den Gebrauch seines Stimmapparates mit großer Ausdauer. Er beginnt die komplizierteste aller motorischen Koordinationsleistungen zu erlernen. Sprache wird durch hören gelernt. Zunächst imitiert der Säugling die gehörten Laute. Gegen Ende des ersten Lebensjahres formuliert er bereits einfachste Wörter, wie Papa, Mama, dada. Von der auditiven Rückkopplung der gesprochenen Worte hängt das Sprechen ab. Wer taub ist, ist meist auch stumm. In der Entwicklung sprachlicher Fertigkeiten stellt sich erst das Wortverständnis und dann die Fähigkeit, die betreffenden Wörter aussprechen zu können, ein. Der Worthunger der Kinder entwickelt deren enorme Aufmerksamkeit. Sie hören und imitieren ständig neue Wörter und fragen unablässig nach den Bezeichnungen für die sie umgebenden Dinge. Sogar wenn sie alleine sind, üben Kinder unablässig den Gebrauch der Sprache. Noch getrauen sie sich, durch das Anwenden eigener Regeln Fehler zu machen. Sprache entsteht nicht durch einfache Nachahmung. Das Kind abstrahiert Regelmäßigkeiten und Beziehungen vom Gehörten und wendet diese bei seinen sprachlichen Äußerungen an. Je mehr die Anwendung durch Belohnung (Verstärkungslernen) gefördert wird, desto besser entwickelt sich die Sprache. Der Fehler, zu früh »Erwachsenensprechen« zu verlangen und ein weiterer noch häufigerer Fehler der Erwachsenen, Fragen des Kindes ungeduldig abzutun, lassen Sprachfähigkeiten verkümmern.

Aus Furcht, etwas falsch zu formulieren, aus Furcht, keine Antwort auf Fragen zu bekommen, wird der Sprachgebrauch eingeschränkt, Unsicherheiten entstehen und begleiten das Anwenden der Sprache oft zeitlebens.

Sprache ermöglicht Selbstdarstellung. Möglicherweise ist so die enorme Motivation für das Erlernen der Sprache erklärbar. Geistige und sprachliche Entwicklung fördern sich gegenseitig und haben unmittelbare Rückwirkung auf das Selbstbewußtsein des jungen Menschen. Selbst wenn die Umwelt nur ein Minimum an Stimulation und Gelegenheit bietet, kann das Kind sprechen lernen. Gegebene Umweltbedingungen können die sprachliche Aktivität begrenzen, aber die zugrunde liegende Fähigkeit nicht grundsätzlich aufhalten. Die Frage ist nur: Wie weit entwickeln sich die sprachlichen Fähigkeiten, wie groß ist die spätere Fähigkeit, sich zu artikulieren und der Umwelt mitzuteilen? Daß der Mensch sprechen lernen kann, ist Teil seines biologischen Erbes. Die Grundausstattung an Neigungen und Empfindungsfähigkeiten besitzen eine genetische Grundlage. Allerdings gibt es keine Gene für Sprache. Gene liefern lediglich den Bauplan für die speziellen Sprachzellen der Hirnrinde und für alle die zusätzlichen Strukturen, die am Sprechen beteiligt sind.

Der Hauptunterschied zwischen Menschen und Tieren besteht in der Fähigkeit zu sprechen. Descartes behauptete: Tiere seien Automaten, denen irgendetwas Ähnliches wie das menschliche Selbstbewußtsein fehle. Sie verständigen sich durch ein beschränktes Vokabular an Signalen. Es mangelt ihnen aber an Sprache, die »mentale Prozesse reflektiert oder den Ablauf oder Charakter des Denkens formt«. Tiere werden durch Instinkte geleitet. Menschliche Wesen durch die Vernunft. Für Descartes ist die menschliche Sprache eine Aktivität der Seele. Die höheren Formen der Sprache standen vermutlich im Zusammenhang mit dem Jagen und Futtersammeln der primitiven Hominiden. Gleichzeitig mit der Möglichkeit Sprache zu nutzen, wurde vor 80 000 – 60 000 Jahren das eigene Selbst und das Phänomen Tod erkannt. Zu dieser Zeit führten die Neandertaler zeremonielle Bestattungen durch. Seit dem letzten Jahrhundert ist bekannt, daß die meisten Menschen in der linken Hirnrinde zwei ausgedehnte Zonen besitzen, die in enger Beziehung zur Sprache stehen. Werden diese Zonen zerstört, führt dies zu Sprachstörungen (Aphasien). Die Fähigkeit, den eigenen Namen zu wissen, bezeugt ein bestimmtes Wissen um sich selbst. Also ein gewisses Selbstbewußtsein. Dieses Selbstbewußtsein ermöglicht die Unterscheidung vom Ich und Nicht-Ich und den Gebrauch entsprechender sprachlicher Figuren.

Sprachbeherrschung

Die Sprache eines Menschen ist der Ausdruck seiner Persönlichkeit. Situationsbedingt und gesprächspartnerbezogen wechseln die gedanklichen Inhalte ihre sprachlichen Kleider: die Formulierungen.

Alle Kommunikationsabläufe werden von zwei Gesetzmäßigkeiten bestimmt.

1. Der Konfliktorientierung
2. Der Konsensorientierung

Unabhängig davon, ob die Sprache im Bereich gezielter Kommunikation (Rede, Verhandlung, Diskussion und Debatte) oder in dem nicht gezielten Austausch von Informationen und Meinungen eingesetzt wird.

Konfliktorientiert spricht der, der in seine Formulierungen Reize einbaut, die im Gesprächspartner negative Emotionen auslösen. Diese Emotionen gestalten die Wortwahl und Betonung und führen meist zu einer ebenfalls konfliktorientierten Reaktion. Das Streitgespräch beginnt.

Konsensorientiert formuliert der, der Worte und Betonungen wählt, die im Gesprächspartner neutrale bis positive Emotionen auslösen. Diese Emotionen führen zu einer neutralen bis positiven Wortwahl und Sprachgestaltung. Sowohl die fachsprachliche wie auch die umgangssprachliche Formulierung wirkt auf Zuhörer oder Gesprächspartner als Reiz, auf den er abhängig von seinem Wissen und seiner Erfahrung reagiert. Diese, durch Logik, Emotionen, Instinkt gesteuerten Reaktionen lösen ihrerseits als Reize ziel- und situationsbezogene Antworten des Gegenüber aus. Kein Mensch kann dem anderen hinter die Stirn schauen, deshalb ist die Anstrengung, andere zu verstehen, auf den sprachlichen Ausdruck angewiesen. Mit welcher Intensität wechselseitiges Verstehen möglich ist, hängt von Ausdruckskraft und Klarheit der Sprache ab, die die Präzision des Denkens widerspiegelt.

Wortwahl und Betonung können die Bereitschaft zum Konsens verstärken oder emotionale Negativreaktion hervorrufen, die — wie zwangsläufig — in den Konflikt führen. Als Katalysatoren für wechselseitig verschärfende emotionale Negativreaktionen wirken Reizwörter, die regelmäßig erfahrungsbedingte Betroffenheit erzeugen.

Dazu einige Beispiele:

Sie haben doch sicher ...

Da haben Sie mich falsch verstanden ...

Was ist denn?

Was wollen Sie eigentlich?

Nein.

u. a.

Versuchen Sie zur Übung derartige Aussagen positiv — konsensorientiert — zu formulieren.
Das Problem der Negativeskalation liegt in ihrer begrenzenden Wirkung auf das logisch-analytische Denken. Der Konflikt in der Kommunikation begünstigt Rechtfertigungs- und Profilierungsverhalten, das die menschliche Beziehungsebene stört. Der Streit ums Prinzip prügelt die Sache und meint die Person.

Als Gegenbeispiel einige konsensorientierte Formulierungen:

Was darf ich für Sie tun?

Das habe ich nicht verstanden.

Leider kann ich dem nicht zustimmen.

u. a.

Wir sagten, Formulierungen sind die sprachlichen Kleider der Inhalte. Folgende Satzformen sind mehr konflikt- bzw. mehr konsensorientiert:

konfliktorientiert	konsensorientiert
Behauptung	Informationsfrage
Befehl	Feststellung
Rechtfertigung	Aufforderung
Suggestivfrage	Argumentation
Belehrung u. a.	u. a.

Sprache und Verhalten bilden eine Einheit, deren Wirkungszusammenhänge sensiblem Sprachbewußtsein durchsichtig werden. Empfindsames Verständnis für Gesprächspartner ergibt sich nicht aus einer speziellen Begabung, sondern es ist das Ergebnis kritischen Selbstbewußtseins, das die eigenen Vorurteile ständig realitätsbezogen in Frage stellt. Die Muttersprache ist nur scheinbar das natürliche Ergebnis der Erziehung. Jeder Erziehungsprozeß vermittelt sprachliche Verhaltensweisen, die sich im täglichen Umgang miteinander als Konfliktauslöser erweisen können. Solche Konfliktsituationen ergeben sich immer wieder. Nur Hoffnung auf konfliktfreie Kommunikation wünscht sich ins Paradies. Bewußtsein und Erfahrung lehren, daß Konflikte zur Natur des Menschen gehören, weil wir im Verhalten auch durch negative Empfindungen gesteuert werden. Kontrollierte und wirkungsbewußte Verwendung der Sprache erleichtert konfliktarme Kommunikation. Konsensorientiertes Sprachverhalten entschärft Konflikte. Die Fähigkeit zur konfliktarmen, konsensorientierten Kommunikation ergibt sich aus der Übung im Einsatz entsprechender rhetorisch-dialektischer Instrumente. Konflikte sind keine Geburtsfehler der Menschheit, sondern eine ständige Herausforderung an Sprache und Verhalten.

Nachfolgend ein konfliktorientiertes und ein konsensorientiertes Gespräch zwischen Vorgesetztem und Mitarbeiter zur »eigenen Verdauung«:

Konfliktorientiert:

V = Vorgesetzter
M = Mitarbeiter

V: »Kommen Sie doch gleich mal zu mir. Ich muß kurz etwas mit Ihnen besprechen.«

M: »Um was geht es denn?«

V: »Das sage ich Ihnen nachher in meinem Büro.«

M: betritt das Büro.

V: »Nehmen Sie Platz. Es wird nicht lange dauern.«

M: setzt sich.

V: »Sie haben doch gestern mit X telefoniert. Da haben Sie sich unmöglich verhalten.«

M: »Da war X schuld, der hat mich angeschrien.«

V: »Dann müssen Sie eben lernen, richtig zu reagieren.«

M: »Bei uns im Büro wissen alle, daß der X ein unmöglicher Mensch ist.«

V: »Das ist doch nur eine Ausrede, ich wünsche, daß da künftig nichts mehr passiert.«

Das Gespräch ist beendet. Der Mitarbeiter erhebt sich und verläßt das Büro.

Konsensorientiert:

V: »Herr Müller, haben Sie nachher ein paar Minuten Zeit, ich möchte etwas mit Ihnen besprechen, kommen Sie am besten in mein Büro.«

M: »Ja, gerne.«

M: betritt das Büro.

V: »Sie haben gestern mit X telefoniert, um was ging es, und wie ist das Gespräch gelaufen?«

M: »X hat mich wegen einer Reklamation angeschrien. Das hat mich erregt und ich habe dann wohl etwas unhöflich reagiert.«

V: »Daraus entnehme ich, daß Sie bei sich ein Fehlverhalten unterstellen und lieber anders reagiert hätten.«

M: »Ja, ich hätte mich nicht so aufregen sollen, ich hätte sachlich bleiben müssen.«

V: »Was schlagen Sie vor, um X wieder zu beruhigen?«

M: »Am besten wäre es, ich würde ihn anrufen und mich entschuldigen.«

V: »Das ist ein guter Vorschlag. X wird einsehen, daß er sich auf Sie verlassen kann, auch wenn Ihnen einmal die Nerven durchgehen. Wahrscheinlich wird ihm sein eigenes Verhalten leid tun, da er selbst aber den ersten Schritt nicht tun kann, wird er Ihnen für Ihre Aktion dankbar sein.«

M: »Ich rufe ihn gleich an.«

V: »Vielen Dank für Ihr selbstkritisches Verhalten und für Ihre Einsicht.«

Konfliktarme Kommunikation

Vielleicht ist das erste Gespräch zu sehr gelebte Praxis und das zweite Gespräch zu schön, um wahr zu sein. Gespräche wie das erste müssen nicht sein, auch wenn diese leider zur alltäglichen Praxis gehören. Gespräche wie das zweite sind lernbar. Gegenseitiges Verstehenwollen, der beiderseitige Wille, ein machbares Ziel zu erreichen, die Achtung vor dem Anderssein des Gesprächspartners und entsprechende Selbstdisziplin sind lernbar.

Wer konfliktarm kommunuziert beachtet:

● Wenn ich meine Schwächen bejahe, kann mich niemand verletzen.

- Selbstbewußtsein – das Bewußtsein um das Selbst, um Stärken und Schwächen – ist die Voraussetzung für konfliktarme Kommunikation.
- Von der Sache her werden in der Kommunikation nur Wirkungsmittel eingesetzt. Die Reaktionskerne im Empfänger lassen daraus Gefühle entstehen.
- Konfliktarme Kommunikation ist gegeben, wenn der Sender weder bestraft, noch rechtfertigt, noch belehrt. So ist konfliktarme Kommunikation die beziehungserhaltende Gesprächsführung in Streitsituationen.
- Wer es nicht nötig hat, ein Persönlichkeitsdefizit auf Kosten anderer auszugleichen, braucht keine konfliktverursachenden Wirkungsmittel.

Einführung in die gezielte Kommunikation

Information – Kommunikation – Interaktion

Die Übermittlung und der Austausch von Nachrichten heißt Kommunikation.
Die Information ist eine Nachricht, eine Mitteilung, die über einen Informationskanal von einem Informanten zu einem Empfänger gelangt.

Bei der verbalen Kommunikation sind 4 Elemente beteiligt:

1. Der Sender, von dem die Information ausgeht.
2. Die Sprache oder die Schrift, die Verschlüsselung der Information durch Worte oder Wortzeichen.
3. Der Informationsweg oder Kanal, den die Information auf dem Weg zum Empfänger nimmt.
4. Der Empfänger, an den die Information gerichtet ist.

Die verbale Kommunikation umfaßt Sprechen, Hören, Lesen und Schreiben. Bei der non-verbalen, der wortlosen Kommunikation beschränkt sich die Verschlüsselung der Information auf Bilder und Zeichen sowie auf körpersprachliche Signale.
Über die Bedeutung der Kommunikation für den Menschen schreibt George Gusdorf* zum Thema «*Kommunikation* ist ein soziales Bedürfnis»: »Der Mensch braucht für sein geistiges Überleben nicht nur Menschen um sich herum, er muß vielmehr in einer engeren Beziehung zu ihnen stehen, zu einigen von ihnen in echer Gemeinschaft«.

---

* George Gusdorf – französischer Philosoph, geb. 1912, seit 1948 Professor für Philosophie an der Universität Straßburg

Die Kommunikation ist demnach eines der *wesentlichen Bedürfnisse des Menschen*. Der absolut und freiwillig isolierte Mensch, sagt Epikur*, lebt wie ein Wolf.

So ist z. B. die Interaktion eine Art der Kommunikation, bei der Gesprächspartner mit verschiedenartigem Bezugssystem versuchen, sich wechselseitig zu beeinflussen.

Demnach ist also jede Verhandlung ein Interaktionsprozeß. Die Menschen wollen nicht, daß man zu ihnen, sondern mit ihnen spricht.

Um das Ziel der Kommunikation, die gewünschte Verständigung, zu erreichen, müssen die Schwierigkeiten erkannt und berücksichtigt werden.

Voraussetzung für einen ungestörten Austausch von Informationen ist ein gemeinsamer Zeichen- oder Codevorrat: Worte – Buchstaben – Zeichen.

Mit anderen Worten: als »hermetisch«, bezeichnen wir jeden Text, zu dem wir keinen Schlüssel haben.

Verkäufer und Führungskräfte gestalten täglich Interaktionsprozesse. Sie gewinnen Menschen. Sie vermitteln Überzeugung, indem sie Partnerschaft beweisen, eigene Überzeugung verdeutlichen, Überzeugung in anderen erreichen.

Der Überzeugungsprozeß ist erst völlig abgeschlossen, wenn folgende Punkte erreicht sind:

- der Partner muß seine neue Meinung, den neuen Standpunkt, als seinen betrachten;
- der Partner muß in der Lage sein, diesen neuen Standpunkt zu verteidigen. Er muß die Argumente dafür kennen und benutzen können.

Erfolgreiche Verkäufer und Führungskräfte beachten diese Punkte.
Nachfolgend einige Elemente für die Gestaltung von Kommunikationsprozessen:

1. Die Fragetechnik

Nur wer Informationen besitzt, wer über den Partner Bescheid weiß, kann sein Leistungsangebot so darstellen, daß es den Partner befriedigt und überzeugt.

In der ersten Hälfte des Gesprächs gibt der Verkäufer dem Kunden, der Vorgesetzte dem Mitarbeiter Zeit, seine Situation zu formulieren. Nur dadurch ist er in der Lage, nachher partnerbezogene Vorschläge zu unterbreiten und hat den Vorteil, dann auch angehört zu werden.

---

* Epikur – griechischer Philosoph, 341 – 271 v. Chr.

Wer nicht weiß, was der andere will, muß mit Unterstellungen oder Suggestivformulierungen arbeiten. Er verfällt dann in die konfliktorientierte Kommunikation. Vorher gefragt, sich vorher informiert, verkürzt den Dialog, beweist Dialogfähigkeit und verhindert Irrtümer.

Wer fragt, gibt gleichzeitig das Versprechen ab, zuzuhören. Bei Kindern gibt es ein sogenanntes »Fragealter«. Das ist die Zeit, in der Kinder fragend die Welt erkunden. Mit oft allzu vielen Fragen strapazieren Kinder die Geduld der Eltern und hören aus den manchmal unwirschen, vertröstenden oder ablehnenden Antworten eine gegen dieses Stilmittel gerichtete Ablehnung heraus. Entsprechend dem Verstärkungslernen wird belohntes Verhalten wiederholt, toleriertes Verhalten beibehalten, bestraftes Verhalten unterdrückt. Weder in der Schulzeit noch später in der Ausbildung ist die Möglichkeit, das Stilmittel »Frage« wieder – oder weiter – zu entwickeln, gegeben. So verkümmert das Fragenkönnen. Verständlich, daß erwachsene Menschen Fragen – und nur dieses Stilmittel – ankündigen (z. B. »Eine Frage . . .«). Dieses Verhalten zeigt die eher negative Einstellung zur Frage. Wer erkannt hat, daß wer fragt führt, lernt derartige Formulierungen gerne nach. Wir unterscheiden zwischen Informationsfragen, das sind Fragen, die überwiegend Informationen beschaffen und taktische Fragen, das sind Fragen, deren Ziel es ist, das Gespräch zu lenken.

Zu den Informationsfragen zählt die offene Frage. Das ist eine Frage, die mit einem Fragewort beginnt (wer, wie, was, wo, usw.) und die Antwort »offen läßt«.

Die geschlossene Frage.

Sie enthält bereits eine Information, die vom Partner bejaht oder verneint wird. Diese Fragen beginnen immer mit einem Zeit- oder Hilfszeitwort (Haben Sie . . ., Sind Sie . . ., Gehen Sie . . ., usw.). Die geschlossene Frage beschränkt den Dialog und bringt bei der Beantwortung mit Ja oder Nein nur eine Bestätigung oder Verneinung der in der Frage vorformulierten Information. Nur wenn der Antwortende mehr Informationen abgeben will, antwortet er über das Ja bzw. Nein hinaus.

Zu den taktischen Fragen zählen:

Die direkte Suggestivfrage. Sie wird von Fragern gestellt, die an der wahren Meinung des anderen nicht wirklich interessiert sind. Es wird in der Formulierung der Frage eine Antwort als normal angeboten und alles andere als absurd oder erstaunlich hingestellt. Diese Fragen beinhalten Wörter, wie: doch, sicher, auch, gut, etwa, oder bedeutungsgleiche Wörter.

Die indirekte Frage erfragt eine Information, die nicht direkt erfragt werden kann oder soll. Der Fragende formuliert die Frage auf eine nicht wirklich gewollte Information und folgert aus dieser die tatsächlich gewollte, erstrebte Information. Es handelt sich bei dieser Frage um eine der Informationsfragen, die aus taktischen Gründen als indirekte Frage formuliert wird. Ein Beispiel: »Was meint Ihre Gattin zu diesem Vorschlag?« Wenn der Fragende wissen will, ob der Gesprächspartner verheiratet ist.

Die rhetorische Frage beantwortet der Fragende selbst. Der Zweck ist es, einen Dialog zu fingieren. Es besteht die Möglichkeit, Fragen, die der Partner nicht formuliert, deren Beantwortung aber wichtig ist, selbst zu stellen und zu beantworten. Ein Beispiel: »Was macht gerade diesen Vorschlag so interessant? Besonders interessant ist die Möglichkeit . . .«

Die Alternativfrage stellt zwei Möglichkeiten zur Wahl und lenkt mit der angebotenen Entscheidung zwischen zwei Alternativen von einem sonst möglichen Ja oder Nein ab. Das Nachdenken über das »ob überhaupt« wird vermieden und eine Entscheidung für ein »so oder so« erfragt. Zweckmäßig ist es, die gewünschte Alternative an den Schluß zu stellen. Ein Beispiel: »Darf ich Sie heute oder morgen besuchen?«

Die Bestätigungsfrage will wissen, ob Vorinformationen stimmen, Gesagtes richtig verstanden wurde. So verstärkt und sichert die Bestätigungsfrage Gemeinsamkeiten. Diese Frage ist häufig erkennbar an der enthaltenen Formulierung: ». . ., daß . . .« Ein Beispiel: »Habe ich Sie richtig verstanden, daß . . .«

Die Stimulierungsfrage stimuliert, lobt oder belohnt den Gesprächspartner. Diese Frage muß sehr genau auf die erkannte Verhaltensweise des Gesprächspartners abgestimmt werden. Ein Beispiel: »Ist dieses reizende Mädchen Ihre Tochter?«

Die Ja-Frage erwartet ein »Ja« des Gesprächspartners. Sie erfüllt nur dann ihre Aufgabe, wenn bejahende Antwort mit großer Wahrscheinlichkeit zu erwarten ist. Um diese Erwartung zu untermauern, werden in dieser Frage zwei Nutzen formuliert. Ein Beispiel: »Wollen Sie mehr verdienen, ohne mehr leisten zu müssen?«

2. Zuhören

Wer fragt, so sagten wir, verspricht anschließend zuzuhören. Goethe sagte: »Reden ist ein Bedürfnis, Zuhören ist eine Kunst.« Zwischen Hören und Zuhören gibt es einen wesentlichen Unterschied. Hören ist die akustische Wahrnehmung von Geräuschen, Zuhören beinhaltet das Verstehen von Gemeintem.

Nachstehend einige Regeln für Zuhören:

Das konzentrierte Zuhören ist die Voraussetzung für

- die Einstellung auf das Partnerverhalten,
- die Erfassung der gemeinten Ebene,
- die Erkennung der Kauf- oder Entscheidungsmotive,
- die Erfassung des tatsächlichen Bedarfs,
- die Aufnahme vorsichtig formulierter, subjektiver Entscheidungskriterien,
- die Entstehung von Zuwendung,
- die Entwicklung eines ausreichenden Gesprächsanteils des Partners,
- die Genehmigung des Partners für den Verkäufer, später auch etwas mehr sprechen zu dürfen, angehört zu werden.

Regeln für aufmerksames Zuhören

1. Achten Sie auf Ihre Gesprächsanteile. Reden Sie sowenig wie möglich.
2. Signalisieren Sie Aufnahmebereitschaft. Zeigen Sie konzentrierte Ruhe.
3. Geben Sie Ihrem Partner Zeit zum Formulieren. Die permanent gezeigte Bereitschaft, beim nächsten Luftholen ins Wort zu fallen, hetzt und streßt den Partner.
4. Vermeiden Sie jede Ablenkung.
5. Kontrollieren Sie Ihre Körpersprache und verhindern Sie Unruhe, Nervositäts- und Unterbrechungssignale.
6. Sehen Sie nicht auf die Uhr. Der Partner könnte das Signal nicht nur als Zeitschwierigkeit werten, die Übersetzungsmöglichkeiten reichen bis zur Geringschätzung.
7. Packen Sie Ihre Unterlagen nicht zu früh ein, nicht während der Partner spricht.
8. Halten Sie Blickkontakt und übertragen Sie Zuwendung, damit sich der Partner auch Ihnen zuwendet.
9. Geben Sie über Ihre Mimik zu erkennen, daß Sie mitgehen und nicht nur hinhören.
10. Beweisen Sie in späteren Gesprächspassagen, daß Sie zugehört haben. Benutzen Sie dazu Formulierungen Ihres Gesprächspartners.

3. Vertrauensauslöser

Vertrauensauslöser dienen dazu, das Zutrauen des Gesprächspartners zu fördern. Aufgrund von Vertrauen auslösenden Wirkungsmitteln soll der Gesprächspartner Vertrauen entwickeln. Es ist darauf zu achten, daß, wenn möglich, nicht nur Vertrauensauslöser, also Merkmale, sondern auch der daraus für den Partner (subjektiv) resultierende Nutzen formuliert wird. Vertrauensauslöser sind:

— Merkmale des eigenen äußeren Erscheinungsbildes (z. B. Kleidung, Aussehen, Ausstattung, Accessoires)

— Eigenes Verhalten (z. B. Auftreten, Stimme, Dialogfähigkeit u. a.)

— Merkmale des Unternehmens: Äußeres Erscheinungsbild (Name der Firma, werbliche Darstellung, Dokumentation, Erfahrungen, Referenzen u. a.), Verhalten des Unternehmens (Zuverlässigkeit, Seriosität, Schulung/Weiterbildung u. a.)

4. Nutzenargumentation

Wer den anderen für sich gewinnen will, setzt Vertrauensauslöser ein, wer überzeugen will, argumentiert partnerbezogenen Nutzen. Um partnerbezogen Nutzen zu argumentieren, ist es notwendig, die Anforderungen des Gesprächspartners, den Wettbewerb und die eigenen Möglichkeiten zu kennen. Die Erwartungen des Gesprächspartners sind bereits erfragt und von diesem formuliert worden. Um mehr über den Wettbewerb zu wissen, bietet sich ein Wettbewerbsvergleich an. Sie sammeln in einer Liste alle Merkmale von Unternehmen und Produkt und vergleichen diese eigenen Merkmale mit den Merkmalen Ihrer Wettbewerber. Mit dieser Übersicht kommen Sie zu Alleinstellungsmerkmalen, zu Merkmalen also, die Ihre Mitbewerber bzw. deren Produkte nicht bieten, aber auch zu Merkmalen, die zwar Ihre Mitbewerber und deren Produkte, nicht aber Sie bieten können. Ihrem Gesprächspartner nennen Sie vorwiegend die Merkmale Ihres Unternehmens und Ihres Angebots mit partnerspezifischem Nutzen, die Ihre Mitbewerber nicht vorweisen können (Alleinstellungsmerkmale). Auf Gegenargumente, die aus Alleinstellungsmerkmalen Ihrer Mitbewerber resultieren, sind Sie durch diesen Wettbewerbsvergleich vorbereitet.

In der Kundennutzenargumentation verwenden Sie drei Bestandteile:

1. Das anbieterbezogene Merkmal.

Dabei handelt es sich um Merkmale, die Ihre Produkte bzw. Ihr Unternehmen auszeichnen. Merkmale sind mit den Sinnen erfaßbar, also sichtbar, greifbar, riechbar, schmeckbar, meßbar, wägbar oder zählbar.

2. Die Überleitung.

Für Überleitungen verwenden Sie Tätigkeitswörter oder Satzteile, in denen ein Tätigkeitswort enthalten ist (z. B. bedeutet — »Das bedeutet für Sie . . .«; bringt — »Das bringt Ihnen . . .« usw.).

3. Das abnehmerbezogene Merkmal.

Hier handelt es sich um Merkmale Ihres Gesprächspartners. In einer Analogie wird Ihnen dieser Ablauf schnell deutlich: Ein Arzt hat Sie untersucht, die Merkmale Ihres Befindens aufgenommen. Er kennt die »abnehmerbezogenen« Merkmale und erstellt die Diagnose. Mit den ihm zur Verfügung stehenden Merkmalen (Instrumente, Medikamente, und deren individuellen Wirkstoffe — anbieterbezogene Merkmale) versucht er nun Ihre Merkmale zu verändern, um damit Ihren Gesundheitszustand zu verbessern. Genauso gehen Sie vor. Sie haben in der vorherigen Phase — wir nennen sie Bedarfsanalyse — Merkmale Ihres Partners, Anforderungen und Probleme kennengelernt, suchen nun aus dem breiten Spektrum Ihrer Möglichkeiten diejenigen Merkmale Ihres Leistungsangebots aus, die die im Partner vorhandenen Merkmale, Anforderungen und Probleme positiv verändern können. Sie formulieren Nutzenargumentationen, indem Sie mit dem Beweisgrund (anbieterbezogenes Merkmal) und einem daraus logisch gefolgerten Nutzen (Überleitung und abnehmerbezogenes Merkmal) argumentieren. Dazu einige Beispiele:

Eigener Fuhrpark — ermöglicht schnelle pünktliche Belieferung.

Spezialisten erarbeiten maßgeschneiderte Problemlösungen.

u. a.

Wichtig ist, daß Sie mit Ihren Nutzenargumentationen das beim Partner erkannte Motiv aktivieren. Zusammengefaßt verhalten sich Menschen, kaufen Kunden aus insgesamt sieben Motiven:

Kaufmotive (= Beweggründe)	entsprechende Vorteile: dynamische Aspekte:	bewahrende Aspekte:
1. Gewinn	mehr Gewinn mehr verdienen	weniger Kosten weniger ausgeben
2. Ansehen	an Ansehen gewinnen	kein Ansehen verlieren, Prestigeverlust, Imageeinbuße verhindern

3. Bequemlichkeit	mehr Bequemlichkeit haben	keine Mehrarbeit leisten müssen
4. Sicherheit	mehr Sicherheit, Sicherheit verbessern	Unsicherheit mindern, weniger Risiko
5. Gesundheit	bessere Gesundheit, gesteigertes Wohlbefinden	weniger Krankheit, weniger Ärger
6. Soziales Mitgefühl	Positives für andere, anderen Menschen Freude bringen	Negatives von anderen Menschen abwenden
7. Entdeckung	mehr erleben, sehen und wissen	nichts versäumen

Um zu üben, können Sie nun Vertrauensauslöser und Merkmale Ihres Leistungsangebots nutzen, indem Sie mittels Nutzenargumentation jedes der sieben Motive ansprechen. Dazu ein Beispiel:

Service reduziert Kosten (Gewinn)
Service beweist richtige Entscheidung (Ansehen)
Service erspart eigene Arbeit (Bequemlichkeit)
Service reduziert Risiko (Sicherheit)
Service erspart Ärger (Gesundheit)
Service vermittelt Mitarbeitern das Gefühl der Sicherheit (soziales Mitgefühl)
Service bringt neue Informationen (Entdeckung)

Wenn Sie aus nur 20 Merkmalen Nutzenargumentationen für alle sieben Motive erarbeiten, erhalten Sie 140 Nutzenargumentationen. Achten Sie bei Ihrer Ausarbeitung darauf, daß Sie Wörter (sowohl Überleitungen als auch abnehmerbezogene Merkmale) nie doppelt verwenden. So wird diese Übung gleichzeitig zu einer Übung für Ihre Wortschatzweite.

Dem interessierten Leser, insbesondere dem, der vom Verkaufenkönnen seiner Ideen und Produkte lebt, empfehle ich besonders das von meinem Partner Dieter Heitsch geschriebene Buch: »So wird Verkaufen erfolgreicher«. In diesem, im Verlag Moderne Industrie, München, herausgebrachten Werk geht Dieter Heitsch wesentlich tiefer auf die hier nur kurz dargestellten Vorgehensweisen ein. Dieter Heitsch beschreibt in seinem Buch ausführlich alle für den »Verkäufer« notwendigen Werkzeuge und Vorgehensweisen. Die in diesem Werk zusammengefaßten, in 13jähriger Trainingsarbeit durch Trainer des Horst-Rückle-Teams gesammelten Erfahrungen, lassen es zu einem generellen Standardwerk für Verkaufen werden. Wer neben der reinen Wissensaufnahme auch die Möglichkeit der Korrektur sucht, dem sei der von mir geschriebene, im Verlag für Berufsfortbildung Mörfelden erschienene Fernlehrgang »Verkäufertraining – Überzeugungstechnik« empfohlen. Dieser Fernlehrgang trägt das Gütesiegel des Bundesinstituts für Berufsbildung und der Zentralstelle für Fernunterricht und wird von der Bundesanstalt für Arbeit bezuschußt. Die Inhalte decken sich mit den Inhalten des Buches »So wird Verkaufen erfolgreicher«. Der Fernlehrgang schließt mit einem mehrtägigen Seminar und einer Prüfung ab.

Zur Sprachbeherrschung gehören außer den hier beschriebenen Möglichkeiten auch die Fähigkeit, konsensorientiert auf Partnerargumente zu reagieren. Im Abschnitt »soziale Situationen« bin ich auf diesen Themenkreis ausführlich eingegangen.

Aktivität – Verantwortungsgefühl

Darf ich das denn? Damit hemme ich doch andere! Das kann man doch nicht tun! Diese und ähnliche Formulierungen kennzeichnen den Konflikt zwischen Aktivität und Verantwortungsgefühl.

Aktivität bezeichnet die Gesamtheit der äußeren oder inneren Organismusvorgänge. Verantwortung umschreibt das im wörtlichen Sinne zu einer – selbst herbeigeführten, oder ausgelösten – Situation antworten zu müssen. Verantwortungsgefühl ist also ein einprogrammierter Filter – eine gefühlsmäßige Stellungnahme zu möglichen Folgen.

Entwickelte Aktivität kann durch Verantwortungsgefühl gebremst oder gesteigert werden und beeinflußt so die auszuführende Handlung. Aus Verantwortungsgefühl werden Handlungen unterlassen oder verstärkt. Ein Verkäufer kann aus Verantwortungsgefühl einem Kunden nichts verkaufen oder er argumentiert für den Auftrag. Viele kennen den Witz, wonach ein Verkäufer einem Bauern, welcher nur eine Kuh besaß, eine Melkmaschine verkauft haben und die einzige Kuh in Zahlung genommen haben soll. Dieser Mensch verdient nicht das Prädikat »Verkäufer« und die Handlung nicht die Bezeichnung »verkaufen«. Die Worte »Verbrecher« und »betrügen« sind hier angebrachter. Ein solches Verhalten ist verantwortungslos. Von Verantwortungsgefühl gesteuert, motivieren viele Eltern ihre Kinder, Handlungen zu tun oder zu unterlassen, zu lernen, vorsichtig zu sein, nicht auf dünnes Eis zu gehen, nicht auf Bäume zu klettern u. a.

Oft verwechseln wir allerdings Verantwortungsgefühl mit mangelndem Selbstvertrauen. Weil ich mir das nicht zutraue, kann ich nicht verantworten, daß es ein anderer tut. Weil ich etwas nicht erreicht habe, muß ein anderer mehr tun. In solchen Fällen ist nicht das Verantwortungsfühl lenkender Faktor, sondern die Projektion unseres eigenen Unvermögens auf Dritte. Verantwortung übernehmen heißt, zu den möglichen Folgen Antworten kennen. Wer also Verantwortung tragen will, muß die Folgen seines Tuns vorauskalkulieren und zu den sich ergebenden Situationen Stellung beziehen können, er muß sie verantworten können. Siehe folgende Zeichnung.

Wer keine Aktivität entfaltet, braucht keine Verantwortung übernehmen. Er tut nichts, was er später verantworten müßte. Daraus entsteht die Möglichkeit, Verantwortungsgefühl als Rechtfertigung für Nichts-tun, für Nichts-unternehmen heranzuziehen. Besonders inaktive Menschen ziehen sich häufig auf diese Ausrede zurück. Aktivitäten haben zwei polare Folgen. Sie wirken sich in der erwarteten Art und Weise aus oder sie gehen schief. Aus der Befürchtung, daß etwas schiefgehen könne, nichts zu unternehmen, ist inaktiv. Der bereits früher erwähnte Fatalist tut nichts, weil er glaubt, es entstehen dann auch keine Folgen. Welch ein Irrtum. Selbst Nichts-tun ist Tun. Der Regulator Schicksal greift in vielen Fällen ein und fordert Aktivität. Diesen Aufforderungen des Schicksals auszuweichen, führt häufig in Lethargie und Depression, Folgen, die aus Nichtaktivität entstehen können. Der Fanatiker setzt rücksichtslos (oft ohne Verantwortungsgefühl) seine Strebungen durch und statt sie zu verantworten, statt begründete Stellungnahme zu beziehen, erdenkt er sich Rechtfertigungen und Ausreden. Bleibt als dritter der Realist. Er schätzt Situationen und deren mögliche Folgen real ein und entfaltet angemessene Aktivitäten.
Lernen wir also, unsere Aktivität zu steigern.

Wollen ist die Bezeichnung für bewußte Entscheidung eines Individuums für eine bestimmte Richtung des Handelns. Es ist das Gegenteil von impulsiven Handlungen, unüberlegtem Handeln. Willenshandlungen sind gekennzeichnet durch ihre Gerichtetheit auf ein bestimmtes Ziel und den vorausgehenden Entscheidungsprozeß. Philosophisch betrachtet ist Wille die dem bewußten Handeln zugrundeliegende »Fähigkeit«, sich bewußt aufgrund von Beweggründen (Motiven) für einen bestimmten Handlungsweg oder eine bestimmte Handlungsart zu entscheiden. In allen diesen Definitionen steckt die Aktivität des Realisten.

Wir wollen einen bestimmten Platz im Leben, wir wollen weiterkommen, u. a. Beim Fatalisten führt dieses Wollen zu Wunschträumereien nach dem Motto »wenn ich...« Beim Fanatiker löst derartiges Wollen oft Rücksichtslosigkeit aus. Der Realist plant in gesunder Selbsteinschätzung die ihm möglichen Ziele, entwickelt und nutzt die für die Zielerreichung wichtigen »Werkzeuge«.

Auch bei stärksten Aktivitäten ist manches unmöglich. Stellen Sie sich einen kräftigen muskulösen Mann und daneben eine kleine zarte Frau vor. Beide wollen einen Wettkampf im Gewichtheben austragen. Unschwer zu folgern, wie dieser Wettkampf ausgehen wird. Trotz aller Aktivität, trotz allem Wollen, wird die zarte Frau weniger Gewicht heben können als der starke muskulöse Mann. Allein, daß sie sich diesem Wettkampf stellt, beweist ihre Aktivität. Das Ergebnis wird die Einsicht herbeiführen, daß es Dinge gibt, die ihr Wollen nicht erreichen kann. Sie wird daraus lernen und aus gesünderer Selbsteinschätzung ihr künftiges Verhalten gestalten. Sie wird Situationen realistischer einschätzen.

Anders verhält sich dies, wenn wir unsere eigene Leistungsfähigkeit durch entsprechende Aktivität steigern wollen. Einer meiner Freunde ist ein begeisterter Läufer. 20, 30 Kilometer läuft er ohne größere Anstrengung. Auch er hat einmal mit wesentlich weniger langen Strecken begonnen. Seine Aktivität und sein ständiges Training haben seine Fähigkeiten immer mehr gesteigert und zu immer längeren Laufstrecken geführt. Er hat realistisch begonnen und sich in gesunder Selbsteinschätzung nie überfordert. Als ich einmal mit ihm lief, hatte ich von voneherein die Wahl, Fatalist, Realist oder Fanatiker zu sein. Als Fatalist hätte ich nicht mitlaufen dürfen, als Fanatiker könnte ich dieses Buch nicht schreiben, denn ich wäre wahrscheinlich im wahrsten Sinne des Wortes »auf der Strecke geblieben«, der Realist lief 2 Kilometer mit und gab dann auf.

Das feste Wollen bringt Kräfte zum Einsatz. Von diesen Kräften, und nicht allein von der Aktivität, hängt es ab, ob das Ziel erreicht wird. Das zielgerichtete Wollen ruft Kräfte in uns wach, entfaltet Aktivitäten, denen aber aufgrund der gegebenen Kräfte und Fähigkeiten Grenzen gesetzt sind. Dort, wo die Kräfte aufgebraucht sind, nützt auch das Wollen nichts, die Aktivität läßt nach.

Aber auch die Aktivität und die Kräfte allein genügen nicht. In den Sommermonaten lesen wir häufig von Bergwanderern, die in völlig ungenügender Kleidung und Ausrüstung, nur versehen mit Wollen und Aktivität verunglückten. Leichtsinnig – mit leichtem Sinn – hatten sie weder genügend Ausrüstung, noch genügend Fähigkeit. Viele Menschen verhalten sich wie diese Bergwanderer. Einige rennen einfach »blind« auf ihre Ziele zu, oft genug in ihr Unglück. Sie überlegen nicht, daß sie sich für Aufstiege vorbereiten müssen. Dann gibt es andere, die zwar gerne einmal auf dem Gipfel sein wollen, aber vor allem, was zu der notwendigen Aktivität gehört, zurückschrecken. Die Ausrüstung und die Ausbildung kosten Geld und verlangen Vernachlässigung anderer Aktivitäten. Sie bleiben dann lieber gleich unten. Es gibt aber auch Menschen, die sich auf ihren Aufstieg gut vorbereiten, sich entsprechend ausrüsten, selbst oder zusammen mit einem Trainer üben und sich so sachlich und persönlich qualifizieren. Nur auf diesen Grundlagen sind die Gipfel ohne Risiko erreichbar. Es gibt aber auch Menschen, die die nötige Ausrüstung und das Training haben, deren Kräfte aber nicht ausreichen, Höchstleistungen zu bringen. Die Gründe dafür können im Alltag, in der gesundheitlichen Disposition, in der Veranlagung u. a. liegen. Zwei Möglichkeiten bleiben diesen Menschen: Erkennen der eigenen Leistungsgrenze und in gesunder Selbsteinschätzung zufrieden sein mit den individuell möglichen

Erfolgen oder in Apathie gar nicht erst probieren. Unschwer zu folgern, daß die zur ersten Gruppe Gehörenden »klüger« sind.

Merken wir uns: Neben Aktivität ist zur Zielerreichung auch Kraft und Ausrüstung notwendig. Bleibt eine weitere Frage zu klären: In welche Richtung will ich meine Aktivitäten entfalten.

Oft sind Menschen erfolglos, weil die Aktivität in die falsche Richtung gelenkt war. Selbst bei aller Aktivität, aller Vorbereitung und allem Training wäre es unserer Gewichtheberin unmöglich, gegen den muskulösen Mann zu gewinnen. Die Richtung, in der wir uns bewegen, muß also zu uns passen, die Ziele müssen erreichbar sein. Die Berufsberatung, Begabungstests und andere Hilfsmittel erleichtern die Definition der beruflichen Ziele. Nur wenn Begabung und Ziel harmonieren, zwischen beiden also eine Verbindung besteht, ist Aktivität sinnvoll. »Ich muß das schaffen, weil andere es auch geschafft haben«, könnte nur der Fanatiker sagen. Er setzt auf die falsche Karte, will sich durchbeißen, verwechselt Aktivität mit Sturheit. Wie der Fluß, der einen Berg nicht zur Seite räumen kann, diesen umströmt, um seine Richtung jenseits des Berges wieder aufzunehmen, ist auch der Mensch gezwungen, unüberwindbare Widerstände zu umgehen. Ständig gegen derartige Widerstände anzurennen, ist dumm und bringt Schmerzen. Derartige Schmerzen, in unserer heutigen Arbeitswelt auch Dauerstreß genannt, sind schicksalsgegebene Warnsignale, die zum Überdenken der Situation und der Ziele auffordern sollen.

»Der ist zu wenig motiviert«, sagen wir von einem inaktiven Menschen. Ein Motiv ist der Beweggrund, aus dem heraus gehandelt wird. Motivation ist die Bezeichnung für alle nicht unmittelbar aus äußeren Reizen ableitbaren Variablen, die das Verhalten hinsichtlich Intensität und Richtung beeinflussen bzw. kontrollieren. In diesem Begriff sind enthalten: Vorgänge und Zustände, die auch als Affekt, Antrieb, Bedürfnis, Drang, Gefühle, Interessen und Trieb beschrieben werden. Außerdem sind enthalten, bewußte und unbewußte Vorgänge, die man zur Erklärung oder zum Verstehen des Verhaltens einführt und von denen man annimmt, daß ihnen entsprechende Funktion zukommt. Vereinfacht können wir sagen, Motivation umfaßt die in der Handlung wirksamen komplexen Vorgänge:

Das folgende Modell zeigt den Weg zur Aktion im Zusammenspiel der dafür notwendigen Faktoren:		
Faktoren:	Definition:	
5. Verhalten*	Allgemeine Bezeichnung für die Gesamtheit aller beobachtbaren, feststellbaren oder meßbaren Aktivitäten des lebenden Organismus, meist aufgefaßt als Reaktionen auf Reize.	ißt in Schnellgaststätte

4. Handlungsantrieb (Willensenergie)	Quantitatives Maß für seelische Dynamik. Allgemeine und umfassende Bezeichnung für die dynamische, energetisierende Komponente zielgerichteter Verhaltensweisen, die den Organismus dazu antreibt oder »energetisiert«, ein Bedürfnis zu befriedigen.	sucht Möglichkeit
3. Wunsch (Zielbeschreibung, Bedarf)	Bezeichnung für die Vorstellung eines begehrten Gegenstandes mit dem stark erlebten Drang nach dessen Erlangung.	billig essen
2. Motiv (Beweggrund)	Der einzelne Beweggrund in der Motivation einer Handlung. Zu verstehen als die das Verhalten auslösende Zielvorstellung.	Gewinn
1. Bedürfnis (Mangelerlebnis)	Umfassende Bezeichnung für Zustände des Organismus, die ein suchendes bzw. zuwendendes Verhalten hervorrufen. Auch: Mangelzustände des Organismus, die bei längerer Dauer zur Schädigung oder Tod führen können.	Hunger

* Verhalten wird von der Umwelt toleriert, belohnt oder bestraft. Belohntes Verhalten wird verstärkt, bestraftes Verhalten wird »verlernt« bzw. unterdrückt.
Oft sucht sich derjenige, dessen generelles Verhalten Bestrafung erfährt, ein anderes Umfeld.

Zu diesem Ablauf ein Beispiel: Nehmen wir als Bedürfnis zunächst ein körperliches Bedürfnis (Mangelerlebnis), den Hunger. Gekoppelt mit Motiv Gewinn wird der Wunsch entstehen, unter Beachtung der Sparsamkeit zu essen. Der Handlungsantrieb entfaltet die zur Wunscherfüllung notwendigen Aktivitäten und erreicht als nun gegebenes Verhalten möglicherweise das Befriedigen des Hungerbedürfnisses an einer Würstchenbude. Das gleiche Bedürfnis gekoppelt mit Motiv Entdeckung könnte den Wunsch auslösen, etwas völlig Neuartiges zu probieren. Aus dem Handlungsantrieb heraus suchen wir die Anschrift eines Spezialitätenrestaurants und im sich ergebenden Verhalten essen wir dort uns fremde Speisen.

Dieses Beispiel läßt sich übertragen auf die Situation zwischen Verkäufer und Kunde. Verkaufen braucht als Vorstufe die Unzufriedenheit. Erkennt der Kunde, daß er seine Ziele leichter, besser, billiger u. a. erreichen kann, wird er bewußt oder unbewußt mit den jetzt genutzten Möglichkeiten unzufrieden. Entsprechen die genannten Nutzen seinen Motiven, seinen Wunsch- und Zielvorstellungen, wird zusätzlich Aktivität ausgelöst, entsteht Kaufinteresse und als Verhalten Kaufen. Dieser Ablauf umschreibt in einfachen Stufen die Kunst, den Kunden kaufen zu lassen.

Ist das beim Einzelnen gegebene Motiv befriedigt, entsteht kein Antrieb zum Handeln. Ähnlich bei der von Maslow entwickelten Bedürfnishierarchie machen befriedigte Bedürfnisse zufrieden. Entstehen neue Bedürfnisse oder werden neue Motive aktiviert, entstehen erneut Wünsche, und Aktivität ist notwendig. Übersteigert wird so der Mensch vom Habenwollen gehabt und vom Besitzenwollen besessen. Er kauft sich dann von Geld, das er nicht hat, Dinge, die er nicht braucht, um Menschen zu imponieren, die er nicht mag. Sie könnten nun sagen, davon lebt unsere Wirtschaft. Selbst wenn ich diese Behauptung bejahen will, habe ich immer noch die Frage, ob Sie, der Sie an sich arbeiten, um sich selbst zu finden, um aus gesunder Selbsteinschätzung weiterzukommen, so handeln müssen. Derjenige, der in gesunder Selbsteinschätzung lebt, mit dem, was er mit den ihm gegebenen Mitteln erreichen konnte, zufrieden ist, kann ein wenig über den Dingen stehen. Es wird dann immer noch genügend Menschen geben, die ihre Selbstverwirklichung nicht in sich selbst, sondern in den ihnen gehörenden Gegenständen suchen. Genug Menschen also, von denen unsere Wirtschaft leben kann.

Wer andere aktivieren will, muß motivieren können. Im einfachsten Sinne verstehen wir unter »motivieren« begründen. Die genannten Gründe müssen zu dem beim Partner aktiven Motiv passen. »Das brauche ich nicht«, ist die Antwort eines Gesprächspartners, bei dem ein falsches Motiv angesprochen wurde. Um partnerbezogen zu aktivieren, ist es notwendig, dessen Beweggründe erkannt zu haben. Diese Beweggründe erfahren wir am besten, indem wir fragen. Sie möchten beispielsweise herausfinden, was einen Kunden für den Kauf eines Autos besonders motiviert. Folgender Dialog könnte sich entwickeln:

Sie: »Worauf legen Sie bei einem neuen Wagen besonderen Wert?«

Kunde: »Ich fahre sehr oft lange Strecken und möchte nicht wie gerädert am Ziel ankommen. Dafür bin ich bereit, lieber etwas mehr auszugeben.«

Diese Antwort signalisiert das Motiv »Bequemlichkeit« und zeigt Ihnen auch, daß das Motiv »Gewinn« (Sparsamkeit) kein Hinderungsgrund ist. Stellen Sie sich nun vor, Sie sagen Ihrem Kunden:

»Der Motor dieses Wagens ist mit einer elektronischen Benzineinspritzung ausgestattet, das reduziert den Kraftstoffverbrauch.«

Mit dieser Antwort hätten Sie zwar ein Motiv (Gewinn) angesprochen, aber nicht diesen Kunden. Sie hätten mit Ihrer Nutzenargumentation auf ein nichtaktives Motiv gezielt und statt dem erwünschten »Einverstanden« hätten Sie möglicherweise ein Gegenargument ausgelöst. Ihre richtige Vorgehensweise: Folgern Sie aus der Antwort des Kunden den ihn bewegenden Beweggrund (im Beispiel: Bequemlichkeit). Suchen Sie aus den Merkmalen Ihres Angebots diejenigen heraus, die dem Beweggrund entsprechenden Nutzen am leichtesten nachweisen lassen und argumentieren Sie partner- und motivbezogen. Ihre Antwort ist dann:

»Die besonders weiche Federung erlaubt bequemes und entspanntes Fahren.

Die Servo-Lenkung spart Kraft. Die anatomisch geformten Sitze verhindern Muskelverspannungen. Die griffgünstig angelegten Bedienungselemente erlauben leichte Bedienung.«

Jede Argumentation ein Volltreffer in das Motiv des Kunden.

Andere Menschen für seine Ideen zu gewinnen, ist also ganz einfach, wenn man nicht eigene Vorstellungen in den Vordergrund stellt, sondern versucht, die Vorstellungen und Wünsche des Kunden erreichen zu helfen. Entsprechend breites sprachliches Repertoire im Bereich der Kundennutzenargumentation als Werkzeug, eigene Aktivität, entstanden aus der Motivation, dem Kunden zu helfen, und erreichbare Ziele garantieren tägliche Erfolge.

Der Weg zu den Werkzeugen:

1. Sammeln Sie möglichst viele Merkmale, Ihrer Ideen und Ihres Angebots.
2. Vergleichen Sie diese Merkmale mit den Merkmalen, die Ihre Wettbewerber ebenfalls nennen könnten und suchen Sie so Alleinstellungsmerkmale.
3. Versuchen Sie aus jedem dieser Merkmale Nutzen für jedes der genannten sieben Kaufmotive abzuleiten.

Während der Verkäufer bei seinem Kunden das momentan vorhandene Motiv zu befriedigen hat, muß der Vorgesetzte bei seinen Mitarbeitern auf überdauernde Motive (Verhaltensdispositionen) eingehen. Neue Motive verändern das Handeln. Während der Kunde in unserem Beispiel auf Motiv Bequemlichkeit Wert legte, kann es sein, daß er beim Kauf des nächsten Autos aufgrund der wirtschaftlichen Situation als neues Motiv Gewinn erkennen läßt. Die Situation kann ihn gezwungen haben, den Konflikt zwischen Bequemlichkeit und Gewinn zugunsten des Motivs Gewinn zu lösen. Es ist deshalb zu empfehlen, daß Sie in jedem Gespräch erneut vorhandene Motive ausloten.

Wie bei unserem vorgenannten Beispiel können auch in uns selbst solche Konfliktsituationen entstehen. Unter einem Konflikt verstehen wir einen Zustand, der dann auftritt, wenn zwei einander entgegengerichtete Handlungstendenzen oder Antriebe (Motivationen) zusammen auftreten und sich als Alternativen in bezug auf ein Ziel möglichen Handelns im Erleben des Betroffenen äußern. Dieses Erleben führt zu Spannungen emotionaler Art, die oft als unangenehm empfunden werden. Wird eine der beiden Handlungstendenzen lediglich verdrängt, kann es zu Symptombildungen von der Art der Neurose kommen. Wollen und sollen, Aktivität und Verantwortungsgefühl u. a. können sich als Konfliktauslöser darstellen. Der Verkäufer soll Umsatz bringen, will aber seine Kunden nicht überfordern. Gebote und Verbote, die er im Laufe der Erziehung übernommen hat, und an die er sich hält, stehen den von außen an ihn herangetragenen Forderungen gegenüber. Es kann helfen, wenn die im Rahmen der Erziehung übernommenen Gebote und Verbote neu durchdacht und strukturiert werden. Nicht daß dadurch jemand »gewissenlos« würde, aber das »Gewissen« der Kindheit muß nicht zwangsläufig das Gewissen eines Erwachsenen sein. Dieses Gewissen, dieses vom Individuum als verbindlich angesehene System von (moralischen) Werten ist nicht ein für allemal festgeschrieben. Dies wird überdeutlich bei der Sexualität, wo ältere Menschen aus »Gewissensgründen« den Gesamtbereich der Sexualität tabuisieren und mit den jüngeren, frei und vernünftiger lebenden Generationen in ständige Konflikte geraten.

Die jeweiligen Moralvorstellungen eines Menschen basieren auf dem vorhandenen Bewußtseinsniveau. Alte Moral, die für die Masse gültige Moral, trägt oft nicht. Simplifizierende Schwarzweißmalerei ist unglaubwürdig geworden. Oft war Moral eine Zweckmoral, die als gut oder böse jeweils das bezeichnete, was in den Interessen bestimmter Gruppen oder Institutionen lag. »Du sollst nicht töten«, hieß es, aber das Töten von sogenannten Ketzern und Hexen oder das Töten des Feindes, für das die ausziehenden Soldaten sogar noch gesegnet wurden, war plötzlich ein Verdienst. C. G. Jung hat uns mit seinen Erfahrungen im Bereich der Tiefenpsychologie gezeigt, daß wir dazu neigen, unser eigenes Böses, unseren Schatten — die uns als unannehmbar erscheinenden Wesensteile — nach außen, auf andere, auf den Teufel oder auf ein Feindbild zu projizieren. Mit dieser Projektion wird es uns möglich, das Böse draußen zu verfolgen, es nicht als zu uns selbst gehörend sehen zu müssen. Nietzsche formuliert in diesem Zusammenhang einmal: »Das habe ich getan, sagt mein Gedächtnis; das kann ich nicht getan haben, sagt mein Stolz und bleibt unerbittlich. Endlich — gibt das Gedächtnis nach.«

Dieser Mechanismus der Verdrängung wird aber weit übertroffen durch den Mechanismus der Projektion. Das Prinzip »haltet den Dieb« schiebt immer dem anderen das eigene Böse zu. So kann einer anderen Gruppe, einer Rasse, einem Volk in einem selbst ruhendes Böses angelastet werden. Selektive und subjektive Wahrnehmung bestätigt die Richtigkeit der Anlastung, und indem diese Zielgruppe nun draußen bekämpft oder vernichtet wird, tut man sogar noch eine gute Tat.

So können im »Dienst des Guten« eigene Schuldgefühle ausgelebt werden.

Wird einem das in einem ruhende eigene Böse gegen viel Abwehr und aufkommenden Widerstand bewußt, bekennen wir uns zu Wesensseiten oder Neigungen, die wir nicht wahrhaben möchten, nehmen wir diese Schattenseiten unseres Bewußtseins an, entsteht aus dieser vertieften Selbsteinsicht ein enormer Reifungsprozeß. Wer sich so mit sich auseinandersetzen kann, lernt, sich auch mit Positiv- und Negativstrukturen anderer zu befassen, ohne Aggressionen zu entwickeln. Es geht also nicht darum, Aggressionen aus Angst vor Strafe, vor Liebesentzug oder vor der Gegenaggression zu unterdrücken, auch nicht um falsches Schonen eines anderen — man würde dann ohnehin nur sich selbst schonen

— es geht darum, sich mit den Gründen für die in einem liegende Aggression auseinanderzusetzen. Diese Auseinandersetzung vermeidet auch eine gefährliche »Dulderhaltung«. Die »Dulderhaltung« delegiert Aggression an den Partner. Er soll böse und schuldig werden. Man selbst zieht daraus den oft quasi masochistischen Genuß selber der »Geschlagene« zu sein.

Die Fähigkeit zur Verantwortung ist eine spezifisch menschliche Fähigkeit. Tiere kennen zwar die Brutpflege und schützende Verhaltensweisen gegenüber ihren Jungen — eine Art Verantwortungsgefühl — beziehen aber die resultierenden Verhalten aus Instinkten. Menschliche Verantwortung geht weit über diese instinktgegebenen Verhalten hinaus. Der Mensch kann entscheiden, ob er sich für jemanden oder etwas verantwortlich fühlen will oder nicht. Zunehmende Bewußtwerdung und einseitige Entwicklung der Ratio hat dazu geführt, daß sich die menschlichen Instinkte abgeschwächt haben und abgestumpft sind. Einsicht, Gesetze, Gebote und Verbote müssen Instinkte ersetzen. Der Mensch hat die Fähigkeit, die Welt zu verändern und eigene und die Lebensbedingungen anderer Lebewesen zu beeinflussen. Diese Freiheit erfordert einen weit höheren Verantwortungsgrad, damit sie nicht in Willkür ausartet.

Das bereits früher beschriebene Prinzip der Polarität des So-oder-so erzeugt ständige Konflikte und verlangt vom erwachsenen Menschen permanent neue Entscheidungen. Wer sich nur auf eingeimpfte Wertevorstellungen zurückzieht, verhält sich regressiv. Er beantwortet momentan auftretende Situationen aus früheren Lebensaltern und Bewußtseinsstufen. Das früher erwähnte Beispiel mit der Spinne macht dies noch einmal deutlich. In früher Kindheit erlernter Ekel vor diesem Tier und jetzt entstehende Neugierde läßt einen Konflikt entstehen. Siegt der Ekel oder die Neugierde? Wer sich regressiv verhält, überläßt sich den Ekelgefühlen und nimmt selektiv neue Gründe für diesen Ekel wahr. Wer sich im Hier und Jetzt verhält, geht die Situation interessiert und aufgeschlossen, bei gleichzeitigem Bewußtsein der Ekelgefühle an, überprüft diese Gefühle auf deren Wert, nimmt objektiv wahr und entwickelt eine neutralere Einstellung zu diesem Tier.

Ständig stehen wir im Konfliktfeld zwischen Aktivität und Verantwortungsgefühl. Wir erleben sogenannte kognitive Dissonanzen. Wir nehmen Bewußtseinsinhalte wahr, die miteinander zu tun haben, aber voneinander abweichen (dissonant) sind. Diese Widersprüche in unserem eigenen Denken, in unseren Einstellungen und Meinungen, die als störend (als Bestrafung) erlebt werden, versuchen wir zu reduzieren. Dabei ist die Dissonanzverringerung von so großer Bedeutung, daß Menschen dafür die Realität biegen und brechen. So wird Denken oft zum Selbstbetrug. Die häufigsten Strategien zur Reduzierung solcher Dissonanzen sind:

1. Hinzufügen neuer erklärender Bewußtseinsinhalte.

2. Uminterpretation der Wichtigkeit.

3. Eliminieren von Bewußtseinsinhalten durch Ignorieren, Vergessen oder Verdrängen.

4. Änderung des Verhaltens oder Umweltsituation.

Unser Verkäufer, der mehr Umsatz erbringen soll, den Kunden aber nicht überfrachten will, könnte die so erlebte Dissonanz, seinen Konflikt mit einer oder mehreren dieser vier Strategien lösen. Er hätte dann folgende Antworten:

1. Andere Kollegen haben auch nicht soviel mehr Umsatz, eigentlich reicht mir mein Einkommen ja aus, ich kann es also verantworten, weniger zu verkaufen.

2. Wenn ich dem Kunden jetzt mehr verkaufe, fühlt er sich überfahren und kauft künftig gar nichts mehr bei mir, dann ist es besser, ich verkaufe jetzt wenig und habe ihn auf Dauer (wirklich?).

3. Dieser Kunde kauft ja doch zuwenig, am besten, ich fahre gar nicht mehr hin, dann löst sich das Problem von selbst.

4. Wo kauft der Kunde noch? Welche Argumente kann ich verwenden, um Umsätze, die meine Wettbewerber jetzt mit ihm tätigen, zu mir zu holen? Laufe ich nicht durch mangelnde Aktivität Gefahr, daß meine Wettbewerber immer breitere Marktanteile bekommen und ich so verdrängt werde? Wie könnte ich dem Kunden beim Abverkauf helfen, damit er mehr bei mir einkaufen kann?

Sie sehen daraus, Aktivität und Verantwortungsgefühl muß sich nicht als Polarität zeigen, muß nicht zu Konflikten führen. Wer seine Aktivität nicht gegen, sondern für etwas einsetzt, die geeigneten Werkzeuge nutzt und sich die Folgen überlegt, diese in seinem Vorgehen bereits minimiert, braucht nicht inaktiv zu sein oder zu werden.

Änderungen von Einstellungen und Verhalten kommen oft schon zustande, wenn

1. Sie sich ausführlich mit dem Konflikt beschäftigt haben,

2. Sie sich klar geworden sind, was Sie stört und belastet,

3. Sie Ihre Ziele genauer kennen,

4. Sie die Bedingungen kennen, unter denen das Verhalten auftritt bzw. nicht aufhört,

5. Sie Situationen aufmerksamer erleben,

6. Sie die für die Zielerreichung nötigen Werkzeuge besitzen und beherrschen.

Oft wird im Menschen vorhandene Aktivität von anderen, von Mitarbeitern, Kunden und Freunden abgerufen. »Ich habe ein Problem; kannst Du mir helfen?« sind die Angelhaken. Aus einer problemfreien Beziehung, einem problemfreien Feld wird ein besetztes Gebiet.

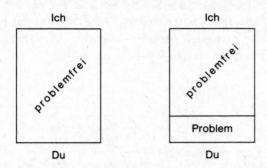

Oder wir selbst haben ein Problem und suchen Lösung in der Umwelt. Wir besetzen die problemfreie Zone mit unserem Problem.

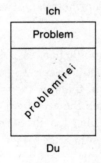

Aktivität ist gefordert, aber welche Mittel helfen? Wer den Weg zum Ziel nicht kennt, die falschen Mittel verwendet, vergeudet seine Aktivität. Nicht wieviel man für andere tut, zählt, sondern nur das erreichte Ergebnis.

Aus den Abbildungen ersehen Sie, daß wir zwei Problembereiche unterscheiden:

1. Problem bei mir
2. Problem bei anderen

Liegt das Problem bei einem selbst, z. B. Ärger, Ekel, Unzufriedenheit, liegt es nahe, dem scheinbar Verursachenden »Schuld« anzulasten. Bei dieser Art »Schattenprojektion« braucht der Betroffene nichts zu ändern. Es sind ja immer die anderen schuld. Die haben sich zu ändern. Falsch verstandenes Mitleid, Unsicherheit u. a. führt dann tatsächlich zu »Rücksichtnahme«. Nach dem Prinzip des Verstärkungslernens wird das Verhalten der Schuldprojektion sogar noch belohnt und es darf ruhig weiter die Schuld bei anderen, in der eigenen Kindheit gesucht werden. Greift dann später vielleicht erst im Alter das Regulativ »Schicksal« ein, werden neue Ausreden gesucht. Wie also bei eigenen Problemen agieren? Hier hilft die werturteilsfreie »Ich-Botschaft«.

Beispiele für

werturteilsfreie Ich-Botschaften	werturteilende Du-Botschaften
Mich ärgert Dein Verhalten	Du ärgerst mich ...
Ihr Verhalten wirkt auf mich aggressiv	Sie sind aggressiv

Liegt das Problem beim anderen, helfen

Fragen und Verbalisieren.

Beide Gesprächstechniken ermöglichen es dem Gesprächspartner, sein Problem zu definieren, es zu erkennen und evtl. sogar selbst zu lösen. Oft vorschnell angebotene »eigene« Lösungen aktivieren meist nur Rechtfertigungsmechanismen. Mehr zu diesem Bereich lesen Sie im Kapitel »Durchschauen sozialer Situationen«. Wollen Sie, der Sie sensibel ein Problem erkannt haben, aktiv zur Lösung beitragen beachten Sie folgende Stufen:

1. Problem erkennen und definieren, Ihre Sensibilität läßt Sie Probleme ahnen. Prüfen Sie, ob das vermutete Problem bei Ihnen oder Ihrem Partner liegt. Liegt das Problem bei Ihnen, formulieren Sie eine Ich-Botschaft. Formuliert Ihr Partner ein Problem: fragen oder verbalisieren Sie.

2. Nach der möglicherweise längere Zeit in Anspruch nehmenden Problemdefinition erarbeiten Sie gemeinsam Lösungsvorschläge.

3. Diese Lösungsvorschläge bewerten Sie nun gemeinsam in bezug auf Praktikabilität.

4. Jetzt entscheiden Sie sich für die am besten geeignete Problemlösung.

5. Diese Problemlösung verwenden Sie nun.

6. Nach einiger Zeit kontrollieren Sie, ob diese Lösung das Problem wirklich lösen konnte. Sollte dies nicht der Fall sein, beginnen Sie bei Punkt 1. Es ist dann nämlich ein »neues« Problem vorhanden.

Der Mensch schafft sich seine Probleme selbst. Dadurch, daß er sich oft zum Maßstab der Dinge macht, entstehen Emotionen, wenn Erlebnisse von diesem Maßstab abweichen. Eigene Unfähigkeit zur Neutralität wird dann dem anderen angelastet. Das in einem selbst Unfertige wird auf den Partner projiziert und an ihm verfolgt. Dadurch, daß das eigene Unvermögen so verlagert wird, braucht der Mensch nicht an sich zu arbeiten. Er kann dann das »Böse« in seiner Umwelt verfolgen.

Viele glauben, daß Gefühle und Verhalten direkt aus den Ereignissen bzw. Reizen resultieren. In Wirklichkeit hängen Gefühle und Verhalten davon ab, wie Ereignisse und Reize verarbeitet werden. Ärger und Freude und andere Emotionen sind das Ergebnis von irrationalem oder unlogischem Denken.

Der Übersensible, der Empfindliche entwickelt Gefühle oft aufgrund irrationaler Annahmen und kommt so in Schwierigkeiten. Folgende Annahmen sind besonders verbreitet:

1. »Ich muß bei allen Leute, die mir wichtig sind, Liebe und Zuneigung erfahren.« (Bedürfnis nach Anerkennung)
2. »Ich muß beweisen, daß ich kompetent, fähig und erfolgreich bin.« (Perfektionismus und Angst vor Versagen)
3. »Wenn andere sich anstößig und unfair verhalten, muß ich sie kritisieren und verdammen und sie als schlechte, böse oder verdorbene Individuen sehen.« (Zwang zur Kritik)
4. »Werde ich ernsthaft frustriert, unfair behandelt oder zurückgewiesen, muß ich dies alles als entsetzlich und katastrophal sehen.« (Frustration = Katastrophe)
5. »Seelisches Leiden entsteht durch äußeren Druck, so habe ich wenig Möglichkeiten, meine Gefühle zu kontrollieren oder zu verändern.« (Hilflosigkeit)
6. »Wenn etwas als gefährlich erscheint, muß ich mir deswegen Sorgen machen und Angst davor haben.« (Sorgen)
7. »Es ist leichter, vielen Schwierigkeiten und Verantwortungen im Leben aus dem Wege zu gehen, als lohnenswerte Formen der Selbstdisziplin zu praktizieren«. (Vermeidung)

8. »Meine Vergangenheit bleibt unvermindert wichtig; weil mich einmal im Leben etwas sehr beeinfluß hat, muß es auch weiterhin mein derzeitiges Fühlen und Handeln bestimmen.« (Opfer der Vergangenheit)

9. »Alles sollte besser sein als es ist, und ich muß es als schmerzlich und schlimm sehen, wenn es mir nicht gelingt, ideale Lösungen für die harten Wirklichkeiten des Lebens zu finden.« (Suche nach dem Nirwana)

10. »Ich kann ein Maximum an menschlichem Glück erreichen, wenn ich passiv und untätig bleibe und es mir ohne viel Handeln und Engagement schön mache.« (Passivität und Langeweile)

Flexibilität

Flexibilität bezeichnet die Bereitschaft des Organismus, auf neue Gegebenheiten schnell zu reagieren, bzw. das Verhalten zu verändern. Ein anderes Wort für Flexibilität ist Anpassungsfähigkeit. Der Gegensatz ist die Rigidität. Rigidität bezeichnet einen Zustand allgemeiner und relativ andauernder Muskelkontraktion, wie er z. B. bei Hypnose oder bei Störung der motorischen Nervenbahnen auftreten kann. Mit einem anderen Wort bezeichnet, ist Rigidität Starrheit. Weiter gefaßt, ist Rigidität eine Bezeichnung für die Unfähigkeit oder nur eingeschränkte Fähigkeit eines Menschen, sich angesichts der Veränderungen der objektiven Bedingungen in Handlung oder Einstellung von einmal eingeschlagenen Handlungs- oder Denkwegen zu lösen und angemessenere (angepaßtere) zu wählen. Es wird angenommen, daß sich Rigidität mit zunehmendem Alter verstärkt.

Der Flexible reagiert auf Situationen derselben Klasse in recht nuancierter Weise. Er besitzt die Fähigkeit, eine Vielzahl von Verhaltensweisen zu zeigen.

Oft wird Sturheit fälschlicherweise und möglicherweise auch zur Konfliktlösung mit dem sehr viel schöner klingenden Wort Charakter beschrieben. Im Wörterbuch zur Psychologie (Drever/Fröhlich) wird Charakter wie folgt definiert: »In allgemeiner Bedeutung jede an einem Individuum beobachtbare Eigenheit bzw. die Summe aller Eigenheiten, die es ermöglicht, das einzelne Individuum oder Lebewesen (biologische Bedeutung) mit anderen zu vergleichen. In etwas engerer psychologischer Bedeutung (besonders in der englischen Fachliteratur) die integrierte Gesamtheit aller individuellen Gewohnheiten (habits), Gefühle und Ideale, die das Verhalten des Individuums relativ konstant und vorhersagbar machen. In diesem Sinne ist der Begriff fast gleichbedeutend mit Persönlichkeit aufgefaßt.«

Es kann also jemand über Charakter verfügen und trotzdem flexibel sein. Er setzt dann die ihm gegebenen Eigenheiten situationsspezifisch und individuell ein. Vor kurzem sagte mir eine ältere Dame, daß sie mit einem Nachbarn vor 30

Jahren einen Streit gehabt, und seit diesem Tag kein einziges Wort mehr mit ihm geredet habe. Sie hätte Charakter. Wer Charakter so zur Darstellung eines Eigenlobes verwendet, muß sich die Frage gefallen lassen, ob er nicht Charakter mit Sturheit verwechsle. Weitere Erklärungen des Wortes Charakter entnehmen wir den verschiedenen Bezeichnungen, wie Charakterdarsteller (Schauspieler) und dem Gebrauch des Wortes Charakter auch für die Beschaffenheit bestimmter Materialien und Gegenstände. Daraus folgt, daß Charakter zwar individuelle Verhaltensdispositionen beinhaltet, der Flexibilität jedoch nicht entgegensteht. Die Flexibilität des einzelnen wird von folgenden Faktoren eingeengt:

In ihm selbst:
Angst, Verspannung, Normen, Gewissen, vorhandene Fähigkeiten, mangelndes Selbstvertrauen u.a.

Aus der Situation:
Umgebung, Rolle, anwesende Personen, Zeitpunkt u.a.

Vom Ziel:
Zielerreichungszwang, Bindung an das Ziel, Aufforderungsgrad des Zieles, Erreichbarkeit des Zieles, Wertigkeit des Zieles, u.a.

Wir können sagen: Das Ziel und die Situation stellen an den einzelnen Anforderungen, die er im Rahmen der ihm gegebenen Möglichkeiten (Charakter) flexibel bewältigen sollte.

Wieder spielt unser Normengefüge eine Rolle. Ist das notwendige Verhalten richtig oder falsch? Schon diese Frage engt die Flexibilität ein. Führt oft zu Fluchtverhalten, dazu nämlich, gar nichts zu tun. Der Selbstbewußt-Flexible agiert lieber »falsch« als gar nicht. Er ist in der Lage, durch Fehlreaktion entstandene neue Situationen ebenfalls selbstbewußt und flexibel zu meistern. Er verfügt über genügend Wissen und Können, um flexibel zu sein und erarbeitet ständig neue Ideen und Vorgehensweisen.

»Das haben wir schon immer so gemacht«, diese Aussage kennzeichnet nicht ein charakterstarkes, sondern ein unflexibles starres Verhalten. Auch hier wird deutlich, daß Charakter oft nur die vorgeschobene Wand ist, hinter der hervor alles Neue abgelehnt werden kann. Wer sich so auf seinen Charakter beruft, braucht nicht mehr an sich zu arbeiten. Er trägt seinen Charakter wie ein Schutzschild gegen alle Neuerungen vor sich her, braucht nicht mehr mit der Zeit zu gehen und weiß nicht, daß der, der nicht mit der *Zeit* geht, mit der Zeit *geht*.

Gut und Böse sind Menschlichkeitsbegriffe, falsch und richtig ebenfalls. Zwischen diesen beiden Polen gibt es eine Menge von Zwischenstationen. Beide Pole sind uns gegeben, um Flexibilität zu entwickeln. Was heute richtig ist, kann morgen falsch sein, was heute falsch ist, kann morgen richtig sein. Wer sowohl Falsches als auch Richtiges als Extrempole seines möglichen Verhaltens zu definieren vermag, verbreitet die Möglichkeit seines flexiblen Handelns. Wer sich nur auf das: »Das ist so richtig« beruft, vergißt, den Gegenpol zu definieren, ist für weitere Möglichkeiten verschlossen. Formuliert die Umwelt Alternativen, beginnt deren Abwehr. Auch hier nicht aus charakterlichen Gründen, sondern möglicherweise aus Ärger über die eigene Blindheit.

Der Mensch ist Bürger zweier Welten. Immer Bürger des Sowohl-als-auch. Die Entwicklung des Menschen geschieht nicht spontan und ist dann für ein Leben lang abgeschlossen, sondern langsam und fast unmerklich. Wie ein Schwamm zieht der Mensch ständig neue Informationen ein, übernimmt sie in sein Verhalten, wird flexibel oder lehnt diese ab, geht neuen Informationen aus dem Weg und bleibt meist innerlich leer. So definierter Charakter ist die im Museum zu sehende eiserne Ritterrüstung, deren Besitzer vor langem verstarb.

Aufgeschlossen angenommene Kleinigkeiten machen Entwicklungen möglich. Die Freundlichkeit der Umwelt, zuhören und besser verstehen, Toleranz gegenüber dem anderen, läßt Informationen aufnehmen, die sehr oft Meinungen verändern. Vorurteile, oft Grund der Ablehnung neuer Informationen, belassen den Jetzt-Stand und verhindern Entwicklungsmöglichkeiten. Aus dem Wunsch, zu Verständnis kommt Güte, entsteht eine Minderung des Egozentrismus, Begierdelosigkeit. So entsteht Erkenntnis und aus dieser Erkenntnis Flexibilität. Die Polarität läßt uns in gut und böse, ich und du, mein und dein unterscheiden. Erkenntnis sagt wir und unser. Die Aufnahme nur der Informationen, die zum eigenen Weltbild passen, bringt genausowenig Weiterentwicklung wie das ständige Erfüllen von Wünschen, welches nicht befriedigt, sondern unersättlich macht. Flexibilität ermöglicht es, immer das Sowohl-als-auch zu sehen. Nicht nur zu sehen, warum man etwas nötig hat, sondern auch, warum man es nicht nötig hätte. Dies meinte Sokrates, als er über den Markt gehend fröhlich sprach: »Wie viele Dinge gibt es doch, die ich nicht brauche!« Wir wollen unter Flexibilität nicht das Taumeln zwischen den unterschiedlichen Wünschen, nicht das ständige Auf und Ab unserer Stimmungen und nicht Launenhaftigkeit verstehen. Wer heute will und morgen nicht mehr, ist nicht flexibel, sondern inkonsequent. Wer aber im Durchdenken des heutigen Wollens und Analysieren des Dafür- und Dagegensprechenden zur Entscheidung kommt, etwas nicht zu brauchen, verhält sich flexibel. Sich so einstellende Begierdelosigkeit läßt Stille entstehen und in der Stille des Augenblicks wird erfahrenes Leid unwirksam. Unflexibel glauben wir oft Schläge zurückgeben zu müssen. Dann bestimmt der andere unser Verhalten. Er zieht wie ein Marionettenspieler an den Fäden seiner Marionetten mit seinen ausgesandten Reizen an unserem Verhalten. Sind wir selbstbewußt, flexibel, reagieren wir entsprechend der Situation, der Rolle und der Umwelt. Wir haben keinen Reaktionszwang nach dem Motto jetzt und hier, Auge um Auge, Zahn um Zahn, sondern wir nehmen an, verarbeiten und entwickeln neues Verhalten. Wir geben der Umwelt nicht mehr das Recht, Emotionen in uns auszulösen. Wir bestimmen selbst, ob die Reize der Umwelt in uns wirken oder nicht. Andere können uns nur verletzen, wenn wir verletzbar sind. Wäre nicht das Böse in uns, fände das Böse keinen Widerhall. Wäre nicht das Gute in uns, fände das Gute keine Resonanz. Ärgern wir uns über das Böse und reagieren darauf, zerstört es nicht den Aussender, sondern uns selbst. Wer Reize seiner Umwelt nicht flexibel aufnehmen kann, ist leicht kalkulierbar und manipulierbar. Nur auf Unflexible wirkt das »Man-nehme-und-schon-hat-man«-Prinzip. Tiere beispielsweise haben durch ererbte Instinkte eindeutig definierbare Charaktere. Je primitiver die Entwicklungsstufe, desto leichter sind die charakterlichen Eigenarten zu beschreiben. Auch hier sehen wir, daß Charakter in der Flexibilität seinen umweltbezogenen Ausdruck findet.

Das jeweilige Bewußtsein, oft ebenfalls mit Charakter bezeichnet, liefert Kriterien für Bewußtsein. Es setzt Maßstäbe für Denken und Fühlen und ist zugleich Gedanke und Gefühl. Mit dem jetzigen Bewußtsein beurteilen wir unser eigenes Bewußtsein. Mit unserem jetzigen Über-uns-Wissen beurteilen wir unser Verhalten. Das ist so, als würde sich jemand am eigenen Schopf aus dem Sumpf ziehen wollen. Aus derartigem Verhalten entstehen unterschiedlichste Modelle, Richtig- und Falsch-Bezeichnungen, Festlegungen. Jede Festlegung ist subjektiv entsprechend dem vorhandenen Bewußtsein, welches festlegt, richtig. Untersuchen wir die drei Bewußtseinsstufen, welche Flexibilität zulassen oder hemmen, sehen wir folgendes:

Das Oberbewußtsein, das erste Stockwerk des Hochhauses, gibt den größten Ausblick, den weitesten Horizont und damit das Gefühl der Freiheit. Seine Tätigkeit ist an der Oberfläche. Es läßt sich kontrollieren und verfolgen. Alle Eigenschaften dieses Bewußtseins sind an Zeit und Raum orientiert, funktionieren logisch, mathematisch und sind in strenge Kausalität gebunden. Neben diesen realen und intellektuellen Fähigkeiten verfügt es über das Ich. Es ist Bezugsmittelpunkt, Beobachter und Maß der Orientierung. Auf dieses Oberbewußtsein sind wir stolz und vergessen dabei oft, daß es nicht möglich wäre ohne die unteren Stockwerke. Schon Bewußtlosigkeit oder Narkose genügen, um das Oberbewußtsein auszulöschen.

Das Unterbewußtsein enthält Gefühle wie Liebe, Haß, Mißtrauen, Neid, Angst, Egoismus, Freude und Aggressivität. Das Unterbewußtsein enthält gravierende Erfahrungen des Oberbewußtseins, die in der Tiefe als Gefühle liegen blieben. Diese Gefühle bilden Reaktionskerne, deren Weiterwirkung zu Komplexen führen kann. Der seelische Niederschlag kann so stark sein, daß er das ganze Leben bestimmt. Leid, Trauer, Untreue u. a. – alles Erlebnisse des Oberbewußtseins – können im Unterbewußtsein wie ein Sprengsatz liegen bleiben. Sie können die Form von Mißtrauen, Angst und Zweifel annehmen und sofort zurückschlagen, wenn wir von »oben« mit neuen Erfahrungen konfrontiert werden.

Lebensanschauungen und Wahrnehmungen sind weniger Resultate der Vernunft, vielmehr Ergebnisse des jeweiligen Lebensgefühls. Es sind formulierte Bedürfnisse und Sehnsüchte. Sie bestimmen, was gedacht wird. Der vielgepriesene Intellekt ist dann oft nur noch willfähriger Koordinator des Lebensgefühls. Das Gefühl diktiert. Oft leistet die Logik Beihilfe in der Ausgestaltung der Bedürfnisse zum Begriff, zum Prinzip, zur Ideologie. Das Unterbewußtsein steuert die psychophysische Wechselwirkung. Nach »oben« Kommunikation mit dem Oberbewußtsein. Nach »unten« die organischen Vorgänge. Erlebnisse können Erröten oder Erblassen auslösen. Schock mobilisiert das vegetative Nervensystem, führt zur Hormonausschüttung und körperlichen Reaktionen. Seelisches schlägt sich organisch nieder. Nach dem Prinzip der Organminderwertigkeit werden die Organe betroffen, die durch Vererbung schwächer ausgebildet sind. Organneurosen, Magengeschwüre und Lähmungen zeigen die Wirkung der unterbewußten Aktivitäten. Dem Verstand zugängliche Phänomene des Unterbewußtseins sind Träume. Besonders in Träumen zeigt sich, daß keine kausal-mathematisch wirksame Logik, sondern bildhaft symbolische Sprache verstanden werden muß. Seelische und organische Kräfte dokumentieren sich als Bilderwelt, die der kausalen Logik des Oberbewußtseins nicht folgt. Vergangenes und Gegenwärtiges vermischen sich. Wir schweben, ertrinken, kämpfen mit wilden Tieren, wachen vielleicht schweißgebadet auf. Die im Unterbewußtsein tätigen Kräfte haben sich dargestellt. Gesteuert durch die Gefühlskraft, die sie veranlaßt und die sich darstellt, erschrecken wir, ängstigen wir uns oder fühlen uns glückselig. Nicht nur persönliche Erfahrungen, auch Erlebnisse der Vorfahren (oder Vorleben?) sind gespeichert und wirken. Urerfahrungen, Urängste, Urbilder, Archetypen, die uns genau wie unsere frühkindlichen Erlebnisse das ganze Leben hindurch begleiten. Diese Prägungen sind nicht mehr bewußt, liegen und wirken aber weiter im Unterbewußtsein. Das Unterbewußtsein ist ein Teil unseres individuellen Seins. Nur in der Tiefe erhält es allgemeine Form.

Das Unbewußte könnte auch Überbewußtes genannt werden, weil es weit über allem menschlichen Verstehen steht. Oder religiös: das Göttliche, weil es Ursprung, Inhalt und Summe der Schöpfung ist. Das Unbewußte wirkt zunächst in der Natur. Es enthält Plan, Durchführung, Gesetz und Ziel. Es tritt kausal und dual in Erscheinung. Unbewußt blüht die Rose zu ihrer Zeit, unbewußt folgt der Zugvogel dem Magnetfeld der Erde, unbewußt richtet sich die Biene nach dem Sonnenstand. Alles unbewußt und doch von höchster Zweckmäßigkeit. Harold Saxon Burr, Professor der Yale University erforschte die den lebenden Organismus umgebenden elektrischen Felder. Er fand um Samenkörner Felder in Form der reifen, ausgewachsenen Pflanze. Um ein Froschei entdeckte er ein Feld in Form des ausgewachsenen Frosches. Haben demnach alle Lebewesen derartige elektrische Felder? Entwickeln sich alle Lebewesen in eine bereits vorhandene »Form« hinein? Ist es dann tatsächlich »der Geist, der sich den Körper baut«?

Diese Felder sind nicht die Seele. Wahrscheinlich handelt es sich um das materielle Korrelat des Astralkörpers. Ähnliche Ergebnisse erbrachte die sogenannte »Kirlian-Fotografie«, bei der Strahlungsaktivitäten von Lebewesen fotografiert wurden. Man nimmt an, daß diese Strahlungsaktivitäten Wechselwirkungen zwischen dem energetischen Emanationen des Organismus und einem Hochfrequenzfeld sind.

Auch unser Gehirn ist Entwicklungsprodukt dieses Unbewußten. Die im Gehirn gespeicherten Inhalte entsprechen dem jeweiligen Entwicklungsprozeß und Entwicklungsstand. Das Rad wurde erfunden, obwohl die Menschen damals unfähig waren, verstandesmäßig die Geometrie des Kreises abzuleiten. Das damalige Gehirn war noch nicht fähig, neue umwälzende Erkenntnisse zu empfangen. Möglicherweise muß die Zeit »reif« sein für bestimmte, Bewußtsein schaffende Entdeckungen. Die Zeit brachte einen Kopernikus, Newton und Einstein hervor und entließ an Kulminationspunkten Michelangelo, Tizian, Leonardo da Vinci, Bach, Mozart, Beethoven u. a. Jedes Genie interpretierte die Welt, die Natur und die Schönheit in der ihm zugänglichen Sprache. Newton erfand z. B. nicht das Gravitationsgesetz, das war zu allen Zeiten vorhanden — er entdeckte es neu. Die Genies der Menschheit waren Visionäre mit der Gabe, diese Visionen durch das Oberbewußtsein zu realisieren, sie in Formeln, Begriffe, Töne und Farben zu verwandeln. Der Aufbruch in ein neues Zeitalter geschah oft plötzlich und an verschiedenen Stellen der Erde gleichzeitig. Die Infinitesimalrechnung wurde z. B. zur gleichen Zeit und unabhängig voneinander von Newton und Leipniz entwickelt. Entwicklungen erfolgten immer innerhalb eines Ausgleichs der Gegensätze. Nach Offenbarungen des Unbewußten erfolgte die Reaktion durch die Kräfte des Unterbewußtseins. Oft wurde die Potenz überfordert, die Assimilationsfähigkeit überstrapaziert. Als Resultat zeigte sich dann der Umschlag in Urängste und Panik. Im Mittelalter wurden die Erkenntnisse der genialen Griechen Euklid, Demokrit, Pythagoras, Archimedes u. a. verdrängt und vergessen und die Vorzeit mit ihren Dämonismen erwachte wieder. Ähnliches erleben wir heute. Der Vorstoß an die Grenze der Dimensionalität, unsere technisch-wissenschaftlichen Einsichten erzeugen das emotionale Gegenpotential. So taumeln wir zwischen Angst, Argwohn, Mißtrauen und Aggressivität hin und her. Religionen sind das Auffangbecken für diese Emotionen, bieten uns aber nur die Beziehungswelt unterbewußten Zuschnitts. Sie binden an ein vergangenes System aus dem Fundus von Symbolen, Ritualen und Mythen. Sie binden an ein vergangenes Selbstverständnis. Unbewußtes ist weder an Raum, Zeit, Kausalität noch an Polarität gebunden. Berichte, in denen »Geister« Botschaften überbrachten, deren Inhalt in der Zukunft eintrat, mögen dies zeigen. Dabei ist der »Geist«, über den so ausführlich diskutiert wird, unwichtig. Wichtig ist allein, die das Jetzt überspringende Botschaft. Nicht der Briefumschlag — der Inhalt — ist wichtig. Wahrheit wird nur individuell gesehen. Dabei ist es mit ihr wie mit der Elektrizität. Elektrizität ist überall, gibt aber dem Medium persönliches Leben und Inhalt. Lampe, Tauchsieder, Radioapparat, elektrischer Stuhl u. a. Elektrogeräte sind lediglich sichtbare Mittler der gleichen Kraft. Wer als Ziel seiner Entwicklung, auf flexibler, weltoffener Grundlage stehend, seine Welt überwinden lernt, lernt sich selbst überwinden. Materie, Seele und Geist sind Darstellungsformen des Unbewußten. Wir tragen alle drei in uns. In unserer Existenz sind wir Kinder der Natur und der Zeit und gehorchen den entsprechenden Gesetzen. Natur erzeugt und vernichtet. Zeit verläßt Schönes und bringt Häßliches. Beide sind weder moralisch noch beeindruckt von den Zielsetzungen unseres Ichs.

Überleben und Evolution war nur den Wesen möglich, die sich flexibel verhalten konnten. Dabei spielt die Zeit, die Jahrmillionen der Entwicklung, die zu den heute sichtbaren »Produkten« geführt hat, keine Rolle. Wäre Leben unflexibel, wäre es längst von der Erde verschwunden. Flexibilität wird eingeengt von Erfahrungen früherer Bewußtseinsstufen und vom Glauben und entfaltet sich erst bei entsprechender Weltoffenheit. Stellen wir unsere beginnende Flexibilität auf den Grundsatz: Was uns denkmöglich ist, ist auch praktisch möglich. Was aus der reinen Denkmöglichkeit, untermauert mit Argumenten, greifbarer wird, ist wahrscheinlich, und was wir logisch nachvollziehen können, was uns einleuchtet, überzeugt. Glaube jedoch, dieses Nichtwissen aber für wahr halten der Nichtsuchenden, kann leicht in Irrwege führen. Öffnen wir uns allen Ansichten und Informationen, seien wir flexibel, durchdenken wir diese Informationen auf deren Wahrscheinlichkeit und unsere Flexibilität bringt uns zwei Nutzen:

1. Offenheit für alles Neue, weil wir es für denkmöglich halten und deshalb nicht sofort verwerfen.
2. Aus der Überprüfung des Denkmöglichen Zuwachs an weiterem Wissen und dadurch erneute Flexibilität in sozialen Situationen.

Verhalten in Streßsituationen

Mit Streß reagiert unser Körper auf belastende Situationen. Um der Belastung zu entgehen, können wir aggressiv reagieren, die Schuld bei anderen suchen, nachgeben, uns unterwerfen, der Situation entfliehen oder die Bedeutung der Konfliktursache richtig und objektiv einschätzen und eine Lösung suchen.

Diese Reaktionen entsprechen weitgehend den Reaktionen zum Konfliktabbau.

Entsprechend unseren seitherigen Erfahrungen und unserem Bewußtseinsniveau reagieren wir mehr mit der einen oder anderen Möglichkeit. Streß wird durch die Reize ausgelöst, denen wir nicht gewachsen sind. Es gibt also nicht generell Stressoren (Reize, die Streß auslösen), sondern nur persönlichkeitsspezifische Stressoren. Wie beim bereits mehrfach strapazierten Beispiel der Spinne, ist es nicht die Spinne selbst, die Ekel auslöst, sondern das psychologische System im Betrachter. Auch gleiche Reize lösen nicht in unterschiedlichen Menschen Streß aus. Das reizverarbeitende System im einzelnen bestimmt, wie Reize erlebt und verarbeitet werden.

Streß scheint ein Modewort geworden zu sein. Auch ein Wort, mit dem man anderen zeigen kann, wie wichtig man ist. Streß assoziiert Leistung, Angegriffensein und Kampf. Menschen, die Leistung erbringen, angegriffen (beachtet) werden und kämpfen, gehörten schon immer zu den Führern der Menschheit. Vielleicht sprechen deshalb so viele Menschen von Streß, um diesen Führungsanspruch zu beweisen und um sich wegen der mit Wichtigkeit gekoppelten Aufopferung bedauern zu lassen.

Oft wird übersehen, daß es zwei Arten von Streß gibt; den Di-Streß und den Eu-Streß. Di-Streß ist eine für den Körper schädliche Reaktion auf Reize, die seelisch und körperlich nicht verarbeitet werden können. Eu-Streß ist eine für den Körper und das Überleben notwendige Reaktion auf Reize, die seelisch und körperlich verarbeitet werden können. Fährt ein Rennfahrer z. B. mit einem Rennwagen 260 km/h, erfährt er eher Eu-Streß. Der neben ihm sitzende, ungeschulte Beifahrer wird in derselben Situation Di-Streß erleben.

In Hobbys suchen Menschen oft Streß, stellen sich Bewährungsproben, um ihre Leistungsfähigkeit zu beweisen. Sie erleben Eu-Streß. Diesem fördernden Eu-Streß wollen wir uns in diesem Kapitel nicht zuwenden. Wir befassen uns vorwiegend mit den Möglichkeiten, schädlichen Di-Streß abzubauen.

Di-Streß entsteht meist aus Angst und ist mit Angst gekoppelt. In der heutigen Zeit ändern sich Situationen von heute auf morgen. Eingebettetsein in langfristige Prozesse ist im Gegensatz zu früheren Zeiten kaum noch möglich. Das Tempo, in dem Einstellungsänderungen verlangt werden, ist durch Angst zu erklären, die bei manchen Menschen durch das Verlassen einer konformen Gruppe ausgelöst wird. Angst zwingt also zum Vorwärtsgehen und bedingt durch das Verlassen von Gruppen erneut Angst. Konformitätsdruck bedingter Streß also. Diese Art von Streß erlebt auch derjenige, der in seinem Berufsleben weiterkommen will. Er verläßt seine ehemalige Bezugsgruppe und hat sogar noch die Aufgabe, sich dieser ehemaligen Besuchsgruppe gegenüber als Führungskraft zu verhalten. Viele Unternehmen wählen deshalb die Möglichkeit, der künftigen Führungskraft eine andere und nicht die Kollegengruppe anzuvertrauen. Diese oft mit Wechsel des Wohnorts und Wechsel der Freunde bedingte Neuidentität, reduziert Streß bei der Übernahme der neuen Rolle.

Rangplatzauseinandersetzungen spielen im menschlichen Sozialverhalten eine größere Rolle als dies bei vergleichbar entwickelten Tieren der Fall ist. Weil aber dem Menschen zahlreiche instrumentelle Verhaltensweisen zur Verfügung stehen, sind die Auseinandersetzungen weniger offensichtlich.

Kunstvolle Verhaltensmechanismen, die eingesetzt werden, um das Ziel zu erreichen, verdecken die ursprünglich primitiv triebhaften Grundlagen der Motivation. Die vorbeschriebenen Streßauslöser sind jedoch im Menschen immer noch vorhanden und bedingen Streß. Untersuchungen zeigen, daß Streß nicht vor allem im TOP-Management zu finden ist, sondern daß Streß in allen Berufsgruppen erlebt wird. Daraus resultiert, daß Streß nicht allein durch einen besonderen »Weg« oder durch eine besondere Tätigkeit, sondern durch das individuelle Erleben der Situation zustande kommt. Erlebt zum Beispiel ein Mitarbeiter die notwendige Unterordnung unter einen Vorgesetzten negativ und muß durch den Führungsstil des Vorgesetzten negative Emotionen unterdrücken, kann dies erheblichen Di-Streß auslösen. Genau umgekehrt kann die Situation einer Frau sein, die durch den Haushalt unterfordert wird und das von ihr gewollte Maß an Eu-Streß nicht bekommt. So kann ein Zuwenig an Eu-Streß Di-Streß hervorrufen. Dasselbe Phänomen zeigt sich bei sehr aktiven, aus dem Berufsleben altershalber ausgeschiedenen Menschen, bei denen unterforderungsbedinger Di-Streß Somatisierung und Krankheit hervorrufen kann. Das Fehlen lebensnotwendiger Stimulation und individuell notwendiger Reize trifft besonders stark die Menschen, die zuvor ein aktives Leben führen konnten. Sie sehen also, das Fehlen von Eu-Streß kann genauso schädlich sein, wie ein Zuviel an Di-Streß. Dabei kann es leichter sein, Di-Streß abzureagieren, als Eu-Streß zu erhalten. Stellt sich, bedingt durch fehlenden Eu-Streß erst einmal Lethargie und möglicherweise sogar Depression ein, ist der betroffene Mensch zur Inaktivität verurteilt und kann oft erst über langwierige Therapie wieder Aktivitäten entfalten. Der Abbau von Di-Streß geschieht häufig in Form einer Kompensation. In der einen Rolle, z. B. Mitarbeiter, erlebter Di-Streß wird in der anderen Rolle, z. B. im sportlichen Bereich, als Eu-Streß kompensiert. Vorgesetzte sind gut beraten, wenn sie negative Emotionen ihrer Mitarbeiter zulassen und versuchen, mit dem Mittel partnerbezogener Gesprächsführung über das Verstehen der Probleme eine neue Motivation auszulösen. Wo steht geschrieben, daß ein Mitarbeiter, der negative Emotionen erlebt, diese vor einem anderen Menschen, seinem Vorgesetzten zum Beispiel, unterdrücken muß? Nur eigenes Dominanzstreben der Führungskraft oder eines Partners zwingt den emotional Aufgeladenen zum Hinunterwürgen der Emotionen. Eigenes Geltungsbedürfnis macht also andere krank!

Die so geforderte, durch festgelegte Verhaltensspielregeln geforderte Distanz wirkt sich zwangsläufig auf das berufliche Miteinander und die Kooperationsbereitschaft aus. Müssen Emotionen ständig unterdrückt werden, entsteht Aggressivität oder Somatisierung. Gegenseitiges Verstehen und Annehmen von Gefühlen der anderen erleichtert die Versachlichung von Problemen und verhindert emotionsbedingte Reibungen.

Andererseits sind gerade derartige Reibungen notwendig. Sie ermöglichen

Steigerungen der Belastbarkeit und Reduzierung der Streßanfälligkeit. Wer sich schonen läßt, wird schwächer. Wer sich seinen Aufgaben stellt und im Rahmen der ihm gegebenen Möglichkeiten daran wächst, wird stärker.

In Versuchen wurden Menschen beobachtet, während sie verschiedenen Stressoren (Streß-Auslösern) ausgesetzt waren. Als Stressoren dienten physische Belastung (Kälte, Schmerz u. a.) und psychische Anspannungen (Lösen von Problemaufgaben u. a.). Dadurch, daß z. B. ein starker Schmerzreiz angekündigt wurde, wurde emotionale Erregung erzeugt. Auch absichtliches Ärgern durch den Versuchsleiter, indem dieser auf die Leichtigkeit einer objektiv unlösbaren Aufgabe hinwies, diente dazu.

Messungen der Hirnströme gaben genaue Auskunft über die Aktivitäten des zentralen Nervensystems in Ruhe und unter Belastung. Parallel dazu wurde das autonome Nervensystem beobachtet, indem zahlreiche Indikatoren für dessen Aktivität (Pulsrate, Hautwiderstand, Änderungen der Blutchemie) laufend registriert wurden.

Die Experimente ergaben, daß zwischen einem System im Gehirn (formatio reticularis genannt), welches die allgemeine Wachheit und Reaktionsbereitschaft regelt und physiologischen Veränderungen, wie sie für aktives Verhalten charakteristisch sind, enge Beziehungen bestehen. Die gesteigerte Wachheit und Reaktionsbereitschaft eines Organismus, vergleichbar einem anlaufenden Motor, wird Aktivierungsniveau genannt. Es handelt sich dabei um die Ebene, auf der die Wachheit ausreicht, Reaktionen auszulösen. Es war bei diesen Experimenten interessant, daß sich die Energiemobilisierung und damit der »Verschleiß« nicht wesentlich unterschieden, ob es sich um angespannte Tätigkeiten oder emotionale Erregung handelt. Aktivierung wird demnach schon erzeugt bei konzentrierter Arbeit, bei emotionalem Engagement oder beim intensiven Versuch, ein Ziel zu verfolgen. Mehr als bei angespannten Tätigkeiten sind bei starken emotionalen Erregungen die begleitenden physiologischen Veränderungen zu beobachten. Diese Veränderungen reichen bis zur Änderung der Durchblutung und Funktion innerer Organe und damit verbundener hormonaler Vorgänge. Klingt die Belastung ab, wird das hohe Niveau schnell wieder hergestellt. Es wurde festgestellt, daß der Zeitraum der Rückkehr vom Belastungs- zum Ruheniveau individuelle Unterschiede zeigt. Je höher das vorhergegangene Aktivierungsniveau und die Energiemobilisierung im Ruhezustand, desto länger war der Zeitraum zwischen Belastung- und Ruheniveau. Menschen, die also schon in Ruhe mehr Energie mobilisieren, springen nicht nur schneller und intensiver auf Umweltreize an, sie benötigen auch mehr Zeit für die Beruhigung.

Derartige »Energiebündel« sind durch Lärm und andere Ablenkung leichter zu stören und kommen früher in eine chronische Überanspannung, wenn die für sie notwendigen Entspannungspausen nicht möglich sind. Zuviel Stimulation wirkt sich bei ihnen schädlich aus. Deshalb suchen derartige Menschen in der Freizeit gern Entspannung, indem sie sich gegen Reize abschirmen, während Unteraktivierte anregende Reize suchen, um sich wohlzufühlen.

Daß Menschen mehr oder weniger zu streßbedingten, psychosomatischen Störungen neigen, ist wahrscheinlich in einer weiteren Besonderheit begründet: Viele Menschen sind in der Lage, die hierarchisch geordneten, physiologischen Funktionssysteme entsprechend der vorhandenen Belastung zu variieren. Andere Menschen neigen mehr zu einem starren Gebrauch eines Teilsystems. Bei diesem Teilsystem kann es sich um Blutdruckerhöhung auf kleinere Anspannungen handeln. Ein derartiges autonomes Reaktionsstereotyp ist dann bei Überbelastung besonders anfällig. Derartige Menschen müssen lernen, ihre Kräfte ökonomischer einzusetzen.

Schädlich ist also ein Zuviel an Erregung, dann entstehen Fehler. Aber auch durch Desinteresse bedingte Untererregung. Richtig ist es demnach, genau die Erregungsqualität zu haben, die dem eigenen Organismus entspricht. Jede zu extreme Veränderung des momentan gegebenen Erregungsniveaus hat negative Konsequenzen und wird vom einzelnen als unangenehm wahrgenommen.

Es ist also notwendig, sich genau kennenzulernen und im Beruf die Tätigkeiten so zu ordnen, daß Extremänderungen des Erregungsniveaus verhindert werden können.

Wieder ist es die Einstellung und Erwartungshaltung, die hilft, zu extreme Veränderungen des Erregungsniveaus zu verhindern.

Weil der Anstieg durch unerwartete Reize relativ hoch ausfällt, schreckt jemand aus dösiger Ruhe leicht auf. Eine nur mäßige Anregung bringt ihn dagegen bei Langeweile nur der Mittellage näher. Umgekehrt kommt jemand nach Bewältigung einer Streß-Situation in die Mittellage zurück, erlebt er Entspannung und Zufriedenheit. In diesen Situationen wird ein »Pleasure-Lust-Zentrum« im Gehirn aktiv. Dieses begleitet die »verstärkenden« bedürfnisbefriedigenden Erfahrungen.

Wurde jemand zur Anstrengungsvermeidung erzogen, wird eine wichtige Quelle positiver Verstärkung vorenthalten, die sowohl das Wohlbefinden, als auch den Erwerb von Fertigkeiten der Streßbewältigung gefördert hätte.

Wir sprachen mehrmals von Erwartungshaltung. Ein Sprichwort sagt: »Wer nichts erwartet, wird nicht enttäuscht.« Ergo wird der häufiger enttäuscht werden, der viel erwartet. Schnell kommt die Meinung zustande, diese Einstellung führe zu Resignation — zu Lethargie. Nichts erwarten, heißt nicht: nichts tun. Wer sich kennt und mit sich in Einklang lebt, kennt auch die Erwartungen, die er aufgrund seiner Fähigkeiten an bestimmte Situationen stellen kann. Ständiges Sich-selbst-beobachten gibt ihm Erfahrungswerte, mit denen er seine Erwartungen auf das machbare Maß reduzieren kann. Ist dieses Maß im Verhältnis zu seinem Lebensziel zu gering, sieht derjenige, der sich so gut kennt, ein, daß eine höhere Erwartungshaltung nur mit einer höheren Leistungsfähigkeit einhergehen darf und beginnt, an sich zu arbeiten.

So verhindert er ein unökonomisches, plötzliches Hochschießen des Erregungsniveaus und die unmittelbar danach eintretende Wirkung des bewahrenden Systems bei der Wiederherstellung der Ausgangslage. Er verhindert auch eine sonst mögliche chronische Überaktivierung, bei der selbst kleine Reize schon als Stressoren wirken. Es stört ihn nicht mehr die Fliege an der Wand, und er hat die Fähigkeit, in Ruhe zu entspannen. So verhindert er, durch niederes Ausgangsniveau und damit geringer Erregung Mißerfolge.

Ursachen für Spannung (Stressoren):

Stressor:	Erlebte Ausprägung:				
	1	2	3	4	5
berufsbedingte Reize: a) aus der beruflichen Umwelt:					
b) vom Vorgesetzten:					
c) aus der Aufgabe:					
privat bedingte Reize:					

Wer Streß erlebt, hat Resonanz für bestimmte Reize (Stressoren). Suchen Sie jetzt in den von Ihnen angegebenen, Sie stark belastenden Stressoren Gemeinsamkeiten. Zum Beispiel könnte Sie im Verhalten Ihres Vorgesetzten dessen autoritäre Verhaltensweise, in der Umwelt besonders wichtige Kunden, im privaten Bereich ein rechthaberischer Nachbar stören. In allen drei Fällen erleben Sie zwar dieses Verhalten als streßauslösend, aber deshalb, weil Sie für autoritäres Verhalten (Unterdrückung) Resonanz empfinden. Prüfen Sie nun, ob Sie selbst zu Unterdrückung anderer neigen. Sollte dies der Fall sein, bauen Sie Ihr unterdrückerisches Verhalten ab. Dadurch erreichen Sie, daß auch das unterdrückerische Verhalten anderer weniger belastend auf Sie wirkt. Wer andere Menschen unterdrücken möchte, es nicht kann oder aber tut und weiß, daß dieses Verhalten nicht akzeptabel ist, lastet anderen Menschen deren Rücksichtslosigkeit an. Nur die Verhalten anderer, für die wir selbst in einem Winkel unserer Seele empfänglich sind, stören oder freuen uns.

Streßabbau durch Gewöhnung ist fast unmöglich. Ohne Aufarbeitung der Hintergründe, aus denen jemand Streß erlebt, werden die Reize Resonanz finden und Streß auslösen.

Viele Redner mit jahrelanger Erfahrung klagen trotz dieser Erfahrung über Streß, obwohl längst eine Gewöhnung an die Rednerrolle eingetreten sein müßte.

Dies liegt daran, daß zwischen dem Aktivierungsniveau und der Fähigkeit zur Gewöhnung an Situationen Beziehungen bestehen.

Wird z. B. ein bestimmter, die Sinne beanspruchender Reiz mehrmals wiederholt, wird die Empfindlichkeit des Empfängers schwächer. Menschen hören einen lauten Ton nicht anhaltend mit gleicher Intensität.

Den gleichen Schutz vor Übererregung finden wir auch auf einer komplexeren Ebene des Verhaltens. Kritische Situationen lösen zunächst eine starke Aktivierung aus. Erleben wir häufig dieselbe Situation wird die ausgelöste Reaktion schwächer. Ein Gewöhnungseffekt stellt sich ein. Dieser Gewöhnungseffekt erreicht es, daß Piloten beim Landeanflug nach einiger Übung nur noch so weit aktiviert reagieren, daß sie optimal wach und aufmerksam sind. Dazu trägt auch bei, daß die notwendigen Handgriffe so intensiv eingeübt und durch Wiederholungen gefestigt sind, daß streßresistente Gewohnheiten entstanden. Konditionsbedingt schlechte Gewöhner scheiden meist schon während der Ausbildung zum Piloten aus, weil die Neigung zu Übererregung die Fehlerquote steigert.

Dem Gewöhnungseffekt entgegen steht das Entstehen einer Phobie. Spuren angeborener Ängste können durch starke initiale Erregung so stark aktiviert werden, daß eine Gewöhnung nicht mehr möglich ist. Es kann statt dessen zu einer fortlaufenden Sensibilisierung kommen. Dann wird die Angst jedesmal heftiger. Die Phobie ist entstanden, die Habituation, die Reaktionsanpassung, hat versagt. Der Klaustrophobe, derjenige also, der unter einer Phobie leidet, zeigt Vermeidungsverhalten, betritt z. B. keinen Fahrstuhl mehr.

Es gibt demnach zwei Wege, die zum Abbau von Streß führen:
1. Aktives Training und damit Erreichen eines Gewöhnungsverhaltens.
2. Analyse des »Warum streßt mich dies?«

Sind bei der zweiten Strategie die Antworten gefunden, kann Training oder Planung einsetzen, um künftigen Streß zu verhindern. Selbst verschuldeten Zeitdruck z. B. kann bessere Planung abbauen helfen.

Nachstehend einige Fragen, die Sie bitte ganz nach Ihrem subjektiven Empfinden, ohne zu zögern, beantworten:

		ja / nein	
1.	Ich konnte mich früher besser konzentrieren.		
2.	Ich fühle oft innere Unruhe.		
3.	Ich bin reizbarer als früher.		
4.	Ich fühle mich häufig plötzlich müde.		
5.	Ich erlebe oft innere Spannung.		
6.	Ein Arzt hat bei mir (funktionelle oder vegetative) Störungen festgestellt.		
7.	Ich beschäftige mich auch am Abend oft noch mit Gedanken aus dem Arbeitsalltag, obwohl ich abschalten möchte.		
8.	Nachdem ich mich angestrengt habe, komme ich nicht schnell zur Ruhe.		
9.	Manchmal fühle ich ein unbegründetes Angstgefühl.		
10.	Mein Tag beginnt mit innerer Unruhe.		
11.	Ich bin weniger belastbar als früher.		
12.			

Wenn Sie mehr Ja- als Nein-Antworten erreichen, ist es sinnvoll, sich intensiver mit dem Thema Streß auseinanderzusetzen oder einen Arzt oder Psychologen zu befragen.

Unsere Gesundheit spiegelt die Art wider, wie wir unser Leben führen. Wer seinen Gesundheitszustand verbessern will, muß auch seine Lebensführung verbessern. Dabei ist auf fünf Kategorien zu achten:

– Ernährung,
– körperliche Übungen,
– regelmäßige Entspannungs- und Meditationsübungen,
– Spiel und Beratung für den Umgang mit den Streßfaktoren des Lebens.

1. Über gesunde Ernährung sind viele Bücher geschrieben worden. So brauche ich auf diesen Punkt nicht weiter einzugehen.

2. Körperliche Übungen.
   Dabei ist weder eine Überforderung noch eine Unterforderung angebracht. Zu empfehlen ist Gymnastik und Lockerungsübungen für die Erhaltung der Beweglichkeit, Isometrik, also Anspannung und Entspannung für die Kräftigung der Muskulatur und kurze Waldläufe o. ä. Ausdauertraining für den Kreislauf.

3. Als Entspannungsübungen dienen die Übungen des Autogenen Trainings, und die Meditation. Sie ermöglichen Kennenlernen des eigenen Unterbewußten – das Hineinhören in sich selbst.

4. Unter Spiel verstehe ich etwas, das den Ausübenden mit großer Wahrscheinlichkeit in einen Zustand des Glücklichseins bringt. Dabei ist Spiel nicht gleich Spiel. Was an einem Tag Spiel sein kann, kann am anderen Tag harte Arbeit bedeuten. Handhaben Sie Ihr Spiel individuell und variabel.

Am besten Sie erstellen sich eine Liste mit ca. 20 Aktivitäten, die Sie als Spiel empfinden. Sie können sich auf Aktivitäten beschränken, für die Sie nicht zusätzlich Geld investieren müssen. Diesen so gefundenen Aktivitäten brauchen Sie nicht mehr als eine Stunde pro Tag nachzugehen.

Ändern Sie Ihre Lebensführung nicht zu schnell – auch das kann Streß bedeuten. Gehen Sie sanft mit sich um, ohne zu aktives Wollen. Jeder zu starke Zwang, den wir uns auferlegen, bedeutet Belastung und führt möglicherweise zu Überforderung.

Wahrscheinlich ist jeder Mensch mit einem spezifischen Ziel geboren worden. Die ebenfalls spezifische Umwelt, in die er hineingeboren wurde, fördert dieses Ziel oder stellt sich ihm entgegen. Wird das Ziel aktiv gefördert, stimmen also Ziele der Umwelt mit eigenen Zielen überein, ist optimale Entfaltung möglich. Stellen sich die Ziele der Umwelt den eigenen Zielen entgegen, führt dies möglicherweise zu einem Weg, der Glücklichsein verhindert.

Ab unserer Geburt haben wir eine Reihe von Entscheidungen treffen müssen, um zu überleben. Viele dieser Entscheidungen sind unbewußt vollzogen worden. Jeder hat seine eigene Überlebensstrategie entwickelt. Viele der getroffenen Entscheidungen haben, weil diese umweltbedingt getroffen werden mußten, zu Disharmonie geführt. Die Folge von Disharmonie ist häufig Krankheit. So kann Krankheit ein Alarmsignal sein, den Weg zu verlassen, auf dem man sich gerade befindet. Eine so vorgenommene Richtungsänderung kann zu Harmonie und Glücklichsein führen.

Leider ist es nur selten möglich, verstandesmäßig einen konkreten neuen Weg zu finden. Der seitherige, irrtümliche Weg, kam zustande aufgrund einer Unzahl, zumeist unbewußter Entscheidungen. Wie sehr Störungen zwischen Eigenverwirklichung und Umweltansprüchen krankmachen können, ist seit dem griechisch-römischen Arzt Galenus Galen (129 bis 199 n. Chr.) immer wieder gesagt und gezeigt worden. Galen hat festgestellt, daß besonders depressive Frauen dazu neigen, Krebs zu bekommen. Bei der Depression der Krebskranken handelte es sich fast immer um eine verborgene Depression. Es wird vermutet, daß Menschen, die an Krebs erkranken, meist schlechtere Beziehungen zu ihren Eltern hatten und haben als der Durchschnitt. Sie sind demnach in eine Umwelt geboren worden, die sie feindlicher empfinden als andere Menschen. Sie haben also in ihrem Leben immer wieder versuchen müssen, Dinge zu tun, die Elternliebe auslösten. Sie haben sich anders verhalten müssen, als ihr persönlicher Lebensweg dies vorgezeichnet hätte. So sind Krebspatienten oft von der eigenen Ideallinie weiter entfernt als andere.

Ist nun ein Mensch von seiner Ideallinie entfernt, braucht er große Energien, um den nicht als falsch erkannten, für ihn also scheinbar richtigen Weg weiter zu gehen. Er muß alle fehlgeleiteten Vorstellungen vom eigenen Leben, der Struktur der Umgebung und des Universums aufrecht erhalten. Je mehr Energie der Betreffende in die Aufrechterhaltung seiner eigenen Fantasiewelt steckt, desto weiter ist er von der Ideallinie weg, desto mehr kommt in ihm das Gefühl der Hoffnungslosigkeit zustande. Dieses Gefühl wird jedoch unterdrückt und beginnt sich im Laufe des Lebens zu somatisieren, Krankheit, möglicherweise Krebs, entsteht.

Es scheint unglaublich, aber mit dem Verbrauch von Kraft für eigene, der Grundpersönlichkeit nicht entsprechende Vorstellungen, der sich möglicherweise einstellenden Depression geht auch eine Schwächung des körperlichen Immunsystems Hand in Hand. Zwar ist die Energie, die in die Entwicklung einer bösartigen Krebszelle eingeht bisher noch nicht bekannt. Es wird jedoch angenommen, daß diese Energie aus fehlgeleiteten psychischen Prozessen entsteht. Es ist denkbar, daß die Energie, die benutzt wird, um eine falsche Wirklichkeit aufrecht zu erhalten und die Depression zu unterdrücken in irgendeiner Weise auf die zelluläre Ebene übersetzt wird.

Positives Denken, das Grundvertrauen in die Gesetzmäßigkeiten des Universums, das Begreifen des persönlichen Lebensstroms und das dann mögliche mit diesem Strom schwimmen kann derartige Somatisierungen verhindern.

Positiv Denkende, in solchen Gebieten tätige Ärzte und Helfer sind nur selten an den Krankheiten erkrankt, die sie behandeln.

Wir können uns weder krank noch gesund machen, wir können aber bei beiden Prozessen eine wesentliche Rolle spielen. Wir können nicht Nahrung bewußt verdauen, aber wir können darauf achten, daß wir nur Speisen zu uns nehmen, die uns guttun. Wir können Verdauung erleichtern. Wir können nicht immer negative Gedanken unterdrücken, wir können aber die Polarität nutzen und auch im Negativen ein Positives finden, mit dem sich leben läßt.

In Amerika hat der Krebsspezialist Dr. med. Carl Simonton in der von ihm geleiteten Krebsklinik in Texas nachgewiesen, daß Patienten, die seine diesen Ausführungen entsprechenden Behandlungen absolvieren, durchschnittlich doppelt so lange leben, wie die Krebspatienten, die in den besten medizinischen Zentren mit orthodoxen Therapieformen behandelt werden. Die doppelte Lebenserwartung ist dabei auf vergleichbare Krankheitsformen bezogen. Sie bezieht sich auf die statistisch ermittelten Normen der Zentren mit den positivsten Werten.

Selbsterforschung

Nur schonungslose Selbsterforschung und Liebe zur Wahrheit bringt die Befreiung von dem, was in unserem Unterbewußten, oft ohne unser Wissen, eingespeichert ist. Viele Menschen rechtfertigen ihr So-Sein, weil sie nicht wissen, daß sie anders sein könnten.

Jeder von uns lächelt über Gewohnheiten und Verhaltensweisen, denen er noch vor Jahren frönte. Reifer geworden, auf einem höheren Bewußtseinsstand, scheinen viele früheren Liebhabereien unverständlich und lächerlich. Das Schicksal macht jeden Menschen reifer — es ist nur eine Frage der Schläge und der Zeit. Wer sich selbst erforscht, erspart sich Schläge und Zeit.

Selbsterforschung kann ausschließlich in sich selbst geschehen. Die Umwelt ist der Spiegel, in dem sich unsere Verhalten zeigen. Wer Umweltverhalten auf ausgestrahlte Eigenreize zurückführt, ist auf der richtigen Spur. Selbsterforschung findet also nicht im stillen Raum zu bestimmten Stunden, sondern in jeder Sekunde des Daseins statt. Die Wahrheit ist immer gegenwärtig. Es gibt einen Augenblick, an dem das Uhrpendel anhält, um die Richtung zu wechseln, während es unaufhörlich von der Vergangenheit in die Zukunft und von der Zukunft in die Vergangenheit schwingt. Genauso wie unsere Gedanken dies tun. An diesem Punkt des Anhaltens stehen zu bleiben, um zu sehen, was ist, heißt erkennen.

Die Entdeckungsreise in die Welt des ICHs läßt erkennen, daß oft Geltungs-

und Genußsucht, Angst, Abhängigkeit und Machttrieb die Antreiber sind, die nur selten zum Glücklichsein führen.

Viele Menschen leben mit Illusionen. Sie glauben, glücklich zu sein, wenn sie die bessere Position, mehr Geld, das eigene Haus oder was auch immer haben. Ist das Haben aber zustande gekommen, stellt sich nicht Glück, sondern erneute Unzufriedenheit ein. Viele Menschen klammern sich an Außenwerte, an Materie und Illusionen. Die innere Verwandlung ist ein Vorgang, der mit der Neueinrichtung eines Hauses verglichen werden kann. Man beginnt damit, die alten Möbel zu entfernen und sich neu einzurichten. Damit ist nicht gesagt, daß lieb gewordene Gewohnheiten, Ziele und Illusionen sofort verschwinden müssen, sie können auch eine andere Stelle — einen anderen Stellenwert — einnehmen. Statt vom Habenwollen gehabt zu werden und vom Besitzenwollen besessen zu sein, wird im jetzt natürlich fließenden Strom des Lebens das gehabt — was zu haben ist — und Besitz führt nicht mehr zum Besessensein.

Statt Aussagen, wie »mein Haus, meine Familie, meine Kinder, mein Auto«, schleichen sich dann häufiger Aussagen, wie: »die Familie, das Haus, das Auto« ein und signalisieren den inneren Abstand. Nur, wer inneren Abstand erreicht, ist innerlich frei geworden.

So wird der freiere Mensch beziehungsloser. Er steht nicht immer und ständig in Beziehung zu einem Freund, einem Feind, einem Begriff oder einem Gegenstand. Er steht für sich. Damit reduziert er zwangsläufig die Einflußnahme anderer auf ihn. Er ist nicht mehr gezwungen, das zu tun, was andere von ihm wollen, er ist zu selbstlosen Handlungen fähig. Davon schrieb auch Albert Einstein: »Der wahre Wert eines Menschen ist in erster Linie dadurch bestimmt, in welchem Grad und in welchem Sinn er zur Befreiung vom Ich gelangt ist.« Wer sich vom Ich, von dessen Bindungen und Beziehungen befreien will, muß erkennen. So kann es sein, daß jemand der sich für einen guten Ehepartner hielt, plötzlich sein vorfabriziertes Verhalten erkennt und wahrnimmt, daß jede spontane Liebesregung in ihm erstickt ist. Derjenige, der nicht genug Nächstenliebe anwenden konnte, stellt plötzlich mit Erstaunen fest, daß sein Eigenwille und sein persönlicher Ehrgeiz dahinter stecken.

Auf diesem Weg gibt es keine Autoritäten. Jede Autorität, ganz gleich welcher Art, besonders auf dem Gebiet des Denkens und der Verständigung schadet. Führer zerstören ihre Anhänger und diese zerstören die Führer. Jeder Mensch muß lernen, sein eigener Lehrer und sein eigener Schüler zu werden. So stellt er zunächst alles in Frage, was er seither für wertvoll und notwendig gehalten hat. Aus diesem Infragestellen des Jetzt entstehen neue Beziehungen für das Nachher. Die innere Wandlung eines Menschen bringt die Voraussetzung für eine veränderte, neue Gesellschaft mit sich. Eine freie Gesellschaft braucht freie unkonditionierte Menschen. Wer die Welt verändern will, ohne sich selbst durchschaut zu haben, weitet eigene Konflikte auf andere aus. Die meisten Menschen haben Probleme, leiden unter der schleichenden Beunruhigung, die sich einstellt, wenn man auf eine Herausforderung unzulänglich reagiert. Oft werden aus Gleichgültigkeit Probleme gewohnheitsmäßig hingenommen. Sich damit abfinden, scheint ein Weg zu sein. Dadurch aber wächst das Problem. Es verdichtet sich, wenn man es versäumt, der augenblicklichen Situation ins Auge zu schauen und ihr bis auf den Grund nachzugehen.

Jedes Problem auf jeglicher Ebene, bewußt oder unbewußt, ist ein Faktor, der die Freiheit zerstört. Wir haben immer dann ein Problem, wenn wir etwas nicht vollständig verstehen. Mit solchen Problemen belastet, nehmen Menschen Fluchtmöglichkeiten wahr. Sie beten an, akzeptieren Autorität, schauen auf zu anderen und warten darauf, daß Probleme sich von selbst lösen oder von anderen gelöst werden.

Trainingsprogramm gegen die Angst

Mit dem folgenden, von Verhaltenstherapeuten entwickelten Trainingsprogramm können Sie lernen, Ängste im Umgang mit anderen stufenweise abzubauen. Das Prinzip des Programms: Man kann die Angst überwinden, indem man Forderungen an die Mitmenschen stellt und lernt, sich zu wehren.

Übung 1
Fahren Sie in einer überfüllten Straßenbahn. Bitten Sie einige Fahrgäste, nach vorn durchgelassen zu werden.

Übung 2
Gehen Sie in ein Geschäft, und bitten Sie darum, daß man Ihnen die gekaufte Ware besonders gut einpackt.

Übung 3
Lassen Sie sich in einer Boutique einige Artikel vorlegen. Kündigen Sie vorher an: »Nur zur Ansicht.«

Übung 4
Sprechen Sie fremde Menschen auf der Straße an und bitten Sie sie um verschiedene Auskünfte (Uhrzeit, Straßen, öffentliche Gebäude usw.).

Übung 5
Lassen Sie sich in Warteschlangen vor Post-, Bank- oder Fahrkartenschaltern nicht abdrängen. Fordern Sie Personen, die sich vordrängeln, auf, so lange zu warten, bis Sie bedient worden sind.

Übung 6
Bitten Sie eine Person in Ihrer näheren Umgebung, die in der Regel nicht sehr gefällig ist (zum Beispiel einen Arbeitskollegen oder Nachbarn), um eine kleine Erledigung. Wenn Sie eine Absage bekommen, wiederholen Sie Ihre Bitte zu einem späteren Zeitpunkt.

Übung 7
Lassen Sie sich an einem Stand im Warenhaus verschiedene Artikel vorle-

gen. Kündigen Sie vorher nicht an: »Nur zur Ansicht.« Gehen Sie dann mit Dank zur nächsten Abteilung weiter, ohne etwas gekauft zu haben.

Übung 8
Lassen Sie sich im Gedränge nicht mehr — wie bisher — beiseite schieben. Reagieren Sie mit: »Bitte drängeln Sie nicht so!«

Übung 9
Lassen Sie in Ihrem Restaurant das Essen zurückgehen, wenn Sie Grund dazu haben. Kleiden Sie Ihre Kritik höflich ein: »Ich möchte Sie darauf hinweisen, daß . . .«

Übung 10
Ein Verkäufer bedient Sie schlecht. Drücken Sie Ihren Unmut deutlich aus: »Ich wünschte, Sie würden sich etwas mehr Mühe geben!«

Übung 11
Ein Bekannter kränkt Sie mit einer taktlosen Bemerkung. Wenden Sie sich kommentarlos ab, und gehen Sie weg. Führen Sie das nächste Wiedersehen nicht aktiv herbei.

Übung 12
Wenn sich bei nächster Gelegenheit ein solcher Vorfall wiederholt, sagen Sie ihm Ihre Meinung: »Welchen Anlaß haben Sie, so zu reden?« — »Ihre Bemerkung ist nicht gerade sehr taktvoll.« — »Ihre Stimmung scheint heute nicht die beste zu sein.« — »Ich finde, Sie gehen mit Ihren Äußerungen zu weit.«

Übung 13
Üben Sie selbstbewußtes Ja-Sagen. Auf die Frage »Störe ich Sie?«: »Ja, es tut mir leid.« Bitte rufen Sie doch später noch einmal an! — »Halte ich Sie auf?«: »Ja, ich habe noch Wichtiges zu erledigen.« — »Stört es Sie, wenn ich rauche?«: »Ja, heute schon. Ich bin stark erkältet.«

Übung 14
Sagen Sie »nein« — auch wenn Ihnen eine Autoritätsperson gegenübersteht: »Können Sie das mal eben schnell für mich erledigen?« — »Nein, heute tut es mir leid. Morgen habe ich etwas mehr Zeit.«

Übung 15
Vertreten Sie Ihren eigenen Standpunkt, auch wenn Ihnen widersprochen wird — zunächst in unverbindlichen Situationen, dann gegenüber guten Bekannten, schließlich bei Autoritätspersonen: »Ihre Meinung ist zwar interessant, aber ich bin trotzdem nicht überzeugt. Ich bin nach wie vor der Auffassung . . .«

Übung 16
Üben Sie ehrliche Kritik, wenn Ihnen etwas nicht gefällt: »Die Farbe dieses Anzuges sagt mir nicht zu.« — »Das Essen war leider nicht sehr warm.« — »Ich habe lange warten müssen!«

Übung 17
Sprechen Sie dann guten Bekannten gegenüber berechtigte Kritik aus: »Du könntest dir mehr Mühe geben.« — »Mir fällt auf, daß du in letzter Zeit oft launisch bist.« — »Du hörst dir meine Meinung nicht einmal an.«

Übung 18
Üben Sie, Ihre Mitarbeiter zu kritisieren. Geben Sie Ihre Wünsche deutlich zu verstehen: »Es würde mir die Arbeit sehr erleichtern, wenn Sie . . .«

Übung 19
Kritisieren Sie Ihren Chef, treten Sie ihm dabei mit konkreten Argumenten gegenüber: »Zur Verbesserung der Zusammenarbeit möchte ich gern einmal mit Ihnen über einen Mißstand sprechen.«

Übung 20
Wehren Sie die Aggressionen anderer ab: »Ich bin erst wieder zu einem Gespräch mit Ihnen bereit, wenn Sie Ihren Ton mäßigen.« — »Überlegen Sie sich Ihre Äußerungen besser noch einmal.«

Durchschauen sozialer Situationen

Wir erleben eine Situation. Dabei nehmen unsere Sinnesorgane (Rezeptoren) Reize auf. Diese Reize werden verarbeitet. In den Prozeß der Reizverarbeitung gehen ein: Umwelteinflüsse, persönlichkeitsspezifische Einflüsse aus Rolle, vorhandenem Wissen u. a., aus den durch die Rezeptoren aufgenommenen Reize und den hinzukommenden Einflüssen entsteht die Wahrnehmung; siehe folgendes Bild

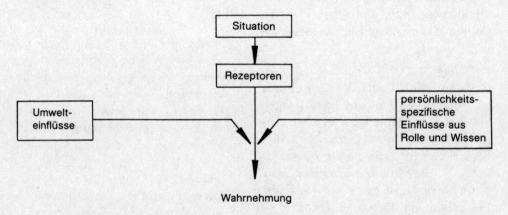

Unter Wahrnehmung verstehen wir den Prozeß des Informationsgewinnens aus Umwelt und Körperreizen (äußere und innere Wahrnehmung) einschließlich der damit verbundenen emotionalen Prozesse und der durch Erfahrung und Denken erfolgten Modifikationen. Der Begriff umfaßt alle Prozesse, die ein Auffassen, eine Reaktion motorischer oder sprachlicher Art oder in ein klares oder abgehobenes Erkennen und Diskriminieren einmünden.

Durch unsere Sinnesorgane gelangen die aufgenommenen Informationen in die Projektionszentren des Großhirns. Diesen Vorgang nennt man Perzeption. Nur ein Teil des aufgenommenen Informationsangebots gelangt in das Bewußtsein. Diesen Vorgang bezeichnet man als Apperzeption. Die Kanalkapazität der Apperzeption verhält sich zu der Perzeption höchstens wie 1 zu 1 Million. Wenn man also die Summe aller Sinneseindrücke = 100 Prozent setzt, so gelangen davon höchstens 0,0001 Prozent in das Bewußtsein. Die Apperzeption, der Informationsanteil also, der ins Bewußtsein dringt, ist unter anderem abhängig von:

— Wissensstand eines Menschen
— der weltanschaulichen Haltung
— physischen Zustand
— von der Darbietung der Information

Daraus folgert, daß zwei Menschen ein- und denselben Vorgang durch die Sinnesorgane aufnehmen und ganz unterschiedliche Informationen im Bewußtsein speichern.

Wir können für den sprachlichen Bereich folgern:

Gesagt bedeutet nicht gehört.
Gehört bedeutet nicht verstanden.
Verstanden bedeutet nicht einverstanden.
Einverstanden bedeutet nicht angewendet.
Angewendet bedeutet noch lange nicht beibehalten.

Wahrnehmung wird durch physiologische, psychologische und soziale Bedingungen zu einem aktiv-selektiven (subjektiven) Prozeß. Bei einem Strukturierungsvorgang in der Wahrnehmung handelt es um spezifische Operationen, mittels derer unsere Wahrnehmungen aufgebaut werden.

Wir sehen also: Wahrnehmung ist nicht einfach die Widerspiegelung von Sinneseindrücken. Von verschiedenen Gehirnzentren erfolgt eine Bearbeitung der Sinneseindrücke. Wahrnehmung kommt wie denken durch geistige Aktivität zustande.

Psychologisch werden nicht Einzelheiten, sondern »Gestalten« — Ganzheiten — wahrgenommen und erlebt. Liegen einzelne Teile näher zusammen oder bilden diese eine Figur, so werden die Einzelteile im Zusammenhang als Ganzheit wahrgenommen. Die Eindeutigkeit wird stark durch die Beschaffenheit des Umfeldes beeinflußt. Das soziale Umfeld ist die Umgebung des Betrachters. Es entscheidet mit darüber, wie das Gegenüber wahrgenommen wird.

Siehe folgende Bilder:

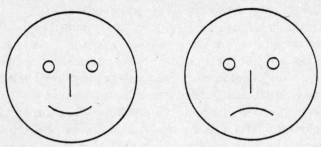

Beobachtungen lassen darauf schließen, daß negative Details kräftiger erscheinen und stärkere Wirkungen erzeugen. Eine Erklärung dafür könnte das fast einseitige Hinführen und Konditionieren auf die Negativebene während unserer Erziehung sein.

Mit der Aufnahme einer Negativwahrnehmung beginnt oft eine Assoziationskette (Gedankenverbindungskette). Im Kopf des Wahrnehmenden, also für den Verkäufer nicht erkennbar und beeinflußbar, läuft eine Negativentwicklung ab, die sich oft verstärkt.

Obwohl beide Gesichter mit Ausnahme der Mundstellungen völlig identisch sind, scheint es so, als ob die Augen im linken Gesicht freundlicher und im rechten Gesicht unfreundlicher blicken. Die Mundstellung, im linken Bild die Süß-, im rechten Bild die Bitterreaktion, wird auf den Augenausdruck übertragen (impliziert). Die Beurteilung einzelner Eigenschaften oder Merkmale wurde verzerrt oder zumindest durch andere (Eindrucks-)Merkmale oder eine allgemeine Vorstellung von der einzuschätzenden Person beeinflußt. Dieser Effekt wird in der Psychologie »Halo-Effekt« oder seltener »Hof-Effekt« genannt.

Im sozialen Bereich wird die Eindeutigkeit der Wahrnehmung stark durch die Beschaffenheit des Umfeldes beeinflußt. Das soziale Umfeld des Betrachters entscheidet mit darüber, wie das Gegenüber wahrgenommen wird.

Persönliche Eigenarten und Reaktionsweisen des Betrachters, seine Neigungen zur Imitation, Suggestibilität, Konformität, seine Familien- und Gruppenzugehörigkeit, seine Rolle, sein Status, die lerngeschichtlichen Erfahrungen und seine Kompetenz bestimmen wesentlich, wie ein Ausdruck verarbeitet und wahrgenommen wird.

Eine eingeengte, stereotype Wahrnehmung ist eine vereinfachende Wahrnehmung, bei der schon im voraus Schematisierungen bestehen, so daß eine mit positiven oder negativen Vorzeichen behaftete Art des Sehens entsteht.

Vorurteile von Gruppen (autostereotyp) und Freunden (heterostereotyp) führen zu bestimmter Art der Wahrnehmung von Botschaften. Dies erleben wir beispielsweise in der Werbung. Verständlicherweise nehmen Raucher Zigarettenwerbung anders auf als Nichtraucher.

In gruppendynamischen Situationen wird die Wahrnehmung außerdem beeinflußt durch das räumliche Zueinander, die Sitzanordnung sowie durch Rolle und durch Status der Anwesenden. Wir können also sagen: Kein Beobachter nimmt das Gleiche wahr. Das Wahrgenommene ist stets durch Erwartungseinstellung mitbestimmt.

Je mehr Gemeinsames das Neue mit dem positiv Bekannten hat, desto angenehmer wird das Neue erlebt. Je mehr Gemeinsames das Neue mit dem negativ Bekannten aufweist, desto unangenehmer wird es erlebt. Ist zum Beispiel festgelegt, daß eine Melodie in der 8-Ton-Tonleiter schön sei, so wird eine sich in diesem Rahmen bewegende Melodie als schön und angenehm, eine in der 12-Ton-Tonleiter gespielte Melodie als unangenehm erlebt. Das Aufgenommene wird also im Gehirn mit dem Vorhandenen verglichen und bewertet.

Wahrnehmungsmechanismen entsprechen unserem Bedürfnis nach Ordnung und Zuordnung und ermöglichen das Zurechtfinden in der Umwelt.

Idealisiert wird, wer die Eigenschaft besitzt, die man selbst gerne haben möchte (Schönheit, Intelligenz, Beliebtheit, Selbstsicherheit). Was einem an sich selbst Angst macht, stört einen bei den anderen. Wir können also sagen, daß durch Sinnesempfindungen aufgrund eines Erinnerungsbildes ein Gegenstand der Außenwelt erkannt wird. Das Objekt wird dabei nicht als Mosaik von Einzelelementen, sondern als Ganzheit, als Gestalt erfaßt. Das Ganze ist mehr und etwas anderes als die Summe seiner Teile. Die Erfassung betrifft die Wahrnehmung einer gesamten Situation. Ein wichtiger Faktor der Wahrnehmung ist die Aufmerksamkeit, mit der etwas wahrgenommen wird.

Aufmerksamkeit

Unter Aufmerksamkeit verstehen wir die Bezeichnung für die selektive Aktivität der kognitiven Funktionen bzw. des Denkens oder jedweder geistigen Orientierung. Es ist ein Zustand des Bewußtseins mit graduellen Unterschieden hinsichtlich der Klarheit von Sinneseindrücken oder der Vorstellung. Zur Aufmerksamkeit gehört eine allgemeine Tendenz im Antriebs- und Willensgeschehen, das entsprechende Ziel oder den gewünschten Gegenstand klar zu erkennen.

So können wir aktive, willkürliche, bewußt herbeigeführte, passive oder generelle Aufmerksamkeit unterscheiden. Bei längerer Dauer sind auch die Beständigkeit bzw. Ablenkbarkeit der Aufmerksamkeit wichtige Einflußfaktoren. Neben diesen Einflußfaktoren gibt es den Bereich der Wahrnehmungsstörungen. Zu diesem bereits »unnormalen« Bereiche gehören qualitative Wahrnehmungsstörungen, bei denen die Sinneseindrücke verändert oder verzerrt erscheinen, die Illusionen, bei denen Sinneseindrücke mißdeutet werden, und die Halluzinationen, bei denen es sich um vermeintliche Wahrnehmung ohne Sinneseindrücke handelt. Dabei ist zu bemerken, daß Halluzinationen zwar zu den Wahrnehmungen gerechnet werden, aber eine selbständige Gruppe zwischen Wahrnehmung und Vorstellung darstellen. Halluzinationen können auftreten als Gehörs-, Gesichts-, Geruchs-, Geschmacks-, Tast- und Körperhalluzinationen.

Im Test haben Sie Einzelbilder in einen sinnvollen Ablauf gebracht. Sie haben diese Bilder aufmerksam betrachtet und die einzelnen Elemente wahrgenommen. Sicher haben Sie erlebt, daß eigene Erfahrungen, Erinnerungen an früher erlebte Abläufe u. a. zu Schwierigkeiten bei der Lösung geführt haben. Es ist also nicht allein die Aufmerksamkeit, die Wahrnehmungsprozesse verändert, sondern auch das Abstraktionsvermögen.

Darunter verstehen wir den Vorgang und das Ergebnis des Auswählens oder isolierenden Herauslösens eines ganz bestimmten Aspektes eines komplexeren Sachverhaltes zum Zwecke der vereinfachten Bewertung, Klassifizierung oder der Kommunikation. Während bei der Analyse alle möglichen Teilaspekte durch zerlegende Betrachtung gewonnen werden, bezieht sich die Abstraktion immer auf den Vorgang der Isolierung eines einzigen Aspekts. Begriffe tragen z. B. die Kennzeichen eines Abstraktionsvorganges.

Wer also werturteilsfrei Situationen durchschauen will, muß sich zunächst von seinen Werturteilssystemen lösen können. Wie schwer das ist, merken wir in unserer täglichen Praxis. Blitzschnell vergleichen wir wahrgenommene Abläufe und gehörte Aussagen mit unseren früheren Erfahrungen und beurteilen entsprechend.

Erleben wir diesen Vorgang noch einmal in einem Beispiel.

Im Test sahen Sie eine Bilderfolge, die in die richtige Ordnung zu bringen war. Beim Boxkampf war die vorgegebene Bilderreihe: a, b, c, d und die als richtig vorgegebene Bilderfolge: b, d, a, c. In einem Seminar erlebte ich, daß ein Teilnehmer die als richtig vorgegebene Bilderfolge monierte. Er meinte, daß die Bilderfolge: b, d, c, a sein müßte. Diese Meinung begründete er damit, daß der Sieger erst nach Beendigung des Kampfes die Siegerpose (nach oben gestreckte Arme) einnehmen würde. Als ihm ein anderer Teilnehmer zeigte, daß der Verlierer, der im Bild c weggetragen wird, im Bild a noch am Boden liegt, behauptete er, was am Boden liege, sei nicht der Verlierer, sondern der Schatten des Siegers. Erst als er darauf aufmerksam gemacht wurde, daß die Armhaltung des Siegers anders sei als die des am Boden Liegenden, es sich also nicht um ein Schattenbild handeln könne, leuchtete ihm die Erklärung ein. Was hat dazu geführt, daß der Teilnehmer erst die Reihenfolge anders wählte und den am Boden liegenden Boxer nicht und während der Erklärung lediglich als Schattenbild erkannte? Eine Vielzahl von Hypothesen sind möglich. Aus dieser Vielzahl sei nur eine herausgegriffen: Vielleicht hat unser Teilnehmer Boxkämpfe gesehen, in denen der krönende Abschluß durch die Siegerpose des Gewinners markiert wurde. Diese Erfahrungen hat er unbewußt auf die Bildfolge übertragen.

Um soziale Situationen richtig zu erkennen ist folgender Ablauf zu empfehlen:

1. Beobachten,
2. Beschreiben der Merkmale,
3. Logisches Inbezugsetzen der Merkmale zueinander,
4. Logische Folgerung von möglichen Schlüssen aus den beschriebenen und in bezug gesetzten Merkmalen.

Weil es viel einfacher ist, schnell zu bewerten, schnell das eigene Werturteilsraster anderen und Situationen überzustülpen, gehen wir der »Mühe« des Beschreibens und Folgerns aus dem Wege. Wir sagen schnell: Das ist gut so, das ist schlecht, das ist zu schnell, das ist zu langsam, u. a. m. Auch bei derartigen Beschreibungen unterliegen wir immer wieder dem Prinzip der Polarität. Beschreibung bleibt zwischen diesen beiden Polen, erfaßt die Realität, kennzeichnet den Realisten. Der linke Boxer hat verloren, der rechte Boxer hat gesiegt, diese beiden Aussagen sind Werturteile. Die realistische Beschreibung der Situation lautet: Der rechte Boxer traf den linken am Kinn, worauf der linke Boxer zu Boden ging. In dieser Beschreibung ist weder ein Besser noch ein Schlechter ausgedrückt. Auch in der Wirklichkeit ist es so, daß der im Moment Unterliegende nicht der Schwächere ist. Reale Beschreibungen erfassen also nur die momentane Situation und lassen keine Folgerungen auf Früheres oder Zukünftiges zu. Derartige Folgerungen würden in den Bereich der Wahrscheinlichkeit einmünden.

Darunter verstehen wir die mathematische Bezeichnung für die Voraussage eines Ereignisses aus dem Verhältnis von günstigen und möglichen Fällen. Im Bereich der subjektiven Wahrscheinlichkeit bezieht sich der Mensch auf seinen Erfahrungshintergrund.

Wir können unser Beispiel also weiterführen, indem wir sagen: Der linke Boxer wurde am Kinn getroffen, wahrscheinlich war er einen Moment unaufmerksam. Oder: Der rechte Boxer hat den linken am Kinn getroffen, wahrscheinlich hat er eine sich ihm bietende Chance geschickt genutzt. Bei beiden Aussagen bewegen wir uns aber bereits im Bereich der subjektiven Folgerung. Gibt es nun überhaupt objektive Folgerungen? Zur Beantwortung dieser Frage darf ich Sie noch einmal auf das Kapitel »Logisches Denken« hinweisen.

Der erste Eindruck

Betrachten Sie bitte die folgende Zeichnung:

Sehen Sie eine alte Frau oder eine junge Dame? Beide Informationen sind in dieser Zeichnung gleich deutlich und gleich wertig vorhanden.

Wieder als Ausfluß der Polarität kann der Betrachtende nur die alte oder die junge Frau wahrnehmen, nicht aber beide Informationen zugleich, obwohl er beide Informationen zugleich sieht. Die Augen nehmen sowohl die Konturen der jungen als auch der alten Frau auf. Das psychologische System im Betrachter führt nun auf dem Weg zwischen Sehen und Wahrnehmung dazu, daß Teile des Bildes (z. B. Augenlid und Nase der jungen Frau) verdrängt werden und das Bild der alten Frau entsteht oder daß Striche, die die alte Frau signalisieren (Auge und Nasenfalte), verdrängt werden und die Wahrnehmung die junge Frau widerspiegelt.

Jeder Mensch besitzt einen Bezugsrahmen aus Meinungen, Vorstellungen und Erfahrungen. Diesen inneren Maßstab benutzt er, um notwendige Orientierungen zu verarbeiten. Er verarbeitet mit diesem Bezugssystem auf ihn zukommende Informationen und nonverbale Reize. Er wertet, besetzt, leitet ab und verhält sich entsprechend.

Die persönlichkeitsspezifische, die subjektive Wertung, verstärkt vorhandene Vorurteile oder bildet neue Vorurteile. Bei einem Vorurteil handelt es sich um eine subjektive Einschätzung von Gegebenheiten aufgrund von nicht geprüften

Informationen. Vorurteile können gefährlich sein. Sie produzieren selektive Wahrnehmung und können der Ausgangspunkt für nicht partnergerechtes Verhalten sein.

Das eigene psychologische System hat also bei unserem Beispiel dazu geführt, daß der Betrachter die alte oder die junge Frau sah. Dabei ist interessant zu wissen, daß die Wahrnehmung von alter und junger Frau nicht entsprechend der Wahrscheinlichkeit 50:50 ist, sondern daß etwa 70 Prozent der Erwachsenen die junge Frau, demgegenüber aber 70 Prozent der Kinder die alte Frau wahrnehmen. Hängt dies wohl damit zusammen, daß Erwachsene mehr auf gleichaltrige bzw. Junge und Kinder mehr auf ältere Menschen reflektieren?

Gerade der Verkäufer, aber auch jede Führungskraft, muß immer daran denken, daß andere schnell be- und verurteilen. Diese schnelle Be- und Verurteilung verlangt auch von der Darstellung der Eigenpersönlichkeit Selbstkontrolle vor und während des Gesprächs. Um Vorurteile zu verhindern, ist es sinnvoll, beobachtbare Verhalten aufzunehmen, daraus fundierte Folgerungen abzuleiten und mittel- bis längerfristig Mosaikbilder zusammenzusetzen, die dann auch weitgehend mit der Realität übereinstimmen.

Eine oft gestellte Streitfrage: Ist der erste Eindruck richtig? Die Antwort: Der erste Eindruck ist weder richtig noch falsch, er ist subjektiv. Entspricht das Bild des anderen dem Bild, das der Betrachter von sich selbst hat, ist der erste Eindruck positiver als wenn einzelne Aussehensmerkmale weder mit der Erwartungshaltung noch mit dem Eigenbild harmonieren. »Gleich zu gleich gesellt sich gern«, sagt ein altes Sprichwort. Der Kern dieses Sprichworts macht uns deutlich, daß das, was zu einem selbst paßt, sympathischer erlebt wird als das, was in einem selbst keine Resonanz findet. Also könnten wir den ersten Eindruck formulieren mit den Worten: »Er gefällt mir.« Niemals aber: »Er ist sympathisch.« Demzufolge auch nie: »Er ist unsympathisch.« Kein Mensch ist allen Menschen unsympathisch. Jeder wird von irgend jemandem geliebt. Wir können also weiter folgern: Ist mir jemand unsympathisch, dann deshalb, weil seine Aussehens- und Verhaltensmerkmale nicht mit meinem Beurteilungs- bzw. Erwartungsraster übereinstimmen. Das heißt weiter, daß mir dann Informationen fehlen, aus deren Sicht ich den anderen besser verstehen könnte. Wie oft sagen wir: »Wenn man den näher kennt, ist das ein ganz netter Kerl.« Diese Aussage beweist, daß wir oft zu vorschnell urteilen, Raster überstülpen und uns viel zu wenig die Mühe machen, den anderen wirklich kennenzulernen, um aus dem dann vorhandenen Wissen analytisch Folgerungen zu ziehen.

Wir machen es uns oft zu leicht! Dies beweist auch folgende Situation: Ein Vorgesetzter bekam von der Personalabteilung einen Mitarbeiter zugeteilt, der ihm unsympathisch war. Nach einigen Tagen der Zusammenarbeit unterlief diesem Mitarbeiter ein recht grober Fehler. Aussage des Vorgesetzten: »Das habe ich mir gleich gedacht; das konnte mit dem ja gar nicht gutgehen.« Ein anderes

Beispiel: Der gleiche Vorgesetzte bekam von der Personalabteilung einen Mitarbeiter zugeteilt, der ihm auf Anhieb sympathisch war. Nach einigen Tagen der Zusammenarbeit dergleiche Fehler. Aussage des Vorgesetzten: »Es kann jedem einmal etwas passieren.«

Dieses Beispiel zeigt, daß viele Menschen nicht bereit sind, Vorurteile abzulegen und im Laufe der Zusammenarbeit neue Informationen zu sammeln, sondern eher nach Bestätigung ihrer Vorurteile suchen. Dann entsteht selektive Wahrnehmung.

Dazu sagte Wilhelm Busch: »Wer durch des Argwohns Brille schaut, sieht Raupen selbst im Sauerkraut.«

Weil Menschen nur schwer — wenn überhaupt — in der Lage sind, aus eigenen Erfahrungen zu lernen, ihr Verhalten aufgrund dieser Erfahrungen zu verändern, werden immer wieder Tricks für Verhaltensbeeinflussung, Raster zum schnelleren Durchschauen der Mitmenschen u. a. m. erwartet und produziert. Typologien entstehen. Derartige Typologien versuchen (meist polar angeordnete) »Typen«, somatische und/oder psychische Eigenschaftskomplexe aufeinander zu beziehen. Als Ausgangspunkt dienen dabei die jeweils verschiedenen Eigenschaften, z. B. Wertgerichtetheiten (Spranger), Körperbau und Temperamentseigenschaften (Kretschmar), kognitive Stile (Jaensch, G. S. Klein, Witkin) u. ä. In der modernen Forschung sind die klassischen Typologien weitgehend durch den Bezug auf Faktoren oder Dimensionen ersetzt (z. B. bei Eysenck, R. B. Cattell und J. B. Guilford). Auch die Psychologie hat erkannt, daß Typologien neben der durch die Vereinfachung entstehenden bequemen Zuordnung eine Menge Nachteile mit sich bringen. Die Nachteile liegen besonders in der vorschnellen Zuordnung nach dem Motto: Das ist eben so ein Typ, der ist halt so, bei dem Typ ist auch nichts anderes zu erwarten.

Menschenkenntnis und das Durchschauen sozialer Situationen wäre leicht, wenn es dafür eine Bedienungsanleitung oder Schaltpläne gebe. Jeder der Milliarden Menschen ist anders. Der Schlüssel zum anderen heißt: Individuelles Verstehen. Das bedingt die Mühe, sich mit dem Verhalten des anderen auseinanderzusetzen, bei vorschnellen Bewertungen sich selbst in Frage zu stellen und ein hohes Maß an Achtung und Toleranz vor dem Anderssein des anderen.

Bereits 1770 war in einem Buch über den Umgang mit Menschen zu lesen: »Mit Umgang meinen wir Kommunikation, als gleichzeitig Informationsaustausch und Verständigung. Kommunikation setzt Interaktion voraus, d. h. miteinander zu tun haben, immer ein Geben und Nehmen. Sprache und Körpersprache sollen schließlich zur Verständigung führen. Kommunikation ist unmöglich, wenn keine Basiserwartung vorhanden ist, von der aus wir sprechen und handeln. Diese Basiserwartung darf aber nicht dazu führen, daß wir ob unserer Ziele den anderen vergessen.«

Der Mensch ist auf das Zusammenleben in Gruppen angelegt. Sein Leben vollzieht sich infolgedessen immer in einem sozialen Feld, mit anderen Worten, er ist Mitglied zahlreicher Gruppen. Seine Fähigkeit, das Verhalten anderer zu erkennen, sein Verhalten darauf einzustellen, macht es ihm möglich, als vollwertiges Mitglied in einer Gruppe zu leben.

Handwerkszeuge zum besseren Verstehen der Umwelt, zum Durchschauen der Situation, sind:

Beobachten und Zuhören.

Zum Beobachten verweise ich auf mein umfangreiches Buch »Körpersprache für Manager« (MI Verlag, München).

Befassen wir uns also hier stärker mit dem Zuhören.

Viele Menschen glauben, daß Kommunizieren eine Einbahnstraße sei. Sie treffen viele Vorkehrungen für das Senden von Informationen und Ideen und vergessen dabei, daß das Empfangen, Verstehen und Verarbeiten der vom Partner ausgesandten Signale Grundlage eigener, partnerbezogener Signale ist. Kein Wunder, daß viele Menschen Ihre Aussagen mit Aufforderungen, wie: »Kannst Du mir mal zuhören?« – u. a. beginnen. Der so Formulierende scheint erfahren zu haben, daß ihm ohne diese Aufforderung niemand zuhört. Vielleicht handelt es sich aber bei ihm auch nur um einen besonders scharf beobachtenden Zeitgenossen, dem das »Desinteresse« seiner Umwelt stärker auffällt als vielen anderen.

Verlieren wir die Fähigkeit zuzuhören, wird Sprache sinnlos. Erleben wir immer wieder, daß uns niemand zuhört, erfährt unser Mitteilungsbedürfnis Bestrafung, ziehen wir uns mehr und mehr auch von selbst zurück und vereinsamen.

Wie ungeheuer Zuhörfehler sich auswirken, erleben wir täglich in der Wirtschaft. Briefe müssen umgeschrieben werden, Termine müssen neu festgesetzt werden, Waren müssen umgeleitet werden, weil sich irgend jemand verhört hat.

Hören und Zuhören sind zweierlei. Hören ist die Aufnahme akustischer Signale, Zuhören beinhaltet das Verstehenwollen dieser Signale. So ist zum Zuhören Interesse notwendig und der Wunsch, das Gehörte zu verstehen.

Dazu einige Grundregeln:

1. Aktiv zuhören.

2. Absicht des Sprechers feststellen.

3. Den vom Sprecher formulierten Inhalt ordnen und gegebenenfalls zusammenfassen.

4. Nach Besonderheiten in der Formulierung suchen.

5. Zwischen Tatsache, Meinung und Behauptung unterscheiden.

6. Auf bewußt oder unterbewußt eingebaute Hindernisse achten.

7. Auf die Aussage positiv reagieren und damit möglicherweise zum Weitersprechen auffordern.

So ist Zuhören aktives Handeln. Die Reaktion des Zuhörenden ist das Endprodukt des Zuhörprozesses. Wer seinem Partner zuhört, wertet dessen Mitteilung und damit den Partner auf. Nimmt der Zuhörende mit im Zuhören enthaltenen Interesse die Botschaft des anderen auf, kann er das Gespräch interessanter gestalten und verhindert damit auch eigene Langeweile. Oft ist derartige Langeweile dann festzustellen, wenn Menschen nicht aktiv zuhören. Dadurch, daß das Gehirn so viel schneller als die Stimme arbeiten kann, kann man etwa 4mal schneller zuhören als selbst sprechen. So greift man oft Gedankengänge eines Sprechers auf, bevor dieser formuliert hat. Derartiges »Fertigformulieren« ist eine Bestrafung des Gesprächspartners. Er wird dadurch verunsichert.

Mit Gesprächen ist es oft wie mit Autofahren. Fährt man selbst, scheint die Zeit sehr viel schneller zu vergehen, als wenn man mitfährt. In Seminaren bewies sich immer wieder, daß derjenige, der selbst sehr viel redete, die Gesprächszeit unterschätzte, während der, der viel zuhörte, die Gesprächszeit überschätzte.

Besonders dann, wenn die Formulierung wie ein schweres Schulpensum aufgegeben wird, stellen sich Abwehrmechanismen beim Zuhörenden ein und verhindern aktives Zuhören. Derartige Zuhörverhinderer können sein:

1. Wortwahl und Satzbau des Sprechers.
2. Desinteresse am Thema.
3. Vorurteile und vorgefaßte Meinungen über das, was der Sprecher behandelt.

Geht der Zuhörende dann noch mit falschen Einstellungen in den Kommunikationsprozeß, ist Verstehen weitgehend unmöglich. Viele meinen, daß nur der Sprechende dafür verantwortlich ist, daß seine Mitteilung ankommt. Der Zuhörende trägt Mitverantwortung und die Verpflichtung, die Nachricht richtig aufzunehmen, sie zu verstehen, sie auszuwerten und partnerbezogen zu reagieren. Deshalb muß er um Aufklärung bitten, wenn er nicht verstanden hat und — falls er verstanden hat — entsprechende Rückmeldung geben.

Zuhören ist keine passive Tätigkeit, es ist harte Arbeit.

Wird diese Arbeit nicht getan, stimmt schnell der Bibelspruch aus Apostelgeschichte 19 Vers 32:

»Etliche schrieen so, etliche anders, und die Versammlung war in Verwirrung, und die meisten wußten nicht, warum sie zusammengekommen waren.«

Wer zuhört und beobachtet, ist dem Verstehen des Mitmenschen schon sehr nahe. Er reagiert situations- und partnerbezogen und kann damit zusätzliche Eindrücke sammeln.

Das Verbalisieren

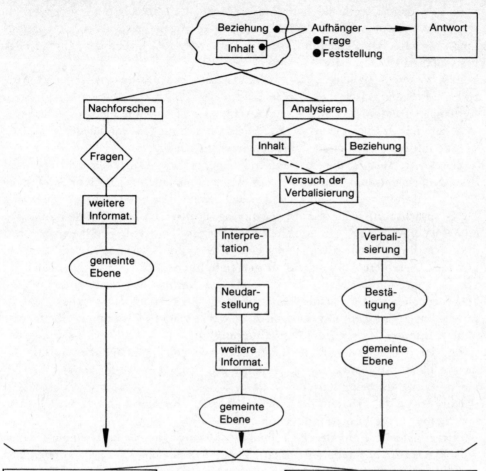

Trost, wenn in gemeinter Ebene erkanntes Problem nicht lösbar ist, oder nicht gelöst werden kann.

Lösung, in gemeinter Ebene erkanntes Problem mit Angebot gelöst werden kann.

Für die Formulierung der Lösung können sog. »Einwandstechniken« z. B. »Ja, aber Technik« u.a. verwendet werden. Dabei dienen diese Techniken als Beziehungsaspekte, als »Verkleidung« der Lösung.

Für die Lösung werden Argumente und daraus resultierende, das Problem lösende Nutzen formuliert.

Erklärung der Grafik:

Eine Aussage (Rechteck) kann klar und eindeutig nur als Inhalt oder durchsetzt bzw. umwoben von Beziehungen (Wolke) abgegeben werden. Sowohl aus Inhalt als auch aus Beziehung können Aufhänger (Stichwörter), in Frage oder Feststellung formuliert, für die Antwort verwendet werden.

Eine weitere Möglichkeit, komplexe Aussagen zu beantworten, ist: nachforschen. Als Stilmittel werden offene Fragen verwendet, die aber nicht auf einen Aufhänger, sondern auf die Gesamtaussage eingehen (»Wie meinen Sie das? – Wie darf ich das verstehen?« u.a.). Mit diesen Fragen bekommt der Fragende weitere Informationen und erfährt die gemeinte Ebene.

Ein zweiter Weg ist die Analyse der Partneraussage. Dabei werden Inhalt und Beziehungen getrennt betrachtet. Aus den zur Beziehung gehörenden Worten oder Wortfolgen werden Folgerungen abgeleitet. Sie fragen sich: »Warum sagt der Gesprächspartner dieses mir, warum sagt er dies überhaupt, und warum sagt er dieses so. Aus den so gesammelten Folgerungen suchen Sie nun diejenigen aus, die Sie in Ihren Antwortsatz, den Versuch der Verbalisierung, einbauen wollen und formulieren die Antwort. Ist die gemeinte Ebene nicht getroffen worden, ergibt sich automatisch eine Interpretation. Der Partner merkt den guten Willen zum Verstehen und gibt eine Neudarstellung. Mit dieser Neudarstellung gibt er weitere Informationen, um verstanden zu werden, und die gemeinte Ebene wird klar. Führte der Versuch der Verbalisierung tatsächlich zur Verbalisierung, bestätigt der Partner die richtige Wiedergabe seiner Gedankengänge, und die gemeinte Ebene ist ebenfalls klar. Bei allen drei Vorgehensweisen ist also die gemeinte Ebene erarbeitet worden.

Können Sie das erkannte Problem nicht lösen, trösten Sie den Gesprächspartner. Ist Ihnen eine Lösung möglich, bieten Sie diese an.

Dafür suchen Sie aus den Bereichen der Lösungs-Inhalte, also »anbieterbezogen« Merkmale, mit denen Sie erkannte Problembereiche abdecken können und formulieren ausgehend von diesen Merkmalen Nutzen. Aus anbieterbezogenen Merkmalen werden also abnehmerbezogene Merkmale gefolgert und so die Problemlösung formuliert.

Ein Beispiel:

Angenommen, jemand, dem Sie diese Graphik zeigen, sagt:

»Auf den ersten Blick finde ich diese Darstellung verwirrend. Man muß sich schon Zeit nehmen, um zu verstehen, was hier gemeint ist«.

Unter Verwendung der »Aufhängertechnik« könnten Sie auf ein Wort eingehend antworten:

Darstellung: »Diese *Darstellung* zeigt die möglichen Reaktionen auf eine Aussage ...«
gemeint: »*Gemeint* ist, daß auf jede Aussage eines Partners unterschiedlich reagiert werden kann«.

Wollen Sie nachforschen, sagen Sie:

»Wie meinen Sie das?«

Wollen Sie Verbalisieren analysieren Sie zunächst die Aussage. Dabei trennen Sie Inhalt und Beziehung. Als Inhalt erkennen Sie:

Darstellung verwirrend

Demzufolge stellt der Rest der Aussage Beziehungsaspekte dar. Aus diesen folgern Sie die gemeinte Ebene.

Auf den ersten Blick = beim flüchtigen Ansehen, muß zweimal anschauen
finde ich = subjektive Meinung
diese = vorliegende, abgebildete
man muß sich = notwendig
schon Zeit nehmen = Lösungsmöglichkeit, Notwendigkeit
um zu verstehen = nachvollziehen zu können
was hier gemeint ist = sich hineindenken zu können

Antworten Sie nun:

»Es ist Ihnen also zu schwierig«, haben Sie eine Interpretation formuliert. Ihr Partner könnte antworten: »Nein, ich müßte mich nur mehr hineindenken, so schnell kann ich das nicht nachvollziehen.«

Sie hätten jetzt aus seiner Neudarstellung die von ihm gemeinte Ebene erkannt und könnten trösten oder lösen. Treffen Sie die Verbalisieren sofort, ist die weitere Vorgehensweise (Trost oder Lösung) identisch. Die Verbalisierung erarbeiten Sie, indem Sie aus den Beziehungsebenen folgern. Aus diesen durchgeführten Folgerungen »streichen« Sie diejenigen, die Sie nicht in Ihre Antwort (Verbalisierung) einbauen wollen oder können. Aus den dann noch vorhandenen Folgerungen (z. B. beim flüchtigen Ansehen, vorliegende Graphik, hineindenken, nachvollziehen) formulieren Sie Ihre Verbalisierung (z. B.: »Beim flüchtigen Ansehen verstehen Sie die vorliegende Graphik nicht. Sie möchten sich mehr hineindenken, um den Ablauf nachvollziehen zu können«.) Bejaht Ihr Partner diese Antwort, haben Sie also die Verbalisierung formuliert, können Sie »trösten« oder »lösen«. Sie antworten:

Trost: »Leider kann ich Ihnen diese Graphik nicht überlassen. Es ist aber auch nicht so wichtig, daß Sie alle Einzelheiten kennen.«

Lösung: »Ich brauche diese Graphik nicht mehr (ich kann Ihnen gerne eine Kopie fertigen = anbieterbezogenes Merkmal), so daß Sie diese in Ruhe ansehen können (= abnehmerbezogenes Merkmal/Nutzen).

Wer sich so fragend bzw. verbalisierend verhält, zeigt große Hochachtung vor dem anderen. Er bewertet nicht nach eigener, persönlicher Erfahrung und mit Vorurteilen. Er nutzt folgende Regeln:

1. Verhalten anderer nicht bewerten, sondern verstehen lernen.
2. Sichtweise der Partner gelten lassen, auch wenn diese anders ist als die eigene.
3. Über die Situation des Partners sprechen.
4. Eigene Meinung zurückstellen.
5. Den anderen mit seinen bzw. trotz seiner Schwierigkeiten akzeptieren, ihn verstehen wollen.
6. Den Partner durch geeignete Hilfen (Fragen und Verbalisieren, wenn möglich die Lösung selbst finden lassen).
7. Findet der Partner die Lösung nicht selbst, durch geeignete Möglichkeiten (anbieterbezogen) seine Möglichkeiten (abnehmerbezogen) erkennen lassen.
8. Passen diese Argumentationen zur Situation und zum Partner, ist dessen Problem gelöst. Sind die Vorschläge unpassend, bei lfd. Nr. 1 beginnen.

Beziehungen zwischen Menschen verlaufen nach den Gesetzmäßigkeiten der Kommunikation. Dieser, aus dem Lateinischen kommende Begriff meint zunächst ganz allgemein: Mitteilungen, die Menschen zum Zwecke der Verständigung miteinander austauschen. Tiere kommunizieren im Gegensatz zu Menschen nicht. Sie orientieren sich über die gegenseitigen Absichten im Verlauf ihrer mehr oder weniger festgelegten Reizäußerungen.

In seinen zwischenmenschlichen Beziehungen, in der Kommunikation, nutzt der Mensch die Mittel der Sprache und der Körpersprache. Die Benutzung und Bedeutung dieser Ausdrucksmittel muß der Mensch lernen.

Verhalten werden im Laufe der Erziehung belohnt, toleriert oder bestraft. Belohnte Verhalten werden verstärkt, tolerierte beibehalten, bestrafte unterdrückt. Die Ausprägung des jeweils gezeigten Verhaltens ist weitgehend Ergebnis des Verstärkungslernens.

In der Interkommunikation, worunter alle zwischen den Menschen verlaufenden (offenen und geheimen) Austauschprozesse verstanden werden, setzt der Mensch sein Verhalten ein, um seine Ziele zu erreichen. Es ist unmöglich, sich nicht zu verhalten. Selbst der Schlafende verhält sich und teilt der Umwelt sein Verhalten mit.

Als intelligentes Wesen kann der Mensch vorausdenken und Folgen kalkulieren. Diese, dem Großhirn entstammende Fähigkeit, wird allerdings blockiert, wenn Reize nicht analytisch verarbeitet, zu unkontrollierten Reaktionen führen.

Entsprechend vorhandener Resonsanzgrundlage reagieren Menschen auf gleiche Reize unterschiedlich. Was den einen ärgert, kann den anderen erfreuen. Erlernte Strukturen (oder angeborenes Grundverhalten) bestimmen die persönlichkeitsspezifische Verhaltensweise. Eine weitere Einflußgröße ist die Rolle. Die Rolle, definiert als Summe der erwarteteten Verhaltensweisen, bestimmt weitgehend das Verhalten in der jeweiligen Situation. Entsprechend der momentanen Rolle funktioniert die Wahrnehmung. In der Rolle Vorgesetzter nehmen wir gleiche Abläufe anders wahr, als in der Mitarbeiterrolle, als Vater erleben wir anders, als in der Freundesrolle. Rollenverhalten ist angeboten (zugeschriebene Rollen: Mann u.a.) oder erworben (übernommene Rollen: Mitarbeiter, Vater u.a.). Was erworben bzw. erlernt wurde, kann auch wieder verlernt werden. So ist es möglich, störende Verhaltensweisen abzubauen. Dazu ist es notwendig, daß

1. derartige Verhaltensweisen erkannt,

2. diese als störend eingesehen,

3. diese abgebaut oder andere Verhaltensweisen aufgebaut und

4. die neue erworbenen Verhaltensweisen so lange geübt bzw. praktiziert werden, bis diese selbstverständlich geworden sind.

Zwischenmenschliche Beziehungen sind also weitestgehend von erlerntem Verhalten abhängig. Durch Ver- und Neulernprozesse ist demzufolge eine Änderung der zwischenmenschlichen Beziehungen möglich.

Entsprechend der Rolle und der Situation sind drei verschiedene Beziehungen möglich:

1. Koexistenz.
Hier zeigt sich das menschliche Sein (dialogisches Sein) in den Merkmalen des Mimischen, Gestischen, Da-Seienden. So kommuniziert der Säugling mit der Mutter oder schweigende Bewohner eines Altenheimes. Wir alle koexistieren, sind mit anderen da und aktualisieren auf diesem Weg das dialogische Sein.

2. Kooperation.
In (non-)verbalen, auditiven und visuellen Austauschhandlungen teilen wir mit, wollen erfahren, zuhören, anderen etwas sagen, von anderen lernen, anderen etwas lehren, miteinander arbeiten oder gemeinsam freuen.

3. Kommunikationen.
In diesem permanenten Wechselspiel von Frage und Antwort, von Wahrheits-

suche und Wahrheitsvernebelung, von Information und Kritik, von Analyse und Widerspruch, verhalten wir uns mit anderen.

In allen drei Seinsweisen ist der Mensch zu vernünftigem Verhalten fähig. Meist gehen alle drei Seinsweisen in die Beziehungen zur Umwelt ein, ergänzen sich oder stehen sich konträr gegenüber.

Alle drei Seinsweisen können unter vier Aspekten analysiert werden:

1. Vermittlungsaspekt.
Betrachtet wird die Kommunikation unter den Aspekten der verwendeten Medien, Kommunikationsformen, Gliederung und situativen Organisation.

2. Beziehungsaspekt.
Betrachtet werden die psycho-sozialen Beziehungen der Beteiligten z. B.: rollen- und einstellungsspezifische Verhalten.

3. Inhaltsaspekt.
Betrachtet wird, WAS mitgeteilt wird.

4. Störfaktorialer Aspekt.
Betrachtet werden die u. U. aus den drei vorgenannten Aspekten resultierenden Störungen in bezug auf: Paradoxie, Perversion menschlicher Kommunikation. Dieser Aspekt untersucht die Ursachen, Motive, typischen Verläufe und Absichten gestörter Mitteilungsprozesse aller drei Grundbeziehungsmöglichkeiten.

Grundsätzlich gilt die Frage: Wer sagt was, durch welches Medium, wem, mit welcher Wirkung?

Wir sehen, zwischenmenschliche Beziehungen sind nicht den Gesetzen der Zufallswahrscheinlichkeiten unterworfen. Sie sind durch psychologische Regeln und soziologische Rollenbeziehungen gekennzeichnet. Im Laufe unserer Sozialisierung mußten wir viele Floskeln lernen. Es fällt uns leichter zu sagen: »Ich brauche einen Rat« als: »ich möchte Dir etwas erzählen«. Betrachten wir diese Gesetzmäßigkeiten in einem Beispiel:

In der Rolle des Sohnes sagt Achim zu seinem Vater: »Jetzt habe ich doch gestern den ganzen Tag gelernt und heute trotzdem nur eine Sechs geschrieben.«

Dem Vater stehen grundsätzlich sechs Antwortmöglichkeiten zur Verfügung:

1. Wertung =
Persönliches oder moralisches Urteil.

2. Interpretation =
Suche nach einer Deutung, wobei der Gedankengang des Partners verfälscht wiedergegeben wird (was ich meine, daß er meint).

3. Unterstützung =
Sympathiebekundung oder Trost.
4. Lösung =
Suchen oder sofortiger Vorschlag einer geeigneten Lösung.
5. Nachforschen =
Fragen und Bemühungen um zusätzliche Information.
6. Verbalisieren =
Bemühung um klare und richtige Darstellung des Wesentlichen in der Aussage, Formulierung der vom Partner erlebten psychologischen Struktur (was er meint).

Zu jeder der sechs Antwortmöglichkeiten ein Beispiel:

1. Es kommt nicht auf das Lernen, sondern auf das Ergebnis an. Wenn Du so weitermachst, wirst Du es nie zu etwas bringen.
2. Dann mußt Du eben das nächste Mal noch mehr lernen.
3. Das ist nicht so schlimm, Du wirst es schon wieder schaffen. Auch Einstein hat hin und wieder schlechte Noten geschrieben.
4. Du hast Dir jetzt sicher vorgenommen, künftig noch mehr zu lernen.
5. Worauf führst Du dieses Ergebnis zurück?
6. Du bist enttäuscht, weil Deine Vorbereitung nicht das erwartete Ergebnis brachte.

Unschwer festzustellen, daß die psycho-soziale Beziehung zwischen Vater und Sohn die Antwort bestimmt. Aber nicht nur die Antwort, auch die Formulierung, die der Sohn gebrauchte, war abhängig von diesen Faktoren.

Aus welchen Gründen sagte der Sohn das seinem Vater so? Wollte er sich rechtfertigen? Wollte er Mitleid? Wollte er Hilfe? Die Wahl seiner Worte, die Betonung der Aussage, die begleitende Körpersprache könnte diese Fragen beantworten. In Aussagen finden wir Beziehungs- und/oder Inhaltsaspekte. Von Fall zu Fall kommt dem einen oder anderen größere Bedeutung zu. In einem Lehrvortrag erwarten Zuhörer und Vortragender, daß Inhalte dominieren. Dies schließt nicht aus, daß sich in der Vorlesung durch Betonung und/oder Körpersprache die spezifische Beziehung des Vortragenden zu einzelnen Aussagen dokumentiert. In einem Gespräch zwischen Liebenden dominieren die Beziehungsaspekte. Hier sollen Beziehungen ausgekostet werden. Sagt er: »Willst Du noch Fernsehen, Liebling?« kann das heißen: »Komm bitte mit ins Bett«.

Jede Kommunikation, jede zwischenmenschliche Beziehung hat einen Inhalts- und einen Beziehungsaspekt. Dabei akzentuiert erst der situative Hintergrund den einen oder anderen Aspekt.

Betrachten wir den situativen Hintergrund in den Antworten des Vaters, dann finden wir folgende Einstellungen:

1. Der Vater überträgt vorschnell seine Wertvorstellungen, ohne auf den Sohn einzugehen. Er scheint durch das Ergebnis selbst enttäuscht und droht seinem Sohn. Diese Oktroyierung eigener Wertvorstellungen, gekoppelt mit Bestrafung, wird wohl viel eher künftige Ausreden produzieren und Offenheit verhindern, als zum Lernen motivieren.

2. Ohne geprüft zu haben, wodurch das schlechte Ergebnis zustandekam, bietet der Vater eine Lösung an. Das eingeschobene Wort »eben« signalisiert, daß es sich bei dieser Lösung um eine Selbstverständlichkeit handele. Es unterdrückt den weiteren Dialog. Es entsteht der Anschein, als wolle der Vater mit diesem Gespräch schnell fertig sein. Eine solche, vorschnelle Lösung, nur ganz selten für den Partner richtig, ermöglicht nur Übernahme, Unterwerfung (Flucht) oder Kampf (Ablehnung). Paßt die Lösung einigermaßen, oder wird der Lösende als absolute Autorität angesehen, wird der Vorschlag möglicherweise probiert. Wird die Lösung als nicht passend erkannt, kann Übernahme gespielt werden. Ist der Wunsch nach Verbesserung, die Aktivität zur Suche nach der »richtigen« Lösung stark genug, wird um die bessere Lösung gerungen. Einwände oder Fragen werden formuliert und zwingen so den Lösungsgeber zu weiteren Erklärungen oder zur Suche nach neuen Lösungen. Je nach Einstellung des Vaters zum Sohn, entsprechend der Art der Beziehung, entsteht jetzt ein lösungsorientierter, partnerschaftlicher Dialog oder ein Streitgespräch.

3. Trost ist nur dann sinnvoll, wenn die Situation nicht mehr oder auch in Zukunft nicht geändert werden kann. Klassische Form des Trostes ist das Kondolieren, das Aussprechen von Beileid an Trauernde. Eine Verhaltensänderung, eine Änderung der Situation — sie ist ja auch nicht möglich, wird angestrebt.

4. Die Interpretation kann aus dem Versuch zu Verbalisieren, zu verstehen, was der andere meint, entstehen. Der sich durch die Interpretation Mißverstandene erkennt meist den guten Willen und fühlt sich zu einer Neudarstellung aufgefordert. Aus dieser Neudarstellung wird die gemeinte Ebene erkennbar, und das Gespräch kann in Richtung Lösung, falls möglich, oder Trost, falls Lösung nicht möglich, weitergeführt werden.

5. Nachforschen mittels geeigneter Fragen (möglichst sog. »offene« Fragen — beginnend mit Fragewort) oder Aufforderungen erbringt weitere für die spätere Lösung notwendige Informationen. Der an partnerbezogener Lösung interessierte, der »selbstlose« Gesprächspartner wird diese Technik neben dem

Verbalisieren einsetzen, um die für den Partner und die Situation adäquate Lösung (oder Trost) präsentieren zu können.

6. Wer verbalisiert – die vom Partner gemeinte Ebene wiedergibt, hat den Partner verstanden. Er beweist damit, daß er genau zugehört hat und löst Vertrauen in seine Fähigkeit, die richtige Lösung zu präsentieren, aus.

Wir können also folgern: Die geeignetsten sprachlichen Mittel, zwischenmenschliche Beziehungen zu gestalten, sind Nachforschen (Fragen) und Verbalisieren (z. B. Feststellungen oder Bestätigungsfragen). Nachforschen – der Einsatz geeigneter Fragen um mehr über die geschilderte Situation zu erfragen – ist relativ einfach. Das Interesse an Person und Sache läßt fast automatisch Fragen entstehen. Schwieriger ist das Verbalisieren. Hier ist individuelles Verstehen notwendig. Aus welchen Gründen sagt wer, was, wem, mit welchen Worten und mit welcher Wirkung muß die Schlüsseleinstellung des Zuhörenden sein.

Aus den früher genannten vier Aspekten sind zwei, der Inhalts- und der Beziehungsaspekt, besonders wichtig. Wortwahl, Betonung und körpersprachliches Verhalten zeigen, wie der Sprechende den Inhalt verstanden wissen will, was er meint. Optimale, wertfreie Aufnahmebereitschaft, Zuhören und Zuschauen – schlicht echtes Interesse – sind Voraussetzungen zum Verstehen.

Die Schritte zur Verbalisierung:

1. Erkennen des Inhaltes der Aussage.
   Der Inhalt ist die kürzestmögliche Aussage. Sagt jemand: »das ist ein schöner Raum«, ist der Inhalt: Das ist ein Raum. Das Wort »schöner« kennzeichnet seine Beziehung zu diesem Raum: der Raum gefällt ihm. Nicht nur Wortwahl, auch Betonung und begleitende Körpersprache können die Beziehung zu diesem Raum signalisieren. Versuchen Sie einmal den Satz: »Das ist ein Raum« unterschiedlich zu betonen. – Sie werden erkennen, daß, jedes der Wörter stark betont, den Sinn der Aussage verändert. Schließlich kann die begleitende Körpersprache (Mimik, Gestik u.a.) den Sinn ergeben. Meist aber verändert die dem Unterbewußten unmittelbar entspringende Körpersprache auch die Betonung. Nur in Ausnahmefällen, z. B. beim unechten Kompliment, kann die Körpersprache den Worten widersprechen und die Worte Lügen strafen.

2. Haben wir den Inhalt, der wortwörtlich in der Aussage enthalten ist, herausgefunden, sind alle weiteren Worte Aussagen, die etwas über die Beziehung des Sprechenden zum Inhalt erkennen lassen.
   Aus welchen Gründen sagt wer, was, wem, mit welchen Worten und mit welcher Wirkung? Auf der Grundlage dieser Fragen analysieren wir die Beziehungsaspekte.

3. Haben wir die Bedeutung der einzelnen Formulierungen — die jeweils gemeinten Ebenen — erkannt, übernehmen wir die wichtigen in unsere Verbalisierung (Antwort).

Wenden wir diese Schritte bei unserem Beispiel an!

»Jetzt habe ich doch gestern den ganzen Tag gelernt und heute trotzdem nur eine Sechs geschrieben.«

Inhalt:

Sechs geschrieben (Ich habe eine sechs geschrieben)

Beziehungen:

Jetzt habe ich doch	= Enttäuschung
gestern	= unmittelbar vorher
den ganzen Tag	= lange
gelernt	= vorbereitet
und heute	= unmittelbar nach der Vorbereitung
trotzdem	= Enttäuschung
nur	= Unzufriedenheit

Werden alle Folgerungen in die Antwort eingebaut, würde diese lauten: »Du erlebst *Enttäuschung*, weil Du Dich *unmittelbar vorher, lange vorbereitet* hast und *unmittelbar nach der Vorbereitung* durch das Ergebnis *Enttäuschung* erfuhrst. Dies ergibt bei Dir *Unzufriedenheit*.«

So würde niemand formulieren. Übernehmen wir die wichtigen Folgerungen in unsere Verbalisierung, ergibt sich folgende Antwort: »Du bist *enttäuscht*, weil Deine *Vorbereitung* nicht das erwartete Ergebnis brachte.«

Entsprechend der Rolle und der Beziehung und dem gewünschten Ergebnis wird die Betonung und körpersprachliche Gestaltung ausfallen.

Das Ziel bestimmt die Mittel. Diese Behauptung hat auch in den zwischenmenschlichen Beziehungen ihren Standort.

Helfen, Verstehen, Bewerten, Lösen, Ablehnen u. a. bestimmen, wie wir was tun oder sagen. Unsere Beziehungen sind demnach in hohem Maße situations- und rollenabhängig. Es gibt nicht *den* Gesprächs- oder Führungsstil. Erst die Situation bestimmt, was passend oder unpassend ist. Generell gilt aber, daß in alle Beziehungen Wertschätzung eingehen muß, und nur der Grad der Lenkung schwach (z. B. Verbalisieren) oder stark (z. B. Befehl) sein darf.

Zwischenmenschliche Beziehungen sind (mehr oder weniger schnell vorübergehende) Zustände, Produkte sozialer Prozesse, also Einwirkungen von Lebewesen aufeinander. Wenn es uns gelingt, durch unser Verhalten, durch unsere Sprache und Körpersprache, die Einwirkungen aufeinander so zu gestalten, daß Kooperation und Motivation für die als richtig erkannten Ziele entstehen kann, verbessern sich die Beziehungen. Bewußteres Sein, nicht ausgeliefert sein, den unbewußt ablaufenden Prozessen der Resonanz und subjektiven Wahrnehmung, der kontrollierte partnerbezogene Dialog sind Mittel, die es zu erlernen und einzusetzen gilt.

Wie nun lernen wir analytische, werturteilsfreie Kommunikation?

1. Wir müssen die Art der vorhandenen Kommunikation erkennen.
2. Einsehen können, daß einzelne Formulierungen die zwischenmenschlichen Beziehungen negativ beeinflussen.
3. Durch Selbstprüfung oder offenes Feedback der Umwelt derartig störende Verhalten abbauen und dialogfördernde aufbauen.
4. Diese neu erworbenen fördernden Verhalten üben, bis diese selbstverständlich geworden sind.

Damit Sie Ihre jetzige Art zu kommunizieren kennenlernen, finden Sie nachfolgend 10 Gesprächsausschnitte aus in der Praxis gelaufenen Gesprächen. Dazu jeweils 6 Antworten.

Lesen Sie bitte die jeweiligen Aussagen und kreuzen Sie spontan die Antwort an, die sich am meisten der nähert (oder sich am wenigsten von der entfernt), die Sie auf diese Aussage gegeben hätten.

Es gibt dabei weder eine gute noch eine schlechte, sondern zunächst nur Ihre Antwort.

Übungsfälle

Fall 1:

Erfahrener, qualifizierter Mitarbeiter
10 Jahre im Unternehmen
soll Urlaubsvertretung übernehmen:

»Ich habe langsam das Gefühl, daß immer die Besten bestraft werden. Die weniger Guten dürfen in Urlaub und die Tüchtigen müssen dableiben und Vertretung machen.«

		Welche Formulierung kommt Ihrer Antwort am nächsten?
1	Sie glauben, daß Sie zu den Tüchtigen gehören?	
2	Welche Vorschläge für eine gerechtere Regelung der Urlaubsvertretung haben Sie?	

3	Ich kann verstehen, daß Sie das ärgert, aber es ist leider nicht zu ändern.	
4	Meinen Sie, daß die Regelung der Urlaubsvertretung ungerecht ist?	
5	Wir werden uns etwas einfallen lassen, damit Sie im nächsten Jahr keine Vertretung machen müssen.	
6	Wir brauchen gerade in der Urlaubszeit tüchtige Leute. Sie können sich Ihrer Verantwortung nicht entziehen.	

Fall 2:

Neukunden beim ersten Gespräch mit dem Außendienst-Mitarbeiter einer Bank:

»Früher als ich Geld brauchte, hat man mich wie Dreck behandelt. Jetzt, wo ich Geld zum Anlegen habe, kommen alle gelaufen und wollen mich gewinnen.«

		Welche Formulierung kommt Ihrer Antwort am nächsten?
1	Können Sie mir bitte sagen, was Sie früher erlebt haben?	
2	Jetzt sind Sie ein wichtiger Kunde, und es versteht sich von selbst, daß man sich um Sie bemüht.	
3	Sie möchten Ihr Geld nicht anlegen, wenn ich richtig verstehe.	
4	Es tut mir leid, daß Sie schlechte Erfahrungen sammeln mußten.	
5	Ihre früheren Erfahrungen führen zur Zurückhaltung in der jetzigen Situation. Sie meinen, das Verhalten der Banken sei inkonsequent.	
6	Gerade zur Zeit können wir Ihnen Geldanlagen empfehlen, die eine hohe Rendite bringen.	

Fall 3:

Junge Mitarbeiterin, fleißig und tüchtig zum Vorgesetzten:

»Ich weiß nicht, was ich tun soll, ein Bekannter hat mir eine Stelle angeboten, in der ich sofort DM 300.— mehr verdienen würde. Andererseits gefällt es mir hier sehr gut.«

		Welche Formulierung kommt Ihrer Antwort am nächsten?
1	Wir können Ihnen auch DM 150.- mehr bezahlen, dann brauchen Sie nicht zu wechseln.	
2	Sie stehen im Konflikt zwischen mehr Gehalt und dem Wunsch, weiterhin bei uns zu bleiben.	
3	Mehr Geld ist nicht alles. Sie sagen selbst, daß es Ihnen bei uns gefällt. Auch bei uns können Sie bald mehr verdienen.	
4	Verstehe ich richtig, daß Sie eine Gehaltserhöhung wollen?	
5	Was ist das für eine Stelle, die Ihnen Ihr Bekannter angeboten hat?	
6	Sie sind da in einer sehr unangenehmen Lage, und ich verstehe, daß Ihnen die Entscheidung schwerfällt.	

Fall 4:

Langjähriger, solventer Kunde auf eine Preiserhöhung:

»Überall steigen die Preise. Wie soll ich solche Preiserhöhungen nur meinem Chef beibringen? Auch wir müssen wettbewerbsfähig sein. Es gibt außer Ihnen noch mehr Lieferanten, die ich aufnehmen kann, wenn Sie auf Ihrer Forderung bestehen.«

		Welche Formulierung kommt Ihrer Antwort am nächsten?
1	Natürlich können Sie wechseln, aber wir kennen uns seit so vielen Jahren. Bei einem Lieferantenwechsel müßten Sie nur Nachteile hinnehmen.	
2	Ich bin gerne bereit, mit Ihnen zusammen ein Gespräch mit Ihrem Chef zu führen.	
3	Sie würden lieber den Lieferanten wechseln, als einen höheren Preis zu bezahlen.	
4	Ich bedaure die Situation, aber Sie werden Ihren Vorgesetzten schon überzeugen können.	

5	Welche Lieferanten kämen in Frage?	
6	Sie wissen, daß die Preise allgemein steigen, brauchen aber Argumente um Ihren Chef zu überzeugen. Sie wollen, daß wir die Preise nochmals überdenken und Ihnen dann die neuen Preise so begründen, daß Sie daraus evtl. sogar Nutzen für Ihre Kunden folgern können.	

Fall 5:

Angestellter Sachbearbeiter, seit 4 Jahren sehr erfolgreich tätig:

»Ich habe gehört, daß in unserem Unternehmen künftig einschneidende Sparmaßnahmen eingeführt werden sollen. Falls ich in irgendeiner Art davon betroffen werde, möchte ich dies heute wissen, damit ich entsprechende Konsequenzen ziehen kann.«

		Welche Formulierung kommt Ihrer Antwort am nächsten?
1	Sie wollen möglichst frühzeitig Informationen aus erster Hand.	
2	Nachdem Sie wissen, daß Sie von den Sparmaßnahmen betroffen sind, wollen Sie lieber gehen, als sich damit abzufinden.	
3	Nachdem mehr bekannt ist, können wir ein weiteres Gespräch führen. Ich nenne Ihnen dann weitere Fakten.	
4	An welche Konsequenzen denken Sie?	
5	In dieser harten Zeit müssen wir alle mit Nachteilen rechnen. Es ist unfair von Ihnen, mit Konsequenzen zu drohen.	
6	Es wird schon nicht so schlimm werden, wir haben schon härtere Zeiten durchgemacht, nicht wahr?	

Fall 6:

Kunde in einem Foto-Fachgeschäft, in dem Sie seit Jahren einkaufen:

»Ich habe mir lange überlegt, ob ich die schlechte Qualität der Bilder reklamieren soll. Am liebsten hätte ich künftig anderswo eingekauft. Dann aber dachte ich mir, daß es besser sei, mit Ihnen zu sprechen.«

		Welche Formulierung kommt Ihrer Antwort am nächsten?
1	Man reklamiert nicht gerne, das geht mir genauso.	
2	Können Sie mir bitte weitere Informationen über die Gründe Ihrer Unzufriedenheit sagen?	
3	Sie möchten unser Kunde bleiben und haben sich deshalb aufgerafft, mir Ihre Unzufriedenheit zu berichten.	
4	Wir stellen Sie bestimmt wieder zufrieden, da brauchen Sie nicht zu wechseln.	
5	Sie wollen Schadenersatz, sonst kaufen Sie künftig anderswo.	
6	Es kann überall einmal etwas passieren. Normalerweise liefern wir nur beste Qualität.	

Fall 7:

Junge Mitarbeiterin, tränenüberströmt zu Ihrem Vorgesetzten:

»Eigentlich hat das, was ich Ihnen sagen will, mit dem Geschäft nichts zu tun, aber meine Arbeit leidet unter meinen Eheproblemen. Ich weiß nicht, was ich noch tun soll.«

		Welche Formulierung kommt Ihrer Antwort am nächsten?
1	Ich will Ihnen gerne helfen, wenn ich kann. Dann brauche ich aber weitere Informationen. Was bedrückt Sie?	
2	Es gibt keine Ehe ohne Probleme, daß die Arbeit darunter leidet, ist allerdings bedenklich.	
3	Machen Sie sich nichts daraus, in einer Ehe ist es mal so und mal so. Wenn die Sonne wieder scheint, wird auch Ihre Leistung wieder besser.	
4	Sie möchten mit mir über Ihre Probleme sprechen und meinen Rat hören.	
5	Sagen Sie Ihrem Mann, welches Problem Sie haben. Er soll darauf Rücksicht nehmen, daß Sie berufstätig sind.	
6	Sie möchten, daß ich Ihre zur Zeit schwächere Leistung verstehe.	

Fall 8:

Einkaufsleiter eines Großunternehmens, der auf Wunsch des Vorstandes einen Verkäufer empfängt:

»Ich betrachte dieses Gespräch als Pflichtübung. Ich habe Sie empfangen, weil mein Vorstand dies wünschte. Wir haben hervorragende Lieferanten, und wenn Sie über solche Schleichwege ins Gespräch kommen wollen, dann wird Ihr Angebot ohnehin nicht konkurrenzfähig sein.«

		Welche Formulierung kommt Ihrer Antwort am nächsten?
1	Wenn ich Sie richtig verstehe, möchten Sie keinen weiteren Lieferanten aufnehmen.	
2	Ich glaube Ihnen, daß Sie als qualifizierter Einkäufer hervorragende Lieferanten haben, aber unsere Qualität wird auch Sie überzeugen.	
3	Nach welchen Kriterien beurteilen Sie, ob wir als Lieferant in Frage kommen?	
4	Ich kann verstehen, daß Ihnen eine solche Anweisung unangenehm ist und daß Sie so ablehnend reagieren.	
5	Aus der Art, wie dieser Termin zustande kam, schließen Sie auf unsere Qualifikation und sind ablehnend eingestellt.	
6	Ich habe Ihnen Muster mitgebracht, die Ihnen zeigen, wie hochwertig unsere Produkte sind.	

Fall 9:

35jähriger Mitarbeiter auf den Vorhalt, er sei in einer Leistungsuntersuchung unangenehm aufgefallen:

»Ich weiß, daß einige Streber bessere Ergebnisse haben, ob die Qualität auch so gut ist, ist die andere Frage. Ich bin eben kein Ja-Sager, und das paßt manchem nicht. Hintenherum hört man über die sogenannten Besten eine ganze Menge, aber das sagt Ihnen natürlich keiner.«

		Welche Formulierung kommt Ihrer Antwort am nächsten?
1	Welche Informationen können Sie mir zur gerechten Beurteilung der Situation noch geben?	
2	Es tut mir leid, daß Sie die Situation so aufregt. Wenn man sich ungerecht beurteilt sieht, ist verständlich, daß man sich wehrt.	
3	Wer bessere Ergebnisse bringt, ist kein Streber. Sie schwärzen Ihre Kollegen an, ohne Beweise zu bringen, das ist unkollegial.	
4	Sie möchten mir zusätzliche Informationen zur Beurteilung der Situation geben.	
5	Aufgrund dieser Information werde ich nochmals genauere Nachforschungen anstellen.	
6	Sie kennen bessere Ergebnisse, wollen aber über die Qualität nichts sagen. Sie glauben, daß zum Vorwärtskommen Opportunismus nötig sei und daß im Kollegenkreis keine Offenheit besteht.	

Fall 10:

Einkäufer, der im vorhergehenden Gespräch den Vorgesetzten des Verkäufers, der ihn jetzt besucht, kennenlernte.

»Ich habe mich sehr gefreut, Ihren Vertriebsleiter kennenzulernen. Ein netter Mann. Vor allem hat er Verständnis für die Probleme der Kunden. Sie haben sich immer geziert, etwas Besonderes zu tun. Er ist da viel verständnisvoller.«

		Welche Formulierung kommt Ihrer Antwort am nächsten?
1	Ich kann Ihnen heute auch ein Sonderangebot unterbreiten, bei dem Sie Geld sparen.	
2	Verstehe ich Sie richtig, daß Sie mich mit dieser Information zu größeren Zugeständnissen auffordern?	
3	Halten Sie meinen Chef für nett, weil er Ihnen Sonderkonditionen angeboten hat?	
4	Wie meinen Sie »verständnisvoller«?	

| 5 | Ich sehe ein, daß Sie die Gelegenheit nutzen mußten, um Vorteile zu erzielen. Es tut mir leid, daß ich keine so weitreichenden Kompetenzen wie mein Chef habe. | |
| 6 | Es ist leider immer das gleiche. Ich bemühe mich und er nutzt seine Kompetenzen. So könnte ich auch mehr erreichen. | |

Sie haben jeweils eine Antwort angekreuzt. Übertragen Sie nun die angekreuzten Antworten zu der folgenden Matrix. Kümmern Sie sich dabei zunächst nicht um die Buchstaben in der ersten Spalte.

AUSWERTUNGSMATRIX										
Antworttendenzen Fälle	1	2	3	4	5	6	7	8	9	10
A	6	2	3	1	5	6	2	2	3	6
B	1	3	4	3	2	5	6	1	4	3
C	3	4	6	4	6	1	3	4	2	5
D	5	6	1	2	3	4	5	6	5	1
E	2	1	5	5	4	2	1	3	1	4
F	4	5	2	6	1	3	4	5	6	2

Durch entsprechendes Ankreuzen der Antwort, die Sie gegeben haben, und Übertragung der Kreuze auf der Auswertungsmatrix konnten Sie Ihre persönliche Antworttendenz erkennen. Zur Erklärung folgende Erläuterungen:

Spontane Gesprächshaltungen

Antworttendenzen in einem persönlichen Gespräch

A Ihre Antworten sind *wertend*, d. h. sie implizieren einen moralischen Standpunkt und beinhalten ein ablehnendes oder zustimmendes Urteil über den anderen oder die Situation.

B Ihre Antworten sind *Interpretationen*. Sie verstehen nur, was Sie verstehen wollen, Sie betonen, was Ihnen wichtig erscheint, und Ihr Verstand sucht nach einer Erklärung. Sie verzerren praktisch die Aussage des Partners, Sie verfremden seinen Gedankengang.

C Ihre Antworten haben *tröstenden* bzw. verständnisvollen Charakter und zielen auf eine Ermutigung, Beruhigung und Kompensation ab. Sie zeigen Mitleid und glauben, daß man die Sache nicht noch stärker dramatisieren sollte.

D Sie neigen dazu, in Ihren Antworten eine *sofortige Lösung des Problems* zu geben. Sie finden sofort die Lösung, die Sie geben würden; Sie warten nicht ab, bis Sie mehr erfahren haben. Es besteht die Gefahr, daß diese vorschnelle Lösung Einwände produziert.

E Ihre Antworten sind *forschend*. Sie bemühen sich, mehr zu erfahren und lenken das Gespräch in die Richtung, die Ihnen wichtig erscheint.

F Ihre Antworten sind *Verbalisierungen* und spiegeln Ihre Bemühungen wieder, sich wirklich in die Problemlage des Partners zu versetzen. Sie wollen vor allem sichergehen, das Gesagte richtig verstanden zu haben. Diese Haltung ermutigt den Gesprächspartner und stimuliert ihn zu weiterer Exploration, weil er die Garantie besitzt, daß Sie ihm von Vorurteilen frei zuhören.

Meist zeigt die Auswertung die meisten Kreuze in einer oder zwei Reihen.

Bei einzelnen Fällen finden sich möglicherweise »Ausrutscher«. Sie haben Ihre persönliche Antworttendenz verlassen.

Das ist fast immer dann der Fall, wenn die zu beantwortende Aussage den Antwortenden in irgendeiner Art und Weise selbst betrifft. Die »Neutralität« des Verstandes geht dann verloren. Gefühle — unbewußte Programme — mischen mit. Es entsteht eine subjektive Antwort.

Wahrscheinlich kann nur ein »Weiser«, den nichts mehr betrifft, immer neutral bleiben. Dem »Normalen« gehen relativ oft die Gefühle durch.

Er zeigt Verständnis für eine ihm ähnliche Situation, wertet ihm unverständliche Aussagen, gibt vorschnelle Lösungen, wenn ihm ein Problem zu einfach (lächerlich) erscheint, interpretiert, wo er nur versteht, was er verstehen will. Nur, wo sein Intellekt einsatzbereit die Situation verarbeitet, wo Gefühle nicht die Wahrnehmung trüben, forscht er nach oder verbalisiert analytisch.

Nichts gegen Gefühle. Diese haben in bestimmten Rollen tragende Bedeutung, können, kontrolliert einfließend, dem »Nachforschen« und »Verbalisieren« Wärme geben. Gefühle bestimmen, wie etwas gesagt wird, geben den Ton an.

Wüßten wir, was in unserer Vergangenheit uns wie geprägt hat, welchen Schutt unser Unterbewußtsein einlagerte und könnten diese Prägungen mit klarem Bewußtsein verarbeiten — wir wären frei!

Frei und offen für alles Neue, für Probleme anderer und in der Lage, partnerbezogen zu helfen.

Und wie hilft man sich selbst?

Fragen wir nicht nur bei Aussagen anderer, warum sagt er dies so, sondern auch, warum sage ich dies so.

Vielleicht schweigt unser innerer Computer, weil unser Bewußtsein Fehlprogrammierungen lieber rechtfertigt, verdrängt und verdreht, als zu ändern.

Vielleicht tauchen aber auch Gefühle, Erlebnisse und Bilder der Situationen auf, die für die jetzige Reaktion verantwortlich sind.

Nichts geschieht einfach so! Alle Verhalten begründen sich in Gesetzmäßigkeiten. Daß gleiche Situationen den einen ärgern, den anderen freuen, ist nicht vom Geschehnis, sondern von der persönlichkeitsspezifischen Verarbeitung abhängig. Der eine ekelt sich vor Spinnen — der andere sammelt sie.

Psychohygiene, die Frage nach den verhaltensbegründenden Prägungen, führt zu vernünftigen Aktionen und Reaktionen, macht frei von Angst und Streß.

Feedback, von den Menschen, die Ihnen helfen wollen, zeigt Ihnen, wie andere Sie erleben. Damit Sie derartige Äußerungen nicht als Angriffe erleben. Nachfolgend noch einige Regeln für das Geben und Empfangen von Feedback.

Verbesserung der Kommunikation

Feedback geben und empfangen

Die Verhaltensbeschreibung fällt unter den Sammelbegriff des Gebens von »Feedback«. Unter Feedback (Rückmeldung) versteht man eine Methode, die Informationsdichte im Austauschprozeß mit anderen zu steigern. Neben oben dargelegter Verhaltensbeschreibung zählt hierzu als wichtiges Element die Einbeziehung der Gefühle, die bestimmte Verhaltensweisen auslösen.

Wir alle geben ständig in unserem Innern jenes emotionale Feedback, behalten es jedoch häufig für uns oder drücken es unbewußt in Körpersprache aus.

Ein Beispiel:

In einer Verkaufsleiterkonferenz redet ein Konferenzmitglied immer sehr weitschweifig und viel. Da ihn die anderen nicht verletzen wollen, teilt ihm keiner die Wirkung dieses Verhaltens mit. Der »Vielredner« lernt also weder sein eigenes Verhalten besser kennen, noch kann er dessen Wirkung auf die anderen einschätzen, noch wird ihm die Möglichkeit zu einer Veränderung eröffnet. Die Gruppenmitglieder drücken ihren Ärger aus, indem sie nervös auf ihren Stühlen wippen, gähnen, Seitengespräche führen usw., wenn der »Vielredner« am Zug ist. Er denkt: »Sie langweilen sich, weil ich nicht anschaulich genug schildere — ich muß sie mehr begeistern« und er redet noch mehr, um noch besser begeistern zu können.

In unserem Beispiel ist das unterdrückte Feedback eher eine Verstärkung für den Kommunikationsnebel, der unsere zwischenmenschlichen Beziehungen stört. In einem anderen Fall kann ein »verschlucktes« Feedback situationsgerecht sein, denn es gibt immer Informationen, die nicht relevant sind für alle Partner. Jedoch ist jeder von uns auf Feedback durch die anderen angewiesen. Wie sollten wir sonst erfahren, wie unser Verhalten (das uns bewußte wie auch das selbst nicht wahrgenommene) auf andere wirkt?

Eine Anzahl von Richtlinien, die uns helfen können, das Geben und Empfangen von Feedback produktiv zu machen:

Geben von Feedback

1. Sachlich beschreibend, nicht emotionalisierend.
2. Mitteilung eigener Reaktionen.
   Teilen Sie dem Partner im Anschluß an die Beschreibung seines Verhaltens mit, welche Reaktionen bzw. Gefühle dadurch bei Ihnen ausgelöst werden (z. B.: »Du läßt mich seit zwei Tagen allein aufwaschen. Ich ärgere mich darüber. Ich möchte, daß Du mir hilfst, und wir diese Arbeit zusammen machen.«).
3. Aktualität.
   Je dichter das Feedback im Anschluß an bestimmte Handlungen gegeben wird, desto wirkungsvoller. Wenn Sie Ihr Feedback sofort geben, kann der Empfänger am besten verstehen, was Sie meinen. Gefühle, die mit dem Ereignis verbunden sind, existieren noch, so daß dadurch bessere Möglichkeiten der Verarbeitung des Feedback gegeben sind.
4. Zur rechten Zeit.
   Geben Sie dann Feedback, wenn es nützlich sein kann. Es kann nicht hilfreich sein, wenn der Empfänger andere Aufgaben hat, die seine volle Aufmerksamkeit verlangen, oder wenn er gerade sehr aufgeregt ist.
5. Kein Zwang zur Änderung.
   Verwechseln Sie das Feedback nicht mit einer pädagogischen Maßnahme. Der Empfänger des Feedback entscheidet, ob er sich auf der Basis der neuen Informationen ändern möchte oder ob nicht. Wenn Sie dem anderen sagen wollen, daß Sie es gerne hätten, wenn er sich in einer bestimmten Weise ändert, können Sie das als eine persönliche Bitte äußern. Es erzeugt vermeidbare Konflikte, wenn Sie sagen: »Ich habe Dir gesagt, was bei Dir alles nicht stimmt. Nun ändere Dich gefälligst!«
6. Mitteilung des Gebers.
   Feedback kann für den Empfänger manchmal mit dem Gefühl der Unterlegenheit verbunden sein. Er kann den Eindruck bekommen, daß er nicht okay ist, während der Feedback-Geber in seinen Augen okay ist. Der Geber vermittelt leicht das Gefühl, daß er den anderen nur zu gern eine wichtige Lektion erteilt hat. Um das zu vermeiden, sollten Sie dem anderen mitteilen, welche persönlichen Ziele Sie Ihrerseits mit Ihrem Feedback verfolgen (z. B.: »Ich möchte gern weniger Angst vor Dir haben, deshalb sage ich Dir alles.«).

Empfangen von Feedback

1. Sagen Sie genau, worüber Sie Feedback haben wollen. Lassen Sie den anderen wissen, über welche Einzelheiten Ihres Verhaltens Sie gern seine Reaktion hören möchten (z. B. »Wie reagierst Du darauf, daß ich soviel geredet habe in dieser Sitzung?«).
Bitten Sie andere, Ihnen ebenfalls Feedback zu geben, wenn Sie die Bedeutung eines einzelnen Feedback überprüfen wollen. Häufig wirkt ein und dasselbe Verhalten auf verschiedene Kommunikationspartner sehr unterschiedlich.

2. Überprüfen Sie, was Sie gehört haben.
Stellen Sie sicher, daß Sie verstanden haben, was der andere Ihnen sagen wollte. Weil es sich dabei um Ihr eigenes Verhalten handelt, könnte es nämlich sein, daß Sie zunächst über die Relevanz des Feedback nachdenken, ehe Sie überprüft haben, ob Sie auch das gehört haben, was gemeint war. Versuchen Sie es mit der Verbalisierung.

3. Teilen Sie Ihre Reaktion über das Feedback mit.
Ihre eigenen Gefühle können so mobilisiert werden, daß Sie vergessen, Ihre Reaktionen auf das Feedback dem anderen mitzuteilen. Wenn der Geber des Feedback weggeht, ohne zu wissen, ob Sie sein Feedback hilfreich fanden, und wie Sie sich jetzt ihm gegenüber fühlen, ist er vielleicht in Zukunft weniger bereit, Ihnen Feedback zu geben. Er braucht Ihre Reaktion darüber, was an seinem Feedback hilfreich und was weniger nützlich war, damit er weiß, in welchem Ausmaß er Ihnen bereits produktives Feedback geben kann (z. B.: »Dein Feedback hat mich verletzt. Ich war einen Augenblick lang ziemlich wütend. Jetzt halte ich es schon eher für nützlich. Ich danke Dir. Besonders nützlich fand ich die genaue Beschreibung der Art und Weise, wie ich Dir beim Reden auf die Pelle rücke.«

4. Verteidigen Sie sich nicht.
In manchen Fällen ist es gut, über die Bedeutung eines Feedback länger nachzudenken, es gut zu »verdauen«. Das ist besonders dann empfehlenswert, wenn Sie eine starke gefühlsmäßige Betroffenheit bei sich feststellen. Sie können dann besser herausfinden, was Sie mit dem Feedback machen wollen, ob Sie es akzeptieren oder als »Problem der anderen« beiseite legen wollen. Bedenken Sie: Sie sind nicht auf der Welt, um so zu werden, wie andere Sie haben wollen!

Kontaktfähigkeit

Kommunikationssehnsucht und Kommunikationsabwehr, die Furcht, durch Kontakte Nachteile zu erleben, stehen sich wie zwei Magnete gegenüber.

Wie auf ein freilebendes Tier der Köder in einer Falle anziehend wirkt, die Angst vor Gefahr aber dieser Anziehung gegenübersteht, verhält es sich in gewisser Weise auch mit den menschlichen Kontakten. Das Tier wird vom Köder angezogen und von seiner Furcht abgehalten. Aus Spuren und aus direkter Beobachtung wissen wir, daß Tiere oft lange wegen der zahlreichen Verdachtsmomente bzw. Warnsignale, die von Fallen ausgehen, zögern. Die Falle ist ein unbekannter Fremdkörper in der vertrauten Umgebung. Warnsignale sind insbesondere der Metallgeruch und der meist auch vorhandene menschliche, d. h. feindliche Geruch. Fallensteller rechnen damit, daß mindestens drei Tage vergehen, bis ein Tier den Lockungen des Köders erliegt. Das vom Köder angezogene Tier erkundet vorsichtig und mißtrauisch die ihm unheimlichen Signale. Flucht und Verlockung stoßen abwechselnd ab und ziehen an. Entscheidend ist schließlich nicht ein Willensentschluß, das Wagnis einzugehen oder nicht. Entscheidend sind die Triebe, Hunger und Feindvermeidung. So erlebt das Tier eine Ambitendenz, in welcher die Entscheidung nicht qualitativ willens-, sondern quantitativ triebbedingt ist. Das Tier kann in derartigen Situationen zwischen Fluchtmöglichkeit und Annäherungsstreben buchstäblich hin- und hergeworfen werden. Dabei stellen sich oft Übersprungsbewegungen ein, besonders wenn die beiden miteinander nicht zu vereinbarenden Verhaltensweisen gleichzeitig und gleichstark aktiviert werden und sich gegenseitig unter Hemmungen setzen. Flucht und Annäherung oder Flucht und Angriff können dann plötzlich »überspringen« in eine ganz andere, zur Situation gar nicht passende Handlung, wie z. B. symbolische Futteraufnahme, symbolischer Nestbau, ja sogar Schlaf. Derartiges Umklappen in eine situations- und sinnwidrige Handlung tritt bei Menschen in derart krasser und spezifischer Form nicht auf, schon weil der Mensch die Möglichkeit besitzt, einen Entschluß zu fassen, diese Tätigkeit zu unterlassen. Diese, seine Willensfreiheit wird vom Menschen aber nicht immer optimal genutzt. Unruhiges Hin- und Hergehen, vorsichtige Annäherung und Rückzug sind auch beim Menschen zu beobachten.

Der Mensch ist kein isoliertes, psychisches oder physisches Objekt, sondern ein ständig »in Beziehung Stehender«. Ständig strömen Reize auf den Menschen ein, Bewertungen aufgrund von Vorurteilen, Erfahrungen, Wissen, Rolle u. a. werden vorgenommen und führen zu Reaktionen. Ständig hat sich der Mensch zu entscheiden, ob er mit etwas, mit ihn treffenden oder in ihm entstehenden Reizen, ausgehend von Situationen, Gegenständen und Personen Kontakt eingehen will oder nicht. Entsprechend eigener »Programmierung« wird Kontakt angestrebt oder abgelehnt. Diese eigene Programmierung und die daraus entstehenden Wünsche und Wollen sind dem Menschen normalerweise nicht bewußt. Schnell projiziert er eigenes Nichtwollen auf die Situation, indem er ihr Nachteile »anhängt«. Der Psychologe Jung nannte dieses Vorgehen Schattenprojektion und drückte damit aus, daß der Mensch seine eigenen unbewußten Ängste auf seine Umwelt überträgt, sie tatsächlich dadurch in der Umwelt entdeckt und dieses Verhalten dadurch eine immer neue Rechtfertigung erhält. »Der ist mir unsympathisch«, »das ist eklig«, das sind Äußerungen derartiger Projektionen. Es gibt niemanden, der an sich unsympathisch ist. Jeder wird von irgendjemand sympathisch gefunden. Es gibt auch nichts Ekliges an sich. Das eigene System macht das ursprünglich Wertneutrale positiv oder negativ. Entwickelt Kontaktsehnsucht oder Kontaktabwehr. Eine möglicherweise unbewußte Angst, sich durch den Kontakt ändern zu sollen oder ändern zu müssen, führt zu Kontaktabwehr. Dieses Belassen des Gegebenen oder desinteressierte Abwendung sind Fluchtreaktionen. Offenheit in einer Begegnung ist nur dort möglich, wo der eine das andere beläßt und dieses den einen. So ist im Offensein und in der Begegnung immer sowohl eine Annäherung im Hinzugehen auf etwas, ein Entgegengehen, als auch ein Sich-nicht-Auffressen-lassen vom Begegnenden, also ein Stück Abstand, Distanz, ein Stück »gegen« als Entfernung. Freiheit im menschlichen Sinne meint eine Freiheit für und zu etwas. Sie meint, daß der Mensch die Entscheidung treffen darf, sich für oder zu etwas zu entscheiden oder nicht. Das in der Umwelt erlebte, gegenseitig aufeinander Angewiesensein grenzt diese Freiheit allerdings oft ein. Zwar kann ein Mitarbeiter sich für oder gegen seinen neuen Vorgesetzten, ein Verkäufer für oder gegen einen möglichen Kunden entscheiden, muß aber dadurch Nachteile in Kauf nehmen. Demzufolge könnte nur der wirklich frei sein, der Nachteile in Kauf zu nehmen bereit ist. So gefolgert trügt jedoch der Schein, denn dann wäre nur der wirklich frei, der sich auch zugesteht, mit nichts und niemandem zu tun haben zu wollen — also der Flüchtende. Nur wer »im Gesetz« lebt, kann wirklich frei sein. Wer seinen eigenen, ihm unbewußten Gesetzmäßigkeiten ausgeliefert ist, meint zwar, aus eigenem Willen Kontakte einzugehen oder abzulehnen, vergißt dabei jedoch, daß dieser scheinbare eigene Wille durch unterbewußte Prozesse aufgezwungen und vom Bewußtsein oft nur gerechtfertigt wird. Wer das andere so annehmen kann wie es ist, nicht vorurteilsbehaftet impliziert, kann werturteilsfrei auf dieses andere zugehen. Seine Toleranz läßt ihm Zeit, Fakten für eine Entscheidung zu sammeln. »Mit dem kann ich nicht« — »Mit dem will ich nicht« — »Ich bin lieber alleine« sind leider nicht immer Äußerungen, die auf Erfahrungen fußen, sondern oft genug durch vorurteilsbedingte, selektive Wahrnehmung ausgelöste Negativerfahrungen, die der Rechtfertigung dienen.

Der Kontaktfähige gleicht einer Brücke. Auf der einen Seite fest verankert, schwingt sie sich leicht und kräftig über das Tal. Sie verbindet zwei gegenüberliegende, einander fremde Bereiche. Jeder Mensch, der verankert in sich selbst auf andere zugeht, kann eine derartige Brücke bilden. Aus seinem Ich erreicht er den anderen und erlebt brückengleich die Gesamtheit als Wir. Diese, seine Brücke zum Nächsten wird Träger seiner Kommunikation. Verankert nur im eigenen Ich werden eigene Strebungen, eigene Wünsche, Ichbezogenheit formuliert. Verankert nur im Du entsteht Selbstaufgabe. »Ich liebe sie so sehr, daß mir völlig egal ist, was mit mir passiert«, ist die eine Seite der Brücke.

Erich Fromm sagt in: »Die Kunst des Liebens«

»Ich brauche Dich, weil ich Dich liebe — oder ich liebe Dich, weil ich Dich brauche.«

Mit dieser Art der Formulierung zeigt Erich Fromm den Unterschied zwischen egoistischer Liebe (Ich liebe Dich, weil ich Dich brauche) und altruistischer Liebe (Ich brauche Dich, weil ich Dich liebe). Egoistische Liebe bindet. Sie resultiert aus Verlustangst.

Pervertierte »Elternliebe« hörte man früher aus dem Text eines auf Grammophonplatten gepreßten Liedes: »Der liebste Platz, den ich auf Erden hab, das ist die Rasenbank am Elterngrab.«

»Ich muß sie haben, um meine Eitelkeit zu befriedigen«, ist die andere Seite. Erst das Ich und Du verbunden in einem durch die Brücke des Wir ausgelösten Kreislauf ermöglichen wirklichen und innigen Kontakt.

Um dies zu können, braucht der Mensch innere Ruhe und vor allem die geduldig erarbeitete Fähigkeit, sich nur bei dem Gegebenen aufzuhalten, dieses zu sehen und sich von gängigen »Vorurteilen« zu lösen, die ein unverdorbenes und naives Sehen immer wieder zuzudecken trachten. Betrachten wir nur, mit welcher Intoleranz, Phantasie- und Humorlosigkeit, mit welcher Gehässigkeit und radikalen Kompromißlosigkeit — die von der Wahngewißheit einer sogenannten Wahnkranken oftmals nicht weit entfernt ist — die »linken« und die »rechten« politischen Ideologien miteinander verkehren. Versiegt die Überzeugungskraft der Worte, entsteht nicht Einsicht, sondern oft genug Rügen und Gewalt. Die dem Menschen eigene Polarität läßt eine Politik der Mitte als blutleer, uninteressant, fad und schal, jeder festen Überzeugung bar, ablehnen. Etwas mehr Vorsicht und Toleranz wäre angezeigt. Oft genug nur sehen wir den Splitter im Auge des anderen und übersehen den Balken bei uns selbst. Sigmund Freud befaßte sich mit dem Sachverhalt des Wiederholungszwangs und sprach damit bestimmte Verhaltensformen von Menschen an, die immerzu in ein- und derselben Weise ablaufen. Als Beispiel nannte er die Wahl eines Beziehungspartners oder gewisse Beziehungs- und Verhaltensmuster. Obwohl diese gelegentlich jeder Vernunft, vielfach auch dem vordergründigen Wollen oder jeder verstandesmäßigen Einsicht ins Gesicht schlagen. Enorme Abwehrkräfte werden frei, wenn

Menschen ihre angebliche Freiheit zu verteidigen pflegen. Betrachten wir das Wort »Kontaktfähigkeit« wertneutral, entstehen daraus zwei Pole. Wir erkennen, daß sowohl der Kontakt in Liebe, die Zuneigung, als auch der Kontakt in Haß, der Angriff, enthalten sind. Ist positiver Kontakt nicht möglich, schlägt das Pendel oft um zum negativen Kontakt, zur Aggression. Das Zitat: »Und willst Du nicht mein Bruder sein, dann schlag ich Dir den Schädel ein«, kennzeichnet derartiges Verhalten. Nur wer sich dem Partner verweigern kann, hat die Freiheit, voll zu ihm zu stehen. »Ich muß zu diesem Kunden« verneint diese Freiheit. Wer etwas muß, also unter Zwang steht, sieht den anderen als Nicht-Ich. Die verbindende Brücke, die zum Wir führt, fehlt. Wird es versäumt, diese Brücke zu bauen, entsteht ein Abtasten, eine Situation wie vor einer Auseinandersetzung. Fälschlicherweise sprechen immer noch genügend Unternehmen von ihren Verkäufern als »den Männern an der Front«. Wo eine Front ist, gibt es einen Gegner. Wo sich Außendienst-Mitarbeiter und möglicher Kunde in diesem Sinne erleben, wird Partnerschaft verhindert. Im besten Falle entsteht eine Zweckgemeinschaft, die dann ausschließlich auf Konditionen basiert. Erst auf dem Boden eigener Freiheit entsteht die echte Fähigkeit, Kontakte einzugehen und zu pflegen. Auf dem Boden des Zwangs entsteht ein Müssen, ein Verpflichtetsein. Aus freiem Wollen angestrebter Kontakt meint im Grunde nur Berührung und Kennenlernen. Kontakt wehrt sich zunächst gegen ein zu tiefes Engagement, gegen Dauer. Kontakt sucht Vielfalt, Abwechslung, Unterhaltung, Ablenkung. Behaftet-, Verhaftet- oder Verpflichtetsein widerstrebt dem Kontaktbegriff. Jeder Mensch wäre überfordert, müßte er zu allem und jedem, zu dem er Kontakt aufnimmt, gleichzeitig in ein Engagement treten. Dieses Engagement und die dem Kontakt möglicherweise folgende Beziehung entwickelt sich aus gegenseitigen Informationen, aus dem brückengleichen Wir. Ist diese Entwicklung grundsätzlich unmöglich, ist der Mensch innerlich verarmt. Sowohl der Beziehungslose, also derjenige, der unfähig ist, aus Kontakten Beziehungen werden zu lassen, als auch der in den Kontaktmöglichkeiten Aufgehende, kennzeichnen Extremfälle. Vermutlich ist die »Massen-Flucht« aus dem Beziehungs- und Kontaktangebot der heutigen Zeit ein deutliches Zeichen dafür, daß die heutigen Menschen von zu vielem überflutet, gefordert und überfordert werden, weil der innere Stand und Halt und eine gesunde Einschätzung dessen, was man zu tun und zu leisten vermag und was nicht, mit der Entwicklung der äußeren Gegebenheiten nicht Schritt halten kann. Sowohl der Umzug in eine Stadt, weg aus dörflicher Vereinsamung, als auch umgekehrtes Verhalten kann zu Enttäuschungen führen. Die Fähigkeit, Kontakte zu suchen und daraus Beziehungen aufzubauen, ist nicht abhängig von der Anzahl der Kontaktmöglichkeiten, sondern vom eigenen Können und Wollen. Kontakt anzubahnen ist nur möglich, wenn ein Mensch sich seinen Möglichkeiten, aber auch seinen Grenzen (indem, was ihm nicht möglich ist) in einer freundlichen, vielleicht sogar humorvollen Weise annehmen kann. Diese Fähigkeit der wohlwollenden Selbsteinschätzung — nicht der Selbstüberschätzung, aber auch nicht dem Kokettieren mit Schwächen — ist das Fundament eines zuverlässigen Selbstwertgefühls, das den Grundpfeiler der Brücke bildet, die andere Ufer erreichen kann. Nur auf dieser Grundlage aufbauend ist der Mensch in der Lage, offen, ohne Furcht vor Mißlingen, Kontakte mit der Umwelt einzugehen.

Der ständige Prozeß der Selbstfindung und Selbstwertung verläuft nur dann positiv, wenn Negativerlebnisse nicht zur Begründung künftiger Untätigkeit herangezogen werden. Wer sucht — findet (oder nicht). Wer in seinem Suchen nur auf das Finden ausgerichtet ist, also bei Nichtfinden Frustration erlebt, könnte dazu neigen, künftiges Suchen zu unterlassen. Er schüttet zu schnell »das Kind mit dem Bade aus«. In jeder Ablehnung steckt die Chance, neu zu lernen, neu zu finden und neu zu werden. Jeder Versuch führt zu einem Ergebnis. Das im Wort »Versuch« beinhaltete Suchen stellt sich als Aufforderung dar, immer wieder Aktivitäten zu entfalten. Wer die Reaktionen auf diese Aktivitäten als Lernprozesse erlebt und die Art seiner Versuche verfeinert, steigert seinen Erfolg. Sagen wir also nicht: »Das wußte ich von vornherein, daß das nichts wird«, »mit derartigen Menschen versuche ich es erst gar nicht mehr«, sondern: »Was hätte ich anders machen sollen?«, »Wie könnte ich mit derartigen Menschen besser zurecht kommen?«.

Oft lag es nur am falschen Aufhänger, an der nicht geeigneten Situation oder an der momentanen Stimmung des anderen, daß ein Kontakt nicht möglich wurde. Ein erneutes Versuchen in einer anderen Situation, mit einem anderen Aufhänger, kann zu Erfolg führen. Nicht umsonst sagt ein Sprichwort: »Jede Tür läßt sich öffnen — der passende Schlüssel heißt Geduld.«

Oft genug stört das eigene Verhalten den Kontaktwunsch des anderen. Wer mit grimmigem Gesicht, gekünsteltem Lächeln, schnarrender Sprache und angreifenden, bestrafenden Worten auf andere zugeht, braucht sich über ablehnendes Verhalten nicht zu wundern. Die Umwelt zeigt sich als Spiegel des eigenen Verhaltens. »Wie man in den Wald hineinschreit, so hallt es heraus«.

Einige Anregungen, die Ihnen Kontakte erleichtern:

1. Seien Sie »gewinnend«.

    Wer andere gewinnen will, muß selbst gewinnend sein. Gewinnend ist nicht siegend. Wer auf andere Menschen mit werbendem Verhalten zugeht, besitzt Faktoren, die für ihn »sprechen«. Wer siegen will, erzeugt Furcht und Abwehr. Gewinnendes, den Kontakt erleichterndes Wesen ist die Grundlage einer entstehenden Beziehung. Ein positives Wesen erleichtert den Kontakt. Es ermöglicht zunächst einmal einen positiven Eindruck. Ist dieser positive Eindruck entstanden, ist es wichtig, daß Sie in Ihrem Gesamtverhalten Vertrauen ausstrahlen und so aus Kontakt eine im »mit dem kann ich« getragene Beziehung entsteht.

Nutzen Sie Vertrauensauslöser. Darunter verstehen wir alle, vom anderen als positiv empfundenen Merkmale. Passende Kleidung, gepflegtes Äußeres, freundliche Mimik u. a.
Alle Merkmale und Teilverhalten werden vom Fremden automatisch registriert und bewertet. Es entsteht ein positives Gefühl des Kommunikationswillens oder ein negatives Gefühl der Kommunikationsabwehr. Jemandem, der negativ wirkt, geht man infolge des negativen Gefühls »aus dem Weg«.

2. Wohlwollende Bestimmtheit im richtigen Ton.
   Wohlwollend bestimmt meint: In der Sache fest und im Ton wohlwollend. Ist Ablehnung vorhanden, wird diese durch Festigkeit in der Sache bei gleichzeitig angenehmem Verhalten aufgeweicht.

3. Anteilnahme und Nutzen.
   Beliebt ist nur der, der nützen will. Abgelehnt wird der, der ausnutzen will. Graureiher, eine sehr scheue Vogelart, fliehen, wenn Menschen in die Nähe ihrer Nester kommen. Bringen Menschen aber Nestbaumaterial (Zweige u. ä.) mit, und halten dieses den Vögeln hin, »erlauben« diese ein Näherkommen auf wenige Meter. Menschen verhalten sich ähnlich. Jemanden, der Nutzen bringt, lassen wir viel dichter an uns heran, als jemanden, der uns schaden will. Wer Kontakte schließen will, überlege sich besser vorher, wie er dem anderen nutzen kann und auf welches Verhalten eine positive Reaktion zu erwarten ist. Das Beschäftigen mit dem anderen, die Anteilnahme an ihm, erleichtert das passende Vorgehen. Es ist besser, vor dem Kontakt zu investieren, als sich hinterher zu ärgern. Wer nur über sich spricht, beweist, daß er unfähig ist, Anteil zu nehmen. Anteilnahme beinhaltet zuhören und mitfühlen – teilnehmen am Erleben des anderen. Wirkliches Interesse – und nicht Sensationslust – erschließt Kontaktwünsche im anderen. Jeder Mensch lebt in Erwartungen und Hoffnungen. Alle Verhalten anderer Menschen, die diesen Erwartungen und Hoffnungen entsprechen, lösen Kontaktsehnsucht aus.
   Also noch einmal: Beschäftigen Sie sich mit den Menschen, mit denen Sie in Kontakt kommen wollen, überlegen Sie, wie Sie Anteilnahme und Nutzen signalisieren können, zeigen Sie ein werbendes, gewinnendes Verhalten, stellen Sie dieses Verhalten auf die Situation ein – und Sie vergrößern Ihre Fähigkeit, Kontakte zu schließen.

Über den ersten Eindruck sprachen wir im vorigen Kapitel. Neue Situationen, uns noch nicht bekannte Menschen werden entsprechend der persönlichkeitsspezifischen Reizverarbeitung unterschiedlich erlebt. Kontaktwunsch und Kontaktabwehr können sich gegenüberstehen und so Konflikte auslösen. »Ich möchte schon gerne, aber...« entsteht dann. Ist der Aufforderungscharakter, der vom Gegenüber oder von der Situation ausgeht, groß genug, wird der Konflikt zugunsten des Kontaktwunsches gelöst. Ist der Aufforderungscharakter zu klein oder die eigenen Hemmungen und Ängste zu groß, obsiegt die Kontaktabwehr. Wie grundsätzlich alle Situationen, wird auch die Kontaktsituation mit grundsätzlich drei Reaktionsmustern beantwortet:

1. Angriff (auch Kontaktaufnahme)
2. Unterwerfung (Stillhalteverhalten)
3. Flucht (die Kontaktsituation wird verlassen)

Es scheint, als gehe von Situationen und besonders von Menschen außer den unmittelbar wahrnehmbaren Reizen etwas aus, was man allgemein mit Wellenlänge bezeichnet. Stimmt diese »Wellenlänge« mit der eigenen Wellenlänge überein, ist also die Situation gleichgestimmt mit unserem Erleben, oder können wir uns auf die Situation einstimmen, wird der Kontakt erleichtert.

Entsprechend vorhandenem Bewußtseinsniveau, entsprechend der Bewußtseinsstufe haben Situationen und Menschen unterschiedlichen Aufforderungscharakter in bezug auf unser Kontaktverhalten. »Das muß ich unbedingt sehen«, »Mit dem muß ich unbedingt in Kontakt kommen«, sind hohen Aufforderungscharakter kennzeichnende Aussagen. Zwischen Aufforderungscharakter und eigener Motivation können aber auch Barrieren liegen. Derartige Kontakterschwernisse werden bei entsprechend hoher Motivation und hohem Aufforderungscharakter überwunden oder führen zu einer Aufgabe des Kontaktwunsches. Am liebsten wäre es uns wohl, wenn der andere oder die Kontaktsituation den Kontakt erleichtern würde, oder der Kontakt von dort aus aufgenommen würde. Wie aber soll ein Mensch reifen, wenn ihm immer alles in den Schoß fällt? Es gehört wohl mit zur menschlichen Entwicklung, zu lernen, Barrieren zu überwinden oder sein Anspruchsniveau — auch in bezug auf Kontakt — zu reduzieren. Kein Mensch kann alles — und noch dazu ohne eigene Anstrengung — haben.

Nur wenn der einzelne bereit ist, etwas für seine Ziele zu tun, erschließen sich ihm Möglichkeiten der Zielerreichung.

Nachstehend einige Faktoren, die sich negativ auf die Kontaktfähigkeit und Kontaktbereitschaft auswirken:

1. Vom Kontaktsuchenden:

　— andere »Wellenlänge«
　— zu hohe Erwartungshaltung
　— früher erlebte Frustrationen
　— Vorurteile
　— Furcht und Angst
　— mangelndes Selbstvertrauen u. a.

2. Aus der Situation:
   - falscher Zeitpunkt
   - anwesende Personen
   - mangelnde Gelegenheit
   - Ablehnungsverhalten der anwesenden Personen u. a.

Wer seine Kontaktfähigkeit verbessern will, muß die Fähigkeit zur Annahme von Situationen entwickeln. Er muß seine möglicherweise selektiv negative Wahrnehmung abbauen und aus der Situation positive Reize erleben können, die ihm Sicherheit vermitteln. Jeder Mensch kann mit, gegen, für oder über andere denken. Wer mit anderen denkt, schaltet sich gleich, wer gegen andere denkt, schaltet auf Abwehr, wer für andere denkt, wirkt überheblich, wer über andere denkt, ist nicht offen. Der kontaktfähige Mensch denkt mit anderen und ist in der Lage, sich gleichzuschalten. Der Kontaktfähige erlebt nicht ich und du, sondern integriert seine Gesamtpersönlichkeit in ein Wir-Gefühl.

Kontaktvorbereitung

Wie jemand seinen Weg geht, hängt davon ab, was er vor sich hat. Wer sich auf ein Gespräch freut, geht seinen Weg entspannt, gelockert und gelöst. Angst lähmt. Der aus dem Moment geborene erste Eindruck, in welchem Aussehensmerkmale verarbeitet werden und Stimmungen überspringen, prägt das Gesprächsklima.

Zu Beginn eines Gesprächs entsteht im Partner Kommunikationssehnsucht oder Kommunikationsabwehr. Freundlichkeit überwindet Hemmnisse. Der Gesprächspartner soll nicht Furcht vor der neuen Situation, sondern Freude auf das Gespräch entwickeln. Verspannung entsteht meist durch falsche innere Einstellung. Ein entspannter Gesprächspartner reagiert schneller und partnerbezogener. Deshalb ist es wichtig, sich vor dem Gespräch zu entspannen. Körperliche Entspannung kann durch Lockerungs- und Atemübungen oder Autogenes Training erreicht werden. Seelische Entspannung entsteht entweder aus der körperlichen Entspannung oder kann bewußt durch Abschalten negativer Vorerlebnisse oder noch besser durch Freude auf das Gespräch erreicht werden. Wer weiß, daß er dem Gesprächspartner Nutzen bringen, ihm eine Freude machen kann, entspannt sich schon durch dieses Wissen.

Je besser die Vorbereitung, desto mehr Sicherheit bei der Kontaktaufnahme, desto größere Erfolgschancen. Der gut Vorbereitete braucht sich beim Kontakt nicht dem sich spontan einstellenden ersten Eindruck zu überlassen. Er hat diesen Teil des menschlichen Schutzverhaltens reduziert. Das Überbleibsel aus der Zeit, in der der schnelle Überblick lebensrettend sein konnte, hemmt ihn nicht mehr.

Wir haben vorher einen Teil der Faktoren erfaßt, die den Kontakt erschweren. Kontakterleichternd wirken sich aus:

- Wissen über Situation und Partner
- richtige Einstellung auf die Kontaktsituation
- Formulierungen, die den Gesprächspartner belohnen oder ihm Nutzen bringen.

Ein alter Spruch sagt: »Man empfängt uns nach den Kleidern und entläßt uns nach dem Verstand.« Dies zeigt, daß die Kommunikation zwischen zwei Partnern schon vor dem gesprochenen Wort beginnt.

Neben Haltung und Kleidung, persönlicher Ausstrahlung und Aussehen stehen für die Erleichterung des Kontakts noch die Wirkungsmittel Verhalten, Gesprächseröffnungstechniken und die Einstellung auf den Gesprächspartner zur Verfügung. Die ersten zehn Worte sind oft wichtiger als die nachfolgenden zehn Sätze.

Ein wichtiger Teil der Vorbereitung auf die Kontaktsituation ist das Entspannen. Körperliche Entspannung geschieht durch Lockerungsübungen, Atemübungen, Autogenes Training u. a. Seelische Entspannung erreichen wir durch bewußte Pausen, in der Ängste und Befürchtungen abklingen können, bewußtes Abschalten negativer Vorerlebnisse und Freude auf die Kontaktsituation.

Geistig bereiten wir uns auf die kommende Situation vor und konzentrieren uns auf die Situation.

Jetzt erfassen wir die Situation, die sich für die Kontaktaufnahme darstellt. Dabei sind wichtig:

- die Umgebung des Gesprächspartners
- die Atmosphäre
- das Verhalten des Gesprächspartners
- und die vom Gesprächspartner signalisierte Erwartungshaltung.

Sind alle diese Faktoren beachtet, kann der Kontakt aufgenommen werden.

Vorgehen bei der Kontaktaufnahme

Die Bemühung, Kontakt aufzunehmen, wird gezeigt durch freundschaftliches, partnerorientiertes Verhalten und das im wörtlichen Sinne »Entgegenkommen«, das wir seinetwegen auf uns nehmen.

Betreten wir eine uns neue Umgebung ist es sinnvoll, diese Umgebung zunächst bewußt wahrzunehmen. Der Raum, vorhandene Einrichtungsgegenstände, Unterlagen, anwesende Personen u. a. geben uns einen ersten Eindruck. Sensible Menschen nehmen auch die vorhandene Atmosphäre wahr. Nach dem

Umfeld zum Gesprächspartner: Wie ist sein Verhalten?, zeigt er Ruhe oder Hektik?, Konzentration, Freundlichkeit oder Ablehnung? Höflichkeit und Freundlichkeit überwinden Hemmnisse. Egal, was formuliert wird, die Gesetzmäßigkeiten der Höflichkeit und die partnerbezogene Freundlichkeit verhindern Konflikte. Beachten wir auch die Erwartungshaltung des Gesprächspartners. Seien wir nicht beleidigt, wenn wir ungelegen kommen, versuchen wir mit den Mitteln der »Werbung« den Partner für uns zu gewinnen.

Begrüßung und Vorstellung leiten das Gespräch ein. Entsprechend landsmannschaftlicher Gegebenheit wird die gebräuchliche Begrüßungsformel verwendet. Falls wir den Gesprächspartner nicht kennen, stellen wir uns vor. Dabei nennen wir deutlich unseren eigenen Namen und, falls gegeben, den Firmennamen.

Der Höflichkeit entsprechend warten wir darauf, bis uns der Gesprächspartner die Hand reicht. Unser Händedruck ist kräftig und nicht zu kurz. Während der Begrüßung halten wir Blickkontakt, zeigen freundliche Offenheit. Nach unserer Vorstellung geben wir dem Partner Zeit, ebenfalls zu grüßen und sich vorzustellen.

Nach diesem »Zeremoniell« folgt der erste Satz des Gesprächs. Beginnt der Gesprächspartner, konzentrieren wir uns auf die Weiterführung. Beginnen wir, beherrschen wir unseren Monologzwang und formulieren einen Interesse weckenden Satz. Dieser erste Satz ist vergleichbar dem Anlasser eines Automotors. Er bringt das Gespräch in Gang, wird aber sofort abgestellt, wenn das Gespräch (der Motor) anspringt.

Günstig ist es, wenn der erste Satz des Gesprächs eine Belohnung und/oder einen Nutzen enthält. Nur dafür hat der Gesprächspartner Interesse. Vorsicht mit Sätzen, die auf das Gesprächsziel hinführen. Sie führen zu schnell in die Inhaltsphase. Am Anfang des Gesprächs steht der Gesprächspartner, der Mensch, im Mittelpunkt.

Kontakt, also erneuter Kontakt, mit den Menschen, die wir bereits kennen, fällt relativ leicht.

Beschränken wir uns also hier auf Kontakt mit uns fremden Menschen.

Dieser Kontakt läuft nach einem durch gesellschaftliche Normen vorgegebenen Ritual ab:

1. Annäherung bis max. an die Grenze des Intimbereichs (ca. 80 cm)

2. Vorstellung und Begrüßung

3. Gesprächsbeginn

Für die Vorstellung und Begrüßung haben sich bestimmte Regeln herauskristallisiert. Formulierungen wie: »Mein Name ist...«, »Ich bin Mitarbeiter der Firma...«, »Guten Tag, Herr...«.

Die eigene Vorstellung muß vor der Begrüßung stattfinden, damit der Gesprächspartner bei seiner Begrüßung den Namen des Kontaktsuchenden nennen kann. Wird der Kontaktwunsch angenommen, reicht der Angesprochene die Hand. Grundsätzlich gilt, daß immer der Höhergestellte dem Niedrigergestellten, der Ältere dem Jüngeren, die Dame dem Herrn die Hand reicht. Wer vom anderen etwas will, wer also Kontakt sucht, ist sinngemäß »unterstellt« und muß warten, bis der Angesprochene die Handreichgeste ausführt.

Bei der Begrüßung nutzen Sie: Blickkontakt, Freundlichkeit, Offenheit und geben Ihrem Partner Zeit, Sie ebenfalls zu begrüßen.

Beobachten Sie gelegentlich andere Menschen bei deren Kontaktaufnahme. So bekommen Sie Informationen darüber, wie andere mit Situationen fertig werden, und können zu Ihnen passende Einzelheiten in Ihr Verhalten übernehmen. Auch aus Büchern und aus Filmen können Sie Kontaktaufnahmen lernen. Da die Realität oft zu schwierig und eventuell auch wegen des möglichen Mißerfolgserlebnisses gefährlich sein kann, empfiehlt es sich, Kontaktaufnahmen in der Vorstellung zu üben.

Dazu entspannen Sie sich zunächst, stellen sich dann eine schwierige Situation und Ihr Verhalten in dieser Situation vor. Versetzen sich jetzt in die Situation. Entsteht Angst oder Furcht und daraus bedingte Verkrampfung, brechen Sie die Übung ab und beginnen wieder von vorne. So lernen Sie, Ihnen unangenehme Kontaktsituationen zu konfrontieren und Mut für die Praxis zu entwickeln.

Auch im Rollenspiel können Sie üben. Wählen Sie zu diesen Übungen Menschen aus, denen Sie vertrauen. Beachten Sie dann für die Übungen, die übrigens für jeden Bereich Ihres Verhaltens gestaltet werden können, folgende Regeln:

1. Was möchten Sie üben?
2. Welches erwartete Verhalten möchten Sie ausprobieren?
3. Klären Sie, wie sich Ihr Partner verhalten soll.
4. Legen Sie die Spielzeit fest.
5. Erbitten Sie hinterher feedback.
6. Spielen Sie die Situation noch einmal.
7. Bitten Sie eventuell Ihren Partner, Ihre Rolle zu spielen und übernehmen Sie seine Rolle, damit Sie erleben, wie er in derselben Situation vorgeht.
8. Üben Sie weiter — Übung macht den Meister.

Einige bewährte Techniken können Ihnen jetzt in der Praxis helfen:

Aufhängertechnik

Der erste Satz ist vergleichbar dem Anlasser eines Automotors. Er bringt das Gespräch in Gang, wird aber sofort abgestellt, wenn der Motor (Gesprächspartner) anspringt. Der erste Satz, mit dem Sie Ihr Gespräch beginnen, muß eine Belohnung und/oder einen Nutzen enthalten oder vom Partner positiv erlebt werden können.

Aufhänger sind Stichwörter, aus denen ein Satz für den Beginn oder die Weiterführung eines Gesprächs formuliert werden kann. Derartige Aufhänger können Sie aus vier Bereichen entnehmen:

— aus der allgemeinen Situation: z. B. Wetter, Jahreszeit, Ereignisse u. a.

— aus der Partnersituation: z. B. Verhalten, Ereignisse, momentane Tätigkeit u. a.

— aus dem eigenen Bereich: z. B. aus der eigenen Firma, aus eigenen Interessenkreisen, eigene Erfahrungen u. a.

— vom Gesprächsinhalt: vom Thema, über das Sie mit Ihrem Partner sprechen wollen, abgeleitet von Ihrem Ziel, ein konkretes Detail aus dem von Ihnen angestrebten Gesprächsinhalt.

Für den ausgewählten Aufhänger brauchen Sie jetzt noch eine »Kleidung«. Aus der Vielzahl der Formulierungsmöglichkeiten haben sich zwei als besonders wertvoll herauskristallisiert:

1. die Frage

2. die Feststellung

In diese beiden Formulierungen können Sie Verstärker, nämlich die Demonstration oder die Referenz einbauen. Bei der Formulierung denken Sie bitte daran, daß Ihre Gesprächseröffnung nicht zu lang wird. Besser einen Satz als einen ganzen Monolog.

Antwortet Ihnen Ihr Partner auf Ihren ersten Satz, hören Sie genau zu. Theoretisch können Sie nämlich jedes seiner Worte als Aufhänger für Ihre Weiterführung benutzen.

»Wie man in den Wald hineinschreit, so hallt es heraus.« War der von Ihnen gesetzte Reiz, Ihre Formulierung, konfliktorientiert, wird der Gesprächspartner negativ, war Ihre Formulierung konsensorientiert, wird der Gesprächspartner eher positiv antworten. Aus seiner Antwort können Sie Ihrerseits ein Stichwort, einen Aufhänger entnehmen, um das Gespräch weiterzuführen. Dazu ein Beispiel:

Sie wählten als Aufhänger das mit diesem Gesprächspartner geführte Telefongespräch und formulierten in Form einer Feststellung: »In unserem gestrigen Telefongespräch gaben Sie mir diesen Termin für die Vorstellung der Möglichkeiten einer Zusammenarbeit.«

Ihr Partner reagiert: »Wenn ich gestern schon gewußt hätte, was ich heute weiß, hätten Sie den Termin nicht bekommen. Ich hab mich erkundigt. Ihr seid zwar ein gutes Unternehmen und sollt auch gute Qualität liefern, aber zu weit überhöhten Preisen.«

Sie haben nun eine Vielzahl von Aufhängern. Jedes Wort Ihres Gesprächspartners kann ein Aufhänger für Ihre Weiterführung sein. Konfliktorientierte Gesprächspartner neigen zum Aufgreifen von »Fehdehandschuhen«, nehmen also negative Wörter des Gesprächspartners (unbewußt) als Aufhänger, um sich zu rechtfertigen, um Irrtümer nachzuweisen. Für so Eingestellte wäre der Aufhänger »weit überhöhte Preise« ein gefundenes Fressen. Sie können sich selbst vorstellen, wohin das Gespräch mit diesem Aufhänger führt. Konsensorientierte Gesprächspartner suchen den »gemeinsamen Bezugspunkt«, den Aufhänger, der am leichtesten eine konsensorientierte Gesprächsführung zuläßt. Dafür bieten sich zwei Aufhänger an: »gutes Unternehmen« und »gute Qualität«. Die Entscheidung, welchen dieser beiden Aufhänger Sie wählen wollen, liegt bei Ihnen. Auch die Entscheidung, in welche Formulierung Sie diese Aufhänger einbetten wollen. Sie können die Frage oder Feststellung benutzen. Antworten könnten dann lauten:

»Ihr Gesprächspartner äußerte sich positiv über unser Unternehmen und unsere Qualität. Kennen Sie den Grund?«

Oder:

»Die gute Qualität, die Ihr Gesprächspartner erwähnte, und die Leistungen unseres Unternehmens, die ihm den Ruf eines guten Unternehmens einbrachten, sind die Gründe dafür, daß unsere Kunden die Preise als mit der Leistung gerechtfertigt akzeptieren.«

Diese Übung ließe sich beliebig weiterführen. Vielleicht wollen Sie zur Übung Ihrer eigenen Sprachbeherrschung gelegentlich einen solchen Dialog niederschreiben und ihn dann in bezug auf die Anforderungen an konsensorientierte Gesprächsführung analysieren.

Ein weiteres Beispiel:

Sie erleben ein Gespräch zwischen zwei Menschen, mit denen Sie in Kontakt kommen möchten. Als Aufhänger verwenden Sie (aus der Situation dieser beiden Menschen): interessantes Gespräch und formulieren Ihren ersten Satz in Form einer Feststellung mit enthaltener Belohnung, wobei Sie sich zunächst selbstverständlich für Ihre Einmischung in dieses Gespräch entschuldigen. Sie formulieren: »Entschuldigen Sie bitte, wenn ich Sie anspreche, Sie führen ein überaus interessantes Gespräch über Italien.« Darauf antwortet der Angesprochene: »Ja, das ist richtig. Ich war letztes Jahr in Italien im Urlaub, und mein Gesprächspartner ist der Meinung, daß es besser sei, Italien zur Zeit zu meiden.« Sie antworten: »Wenn man während des eigenen Urlaubs in Italien nur positive Erfahrungen gesammelt hat, ist es schwer, eine negative Meinung zu akzeptieren.«

Für die Weiterführung des Gesprächs haben Sie in diesem Beispiel den Aufhänger »eigener Urlaub« verwendet und mit der Satzform einer Feststellung formuliert.

Sie hätten theoretisch jedes Wort Ihres Gesprächspartners verwenden können, sich aber zu der praktikablen Lösung, ein weiterführendes Wort zu verwenden, entschieden.

Aufhänger für die Weiterführung von Gesprächen sind dann ideal ausgewählt, wenn sie eine unmittelbare Verbindung zum Gesprächsziel aufweisen, eine Belohnung des Gesprächspartners zulassen und Konfrontationen verhindern.

Sie können gerne derartige Aufhängerübungen im Kreise Ihrer Freunde oder aber mit Familienangehörigen absolvieren.

Eine weitere Möglichkeit, Kontakt anzubahnen, ist andere Menschen um Hilfe zu bitten. Lernen Sie sagen, daß Sie Hilfe brauchen. Menschen sind hilfsbereiter, als man allgemein annimmt. Derartige Formulierungen und generell Formulierungen, mit denen Sie Gefühle ausdrücken, kleiden Sie in die werturteilsfreie Ich-Botschaft. Auch derartige Formulierungen können Sie in Form einer Frage oder Feststellung ausdrücken, z. B.: »Darf ich Sie um eine Gefälligkeit bitten, mein Wagen springt nicht an.« Oder: »Mein Wagen springt nicht an, ich brauche Ihre Hilfe.«

Aus diesem Beispiel können Sie leicht ersehen, daß die Frage angenehmer wirkt als die Feststellung. Menschen wollen mehr gebraucht werden, als man allgemein annimmt. Wer fragt, braucht den anderen, wer fragt, wertet den anderen auf. Nicht umsonst spricht man von dem, der gefragt wird, als einem »gefragten« Menschen. Oft scheint es mir so, als sei Fragetechnik verkümmert. Dies ist möglicherweise darauf zurückzuführen, daß das Stilmittel Frage in der frühen Kindheit häufig Bestrafung erfuhr. »Jetzt fragt der schon wieder . . .«, »Der fragt einem ja ein Loch in den Bauch«, »Frag nicht soviel, schau lieber nach«, u. a. haben uns möglicherweise das Fragenstellen verbiestert. Ein weiterer Grund, insbesondere beim Einsatz von offenen Fragen (Fragen, die mit einem Fragewort beginnen), kann sein, daß auf diese Fragen unbeeinflußte Antworten zustande kommen, mit denen wir uns beschäftigen müssen, um das Gespräch weiterzuführen. Viele Menschen scheinen die Flucht in die Behauptung anzutreten, damit sie das Gespräch — so glauben sie wenigstens — besser im Griff haben.

Aber nicht nur fragen müssen wir wieder lernen, auch andere Menschen anerkennen fällt vielen schwer. Wenn ich beobachte, wie leicht mein Sohn auf andere Menschen zugeht, wie leicht er einem anderen jungen Menschen sagen kann, daß er ihn nett findet, beneide ich ihn manchmal um diese Fähigkeit. Nach dem

Motto: Ein Junge weint nicht, zeige keine Gefühle, halte deine Emotionen im Griff, habe ich den mir von der Umwelt diktierten Eispanzer angezogen und lange Zeit gebraucht, Löcher in denselben zu bohren, um mich meiner Umwelt zu öffnen. Wer andere anerkennt, seine positiven Gefühle in bezug auf andere zeigt, signalisiert nicht Schwäche, sondern Stärke. Nur der Schwache ist auf andere neidisch, kann andere nicht tolerieren.

Formulierungen wie: »Das war eine gute Idee, ich bin froh, daß ich mitgekommen bin, das haben Sie sehr einleuchtend erklärt« u. a. bringen jenes Vertrauen zustande, welches aus dem Kontakt Partnerschaft und sogar Freundschaft entstehen läßt.

Wer so zum anderen ja sagen kann, muß aber auch lernen, nein zu sagen. Im Zimmer meines Sohnes hängt ein Plakat mit der Aufschrift: Du Geld wollen – ich Dir nix pumpen – Du böse, ich Dir pumpen – Du nix wiederbringen – ich böse, dann besser Du böse.

Es gibt Menschen, die das Leid der anderen auf sich nehmen, sich von Emotionen anderer anstecken lassen, andere Menschen wie Marionettenspieler an den Fäden der eigenen Emotionen ziehen lassen – ohne nein sagen zu können. Wer sich so ausliefert, braucht sich nicht zu wundern, wenn er ausgenutzt wird.

Lernen wir also nein sagen, wenn uns etwas nicht paßt!

Es ist nicht immer die Frage des »nein« sagens, sondern auch eine Frage der Formulierung. Das konkrete wörtliche Nein frustriert den Gesprächspartner. Besser ist es, dieses Nein zu umschreiben. Etwa mit folgenden Formulierungen: Ich kann leider nicht mitgehen, ich habe leider etwas anderes vor, u. a. Auch Ablehnungen können wir umschrieben formulieren, z. B.: Würden Sie bitte während des Films aufhören zu sprechen, Es stört mich, daß Sie . . ., entschuldigen Sie bitte, ich war vor Ihnen da.

Wer den anderen Menschen trotz seiner Schwächen akzeptiert, verhindert das Entstehen eigener negativer Emotionen, das Entstehen von Aggression.

Haben Sie nun keine Furcht. Sie besitzen genügend Werkzeug, um Ihre Kontaktfähigkeit zu entwickeln. Es kommt jetzt nur noch auf die praktische Erfahrung an. Sprechen Sie Menschen an. Versuchen Sie Kontakte zu knüpfen. Sehen Sie im Mißlingen des einen oder anderen Versuchs eine Chance, sich zu verbessern.

Zunächst ist jede Situation eben nur eine Situation. Sie entscheiden, ob Sie Situationen als Probleme oder als Chancen erleben.

Mit Vorgesetzten umgehen

Jeder kann jeden lenken. Motivieren oder manipulieren. Motivieren heißt, das Verhalten des anderen zu dessen Nutzen beeinflussen. Unter Manipulation versteht man die Verhaltensbeeinflussung zu fremdem, also im konkreten Fall, zu eigenem Nutzen. So lenken Kinder oft ihre Eltern. Warum sollten Mitarbeiter nicht ihren Chef ebenfalls lenken können? Wer motiviert und manipuliert, tut nicht unbedingt etwas Unanständiges. Er nimmt seine verbrieften demokratischen Mitgestaltungsmöglichkeiten wahr.

Motivation und Manipulation funktionieren nach dem Prinzip des Verstärkungslernens. Wird ein Verhalten belohnt, so lautet dieses Prinzip, wird es reproduziert, wird ein Verhalten bestraft, wird es unterdrückt.

Für den Vorgesetzten ist Motivation und Manipulation, sofern er mitarbeiterbezogen denkt und handelt, kein Problem. Ihm stehen sowohl Belohnungs- als auch Sanktionsmaßnahmen zur Verfügung. Ebenso verhält es sich in der Beziehung zwischen Eltern und Kindern. Die Beeinflussung von unten nach oben ist nicht so einfach. Wer seine »Vorgesetzten« beeinflussen will, braucht Einfühlungsvermögen und Intelligenz. Wichtig ist, die richtigen »Leckerbissen« anzubieten. Wer keine Bonbons mag, wird mit Bonbons bestraft. Lob und Komplimente wirken nicht immer als Belohnung. Von sehr selbstsicheren Personen wird Lob als plumpe Schmeichelei, von sehr unsicheren Personen als »Auf-den-Arm-nehmen« begriffen. Belohnungen sind also nur dann wirksam, wenn sie vom Empfänger als »Lustgewinn« erlebt werden.

Um herauszufinden, welche Belohnung beim anderen zu positiven Ergebnissen führt, ist eine genaue Beobachtung des Partnerverhaltens notwendig.

Die Beobachtung sollte sich auf folgende Kriterien erstrecken:

1. Äußerlichkeiten:
   Kleidung, Frisur, Schmuck, Fahrzeug, Arbeitsplatz u. a.

2. Verhalten:
   Autoritär, kooperativ, morgens oder abends leistungsfähiger, bevorzugte Gesprächsthemen u. a.

3. Privates Umfeld:
   Hobbys, familiäre Beziehungen, Freundeskreis, Vereine, Kinder

Nachdem Sie die einzelnen Kriterien registriert haben, vergleichen Sie die einzelnen Informationen miteinander. Sie bekommen so recht schnell eine realistische Einschätzung des Verhaltens Ihres Vorgesetzten. Dieses, Ihr Bild, von seinem Verhalten wird wahrscheinlich nicht deckungsgleich sein mit dem Bild, das er von seinem Verhalten hat. Selbstbild und Fremdbild weichen meist voneinander ab. So kann es sein, daß Sie das Verhalten Ihres Chefs eher pedantisch erleben, während er sich für sehr großzügig hält. Vergleichen Sie also im folgenden Ihre Einschätzung mit der Selbsteinschätzung. Wie Ihr Vorgesetzter sich selbst sieht, erfahren Sie häufig aus seinen Äußerungen, insbesondere aus Stellungnahme zu Äußerungen Dritter ihm gegenüber.

Die Kriterien, auf die der Vorgesetzte besonders anspricht, die ihm wertig sind, eignen sich als Beeinflussungsbereiche. Ob Ihre Beeinflussungsversuche von Erfolg getragen sind, sehen Sie an den Reaktionen auf die von Ihnen ausgesandten Reize. Seine Reaktionen können körpersprachlich und wörtlich mitteilen, wie er Ihr Verhalten erlebt. Erkundigen Sie sich, weil Sie diesen Bereich für wichtig halten, nach seinen Erfolgen beim Tennisspielen, können Sie aus folgenden Antworten die genannten Schlüsse ziehen.

1. Er erklärt Ihnen mit sehr vielen Worten und starker Modulation das letzte Tennisspiel und seine Erfolge (positive Beeinflussung gelungen).
2. Er beantwortet die Frage höflich und kurz (heute keine Beeinflussung in diesem Bereich möglich, Beeinflussungsfeld in Frage stellen).
3. Er übergeht die Frage oder antwortet unwirsch (ganz bestimmt heute, möglicherweise auch sonst, in diesem Bereich nicht ansprechbar).

Diese Beeinflussungsmöglichkeiten ersetzen allerdings nicht die eigene Leistung zu Gunsten des Vorgesetzten. Wer sich beliebt machen, wer vorwärtskommen will, tut gut daran, eigene Meinungen so darzustellen, daß sie als Meinung des Gesprächspartners akzeptiert werden können, oder sogar von diesem als eigene Meinung erlebt werden. Das geschickte Sich-selbst-verkaufen hat nichts mit »Kriechen« zu tun. Kriechen ist bedingungsloses Unterwerfen und »Ja-Sagen«. Ja-Sager haben selbst bei den Chefs, denen das unterwürfige Verhalten schmeichelt, kaum Chancen. Wer also nicht Ja-Sager werden und nicht kriechen will, tut gut daran, ein Verhalten zu erarbeiten, welches es ermöglicht, dem anderen geschickt und ohne ihm wehzutun, eigene Standpunkte darzulegen.

Dafür bietet unsere Sprache als Stilmittel besonders die Frage oder die Argumentation an. Neben der Wortwahl ist die Betonung wichtig. Selbst harte Wörter können weich betont den guten Willen zur Einigung erkennen lassen. Druck erzeugt immer Gegendruck. Deshalb wird oft nicht der Starke, sondern der Kluge befördert. Starke Mitarbeiter, die diese Stärke spüren lassen, werden als Gefahr erlebt und landen oft im Abseits. Wer seine ihm innewohnende Stärke geschickt nutzt, handelt wie ein Judo-Kämpfer; er schlägt nicht wild um sich, sondern nutzt die Kraft des anderen.

Weder bei Lob und Anerkennung, noch bei Kritik und Tadel sollte man der Effekthascherei verfallen. Lob und Anerkennung als positive Verstärker zeigen, daß Sie sich mit der Person des anderen befassen, daß Sie sich für seine Person interessieren. Dies ist auch bei Kritik und Tadel der Fall, jedoch werden diese beiden Möglichkeiten häufiger negativ erlebt, wenn bei der Formulierung und Betonung nicht das unbedingte Helfenwollen des Formulierenden erkannt werden kann.

Lob und Anerkennung als Belohnung ja, als Bestechung nein. Hier wäre es schnell durchschaubare Schmeichelei. Ein qualifizierter Mitarbeiter braucht Schmeichelei nicht, weil er nichts umsonst will. Er ist bereit, hart zu arbeiten und verzichtet darauf, sich nach oben zu dienern. Lob, Anerkennung, Kritik und auch Tadel müssen spontan, dürfen aber nicht übereilt formuliert werden.

Verstreicht zuviel Zeit zwischen dem zu erwähnenden Ereignis und dessen Ansprache verpufft die Wirkung.

Anerkennung kann nicht oft genug ausgesprochen werden. Jeder Mensch strebt danach, belohnt und nicht bestraft zu werden. Belohnung zeigt, daß seine Mühen begriffen und positiv erlebt werden. Derartige Anerkennung verstärkt die Wiederholung des anerkannten Verhaltens. So ist das Feedback (die Rückmeldung) notwendig für die partnerbezogene Verhaltenssteuerung. Wer also seinen Chef anerkennt und lobt, ggfs. mit den richtigen Worten auch kritisiert, tut dem Chef, sich und anderen einen Gefallen. Er steuert Verhalten in eine gewünschte Richtung, nimmt ihm die Scheu, ebenfalls Mitarbeiter zu loben und trägt so zu einem besseren Miteinander bei.

Dominanz

Dominanz ist die Bezeichnung für ein Verhalten, das durch eine deutliche Tendenz gekennzeichnet ist, andere Menschen beherrschen bzw. deren Verhalten kontrollieren zu wollen. Dominantes Verhalten zeigt sich in Sprache (Betonung und Wortwahl) und in der Körpersprache (siehe auch mein Buch »Körpersprache für Manager«). Dominanzverhalten werden benutzt um Artgenossen einzuschüchtern. Oft ist Dominanzstreben Kompensation von Unsicherheitsgefühlen. Oft will der Dominante andere unterwerfen, weil er sich selbst unterworfen fühlt. Er spekuliert darauf, daß sich seine Umwelt unterwirft und hofft, daß sie sich nicht zum Kampf stellt. Flieht seine Umwelt, werden Gespräche mit ihm gemieden, entsteht im Dominanten eher das Gefühl der Stärke. Intelligent-Dominante kennen dieses, ihr Dominanzverhalten und sprechen besonders häufig von partnerschaftlichem Verhalten. So wollen sie, wie viele Menschen in anderen Verhaltensbereichen, das kundtun, was ihr Verhalten allein nicht signalisiert. Um dominieren zu können, braucht Dominanzverhalten immer eine Umwelt. Deshalb sucht Dominanzverhalten sehr oft Gruppen, die dominiert werden wollen oder können. Das Bewußtsein von Rangordnungen scheint in der sozialen Wahrnehmung (der Wahrnehmung sozialer Beziehungen) von früh an vorhanden zu sein. Es rührt wohl aus Überlegenheitserfahrungen im mitmenschlichen Umgang her, wie sie sich bei Kleinkindern schon vor dem zweiten Lebensjahr feststellen lassen. Auch bei Tieren wurden Rangordnungen bei der Nahrungsaufnahme und bei kämpferischen Auseinandersetzungen beobachtet. Geradezu berühmt ist die von Schjelderup-Ebpe studierte »Hack-Ordnung« der Hühner. In der streng eingehaltenen Rangordnung ganz oben steht ein Huhn, das alle anderen hackt, während das rangniedrigste Huhn von allen anderen gehackt wird. Wenn ein neues Huhn auf den Hühnerhof kommt, ist die Rangordnung zunächst gestört. Das neue hackt sich mit allen anderen, bis es seinen Platz in der Rangordnung gefunden, d. h. festgestellt hat, welches Huhn gerade etwas stärker, welches gerade etwas schwächer ist. Erst dann ist wieder Ruhe im Hühnerhof.

Der Rangplatz, den die einzelnen Mitglieder in der Gruppe einnehmen, ist meist abhängig von:

a) der Leistung, die sie zum Erreichen des Gruppenzieles erbringen und/oder

b) dem Beliebtheitsgrad, der ihnen von den anderen Gruppenmitgliedern zuerkannt wird.

Rollen in Gruppen sind immer aufeinander bezogen. Ändert sich der eine, dann ändert sich auch der andere. Jedes Verhalten löst Reaktionen in der Umwelt aus. Wer andere dominieren will, wer die Hackordnung zu seinen Gunsten beeinflussen will, muß mit dem Hacken anderer rechnen. Dominanzstreben hat bei Menschen, die dominieren wollen, oft zur Entwicklung besonderer Fähigkeiten geführt. Diese Fähigkeiten werden dann leider oft Mittel zum Zweck über andere zu dominieren.

So können Dominanz anstrebende Menschen in den Gruppen Rollen einnehmen, die ihnen Dominanz ermöglicht und ihren Strebungen dient.

Die soziale Rolle (Summe der erwarteten Verhaltensweisen) dient der Regelung der zwischenmenschlichen Beziehungen in einer Gruppe. Sie macht damit diese Beziehungen überschaubar und vermittelt daher mehr Sicherheit. Sie ist stets gleichzeitig auf die anderen Positionen und sozialen Rollen bezogen. Der einzelne Gruppenangehörige kann nicht allein darüber entscheiden, welche Rolle er spielen und wie er sie spielen will, sondern durch Erwartungen und/oder Anforderungen der anderen Gruppenmitglieder wird er zu einer Rollenübernahme mehr oder weniger gedrängt, manchmal sogar gezwungen. Damit werden auch die sozialen Beziehungen der Funktionsträger untereinander geregelt, d. h. von jedem wird, entsprechend seiner Aufgabe und Funktion, ein bestimmtes Verhalten erwartet.

Für ein Sozialverhalten, das der jeweiligen Situation angepaßt ist, wird ausschlaggebend, wie das einzelne Gruppenmitglied die ihm aufgetragene soziale Rolle lebt, d. h. wie es den Erwartungen, die die anderen an seine Rolle stellen, nachkommt. Damit wird unter Umständen auf das Verhalten des einzelnen Gruppenmitgliedes ein mehr oder weniger starker Zwang ausgeübt. »Aktio = Reaktio«: dieses physikalische Prinzip gilt auch für das Verhalten des Dominanten in der Gruppe. Dominante Aktionen bringen von ebenfalls Führerrolle anstrebenden Gruppenmitgliedern Dominanzreaktionen. Der Kampf der Gladiatoren entsteht. Deshalb ist zu ausgeprägtes Dominanzstreben für den einzelnen eher schädlich. Trägt es doch an jedes andere Gruppenmitglied die Aufforderung zur Unterwerfung heran. Ähnlich wie in Wildwest-Filmen sieht sich der Dominante als Held der Situation. Er trägt seine »Waffen« tief geschnallt und einsatzbereit und signalisiert so Überlegenheit. Er signalisiert aber auch Aufforderungsverhalten (Nimm's doch mit mir auf, wenn Du Dich traust) und erschwert sich so möglicherweise das Zusammenleben mit seinen Mitmenschen. Der Dominante übersieht oft, daß irgendwann einmal ein noch Stärkerer seine Wege kreuzt und er dann der »Verlierer« sein könnte. Viele ältere Menschen, die ihre Umwelt ein Leben lang dominiert und sogar terrorisiert haben, erlebten in der Einsamkeit des Alters ihr ausgleichendes Schicksal.

Jede Gruppe braucht ihren Gruppenführer. Je nach Gruppenzweck und -ziel ist er der »Tüchtigste« oder der »Beliebteste«. Dabei ist »Tüchtigkeit« im Sinne des Gruppenziels zu verstehen. Der »Faulste« in der Gruppe kann durchaus der »Tüchtigste« sein, wenn die Gruppe das Ziel: Arbeitsverweigerung erreichen will. In einer Gruppe dagegen, der es um Geselligkeit und Freizeitspaß geht, ist vielleicht der, der »Beliebteste«, der Gruppenführer. In vielen Gruppen herrscht »Doppelführung«, d. h. der Tüchtigste und der Beliebteste haben die Führung gemeinsam inne, verstehen sich in der Regel gut und ergänzen einander. Wenn ein Gruppenführer beide Rangplätze, den des Tüchtigsten und des Beliebtesten belegen kann, verschafft ihm seine Überlegenheit nahezu unumschränkte Macht und Einflußmöglichkeit auf die Gruppe.

Bloßes Dominanzstreben allein genügt also nicht. Dominanzstreben muß mit der Fähigkeit zur Führung gekoppelt sein, wenn die Gruppenführung nicht nur kurze Zeit andauern soll. Wer führen will, braucht Wissen und Können. Er muß die Fähigkeit besitzen, in hohem Maße zur gemeinsamen Zielerreichung beizutragen.

Es wäre also nicht sinnvoll, einfach Dominanzverhalten zu entwickeln. Besser ist es, Fähigkeiten zu entwickeln, die zur Anerkennung durch andere führen. Der Führer einer Gruppe kann nach unten treten (Dominanz) oder sich von den anderen tragen lassen (Anerkennung).

Um in Gruppen Anerkennung zu finden, ist es notwendig, einige Informationen über Gruppenverhalten zu kennen:

a) Gemeinsame Verhaltensmotivation.
   Darunter verstehen wir die Stärke und Klarheit der gemeinsamen Motive, die zum Zusammenschluß geführt haben und an dessen Zweck und Ziel diese orientiert sind. Diese Motivation kann zur Herauskristallisierung von Gruppenwerten führen, von Grundsätzen oder gar Idealen, die den Zusammenhalt umso mehr sichern, je stärker sie für das einzelne Gruppenmitglied verbindli-

che Kraft entfalten. Eine Gruppe, die sich zusammenfindet mit dem Ziel, suchtgefährdeten Jugendlichen zu helfen, die also die Werte »Hilfsbereitschaft, Mitverantwortung für andere« in den Mittelpunkt stellt, tritt anders auf als eine Sportgruppe, die einen Wettkampf gewinnen will.

b) Durch ein System gemeinsamer Normen.
Diese Normen oder Spielregeln regulieren das Verhalten innerhalb und außerhalb der Gruppe. So beeinflussen sie die Art der zwischenmenschlichen Beziehungen. Dazu gehören z. B. Vorschriften über Kleidung und Aussehen. Lange Haare und Bart oder nach erwachsenen Maßstäben saloppe Kleidung sind heute vielfach Ausdruck von Gruppennormen. An der Gruppennorm »lange Haare — Bart« läßt sich exemplarisch zeigen, wie Gruppennormen entstehen. Die Beatles unterschieden sich äußerlich von anderen Gruppen durch lange Haare. Ihre Musik hatte außerordentlichen Erfolg. Einige Jugendliche imitierten die Haartracht der Beatles und hatten damit ebenfalls außerordentlichen Erfolg: die ältere Generation war schockiert und empört. Immer mehr Jugendliche folgten dem gegebenen Beispiel bis zu einem heute nicht mehr genau festzustellenden Zeitpunkt das freiwillige Nachahmen umschlug in ein Muß: Wer die Haare kurz geschnitten hatte, war nicht mehr »in«, wurde belächelt, gehänselt, nicht für voll genommen. Was zur Gruppennorm erhoben wird, hängt von den verschiedensten Umständen ab — die Generation der Wandervögel hat ihre Väter z. B. damit schockiert, daß sie keine Bärte tragen wollten. Das »Was« ist auch gar nicht so wichtig. Von Bedeutung ist: Wer sich den Gruppennormen nicht anpaßt, gerät in eine Außenseiterrolle. Dabei kann der dominante Außenseiter durchaus die Gruppe beherrschen. Allerdings läuft die gesamte Gruppe dann Gefahr, auseinanderzufallen.

c) Durch eine gemeinsame Sprache.
Hier schließt Sprache nicht nur den Umgang mit Worten ein, sondern auch andere nichtsprachlichen Verständigungsmittel, z. B. körpersprachliche Verhalten. So weiß nur jemand, der selbst Skat spielt, was gemeint ist, wenn ein Zuschauer nach einem verlorenen Spiel sagt: »Sie hatten doch Vorhand, warum haben Sie keine lange Farbe angespielt?« In den meisten Reitställen ist eine Runde fällig, wenn ein angehender Reiter vom »Schwanz« des Pferdes spricht. Denn jeder Reiter weiß, daß das Pferd einen »Schweif« hat. Mit dem Gebrauch gruppenspezifischer Worte und Verhaltensweisen signalisieren wir Zugehörigkeit. Wenn eine Gruppe eigene Werte entwickelt, dann prägen und formen diese in hohem Maße das Verhalten der Gruppenmitglieder. Gruppennormen und die Gruppensprache tragen zur Angleichung des Verhaltens bei. Damit fördern sie den Zusammenhalt, das »Wir«-Gefühl innerhalb der Gruppe. Wer z. B. die Gruppensprache beherrscht und gebraucht, dokumentiert damit, daß er dazu gehört und setzt sich gleichzeitig von anderen ab, die

diese Sprache nicht sprechen, oft nicht einmal verstehen. Ähnliches gilt für Normen und Werte. Die Gruppe achtet darauf, daß ihre Werte anerkannt, ihre Normen eingehalten werden. Sie bestraft diejenigen, die sich nicht danach richten und verstößt sie in schweren Fällen aus der Gruppe.

Jeder Mensch, auch der Dominante, hat verschiedenste Rollen in mehreren Gruppen inne. Sind die verschiedenen Rollen in ihrer Ausrichtung und in ihrem Rangplatz bzw. ihrem Sozialprestige sehr unterschiedlich, dann muß der Rollenträger sich immer neu anpassen und häufig umdenken. Dies fällt dem nach Dominanz Strebenden verständlicherweise schwer. Manchmal sind aber auch seine Rollen von so gegensätzlicher Natur, daß es zu Rollenkonflikten kommt, d. h. zu inneren Konflikten des Individuums, das sich für die eine oder andere Rolle entscheiden muß. In solchen Fällen zeigt sich, ob Dominanzstreben bereits krankhaft ausgeprägt oder ob noch genügend soziale Sensibilität vorhanden ist.

Sollte nun Ihre eigene Wirkung auf andere zuwenig ausgeprägt sein, Sie in Ihren sozialen Rollen eher der Unterlegene sein, ist es sinnvoll, etwas mehr für das Durchsetzungsvermögen, für die Selbstbehauptung, zu tun.

Um nicht von Anfang an Mißerfolgserlebnisse in Kauf zu nehmen, empfiehlt es sich, mit einfachen Durchsetzungsübungen zu beginnen. Es ist unsinnig, sich gleich in schwierigen Situationen erfolgreich behaupten zu wollen.

Sinnvoll ist es, sein eigenes Durchsetzungsvermögen in den Situationen zu erproben, in denen das eigene Wollen nur wenig vom Wollen anderer abweicht.

Wer ein Ziel verfolgt, wird immer auch mit äußeren Widerständen rechnen müssen. Die Frage ist, wie er mit diesen Widerständen fertig wird. Da wächst jemand »wohlbehütet« auf. Er hat immer brav gelernt und das getan, was man von ihm verlangt hat. Wahrscheinlich hat man — in bester Absicht — alle möglichen Hindernisse und Schwierigkeiten weggeräumt, damit er es »besser« im Leben hätte. Und nachdem er so die Schulen absolviert hat, kommt er hinaus ins Berufsleben, wo es lange nicht mehr so wohlwollend zugeht. Nun gibt es Konkurrenzkämpfe, Schwierigkeiten und Widerstände, die er durchstehen sollte. Aber hat er das in seinem bisherigen Leben genügend gelernt?

Vielleicht gibt er dann zu leicht auf und begnügt sich mit dem, was bequem und ohne viel Widerstand erreichbar ist, oder er nimmt die Widerstände wichtiger als die Verfolgung eines Ziels und verbraucht seine sämtliche Kraft an Widerständen — das Eigentliche ist vor lauter Widerstandskampf ganz außer Sichtweite geraten.

Unsere seitherige Entwicklung hat uns geprägt und bestimmt unser Verhalten in konkreten Situationen. Wer ein Ziel verfolgt, muß von vorneherein mit äußeren Widerständen rechnen. Er darf dann aber nicht nur den Widerstand sehen, sondern muß sich überlegen, wie er am besten das Ziel trotz dieser Widerstände erreicht. Erst wenn solche Überlegungen angestellt sind, erst wenn jemand vor

Widerständen nicht einfach zurückschreckt oder auf Widerstände einfach losgeht, wie ein Stier auf ein rotes Tuch, kann das Ziel trotz Widerstände sinnvoll weiterverfolgt werden. Es ist also nicht sinnvoll, je nach Stimmung und Laune auf den Widerstand zu reagieren. Besser ist es, zuerst abzuwägen, auf welchem Weg das Ziel jetzt am zweckmäßigsten erreicht werden kann. Abwägen bedeutet, daß man in Ruhe überlegt, und sich nicht von seinem Ärger oder seinen Ängsten hinreißen läßt.

Wer andere Menschen beeinflussen will, im positivsten Sinne des Wortes anerkannt werden will, muß die Motive, aus denen andere Menschen handeln, kennenlernen. Er kann dann sein Verhalten und seine Argumentation auf diese Motive ausrichten und das Verhalten bei seinen Mitmenschen erreichen, das er anstrebt.

Ellenbogentechnik zahlt sich nicht aus. Ellenbogentechnik bringt den Ruf der Rücksichtslosigkeit und der Ablehnung ein. Der Dominante wird nur anerkannt, weil man ihn braucht. Ist die Entwicklung der Gruppe weitergediehen, wird der nur Dominante oft ausgespuckt wie ein Fremdkörper.

Beim Weg zur Anerkennung in der Umwelt kommt es nicht auf Augenblickstriumphe an, sondern darauf, daß Sie sich von Ihrem Weg zum Ziel (zu gehaltvollen, wichtigen beruflichen und privaten Zielen) nicht abdrängen lassen. Daß Sie dieses Ziel, diese Ziele erreichen, das ist wesentlich. Wer die Wirkung seines Verhaltens nicht einkalkuliert, nur dominieren will, schafft sich leicht Feinde oder handelt sich einen schlechten Ruf ein. Das soll aber nicht heißen, daß jemand gehorsam sich den Situationen anpassen soll. Jeder, der anerkannt werden will, muß zusätzlich etwas tun und darf nicht nur die augenblicklichen Anforderungen brav erfüllen. Krach schlagen allerdings ändert Situationen nicht dauerhaft. Wer Krach schlägt, entlädt nur seinen angestauten Ärger. Die Frage ist, ob nach diesem Luftablassen noch genügend Dampf vorhanden ist, um den eingeschlagenen Weg weiterzugehen. Das Himmelhochjauchzend-zu-Tode-betrübt bringt auf Dauer keine Anerkennung, sondern führt wegen der Unberechenbarkeit des Verhaltens eher zu Ablehnung.

Anerkennung ist als zusammengesetztes Wort aus den Wörtern an-er-kennen entstanden. Es besagt, daß wir ihn erkennen, daß wir ihn als Leitbild ansehen. Das tun wir aber nur, wenn dieser »Führer« uns dauerhaft Nutzen bringt. Nur in Notsituationen wählen Menschen den Führer, der sie auch autoritär, aus der Patsche führen kann.

Auch andere Menschen wollen etwas gelten und haben es daher nicht gern, herabgesetzt zu werden. Sie reagieren mit Feindschaft, zumindest mit Widerstand, wenn man ihre Leistung herabsetzt, etwas, an dem Sie hängen. Zu ähnlichen Ergebnissen kann man aber auch kommen, wenn man zuviel von sich spricht. Ein solches falsches Verhalten kann vermieden werden, wenn man sich im Umgang mit anderen selbst prüft: Wie wird sich mein Verhalten auf die anderen auswirken?

Wer also wirklich im positivsten Sinne des Wortes dominieren will, beteiligt andere am Ziel und ist kompromißbereit. Seine Achtung vor anderen Menschen verhindert eigenes Befehlen und das Degradieren der anderen zu Befehlsempfängern. Der so Dominante wirkt oft als Unterdrücker. Er bewertet, gibt Meinungen kund, auch wo diese nicht angebracht sind und introvertiert damit andere. Er wertet ab, kritisiert grundlos alles, entmutigt, ignoriert gute Leistungen, schränkt ein, stoppt alles, verbreitet schlechte Nachrichten, verallgemeinert, erpreßt, zwingt, verweigert, was andere gerne hätten, erlebt eine Grundangst, eine Befürchtung, andere könnten zu mächtig werden, löst das Gefühl der Bedrohung aus. Er kann aber notfalls auch für seine Ideen kämpfen. Dabei kämpft er nicht gegen andere, sondern für die Sache.

Aus Achtung vor seinen Mitmenschen bereitet er sich sorgfältig vor, kalkuliert mögliche Widerstände ein und überlegt Argumentationen, mit denen er andere überzeugen und für seine — die dann gemeinsam erkannten — Ziele gewinnen kann.

Er weiß, daß man Böses nicht bekämpfen kann, ohne es zu stärken und daß man nicht nur Gutes wollen kann, ohne das Schlechte zu sehen. So ist er im besten Sinne des Wortes Realist, analysiert und motiviert gruppenbezogen.

Leistungsehrgeiz

Leistung bezeichnet den Grad, in dem ein Individuum eine Reihe von standardisierten Aufgaben mit Erfolg zu lösen vermag.

Leistungsmotivation bezeichnet eine allgemeine und relativ überdauernde Tendenz als wesentlich bewertete Aufgaben mit Energie und Ausdauer bis zum erfolgreichen Abschluß zu bearbeiten. Dies geschieht im Sinne eines individuellen Gütemaßstabs. Übersteigt der durch Leistungsmotivation ausgelöste Antrieb den für die Aufgabenlösung notwendigen durchschnittlichen Antrieb, entsteht Leistungsehrgeiz. In diesem Falle wird Leistung nicht um der Leistung, um der Aufgabenlösung willen erbracht, sondern auch oder oft ausschließlich zur Selbstdarstellung. Dieser Wunsch zur Selbstdarstellung ist oft von egoistischer Einstellung diktiert, die von der Annahme ausgeht, daß das Grundmotiv jedes (moralischen) Denkens und Handelns die Wahrung eigener Interessen sei. Das Gegenteil von Egoismus ist der Altruismus. Altruistisches Verhalten dient bis zur Selbstaufgabe der Verfolgung außerhalb des Egos liegender höher angesiedelter Interessen oder dem Dienst am anderen. An sichtbaren Ergebnissen ist schwer zu messen, ob die zur Erreichung aufgewendete Kraft egoistischen oder altruistischen Einstellungen entsprang. Wer bedingungslos anderen hilft, kann auch im Rahmen der Selbstverwirklichung rein egoistische Ziele verfolgen. Das Helfersyndrom, bei dem eigene unbewußte Hilfsbedürftigkeit zum Zwang zu helfen führt, kann als Beispiel dienen.

So kann übersteigerter Leistungsehrgeiz möglicherweise auch Kompensationserscheinung unbewußter Hemmungen, Komplexe und Ängste sein.

Leistung muß einen Sinn haben. Dieser Sinn kann in den Vorteilen für andere, in den Vorteilen für sich selbst oder in der Aufgabe begründet sein. Viele zur Leistung unfähige Menschen leiden nicht unter einem Mangel an Leistungsmotivation, sondern unter einem Mangel an Sinn. »Welchen Sinn hat das (noch)?« Und die immer wieder aufgeworfenen Fragen nach dem Sinn des Lebens zeigen dies überdeutlich. In Amerika steigt die Zahl jener »potentiellen« Selbstmörder, die als Motiv des Suizid-Versuchs ein allumfassendes »Gefühl an Sinnlosigkeit« bezeichnen. Befragungen von 60 Studenten der Idaho State University nach mißglückten Selbstmordversuchen ergaben, daß 85 Prozent von ihnen sich aus Lebensüberdruß hatten umbringen wollen, wobei fast alle physisch gesund und in guten wirtschaftlichen Verhältnissen waren. In einer anderen Untersuchung in den USA wurde eine breite Sinnsuche registriert. 73,3 Prozent der Studenten von 360 Universitäten äußerten als Primärinteresse »sich zu einer Weltanschauung durchzuringen, von der aus das Leben sinnvoll ist«. In einer anderen Untersuchung sehen 16 Prozent von 7948 Studenten an 48 US-Hochschulen ihr Ziel darin, Geld zu machen. Rund 78 Prozent hingegen wollen den Sinn und Zweck ihres Lebens finden.

Insbesondere Personen mit »ausgeprägter Religionslosigkeit« stimmten überdurchschnittlich oft der Aussage zu: »Ich weiß eigentlich nicht, wozu der Mensch lebt.« Möglicherweise ist von diesen Menschen nicht begriffen worden, daß Religion (lat. »Gottesfurcht«, »Gottesaussage«; sprachliche Ableitung unsicher – das Ergriffensein durch und das Denken über das Heilige, das meist zu einem bestimmten Bekenntnis führt. Die alten Ableitungen, von latein. relegere »gewissenhaft beobachten« (Cicero) und religari »(an Gott) gebunden sein« (Laktanz), sind also sachlich, wenn auch nicht philologisch begründet. Der Doppelsinn des Ausdrucks zeigt sich sprachlich darin, daß das Wort Religion in der Bedeutung »Ergriffensein« nur in der Einzahl, als Summe von Glaubensaussagen dagegen in der Einzahl und in der Mehrzahl gebraucht werden kann; in der Einzahl meint es dann eine einzelne Religion unter vielen) nicht zwingend an kirchliche Vereinigungen und deren Glaubensrichtungen gebunden ist. Religion im wohlverstandenen Sinne übt jeder aus, der für etwas, im ganzen Dienenden wirkt. Wo früher das Weltbild gleichsam diktiert wurde, entstand ein »Wertvakuum«. Auch Eltern sind unsicher geworden. Der frühere Autoritätsbegriff wurde angegriffen, Alternativen haben sich möglicherweise auch wegen mangelhafter Verwendung nicht bewährt. Jetzt bleibt Eltern nur der mit Zweifel verbundene Rückzug. Der Dichter Manès Sperber sagt dazu: »Die zweite Generation von Waisenkindern mit Vater und Mutter wächst heran.« Neurotisierende Umstände verursachten zwiespältige Gefühle. »Lebensfreude« erstickt schon in der Kindheit. Das Empfinden der Bedrohung der Welt durch den Fortschritt verhindert das Aufbauen einer positiven Beziehung zum Leben. So wird verständlich, daß heute mehr Sinn im Konsum als im »Schaffen« erlebt wird. Arbeiten muß man — konsumieren darf man. »Der Sinn, den man ersinnen kann, ist nicht der ewige Sinn«, so hatte der chinesische Weise Laotse schon zu Ende des 7. vorchristlichen Jahrhunderts formuliert. Möglicherweise gibt es einen Sinn hinter dem Sinn, der die Polarität zwischen Sinnsuche in Konsum und Sinnsuche im Schaffen übertrifft, den Sinn im eigenen geistigen Wachstum, im eigenen Reifeprozeß. Nicht daß wir damit gleich in die Nähe des Egoismus geraten; eigenes Wachstum und eigene Reife mag zwar unbewußten egoistischen Strebungen entspringen, muß aber noch lange nicht im negativen Sinne gegen andere gerichtet sein. Eigene, egoistische Entfaltung muß dort Grenzen haben, wo das im positiv verstandenen Sinne egoistische Streben anderer tangiert wird. Dies klingt nicht nur nach »heiler Welt«. Dies wäre heile Welt. Der Sinnverlust hat eine lange Geschichte. Den archaischen Gesellschaften vorchristlicher Jahrtausende stellte sich dieses Problem überhaupt nicht: Die von einem mythisch-magischen Weltbild geprägten Naturreligionen und altorientalischen Hochkulturen kannten ein isoliertes »Ich« nicht, das sich nach dem Sinn seines Lebens fragte. Das Kollektive, von H. W. Robinson als »corporate personality« bezeichnete Ich erfuhr mittels Riten eine kultische Präsens. Der Stamm, die Gruppe verstand sich als Teil der Natur und der Naturgeschehnisse: Im Gegensatz zum jüdisch-christlichen Weltbild, dessen Zeit — und Zukunftsgefühl linear ist, war das mythisch-magische zyklisch, war nicht auf Verheißung und Erfüllung gerichtet, nicht dynamisch im Sinne einer vorwärtsstrebenden Kraft, sondern in sich geschlossen. Von der Geburt bis zum Tod waren Sinn und Sein identisch. Ein »Ich« als Definition von etwas Eigenem tauchte mit Jahwe auf, dem Gott im Alten Testament. Von ihm erbten es spätere Götter, Kaiser, Könige: Die klassische, heute ins Wanken geratene hierarchische Ordnung entstand nach dem Pyramidenprinzip. Seit dieses gestört ist; seit vieles nicht mehr seine »Ordnung« und »seinen« Sinn hat, »ist das Leben furchtbar kompliziert geworden: Millionen Ichs schlagen einander tod« (Friedrich Heer). Für die Juden liegt der Sinn im Bund mit Gott; Für die Christen liegt er im Heil. In der Antike wurde Sinn mit »logos« gleichgesetzt: Logos war »Ordnung«; indem man die Ordnung erkannte, hatte man Sinn. Dieser Ausflug in die Geschichte des Sinnverlust zeigt, wie deutlich die Menschheit vom Sinn im Sinne von Sein in den — »Un-Sinn« geraten ist, dabei fehlenden Sinn im wörtlichen

Sinne als Unsinn verstehend. Wenn sich Evolutionen tatsächlich in Wellenlinien in einem ständigen Auf und Ab bewegt, könnte dies heißen, daß nach einer Zeit des Sinn, des folgenden Fehlens von Sinn sich die Frage nach dem Sinn erneut erhebt und weitestgehend unser Verhalten bestimmt. Der Logo-Therapeut Viktor E. Frankl formuliert: »Erst durch die Existenzphilosophie ist die Sinnfrage akut geworden. In der »Antwortlosigkeit« des Menschen auf seine Fragen nach dem Sinn des Daseins sieht er das Entstehen eines neuen. Darunter versteht Frankl eine seelische Störung, die nicht auf Komplexe und Konflikte im herkömmlichen Sinn zurückgeht, sondern auf Gewissenskonflikte, auf Wertkollisionen und eine »existentielle Frustration«.

Im Gegensatz zum Tier sagt dem Menschen kein Instinkt, was er tun muß. Im Gegensatz zu Menschen früherer Zeiten sagt ihm auch keine Tradition, was er soll. So ist der Mensch heute weder wissend, was er muß, noch wissend, was er im Grunde will. Er taumelt in den Konformismus und neigt dazu, zu tun, was andere tun. Folgt er dieser Tendenz, landet er in Totalitarismus — er tut dann nur noch, was andere von ihm wollen. Viele »gestörte« oder sagen wir besser »verstörte« Menschen verschieben die Ordnung der Werte so lange, bis diese keinen Sinn mehr geben. Verzweifelte Suche nach dem Sinn führt zu Auswüchsen. Sektentum und Drogenszene sprechen eine deutliche Sprache. Aber auch das fast zwanghafte Suchen eines Hobbys stimmt bedenklich. Daß jemand soviel Sinn in seinem Beruf findet, daß ihn seine Tätigkeit so voll erfüllt und er kein »Hobby« mehr nötig hat, verstehen wenige. In einem meiner Vorträge habe ich einmal definiert, Hobby ist: wenn man viel Geld dafür bezahlt, daß man hart arbeiten darf. Würde die Leistung, die viele Hobby-Ausübende in ihrer Freizeit, weil sie einen Sinn darin suchen oder sehen, im Schweiße ihres Angesichts erbringen, von Arbeitgebern verlangt — die Klagen vor den Arbeitsgerichten würden lawinenartig zunehmen. Weil viele Menschen in ihrer täglichen Arbeit keinen Sinn mehr sehen, weil sie von ihren Vorgesetzten nicht sinnmotiviert werden können (oft sind es nicht einmal diese), verpufft Kraft in anderen Bereichen. Nicht daß ich damit das Wort dem »alle Arbeitskraft der Firma« reden will. Es geht nicht um Firmenziele und Umsätze, es geht mir um die eigene Verwirklichung. Wie soll sich der Mensch noch weiter verwirklichen können, der allabendlich über Streß jammernd, seinen Arbeitstag verfluchend, über seinen Chef schimpfend, in seiner Familie eine Gratisvorstellung gibt. Derartige Vorstellungen zerstören sogar noch den insgeheim in der Familie gesehenen Sinn. Kinder, die derartige frustationsbedingte Äußerungen der Eltern hören, werden in ihrer Einstellung zum späteren Berufsleben tief geprägt.

Suchen wir also als erstes den Sinn unseres Tuns in bezug auf uns selbst. Nur wenn wir unserem Leben, unserer Entwicklung ein Ziel geben, bekommt unser Tun einen Sinn. Zu viele Menschen laufen ziellos durch ihr Leben. Verständlich, daß dann auch ihr Tun keinen individuellen Sinn erfährt.

Eine Komponente für Leistung, den Sinn, haben wir kennengelernt. Da der Mensch als Gruppenwesen lebt, ist neben dem Sinn die Identifikation mit der beruflichen (oder privaten) Rolle und den für diese Rollen notwendigen Faktoren und Menschen notwendig. Mangelnde Identifikation beeinflußt den Sinn, mangelnder Sinn beeinflußt die Identifikation. Wer einen Sinn findet kann sich leichter identifizieren, wer sich identifizieren kann, findet leichter den Sinn. Nur bei leistungsbereiten Menschen ist Sinn und Identifikation und daraus resultierende Eigenmotivation zu beobachten. Die meisten Menschen müssen motiviert werden. Das bedeutet aber, daß diesen Menschen der Sinn aufgezeigt und Identifikation ermöglicht werden muß. Der Sinn im Tun und die Identifikation mit Menschen ist allerdings nur möglich, wenn die Aufgabe erklärt, diese aus dieser Erklärung heraus sinnvoll erscheint und das Leitbild (Führungskraft) ein Verhalten entwickelt, mit dem sich das eigene Ich (der Mitarbeiter) identifizieren kann. »Wie der Herr, so das Gescherr« — Wie der Herr, so das Geschirr, sagt ein altes Sprichwort. Zeigt der »Herr« Verhaltensweisen, die eher abstoßend wirken, werden diese entweder von der Umwelt bewußt oder unbewußt nachgeahmt oder abgelehnt. Aus dem ersten Verhalten entsteht keine zusätzliche Motivation, das zweite Verhalten läßt die vorhandene Eigenmotivation zerbrechen.

Eine Vielzahl unserer Seminarteilnehmer schiebt immer wieder eigenes Fehlverhalten auf das von den Führungskräften vorgelebte Verhalten. Sicher eine »billige« Entschuldigung für eigenes Versagen. Woher aber sollen Geführte produktives, leistungswilliges Verhalten entwickeln, wenn Führungskräfte weder dieses Verhalten vorleben, noch entsprechend motivieren können. Damit soll kein Vorwurf gegen Führungskräfte formuliert sein. Was nicht erlernt wurde, kann nicht produziert werden, und wo haben Führungskräfte Führen, Sinnvermittlung und Motivieren gelernt?

Viele Führungskräfte sind befördert worden, weil sie in der Mitarbeiteraufgabe entsprechende Leistungen gezeigt haben. Fleiß, Tüchtigkeit, Erfolg, Karriere, Ehrgeiz kann aber auch Symptom für Arbeitssüchtige sein. Dann ist fleißiges Tun Selbstzweck und dient dazu, seelische Konflikte unter Kontrolle zu halten. Die Droge heißt: Arbeit und der Süchtige zieht immer mehr Arbeit an sich. »Ich habe keine Zeit zu führen«, klagen viele Führungskräfte. Wer so formuliert, muß erlauben, daß das Wort Führung aus dem Wort Führungskraft entfernt wird und das Wort Kraft stehen bleibt. Er degradiert sich damit selbst wieder zum, zwar gut bezahlten ausführenden Sachbearbeiter. Wer führen im Sinne der Definition »Allgemeine und umfassende Bezeichnung für eine Vielzahl von Möglichkeiten, auf eine soziale Gruppe oder Einzelne Einfluß auszuüben« versteht und gemeinsam die durch die Führung erweckte Mobilisierung der Gruppenaktivität im Hinblick auf bestimmte Ziele des Denkens oder offenen Verhaltens und die damit einhergehende Organisation bzw. Teilung der Arbeit und Tätigkeit innerhalb der Gruppe zu organisieren versteht, weiß auch, daß zu Übernahme und

Ausübung der Führung oder Leitung vorwiegend Kommunikation, in deren Vollzug der Leiter eine zentrale Position innehat, nötig ist. In dieser Definition von Führung ist nichts von eigenem Tun, von eigener Ausführung enthalten. Wirkliche Führungskräfte delegieren, schaffen sich damit Zeit und nutzen diese Zeit für die Zieldefinition, Sinnvermittlung und Motivation der Mitarbeiter.

Viele Führungskräfte »flüchten« jedoch in die Arbeit. Dann entwickelt sich Arbeitssucht ähnlich wie Alkoholismus. Zwar bleiben direkte Gesundheitsstörungen aus, Folgeerscheinungen sind jedoch nicht wesentlich anders. Es stellen sich in fast allen Fällen Störungen in den zwischenmenschlichen Beziehungen ein. Flucht in Arbeit mag vorübergehend und zur Übertönung vorhandener Probleme tolerierbar sein. Durch Mißbrauch entsteht jedoch schnell Sucht. Ob sich Arbeitssucht entwickelt hat, ist nicht abhängig von der Menge, sondern auch von der Art, wie die Arbeit verrichtet wird. Die Arbeitssucht kennt drei Stadien:

1. Gefährdung:

Arbeitsbedingtes Lesen wird als Freizeit ausgegeben. Tätigkeit wird mit Vorwänden verschleiert. Es wird vorgegeben, Freizeit zu haben, während in Wirklichkeit den Geschäften nachgegangen wird. Die Gedanken kreisen immer mehr um die Arbeit. Der Arbeitsstil wird hastiger. Erste Schuldgefühle treten auf. Diese entstehen oft aus dem Gefühl der Vernachlässigung der Familie und der eigenen Interessen. Schuldgefühle werden in diesem Gefährdungsstadium jedoch aus Scham nicht zugegeben. Verachtung gegen denjenigen, der noch etwas anderes als Arbeit kennt, stellt sich ein. Als psychologische Symptome werden Erschöpfungsgefühle, leichte depressive Verstimmung, Konzentrationsstörung und unbegründete Ängste empfunden. An körperlichen Störungen können sich Herz- und Kreislaufbeschwerden, Kopf- und Magenschmerzen einstellen. Diese Symptome werden meist durch vermehrten Arbeitseinsatz überspielt. Jetzt entstehen Klagen über die tatsächlich eingetretene Überarbeitung. Der Betroffene glaubt, sich mit Erholung wieder fitmachen zu können, um dann wie bisher weiterzuarbeiten.

2. Kritisches Stadium:

Das arbeitssüchtige Verhalten verfestigt sich zum Zwang. Der Betroffene kann nicht mehr aufhören zu arbeiten. Viele arbeiten sich »besoffen«. Es werden immer mehr Ausreden entwickelt, warum man arbeitet. Selbstbehandlungsversuche aus Einsicht, daß der Arbeitsstil nicht in Ordnung sei, scheitern oft. Über neue Zeiteinteilung durch verändertes Arbeitssystem, z. B. Freihalten der Wochenenden, längere Ferien, Beenden der Arbeit zu bestimmten Zeiten, längere Mittagspause, soll die Sucht gesteuert werden. Charakteristisch ist nicht nur das Erschließen neuer Positionen oder neuer Ämter auch außerhalb der eigentlichen Arbeit, sondern auch Selbstmitleid. Der Arbeitssüchtige läßt sich von anderen bedauern, weil er so viel zu tun hat. Das dämpft seine Schuldgefühle und stärkt sein Selbstbewußtsein (Verstärkungslernen). Der Terminkalender zeigt ihm zur Beruhigung einen Vorrat an Arbeit. Besteht kein Termindruck stellt sich oft Überflüssigkeitsgefühl ein. Psychische Symptome sind: Erschöpfungszustände und Depressionen, bishin zur Arbeitsunfähigkeit. Physische Symptome sind: Bluthochdruck und Magengeschwüre.

3. Chronische Phase:

Zusätzliche Abend-, Nacht- und Sonntagsarbeit. Zuwenig Schlaf und übertriebene Härte gegenüber anderen, die nicht den gleichen Arbeitsstil haben. Rücksichtslosigkeit gegenüber vermeintlichen Konkurrenten. Aus falsch verstandenem Perfektionismus und um das Pensum zu erfüllen, werden Zusatzarbeiten ausgeführt, die delegiert werden könnten. Der Betroffene fühlt sich nur noch durch Arbeit in Schwung gehalten. Zu anderen Tätigkeiten ist er zu müde oder zu abgespannt.

Die Hintergründe für das Entstehen von Arbeitssucht sind schwer aufzuhellen. Immer wieder erleben wir: Ausgeprägte Identifikation mit besonders tüchtigem Elternteil. Weil die negativen Folgeerscheinungen erst relativ spät eintreffen und die Arbeitssucht von allen Suchtformen die höchste gesellschaftliche Anerkennung, besonders wenn sie mit beruflichem Erfolg verbunden ist, erhält, ist die Therapie schwierig.

Sehr nahe liegen Arbeitssucht, Leistungsehrgeiz und sinnmotiviertes strebendes Tun beieinander. Nur winzige Nuancen in der Ausübung sind erkennbar. Die Hauptunterschiede jedoch liegen in der Rückwirkung auf den jeweiligen Organismus. Der Arbeitssüchtige wird krank, der Leistungsehrgeizige überfordert sich, der Sinnmotivierte bekommt über die von ihm erlebten positiven Rückmeldungen aus seinem Gefühlsbereich ständig neue Kraft und ist zu ständig neuem schöpferischem sinnhaften Tun fähig.

Wie stark Menschen, ohne dadurch ausgelöste gesundheitliche Schädigungen, arbeiten können, zeigte mir erst kürzlich ein Fernsehfilm über Poona, jene »Gläubigen«, die sich um den Guru Baghwan geschart hatten. Selbst der Fernsehjournalist, der die Aufnahmen zu diesem Film geleitet hatte und die Aufnahmen moderierte, konnte nicht verstehen, wie hart Menschen für »nichts« arbeiten, wenn sie einen für sie gültigen Sinn erkennen. Der durch Mitgliedschaft in Sekten erhoffte Sinn motiviert, wie Zeitungsberichte leider oft melden, im wörtlichen Sinne bis zum Tod. Könnten Unternehmen dieses enorme Kraftpotential mit Motivation erschließen, die Leistung würde alle Erwartungen übertreffen. Statt dessen wollen leider viele Führungskräfte, um eigene Schwächen nicht zugeben zu müssen, dominieren und unterdrücken damit die Entfaltungsmöglichkeiten und den Entfaltungswillen der Mitarbeiter. So verpufft wertvolle Kraft in andere Bereiche und der »arme« Mensch, der täglich acht Stunden arbeitet, sieht in dieser Zeit, die meiste Zeit seines bewußten Lebens ausmachende Tätigkeit keinen Sinn, sondern erlebt Unterdrückung und Abhängigkeit. Es bleibt ihm nur, seinen eigenen Leistungswillen aufzubauen.

Erster Schritt zur Steigerung der eigenen Leistung.
Verbreiterung der Interessen.

Wer als Außendienst-Mitarbeiter lediglich konstatiert, was sein Kunde produziert, beweist höchstens Gedächtnis für Begriffe, aber noch lange nicht Interesse. Der Interessierte fragt, hört zu und bemüht sich zu verstehen. Er denkt sich tief in die bei seinem Partner gegebenen Zusammenhänge ein und erweitert sein Wissen. Mitmenschen besser zu verstehen, daraus individueller auf sie eingehen zu können, kann das nicht ein schöner Lebenssinn sein?

Jeder bekommt aus der Außenwelt genügend Impulse, die sein Interesse wecken können. Der denkende, suchende Mensch fügt diesen Impulsen eigene Gedanken hinzu. Für ihn ist das was von außen herangetragen wird, immer nur Anstoß. Seine Denkprozesse führen in das Geschehen hinein. Er versteht Interesse im wörtlichen Sinne. Dieses aus dem Lateinischen kommende aus »inter« und »esse« zusammengesetzte Wort bedeutet: Dabei sein, dazwischen sein. So ist der Interessierte nicht lediglich dabei, sondern immer mitten im Geschehen. Sowohl materielles Interesse an beispielsweise gutem Essen u.a. als auch aktuelles Interesse am Tagesgeschehen lassen das Leben abwechslungsreicher werden und führen zu Entspannung und Gelöstheit. So verstärkt kann aus aktuellem, heute erstmals gezeigtem Interesse sehr schnell eine interessierte Dauereinstellung werden. Wer seine Interessen erweitern und ausbauen will, darf sich nicht verzetteln. Er muß sein Augenmerk auf das Wissensgebiet lenken, das ihm wirklich innerlich liegt. Nur so kann er mit dem ganzen Herzen in dieser einen Sache aufgehen. Er beginnt, seine Aufgabe zu lieben, und die Aufgabe wird ein Teil seines eigenen Wesens. So identifiziert kann er sagen: »Ich und mein Beruf, wir sind eins«. Da Interesse nicht angeboren ist, sich auch nicht von selbst einstellt, muß es erworben werden.

Jeder Verein hat sich die »Pflege« der Interessen seiner Mitglieder zur Aufgabe gemacht. Interessenpflege ist überall möglich. Viele Menschen empfinden im Wartezimmer Langeweile, schauen antriebslos vor sich hin. Der Interessierte findet immer Möglichkeiten, sich zu beschäftigen. Ausliegende Zeitschriften erschließen ihm neue Interessengebiete, mehren sein Wissen.

Zweiter Schritt:
Persönlichkeit und durch Interesse ausgelöste Leistung.

Je mehr sich jemand in sein Interessengebiet vertieft, um so mehr Wert hat es für ihn persönlich. Antrieb stellt sich ein, das Interessengebiet wird weiter erschlossen.

Wirkliches Interesse wird gegen etwaige Angriffe verteidigt. Geistiges Wachsein stellt sich ein und hält jung und elastisch. Daraus entsteht Leistungsfähigkeit. Diese Leistungsfähigkeit führt zu besserer Arbeit. Der aus Interesse Leistende versteht unter Arbeit nicht mehr nur die fortgesetzte und angespannte Tätigkeit zur Überwindung materieller Nöte, zur Behebung von Hunger und Kälte, von Nässe und Dunkelheit, er versteht darunter Erschließen neuer Interessengebiete und Befriedigung seines Verwirklichungsstrebens.

Der Interessenmotivierte muß nicht arbeiten, er darf arbeiten, weil er sich mit seinem Tun identifizieren kann, weil er darin einen ihn erfüllenden Sinn sieht. Er arbeitet für sich, auch wenn ein Teil der Leistung anderen dient.

Wer nur lustlos monoton arbeitet, bei dem stellt sich zwangsläufig Interesselosigkeit, Gleichförmigkeit und als Flucht möglicherweise Wunschträumen ein. Diese Interesselosigkeit erzeugt Müdigkeit, macht faul und neidisch. Als weiterer Schritt entsteht Lustlosigkeit. Sie macht abgespannt, ängstlich und selbstgenügsam und plötzlich erlebt sich der Mensch alt und verbraucht. Ganz anders bei dem, der Interesse zeigt, seine Ziele definiert. Er erschließt sich Interesse, jenes wiederum Antrieb und Kraft. Teilerfolge stellen sich ein und geben neue Impulse, motivieren zur Wissenserweiterung und zur Erprobung von Können, erbringen weitere Erfolge und daraus resultierende Sicherheit im Umgang mit sich selbst und anderen. Berufliche Ziele werden erreicht. Persönlichkeitsreife stellt sich ein und der Lebensabend wird in junger und elastischer Einstellung bewußt und froh gelebt.

Es sind nur zwei Schritte auf dem Weg von der Lustlosigkeit zur befreienden, stark machenden Leistung. Trotzdem bedeuten diese beiden Schritte eine Wandlung der Persönlichkeit und eine Wandlung des Verhaltens der Umwelt. »Ich muß 10 Prozent mehr Umsatz erbringen«, sagte mir in einem Seminar ein Verkaufsleiter. »Nehmen Sie sich 15 Prozent vor, dann stellen die 10 Prozent für Sie kein Problem mehr dar«, antwortete ich ihm. Ich glaube, er hat den Sinn dieser Antwort erst im langen weiteren Gespräch verstanden. Wer, um anderen zu beweisen, daß er etwas kann, aus Leistungsehrgeiz nämlich, Leistung erbringt, ist anderen ausgeliefert. Wer für sich Leistung erbringt, ist frei. Wir können uns tatsächlich auch heute noch Freiheit erarbeiten. Welcher Arbeitgeber, welche Umwelt gibt nicht dem Menschen, der optimal zur Zielerreichung beiträgt und seine Vorgaben weit überschreitet, gerne Freiheiten? Druck erleben immer nur die Schwachen. Dadurch, daß Druck sie noch schwächer macht, erleben sie zusätzlichen Druck. Sozial ist dies sicher nicht, aber es entspricht dem Evolutionsprinzip, daß Starkes, sich selbst Änderndes, überlebt, und Schwaches, sich selbst Aufgebendes, zugrunde geht. Dieses Evolutionsprinzip bestand schon lange, bevor Menschen seine Geheimnisse entschlüsselt haben. Soziales Verhalten, bei dem

Schwache unterstützt werden, findet höchste Bewunderung und absolute Anerkennung, funktioniert aber nur, wenn einige Starke das erwirtschaften, was anschließend an die Schwachen verteilt wird. Dies gilt für den Familienverbund in dem das Einkommen des hart arbeitenden Ehemannes auch die schwerkranke Schwiegermutter mitversorgt. Dies gilt im gleichen Maße für Unternehmen.

Diese Aussagen klingen hart. Wo jedoch allgemein Leistungswille nachläßt, gibt es für niemanden ein Überleben. Nur wenn einige noch ziehen, kommen die im Wagen Sitzenden vorwärts. Läßt der Leistungswille auch bei den Ziehenden nach, gibt es nur noch Stillstand, und der ist bekanntlich Rückschritt.

Nachwort

Sie arbeiten an sich, wollen Ihre Ziele erreichen. Mehr oder weniger ist zu tun, zu ändern, zu belassen, zu verstärken. Gehen Sie nicht gegen Verhalten vor, die nicht löschbar sind. Angeborene Muster können zwar verfeinert, nicht aber völlig ausgeräumt werden. Lernen Sie mit nicht änderbaren Mustern leben. Alle Eigenschaften, die nur teilweise angeboren sind, oder erworben wurden, können leichter beeinflußt werden. Motorische Bewegungsabläufe, Gefühle und Empfindungen, Angst in bestimmten Situationen, Vorurteile u.a. sind änderbar. Einflüsse haben geprägt. Schul- und Berufsausbildung, Familie, Kleingruppen und Leitbilder, Subkultur und Kultur gaben Bedingungen, Konsequenzen, Modelle und Verhaltensweisen. Signalreize lösen entsprechend gegebener Muster Verhalten aus. Verhalten folgt meist automatisch. Aus den Bedürfnissen nach Zuwendung, Nahrung, Reizen u.a. entstand das Verhalten, mit dem Bedürfnisbefriedigung möglich wurde. Ein Übermaß an elterlicher Sorge und Liebe konnte ein Verhalten entstehen lassen, welches fehlende Selbständigkeit, fehlende Fähigkeit, Aufgaben zu lösen, fehlende Fähigkeit, Grenzen einzuhalten, aufbaut. Nachlernprozesse ermöglichen Verhaltensänderungen. Möglicherweise stellen sich bei den ersten Schritten auf dem Weg zu neuem Verhalten Angst und Unbehagen ein. Oft entstehen diese Gefühle durch gekoppelte Reize, die sich gegenseitig ausschließendes Verhalten erreichen wollen. Entsprechend Aufforderungsgrad und Motivation wird der eine oder andere Reiz zum Verhaltensauslöser. Vermeidungsverhalten, ein Den-Reizen-aus-dem-Weg-Gehen, verhindert Fortschritt. Wer Situationen, in denen Signalreize auftreten können, meidet, beraubt sich der Möglichkeit, sein Verhalten zu überprüfen. Vorhandenes Verhalten (und Ängste) können sich so verfestigen und den Lebens- und Verhaltensspielraum noch mehr einengen.

Eine werturteilsfreie Verhaltensanalyse, mit dem in diesem Buch vorgegebenen Test, den Fremdbildern und Gesprächen, mit Mitmenschen durchgeführt, war

Ihr erster Schritt. Ihr Verhalten entwickelte sich durch kompliziertes Zusammentreffen verschiedener Bedingungen. Nachträglich ist es schwierig, diese Bedingungen genau herauszufinden. Leichter ist es für Sie, festzustellen, wodurch Ihr Verhalten momentan gesteuert und aufrechterhalten wird. Die genaue Kenntnis von problematischen Verhaltensabläufen hilft, herauszufinden, wo am leichtesten mit Veränderungen begonnen werden kann.

Folgende Schritte helfen:

1. Verhalten genau beschreiben.
2. Herausfinden, was zu diesem Verhalten führt.
3. Herausfinden, was auf das spezielle Verhalten folgt.
4. Klarwerden, welche Bedeutung dieses Verhalten für das momentane Leben hat.
5. Definieren, welche Änderung des Verhaltens, der Einstellung oder der Umwelt angestrebt werden soll bzw. kann.

Beschreiben Sie nicht pauschal! Auch wenn Sie zunächst noch zu pauschalierenden Formulierungen kommen, je genauer Sie prüfen, desto mehr analytisch begründete Fakten enthält Ihre Beschreibung.

Jeder Mensch besitzt, mehr oder weniger ausgeprägt, die Fähigkeit zur Selbstregulation, zum Beobachten des eigenen Verhaltens, zum Überdenken der gesetzten Ziele, Überstehen und Ertragen von unangenehmen Situationen auf dem Weg zu erstrebenswerten Zielen. Fast jeder ist — unabhängig vom Alter — fähig, sich entweder zu entwickeln oder zu verändern.

Verhaltensanalyse

Folgendes Arbeitsblatt hilft Ihnen bei der Verhaltensanalyse:

	Störende Verhaltensweisen:			
	1.	2.	3.	4. ....
dabei tue ich:				
dabei empfinde ich:				
dabei denke ich:				
dabei spüre ich körperlich:				

außerdem wichtig:				
evtl. gemeinsam bei allen vier Verhalten:				
was stört mich besonders:				

Die in diesem Arbeitsblatt von Ihnen vorgenommenen Eintragungen ermöglichen Ihnen, komplexere Zusammenhänge Ihres Verhaltens zu erkennen.

So gewinnen Sie:

1. Klarheit über das Ist.
2. Können dann Ihre Wünsche und Ziele überdenken.
3. Können Ihre Ziele bestimmen.
4. Werden sich klar, was stört, beunruhigt oder ärgert.
5. Machen sich frei von unerwünschter Steuerung.

Ihre Verhaltensänderung ist abhängig von:

1. Leidensdruck, den das jetzt störende Verhalten auslöst.
2. Ihrem Antrieb und Ihrer Motivation für die Verhaltensänderung.

Beachten Sie auf Ihrem Weg zum neuen Verhalten, daß Sie selbst wollen und nicht der Umwelt damit einen Gefallen tun. Beginnen Sie mit dem Verhalten, das Sie häufiger ärgert, dort ist der »Leidensdruck« stärker. Oft ist Gewöhnung an das Verhalten, das einen ärgert, eingetreten. Problematische Verhalten sind dadurch – und durch häufige Unterdrückung – oft sehr stabil geworden. Zügeln Sie Ihren Wunsch nach möglichst schneller Verhaltensänderung. Lassen Sie sich Zeit. Sollte Ihre Umwelt Ihr Vorhaben boykottieren, suchen Sie Verstärkung Ihres Vorhabens bei Gleichgesinnten, oder wenden Sie sich zunächst einem anderen änderungswürdigen Verhalten zu. Auf Ihrem Weg merken Sie Veränderungen oft nicht sofort und oft nicht selbst. Der schönste Beweis für Teilerfolge ist, daß anderen die von Ihnen erreichten Ergebnisse auffallen.

Folgende Verfahren können Ihnen auf Ihrem Weg zum erwünschten Verhalten helfen:

1. Selbstbekräftigung
2. Vertrag mit sich selbst

Vielleicht denken Sie »ich brauche keine Bekräftigung«. Hoffnung auf Verhaltensänderung allein reicht nicht. Oft ist der Weg zur Hölle mit guten Vorsätzen gepflastert. Der Weg zum neuen Verhalten kann lang sein. Aufgegliedert in Teilschritte erlaubt er häufige Erfolgserlebnisse. Üben Sie erreichte Verhalten immer wieder, um diese zu verfestigen. Wegen der bereits vorhandenen, angenehmen Erfahrung fällt weiteres Üben leichter.

Verhalten tritt dann häufiger auf, wenn angenehme Konsequenzen folgen. Deshalb die Empfehlung, daß Sie das sich einstellende, angestrebte Verhalten belohnen. Verhaltensänderung bedingt Training. Folgende »Bekräftiger« steigern Ihre Motivation:

Bekräftiger für Verhaltensänderung

	Wirksamkeit		
	schwach	neutral	stark
1. Speisen			
2. alkoholfreie Getränke			
3. alkoholische Getränke			
4. soziale Kontakte (jemanden treffen)			
5. Aufgaben lösen			
6. Musik hören			
7. Musik machen			
8. Sport sehen			
9. Sport treiben			
10. Radio hören			
11. Fernsehen			
12. Lesen			
13. Einkaufen			
14. Erotik			
15. gelobt werden			
16. Ruhe und Entspannung			
17. Ausgehen			
18. mit mir zufrieden sein			
19. Recht haben			
20. Hygiene			
21. Tiere			
22. Werken			
23. Ausflüge			

24. Trost			
25. wen auf keinen Fall verlieren			
26. was auf keinen Fall verlieren			

In die Tabelle können Sie die Wirksamkeit der »Bekräftiger« auf Sie eintragen und künftig den wirksamsten nutzen. Sollten wenig Bekräftiger vorhanden sein, ist dies evtl. ein Zeichen für die unbefriedigende jetzige Lebensweise, in der es wenig gibt, was Spaß machen würde. Jeder Mensch braucht Situationen, auf die er sich freuen kann. Hat er diese nicht, sollte er dringend die augenblickliche Situation überdenken. Als Bekräftiger können auch Tätigkeiten dienen, die jeden Tag erledigt werden, sofern diese neutral bis angenehm erlebt werden. So kann eine Anbindung des erwünschten Verhaltens an seither regelmäßiges Verhalten (Tun) erfolgen.

In einem »Vertrag mit sich selbst« vereinbaren Sie, daß Sie die definierten Übungen konsequent bis zum Erfolg durchführen wollen. Legen Sie auch Konsequenzen (Spende o. ä.) für einen evtl. Abbruch fest.

Im Vertrag definieren Sie:

1. Dauer des Vertrages – des Übungszeitraums –, evtl. können Sie mehrere Verträge, jeweils für Teilziele mit kürzerer Dauer, schließen.
2. Abbruchbedingungen. Was ist bei Nichteinhalten? Ist modifizieren möglich?
3. Konsequenz. Was ist bei Abbruch zu tun?
4. Bekräftiger. Was leisten Sie sich, wenn Sie Ihr Ziel erreicht haben?

Evtl. können Sie von diesem Vertrag eine Kopie einem Menschen Ihres Vertrauens übergeben. Er kann Ihre Fortschritte kontrollieren und Ihnen gegebenenfalls helfen.

Gehen Sie Ihren Weg zum neuen Verhalten in kleinen Schritten und langsam. Beginnen Sie möglichst weit »unten«.

Auch hierzu einige Hilfen:

1. Legen Sie die einzelnen Schritte genau fest.
2. Beginnen Sie mit durchschnittlich gezeigtem und bereits vorhandenem Verhalten.
3. Planen Sie kleine Schritte, das verhindert Überforderung.
4. Erproben und üben Sie jeden Schritt systematisch.
5. Üben Sie regelmäßig.

6. Gehen Sie erst dann zum nächsten Teilziel weiter, wenn das vorherige Ziel erreicht und das Teilverhalten mühelos beherrscht wird.
7. Belohnen Sie sich häufig und sofort nach erreichten Erfolgen.

Gelingt das Vorhaben nicht, stellt sich der gewünschte Erfolg nicht ein, können Sie:

1. Den Plan umstellen, vielleicht sind die Schritte zu groß, die Zeit zu gering u.a.
2. Überprüfen, ob das vorherige Teilziel erreicht und das Teilverhalten auch wirklich beherrscht wurde.
3. Überprüfen, ob die Bekräftigung zu schwach war.

Auf jedem Weg zum Ziel treten Schwierigkeiten auf. Lassen Sie sich nicht entmutigen. Möglicherweise gibt es Menschen, die Ihnen helfen können.

Z. B. Familienangehörige, Bekannte, Freunde, Kollegen, Menschen mit gleichen Wünschen bzw. Problemen, Selbsthilfeorganisationen, Seminare u.a.

Je mehr Sie sich Ihrem Endziel nähern, desto eher

- können Sie die Belohnungen verringern
- wird das neue Verhalten selbstverständlich
- bekräftigt auch die Umwelt das neue Verhalten
- merken Sie den Unterschied zwischen dem jetzigen und dem früheren Verhalten
- wächst Ihr Interesse und Ihre Aufmerksamkeit gegenüber der Umwelt
- merken Sie eine scheinbare Änderung im Verhalten der Umwelt, die aber letztlich nur durch Ihre Änderung ausgelöst wurde
- wächst Ihr Wissen über sich
- haben Sie sich bewiesen, daß Sie es geschafft haben
- können Sie jetzt anderen helfen
- verbreitern sich Ihre Verhaltensmöglichkeiten
- können Sie mit dem Erreichten zufrieden sein und besser leben.

Sie haben möglicherweise eine Ebene verlassen und nach einiger Zeit der Unsicherheit eine neue Ebene gefunden. Dazu meinen herzlichen Glückwunsch.

Jeder Werdende wächst sogleich über sein Werk von gestern hinaus. Es wird ihm fremd, und voller Scheu sieht er nur noch die Mängel. Werden Sie nicht selbstzufrieden! Sie haben jetzt genügend Kraft, weitere Ziele anzugehen.

Bildung (engl. education) geht auf das lateinische Wort »educare« zurück. Dies bedeutet: herausführen, hervorbringen. Gebildet ist demnach nicht, wer sich mit irgendwelchen Brocken aus fremden Informationsquellen vollstopft, sondern nur der »sich herausführt«, »etwas hervorbringt«.

Der, der nicht weiß, und nicht weiß, daß er nicht weiß, ist ein Narr — Sie sollten ihn meiden. Der, der nicht weiß, und weiß, daß er nicht weiß, ist ein Kind — Sie sollten ihn lehren. Der, der weiß, und nicht weiß, daß er weiß, schläft — Sie sollten ihn erwecken. Doch der, der weiß und weiß, daß er weiß, ist ein Weiser — ihm sollten Sie folgen.

Worte zum Merken und Motivieren:

Es hat wenig Sinn, andere ändern zu wollen, der größere, schnellere Erfolg stellt sich ein, wenn man sich selbst ändert. Ändert sich der eine Pol, muß sich auch der andere ändern — wenn er ihn künftig noch erreichen will.

Das Wirken des Erfolgreichen ist einzig und allein: das Resultat des Einsatzes sämtlicher Kräfte seiner Persönlichkeit.

Erst verwertetes Können führt zum Erfolg.

Der Mensch bedarf des Mitmenschen, um ein Mensch zu werden. Es hängt oftmals von der Gruppe ab, was für ein Mensch er wird.

Man muß den anderen davon überzeugen, daß Miteinander beiden, Gegeneinander keinem nutzt. Das aber kann man am besten, indem man eine Aufgabe ganz nüchtern betrachtet, die Wege erörtert, die zum Ziel führen können.

Etwas mehr leisten, als man verpflichtet ist; etwas weniger fordern, als man berechtigt ist.

Quellenverzeichnis

Um den Leser nicht abzulenken, habe ich das sonst übliche genaue Zitieren im Text unterlassen. Den Autoren der folgenden Bücher, aus denen ich wichtige Informationen für meine Arbeit nehmen konnte, will ich an dieser Stelle herzlich danken. Folgende Werke erleichtern mir meine Arbeit und sind zum vertiefenden Weiterstudium empfohlen:

Adorno, Theodor W.: Negative Dialektik.

Adorno, Theodor W.: Metakritik der Erkenntnistheorie — Drei Studien zu Hegel, Gesammelte Schriften, Bd. 5, Frankfurt/Main 1970

Albert, Hans: Traktat über kritische Vernunft, 2., unveränderte Aufl., Tübingen 1968.

Alport, Gordon W.: Werdende Persönlichkeit (Enzyklopädie der Psychologie in Einzeldarstellungen); Hans Huber, Bern und Stuttgart, 1958

Bloch, Ernst: Das Prinzip Hoffnung, Drei Bände; Frankfurt/Main 1959.

Bühler, Charlotte: Psychologie im Leben unserer Zeit; Droemer-Knaur, München/Zürich.

Dethlefsen: Schicksal als Chance; Bertelsmann.

Dichter, Ernest: Überzeugen, nicht verführen; Econ-Verlag, Düsseldorf 1971.

Drever, James; Fröhlich W. D.: Wörterbuch zur Psychologie; Deutscher Taschenbuchverlag München.

Drucker, Peter F.: Die Praxis des Managements; Droemer-Knaur 1979.

Eibl-Eibesfeldt: Grundriß der vergleichenden Verhaltensforschung, Ethologie; Piper, München.

Essler, Wilhelm K.: Analytische Philosophie I; Stuttgart 1972.

Frank, Viktor E.: Ärztliche Seelsorge, 6. Auflage; Franz Deutige, Wien 1952.

Fromm, Erich: Die Kunst des Liebens; Ullstein.

Gadamer, Hans-Georg: Wahrheit und Methode. Grundzüge einer philosophischen Hermeneutik, 2. Aufl., Tübingen 1965.

Gebhardt, Wolf-Dieter: Didaktik für Manager; Verlag Moderne Industrie München.

Gordon, William J. J.: Synektiks; Harper und Rof, New York.

Habermas, Jürgen: Erkenntnis und Interesse; Frankfurt/Main 1968.

Habermas, Jürgen: Kultur und Kritik; Frankfurt/Main 1973.

Heitsch, Dieter: So wird Verkaufen erfolgreicher; Verlag Moderne Industrie München.

Kosik, Karel: Die Dialektik des Konkreten; Frankfurt/Main 1967.

Krüger, Wilfried: Konfliktsteuerung als Führungsaufgabe; Verlag Moderne Industrie München, 1973.

Lay, Rupert: Manipulation durch Sprache; Wirtschaftsverlag Langen-Müller/Herbig, 3. Aufl. 1978.

Lersch, Philip und Hans Thomaä: Persönlichkeitsforschung und Persönlichkeitstheorie (Handbuch der Psychologie); Verlag für Psychologie, Göttingen 1960.

Lewin, Kurt: Wille, Vorsatz und Bedürfnis; Springer, Berlin 1926.

Lorenz, K.: Das sogenannte Böse. Zur Naturgeschichte der Aggression; Borotha-Schoeler.

Marcuse, Herbert: Psychoanalyse und Politik, Frankfurt/Main 1968.

Marx, Karl: Das Kapital, drei Bände; Frankfurt/Main 1972.

Maßdorf, Abraham: Motivation and Personality, Harper und Brospunkt; New York 1954.

Morris, Desmond: Der Mensch, mit dem wir leben; Droemer-Knaur, München/Zürich.

Nimmergut, Jörg: Kreativitätsschule; Heyne-Verlag München.

Popper, Karl R.: Logik der Forschung, 2., erweiterte Aufl., Tübingen 1966.

Popper, Karl R.: Objektive Erkenntnis; Hamburg 1973.

Portmann, A.: Manipulation des Menschen als Schicksal und Bedrohung; Zürich 1969.

Rückle, Horst: Macht, Einfluß, Erfolg durch Selbsterkenntnis; Ulrich-Verlag, Regen.

Rückle, Horst: Sind Sie ein guter Verkäufer; Heyne-Verlag München.

Rückle, Horst: Körpersprache für Manager; Verlag Moderne Industrie München.

Rückle, Horst: Verkäufertraining-Überzeugungstechnik; Verlag für Berufsfortbildung, Mörfelden.

Sandkühler, Hans-Jörg: Praxis und Geschichtsbewußtsein. Studien zur materialistischen Dialektik; Erkenntnistheorie und Hermeneutik, Frankfurt/Main 1973.

Sartre, Jean-Paul: Bewußtsein und Selbsterkenntnis. Die Seinsdimension des Subjekts; Hambug 1973.

Seiffert, Helmut Einführung in die Wissenschaftstheorie; Bd. 1, München 1969, Bd. 2, München 1972.

Spitz, Reneé A.: Die Entstehung der ersten Objektbeziehung; 2. Aufl., Ernst Klett, Stgt. 1960.

Teegen, Grundmann, Röhrs: Sich ändern lernen. Anleitung zur Selbsterfahrung und Verhaltensmodifikation; rororo.

Wirtz, Adolf: Lerne schöpferisch Denken; Taylorix-Fachverlag Stuttgart.

Stichwortverzeichnis

Ablehnung 273, 283
Abschlußphase 100
Abstrahieren 156
Abstraktionsvermögen 240
Abwehrmechanismus 176
Ärger 107, 130
Aggressivität 224
Aktivierungsniveau 225
Aktivität 29, 67, 69, 203, 206
Aktualität 267
Alleinstellungsmerkmale 200
Allgemeinbildung 50
   -wissen 16
Alternativfrage 198
   -test 29
Altruismus 292
Analogie 148
Analysephase 100
Anerkennung 286
Angebotsphase 100
Angriff 275
Angst 121, 223, 234
Anlagen 9
Anpassungsfähigkeit 216
Anstrengungsvermeidung 226
Anteilnahme 154, 274
Antipathie 174
   -these 167
Antrieb 82, 303
Antworttendenzen 264
Apperzeption 237
Arbeitgeber 102
Arbeitssüchtige 296
Aspekt, störfaktorialer 252
Assoziieren 155
Astrologie 111
Atmosphäre 277
Aufforderungscharakter 133, 274
   -verhalten 288
Aufhänger 280
   -technik 280
Aufmerksamkeit 139, 239
Augenblickstriumphe 291
Ausdrucksverhalten, körpersprachliches 175
Ausreden 115
Außenseiterrolle 289
Aussöhnung 122
Autoritäten 233
Autosuggestion 119

Barrieren 275
Bedenkzeit 99

Bedürfnisbefriedigung 301
Bedürfnisse 132, 207
Beeinflussungsbereiche 285
Begabung 206
Begierdelosigkeit 218
Begrüßung 278
Begrüßungsformel 278
Bekräftiger 304
Beliebtheitsgrad 287
Belohnung 138, 278, 284
Bereitschaft 121
Berufsstrategie 104
Bescheidenheit 183, 188
Besitz 121
Besitztümer 120
Bestätigungsfrage 198
Bestimmtheit 274
Bestrafung 137
Betonung 285
Beweggrund 208
Beweis 170
   -führung 165
Bewerbungsunterlagen 97
Bewußtsein 108 f., 219
Bewußtseinsniveau 118
   -stand 105
Beziehung 233, 248, 272
Beziehungsaspekt 252
   -ebenen 249
Bezugsrahmen 143, 242
Bindungen 120, 126
Bitterreaktion 238
Böse 219
Brainstorming 152
Brainwriting 152

Charakter 107, 216

Dauerstreß 206
Definieren 158
Definitionsfehler 161
   -übungen 158
   -vorschrift 160
Demonstration 280
Denken, deduktives 148
-, induktives 148
-, logisches 20, 55, 154
-, morphologisches 149
Denkfehler 172
   -möglichkeit 222
   -prozesse 143
   -sportaufgaben 17

311

Depression 187
Dialogfähigkeit 9, 197
  -situationen 170
Disharmonie 231
Dissonanzen 211
Distanz 270
Di-Streß 223
Dominanz 47, 80 f., 286
  -streben 224
  -verhalten 286
Dreierschritt 168
Drogenszene 295
Druck 300
Dulderhaltung 211
Dumme 184
Durchsetzungsübungen 290
  -vermögen 57 f., 175, 290

Effekthascherei 285
Egoismus 179, 292
Eigenarten, persönliche 238
  -motivation 296
Eindruck 242
Einfühlungsvermögen 24, 57 f., 174
Einstellung 188
Ekel 130
Ellenbogentechnik 291
Empathie 174
Empfindsamkeit 182
Engagement 272
Entgegenkommen 277
Entspannung 276
Entspannungsübungen 230
Entwicklung 105, 139, 218, 221
Entwicklungsstand 221
Erbinformationen 109
Erblassen 220
Erfahrung 97
Erfolg 129, 173, 188
Erfolgsfähigkeit 189
Erkennen 137, 232
Erkenntnis 168
Erlebnisnotwendigkeiten 116
Erröten 220
Erwartungshaltung 133, 181
Eu-Streß 223
Evolutionen 222, 295
Existenzphilosophie 295

Fähigkeiten 9
Fanatiker 130, 204
Fantasiewelt 231
Fatalist 130, 204
Feedback 186, 266

Fehdehandschuhe 281
Fehler 179
Fernziele 105 f.
Feststellung 280
Fingerspitzengefühl 189
Flexibilität 31, 70, 216 f.
Flucht 275
Fluchtreaktion 75, 270
Folgen 188
Form 169
forschend 265
Forschungsmethoden 109
Frage 102, 184, 214, 280
  -alter 197
  -, geschlossene 197
  -, indirekte 197
  -, offene 197
  -, rhetorische 198
  -, taktische 197
  -technik 196, 282
  -wort 197
Freiheit 272
Fremdbilder 11, 96
Freundlichkeit 276
Freundschaft 283
Front 272
Frustration 106, 130
Führen 135
Führer 233
Führungskräfte 296, 298
Funktionsträger 287

Ganzheit 239
Geduld 273
Gefährdung 297
Gefälligkeiten 184
Gefühle 265
Gehirn 221, 141
Geist 221, 222
Gen 109
Gesprächseröffnung 99, 280
  -inhalt 280
  -klima 276
  -ort 98
  -partner 99
Gesundheit 230
Gewissen 120, 210
Gewöhnungseffekt 228
Gewohnheiten 144, 176, 233
Glück 115
Gott 117
Gruppen 287
  -führer 288
  -führung 288

-sprache 289
Gütemaßstab 292
Gut 217, 219

Händedruck 278
Halluzinationen 239
Halo-Effekt 238
Handlungsantrieb 207
Handreichgeste 279
Harmonie 116
Helfersyndrom 293
Hilfe 282
Hirnströme 225
Hobbys 223, 295
Höflichkeit 278
Hören 198
Horoskop 114

Ich 219
   -Botschaft 108
Ideallinie 231
Identifikation 296, 298
Illusionen 233
Immunsystem 231
Informationen 121, 195
Informationsfragen 197
Inhalt 169, 248, 255
Inhaltsaspekt 252
Instinkte 211
Intellekt 220
Intelligenz 183
Interaktion 195
Interesse 299
Interessenpflege 299
Interkommunikation 250
Interpretation 252, 264
Irrtümer 172

Ja-Frage 198
Johari-Fenster 14

Kapieren 157
Kausalität 219
Kirlian-Fotografie 221
Kluge 184
Können 106
Körpersprache 250
Koexistenz 251
Kommunikation 195, 244, 250 f., 297
   -, konfliktarme 194
Kommunikationsabwehr 269
   -fähigkeit 9
   -sehnsucht 269
Kompensation 14, 224

Kompensationserscheinung 293
Komplexe 219
Komplimente 284
Konflikt 122, 182, 209
   -auslöser 193
   -orientierung 191
Konformismus 295
Konformitätsausdruck 223
Konsensorientierung 191
Kontakt 272
   -abwehr 270
   -fähigkeit 47, 80, 269
   -möglichkeiten 272
   -sehnsucht 270
   -vorbereitung 270
Kooperation 251
Krankheit 231
Kreativität 54, 145
Krebs 231
Kriechen 285
Kritik 286
Kurzschlußdenken 173

Lampenfieber 189
Lebensführung 230
   -lauf 98
   -laufanalyse 135
   -ziele 105
Leid 116, 119, 283
Leidensdruck 303
Leistung 287, 292
Leistungsanreize 93
   -bereitschaft 98
   -ehrgeiz 47, 82, 292
   -fähigkeit 300
   -grenze 205
   -motivation 292
Leitbild 291, 296
Lernen 114
Liebe 271
Liebhabereien 232
Lob 284, 286
Lösung 253
Logik 157
Logos 294
Lustlosigkeit 300

Manipulation 284
Maßstab 215
Materie 222
Menschenkenntnis 244
Merkmal 200
Mißerfolg 10, 133
Mißlingen 283

Mißtrauen 178
Mond 111
Moralvorstellungen 210
Motiv 133, 201, 207
Motivation 206, 284, 303
Muttersprache 193

Nachahmung 175
Nachforschen 248, 253
Negativebene 238
   -einflüsse 187
Negatives 186
Neid 179
Nichtbeachtung 137
normal 163
Normen 289
   -gefüge 217
Nutzen 180, 274, 278
   -argumentation 200, 208

Oberbegriff 158
   -bewußtsein 119, 219
Offenheit 222
Ordnung 294
Organminderwertigkeit 220
Orientierungen 242
Originalität 17, 53, 142

Partnersituation 280
Persönlichkeit 176
Personalfragebogen 98
Perzeption 237
Phobie 228
Pleasure-Lust-Zentrum 226
Polarität 242, 271
Politik 271
Problem 115, 213 f.
Projektion 210
Prüfungsängste 189
Psychohygiene 266

Qualifikationsfaktoren 101

Rangordnung 286
   -platzauseinandersetzungen 223
Rationalisieren 14
Reaktionen 121
   -, nachgiebige 74
   -, normale 75
Reaktionskerne 219
   -zwang 218
Realist 130, 204
Rechtfertigung 270
Redner 228

Referenz 280
Reibungen 224
Reife 118
   -prozeß 189, 210, 294
Reiz 121, 269
   -verarbeitung 274
   -wörter 192
Relativieren 14
Religionen 221, 293
Resonanz 121
Rigidität 216
Ritual 278
Rolle 136, 251, 287
Rollenkonflikte 290
   -übernahme 287
Routine 162
Rücksichtslosigkeit 179
   -nahme 214

Satzergänzung 91
Seele 221, 222
Sektentum 295
Selbständigkeit 301
   -behauptung 290
   -bekräftigung 303
   -bild 11, 96
   -darstellung 190, 292
   -einschätzung 205
   -einsicht 210
   -entfaltung 178
   -erforschung 232
   -erkenntnis 184
   -kritik 13
   -mitleid 297
   -mörder 293
   -regulation 302
   -sicherheit 178
   -vertrauen 178, 203
   -wertgefühl 107
Sensibilität 182
   -, soziale 57 f.
Signalreize 180, 301
Sinn 117, 293
Sinnesorgan 173
Situationen 236, 241
   -, soziale 39, 76
Sofortverstärkung 107
Somatisierung 224
Sonnenflecken 112
Sophismen 172
Sozialverhalten 287
Spesen 99
Spiel 230
Sprachbeherrschung 27, 64, 189, 281

Sprache 189
Süßreaktion 238
Suggestivfrage, direkte 197
Superlearning 139
Sympathie 174
Symptombildung 209
Synthetik 147
  -gruppe 149
Synthese 168

Schadenfreude 179
Schattenprojektion 270
Schematisierung 238
Schicksal 115, 204
Schicksalsketten 117
Schlüsse 165
Schlußfolgern 165
Schock 220
Schuldgefühle 210
Schutzmechanismen 14
  -verhalten 276
Schwache 283
Schwächen 188, 194

Stichwörter 280
Stimulation 224
Stimulierungsfragen 198
Strategie 104
Strebungen 132
Streß 222
  -situation 35, 72, 222
Stressoren 222
Sturheit, arrogante 179
-, überhebliche 179

Tadel 286
Täuschungen 172
Takata-Reaktion 112
Taktik 105
Testauswertung 50
Theorien 108
These 167
Toleranz 270
Totalitarismus 295
Tradition 295
Träume 139, 220
Tröstende 264
Trugschlüsse 172
Typologie 244

Überaktivierung 227
Überleben 145, 222
Überlebensstrategie 231
Überleitung 201

Überlegenheitserfahrungen 286
Überlegungsphase 100
Übersprungsbewegungen 269
Überzeugungsprozeß 196
Übungen 279
  -, körperliche 230
Umfeld 238
Umgebung 277
Umwelt 9, 121, 177, 232, 273
Unbewußte 220
Unteraktivierte 226
Unterbewußtsein 219
Unterdrückung 228
Unterscheidungsmerkmal 158
Unterstützung 253
Unterwerfung 275
Unvermögen 203
Unzufriedenheit 207
Urteilen 162

Veränderungen 302
Verallgemeinerung 172
Verantwortung 117, 203
Verantwortungsgefühl 29, 67, 70, 203
Verbalisieren 214, 247, 253
Verbalisierungen 265
Verdrängen 14
Vergangenheit 118
Vergleich 164
Verhalten 206
Verhaltensanalyse 301
Verhaltensmotivation 288
Verkaufserfolg, Voraussetzungen für den 93
Vermeidungsverhalten 107, 301
Vermittlungsaspekt 252
Versagen 179
Verstärker 137
Verstehen 108
Vertrag 303
Vertrauen 107
Vertrauensauslöser 200, 274
  -phase 100
Verunsicherung 137
Verwirklichung 295
Vorbereitung 276
Vorgesetzte 283
Vorstellung 122, 127, 154, 278
Vorstellungsgespräch 94, 97, 99
Vortrag 170
Vorurteile 173, 218

Wahrheit 109, 221
Wahrnehmung 122 f., 132, 154, 236
Wahrnehmungsmechanismen 239

-störungen 239
Wahrscheinlichkeit 125, 241
Warnsignale 206
Weiterentwicklung 120
Weiterführung 282
Wellenlänge 275
Wertend 264
Wertschätzung 256
Wertung 242, 252
Werturteilsraster 241
   -systeme 240
   -vakuum 293
   -vorstellungen 163
Wettbewerbsvergleich 200
Widerstände 290
Wiederholungszwang 271
Wille 116, 127, 174, 204
Willens 114

-handlungen 204
Wirkungsmittel 99
Wissen 120, 136
Wissenschaft 108
Wollen 204
Wortschatz 51
   -weite 202
Wunsch 133, 207

Zeugnisse 97
Ziel 107, 230, 290
Zirkelschlüsse 172
Zufall 110
Zuhören 199, 245
Zukunft 125, 179
Zusammenhalt 289
Zwang 272
Zweckgemeinschaft 272